기초부터 블록체인 실습까지

단숨에 배우는 타입스크립트

YoungJin.com Y.
영진닷컴

단숨에 배우는 타입스크립트

ISBN   978-89-314-6526-6

독자님의 의견을 받습니다

이 책을 구입한 독자님은 영진닷컴의 가장 중요한 비평가이자 조언가입니다. 저희 책의 장점과 문제점이 무엇인지, 어떤 책이 출판되기를 바라는지, 책을 더욱 알차게 꾸밀 수 있는 아이디어가 있으면 이메일, 또는 우편으로 연락주시기 바랍니다. 의견을 주실 때에는 책 제목 및 독자님의 성함과 연락처(전화번호나 이메일)를 꼭 남겨 주시기 바랍니다. 독자님의 의견에 대해 바로 답변을 드리고, 또 독자님의 의견을 다음 책에 충분히 반영하도록 늘 노력하겠습니다.

이 메 일 support@youngjin.com

주   소 서울시 금천구 가산디지털1로 128 STX-V타워 4층 영진닷컴 기획1팀

등   록 2007. 4. 27. 제16-4189호

파본이나 잘못된 도서는 구입하신 곳에서 교환해 드립니다.

저자 야코프 페인, 안톤 모이세예프 | **번역** 이수진 | **책임** 김태경 | **진행** 이민혁

표지 디자인 임정원 | **내지 디자인** 이주은 | **본문 편집** 이경숙 | **영업** 박준용, 임용수, 김도현

마케팅 이승희, 김근주, 조민영, 김예진, 채승희, 김민지, 임해나 | **제작** 황장협 | **인쇄** 제이엠인쇄

저자의 말

이 책은 프로그래밍 언어 타입스크립트에 관한 책입니다. 타입스크립트는 스택 오버플로우Stack Overflow가 진행한 2019년 개발자 설문조사insights.stackoverflow.com/survey/2019에서 가장 사랑받는 언어로 선정되었습니다. 세계적인 시스템 통합 및 컨설팅 회사인 소트웍스ThoughtWorks가 발행한 최신 보고서 테크놀로지 레이더goo.gl/sYHY6r에 따르면 타입스크립트는 주목해야 할 프로그래밍 언어로 평가되고 있습니다. 다양한 도구와 통합 개발 환경IDE를 지원하며, 자바스크립트 라이브러리의 장점과 동시에 안정적인 타입 정의를 할 수 있다는 점을 타입스크립트의 장점으로 꼽을 수 있습니다.

저희 역시 타입스크립트를 날마다 사용하고 있습니다. 아주 많이요! 타입스크립트는 객체의 프로퍼티에 존재하는 오타 찾기가 아닌, 당장 직면한 중요한 문제에 집중할 수 있도록 해줍니다. 타입스크립트 프로그램은 자바스크립트 프로그램보다 런타임 오류가 발생할 확률이 아주 적습니다. 게다가 많은 IDE들이 타입스크립트에 대한 뛰어난 지원과 프로젝트에 사용하는 서드파티 라이브러리의 API를 안내해 준다는 점 역시 장점으로 생각할 수 있겠습니다.

타입스크립트는 뛰어납니다. 하지만 결과물은 자바스크립트로 컴파일되다보니 자바스크립트에 대해서도 약간 다루어야 합니다. 1995년 5월, 열흘간의 노력을 통해 브랜든 아이크Brendan Eich는 자바스크립트라는 프로그래밍 언어를 만들었습니다. 웹 브라우저인 넷스케이프 네비게이터Netscape Navigator에서 사용하기 위해 만들어졌던 이 스크립트 언어는 컴파일러가 필요 없었습니다.

자바스크립트 프로그램을 브라우저에 배포하기 위해 컴파일러는 필요하지 않습니다. 자바스크립트 소스(혹은 소스 파일의 경로)를 〈script〉 태그 안에 넣어주면 브라우저가 코드를 로드하고 파싱해 자바스크립트 엔진에서 실행합니다. 사람들은 자료형이나 다른 도구가 전혀 필요하지 않은 언어의 간결성을 좋아했습니다. 그냥 텍스트 편집기에 코드를 작성해 웹페이지에 올리기만 하면 됐으니 말입니다.

자바스크립트를 처음 배우면 아마 2분 내로 첫 프로그램을 만들 수 있을 겁니다. 설치나 설정이 전혀 필요 없고 컴파일도 필요하지 않습니다. 자바스크립트는 인터프리터 언어이기 때문입니다.

자바스크립트는 동적 타입 언어이기도 합니다. 자바스크립트 엔진이 런타임 도중 처음 보는 객체의 프로퍼티를 생성해내니 우선적으로 선언할 필요도 없습니다.

사실 자바스크립트에는 변수의 타입을 선언할 수 있는 방법이 없습니다. 자바스크립트 엔진이 주어진 값을 기반으로 추정하기 때문입니다. 예를 들어, var x= 123이란 코드가 있다면 x는 숫자로 판단됩니다. 만약 스크립트가 x="678"이라고 선언하면 x는 자동적으로 숫자에서 문자열로 바뀌게 됩니다. 정말 x의 타입을 바꾸고 싶었을까요? 실수한 걸까요? 경고해줄 컴파일러가 없으니 오류는 런타임에만 알 수 있습니다.

자바스크립트는 매우 관대한 언어입니다. 혼자 만들고 있는 작은 프로젝트에선 약점이 되지 않습니다. 여러분은 x가 숫자여야 한다는 사실을 기억하고 있을테고 이를 해결하는 데 어떤 도움도 필요하지 않을테니 말입니다. 게다가 당신이 해당 프로젝트에서 x가 뭔지 잊을 리도 없을테고요.

지난 몇 년간 자바스크립트는 매우 유명해져서 웹 개발에 있어 표준 프로그래밍 언어가 되었습니다. 20년 전만 하더라도 자바스크립트는 상호작용이 필요한 페이지를 만들 때나 사용됐지만, 요즘은 개발자 여러 명이 한 팀으로 만든 수천 줄의 코드를 담고 있는 복잡한 웹 앱을 만드는 데 사용됩니다. 모든 팀원이 x가 숫자인지도, 무슨 변수였는지도 기억하지 못합니다. 런타임 오류를 줄이기 위해 자바스크립트 개발자들은 단위 테스트를 작성하고 코드 리뷰를 하고 있죠.

더 생산적인 개발을 위해 소프트웨어 개발자들은 자동 완성 기능과 쉬운 리팩토링 등 다양한 기능을 갖춘 IDE를 사용하게 되었습니다. 하지만 런타임에서 프로퍼티를 생성하고 타입을 바꿔버리는 자유분방한 언어를 어떤 IDE가 지원할 수 있을까요?

웹 개발자들은 더 나은 언어가 필요했지만 모든 브라우저가 지원하는 새로운 언어로 대처하기란 현실적인 대안이 될 수 없었습니다. 대신 자바스크립트로 컴파일되는 언어를 새로 만들기로 했죠. 각종 도구들을 지원하지만, 배포 때는 자바스크립트로 변환되어 모든 브라우저가 지원할 수 있습니다. 타입스크립트 또한 이런 언어 중에 하나입니다. 이 책을 읽으면 타입스크립트가 왜 특출난 언어인지 알게 될 겁니다.

— 야코프 페인^{Yakov Fain}과 안톤 모이세예프 ^{Anton Moiseev}

야코프 페인(Yakov Fain)

Farata Systems와 SuranceBay의 공동창립자. 저서로는 〈Java Programming: 24-Hour Trainer〉, 〈Angular Development with TypeScript〉, 〈Java Programming for Kids〉등이 있으며 웹과 자바와 관련된 기술들을 주제로 다양한 수업과 워크샵을 진행했다.

- 블로그 – yakovfain.com
- 트위터 – https://twitter.com/yfain

안톤 모이세예프(Anton Moiseev)

SuranceBay의 수석 소프트웨어 개발자로 자바와 닷넷을 활용한 엔터프라이즈 애플리케이션을 제작하고 있다. 앵귤러JS와 앵귤러 프레임워크 활용을 돕는 강의를 진행중이며 웹 기술에 관한 지식을 바탕으로 프론트엔드와 백엔드가 자연스럽게 어우러지도록 만드는 모범 사례들을 관심사로 삼고 있다.

- 블로그 – antonmoiseev.com
- 트위터 – https://twitter.com/antonmoiseev

역자의 말

'타입스크립트가 자바스크립트 생태계를 장악할 것이다'. 이 말에 동의하시나요? Elm과 앵귤러 커뮤니티에서 유명한 개발자이자 프로그래밍 서적 작가인 리처드 펠드만Richard Feldman이 ReactiveConf2019에서 '웹의 미래를 예측하다'라는 제목으로 진행했던 발표의 첫 문장입니다. 그는 2020년 말까지 타입스크립트는 상용 자바스크립트 프로젝트의 가장 많이 사용되는 언어가 될 것이며, 2025년에는 자바스크립트 보다 타입스크립트를 사용하는 개발자 수가 더 많을 것이라 말했습니다. 2019년 stateofjs.com에서 진행한 조사에 따르면 전세계 자바스크립트 개발자의 60% 이상이 타입스크립트를 경험했다고 답했습니다. 이처럼 자바스크립트 생태계 내에서 타입스크립트의 인기는 정말 대단합니다. 이 책을 읽는 여러분이 만약 프론트엔드 개발자라면 앞으로 타입스크립트를 피하기 어려울 지도 모릅니다.

그러나 단순히 모두가 쓴다는 이유로 타입스크립트를 선택하기보다는 실제 팀과 제품에 어떤 긍정적인 영향을 주는지를 알고 사용하는 것이 더 중요합니다. 제 경우 실무에서 타입스크립트를 사용하면서 자바스크립트를 사용했던 때보다 코드 가독성과 퀄리티가 크게 향상되었음을 몸소 느끼고 있습니다. 쉽게 버그와 디버깅이 가능해 업무 효율과 개발 속도와 생산성도 눈에 띄게 증가했습니다. 지금은 타입스크립트 없는 프론트엔드 개발은 생각하기 힘들 정도입니다. 주변을 돌아봐도 타입스크립트로 넘어온 개발자가 다시 자바스크립트로 돌아갔다는 이야기를 들은 적은 거의 없습니다.

그렇지만 아직도 이런 저런 이유로 타입스크립트 도입을 망설이는 분들도 많을 것이라 짐작됩니다. 첫 번째는 타입스크립트는 러닝 커브가 높다는 점입니다. 타입스크립트는 자바스크립트의 상위 집합으로 기존 자바스크립트 문법을 그대로 사용합니다. 이미 자바스크립트를 잘 알고 있는 분이라면 타입스크립트 역시 알고 있는 것이기에 그리 겁내지 않아도 됩니다. 두 번째는 자바스크립트가 표준이라는 이유입니다. 오늘날 타입스크립트는 최신 ECMA스크립트를 지원합니다. 트랜스파일러 덕분에 구 브라우저에서도 문제 없이 실행됩니다. 때문에 자바스크립트 최신 문법을 사용하면서 크로스 브라우징 이슈를 해결하기 원한다면 타입스크립트가 가장 좋은 선택입니다. 세 번째는 기존 자바스크립트 프로젝트를 타입스크립트로 마이그레이션 하기 힘들다는 점입니다. 컴파일러 옵션을 사용해 일부 모듈만 타입스크립트로 새로 개발하거나 기존 자바스크립트를 점진적으로 변환할 수 있습니다. 실제로 타입스크립트로 제품을 마이그레이션 한 모 회사의 경우, 타입스크립트로 100% 마이그레이션 하기까지 1년이 넘는 시간이 걸렸다고 합니다. 그럼에도 마이그레이션을 진행한 이유는 장기적인 관점에서 볼 때 타입스크립트 프로젝트가 개발 생산성과 프로젝트 유지 보수 측면에서 그만한 가치가 있기 때문입니다.

〈단숨에 배우는 타입스크립트〉는 자바스크립트 문법과 기초 지식을 정리하고, 타입스크립트의 주요 개념을 학습하여 실제 프로젝트에 타입스크립트를 적용할 수 있는 훌륭한 입문 서적입니다. 리액트, 뷰, 앵귤러에서 타입스크립트를 도입한 블록체인 앱 개발을 경험할 수 있습니다. 배운 지식을 바로 실무에 적용할 수 있다는 점이 가장 큰 장점이라고 생각합니다. 이 책의 주요 내용을 강의 영상으로 촬영해 유튜브 채널인 https://www.youtube.com/sujinleeme에 업로드했습니다. 이 책과 강의 영상이 타입스크립트로 첫 발을 내딛는 여러분들에게 많은 도움이 되기를 바랍니다.

끝으로 책을 소개해주시고 편집해주신 영진닷컴의 이민혁님께 감사의 말씀을 드립니다. 이 책을 통해 독자 여러분들이 자바스크립트에서 타입스크립트로 시야를 넓히는 경험과 배움의 즐거움을 느끼시길 소망합니다.

이수진

대학에서 작곡을 공부하던 중 기술과 예술의 만남을 목격하고 웹 기술에 매료되어 드넓은 IT 세상에 뛰어들었다. 예술가가 펼치는 아름다운 색과 선율처럼 코드로 독창적이고 생동감 넘치는 웹을 만들고 싶은 꿈을 가지고 있다. 싱가포르 국영 언론사에서 다수의 데이터 분석 및 시각화 프로젝트를 진행했다. 현재는 베를린 핀테크 스타트업에서 리액트와 엘릭서로 웹 개발을 하고 있다. 대표 번역서로 〈딥러닝 인 더 브라우저(제이펍, 2020)〉가 있다.

• 블로그 – https://sujinlee.me/   • 트위터 – https://twitter.com/sujinleeme

이 책에 관하여

대상 독자

이 책은 좀 더 생산적으로 웹, 앱을 개발하고 싶어하는 소프트웨어 엔지니어들을 위해 작성되었습니다. 두 저자 모두 실습을 중시하므로 이 책 역시 실습을 위주로 작성되었습니다. 기본적인 코드 샘플을 통해 언어 문법을 설명할 뿐 아니라 다양한 앱을 만들며 타입스크립트와 다른 라이브러리나 프레임워크를 결합하여 사용해봅니다. 책을 집필하는 동안 책 내의 코드를 사용하여 워크샵을 진행해 개발자들에게 피드백을 받았습니다. 여러분 역시 타입스크립트를 즐겁게 배울 수 있길 바라겠습니다. 이 책을 읽기 위해서는 HTML과 CSS, 자바스크립트에 관한 기초적인 지식을 갖추길 권장합니다. 특히 자바스크립트의 경우 최근 추가된 ECMA스크립트 명세도 알아두시길 권장합니다. ECMA5 문법을 알고 있는 독자분들은 조금 더 쉽게 이해하실 수 있습니다. 혹여나 자바스크립트에 관해 먼저 알고 싶으신 분들은 부록을 먼저 읽어보길 권장합니다.

장별 소개

이 책은 크게 타입스크립트 문법 설명과 웹 개발 실습, 두 부분으로 구분됩니다. 1부는 타입스크립트를 사용한 짧은 코드 스니펫들을 통해 이해를 도울 겁니다. 2부에서는 타입스크립트를 사용해 블록체인 앱을 다양한 방식으로 만들어볼 겁니다. 만약 타입스크립트 문법과 도구에 대해 빠르게 이해하고 싶다면 1부만 읽으셔도 무방합니다.

제 1장에서는 타입스크립트 기초를 다룹니다. 타입스크립트로 간단한 프로그램을 만들어 본 후 자바스크립트 코드로 컴파일하는 과정을 배웁니다. 타입스크립트 개발에 안성맞춤인 마이크로소프트 사의 비주얼 스튜디오 코드Visual Studio Code로 실습을 진행합니다.

제 2장에서는 변수와 함수 선언에 타입을 정의하는 방법을 설명합니다. 타입 키워드 선언, 클래스와 인터페이스를 사용한 커스텀 타입에 대해 알아보고 명목적nominal과 구조적structural 타입 시스템의 차이에 대해 알아봅니다.

제 3장에서는 클래스 상속과 추상화를 다룹니다. 타입스크립트 인터페이스가 구현 세부 사항을 신경쓰지 않고 클래스에 지정된 메서드를 강제로 부여하는 방법을 설명합니다. 인터페이스 프로그래밍에 대해서도 설명합니다.

제 4장에서는 열거 타입과 제네릭 타입에 대해 알아봅니다. 열거 타입의 장점과 숫자형, 문자형 열거 타입의 문법을 알아보고 제네릭 타입의 장점과 이를 지원하는 클래스 인터페이스 함수의 작성법에 대해서 알아봅니다.

제 5장에서는 데코레이터, 맵핑, 조건 타입에 대해 설명합니다. 타입스크립트의 심화 내용으로 이전 장에서 충분히 타입스크립트에 익숙해져야 이해할 수 있을 것입니다.

제 6장에서는 도구에 대해 설명합니다. 소스맵과 ESLint 사용법을 설명합니다. 웹팩으로 타입스크립트 앱을 컴파일하고 번들링하는 과정을 배웁니다. 바벨을 사용해야 하는 이유에 대해서도 알게 될 것입니다.

제 7장에서는 타입스크립트 앱에 자바스크립트 외부 라이브러리를 도입하는 방법을 설명합니다. 타입 정의를 한 파일의 역할에 대해 알아본 후, 직접 기존 타입스크립트 앱에 자바스크립트 외부 라이브러리를 추가하는 실습이 있습니다. 마지막으로 기존 자바스크립트 프로젝트를 타입스크립트로 변환하는 과정을 알아볼 것입니다.

2부에서는 블록체인 앱에 타입스크립트를 적용합니다. 타입스크립트를 익히는데 블록체인이 무슨 관계가 있나 의문이 생길지도 모르지만 할 일 목록 앱을 만들기보다는 세간의 화두인 기술에 타입스크립트를 적용하는 게 더 좋다고 판단했기에 블록체인을 다루기로 했습니다. 엄청난 앱을 만드는 게 오히려 더 실용적이 될 수도 있답니다.

이 프로젝트에서는 타입스크립트를 사용해 블록체인 애플리케이션을 함께 만들어 볼 것입니다. 웹소켓과 더불어 실제 앵귤러Angular, 리액트React, 뷰Vue 프로젝트를 실습해봅니다. 관심있는 부분만 읽으셔도 좋습니다만 8장과 10장은 기초적인 개념들을 소개하고 있으니 참고하시기 바랍니다.

제 8장부터 본격적인 블록체인 애플리케이션 개발을 시작합니다. 해시 함수, 블록 마이닝 개념에 대해 알아보고 블록체인에 새로운 블록을 추가하기 위한 증명이 필요한 이유를 알아봅니다. 블록체인 기초 지식을 학습한 후 맨 밑바닥부터 프로젝트를 만들어 볼 것입니다. 각 코드에 대한 설명과 더불어 실행 방법이 기술되어 있습니다.

제 9장에서는 블록체인을 위한 웹 클라이언트를 만드는 방법을 설명합니다. 웹 프레임워크 대신에 HTML, CSS, 타입스크립트만을 사용합니다. 브라우저와 독립형 클라이언트 양쪽에서 사용 가능한 해시 생성 라이브러리를 만들어 봅니다. 브라우저에서 타입스크립트를 디버깅하는 방법도 알아봅니다.

제 10장에서는 메시지 서버에서 각 멤버 간 통신을 전파하는 기능을 만들어봅니다. 타입스크립트로 Node.js과 웹소켓을 만들고 다수의 노드들이 상호 검증을 거쳐 올바른 블록 생성을 이끄는 합의 알고리즘Consensus Algorithm을 구현해봅니다.

제 11장에서는 타입스크립트를 사용한 앵귤러 웹 개발에 대해 간략히 소개합니다.

제 12장에서는 앵귤러 프레임워크와 타입스크립트로 개발된 블록체인 웹 클라이언트 코드를 살펴봅니다.

제 13장에서는 리액트와 타입스크립트로 개발된 블록체인 웹 클라이언트 코드를 살펴봅니다.

제 14장에서는 뷰와 타입스크립트로 개발된 블록체인 웹 클라이언트 코드를 살펴봅니다.

부록 A는 ECMA스크립트 6, 7, 8에 도입된 문법이 수록되어 있습니다. 클래스, 화살표 함수, 스프레드와 레스트 연산자, 구조 분해에 대해 배울 수 있습니다. async-await 키워드로 비동기 코드를 동기적으로 만드는 방법도 설명합니다. 최신 ECMA스크립트 문법과 타입스크립트 문법이 혼동된다면 먼저 부록 A부터 읽는 것이 좋습니다. 그래야 ECMA스크립트와 타입스크립트의 경계를 알 수 있습니다.

코드에 관하여

1부는 타입스크립트의 문법을 다루고 있으므로 대부분의 코드는 온라인 타입스크립트 플레이그라운드 TypeScript Playground 에 업로드되어 있습니다. 본문에 해당 링크가 작성되어 있습니다.

2부는 타입스크립트와 유명한 라이브러리 및 프레임워크를 사용한 앱을 만드는 프로젝트들로 구성되어 있어 소스코드는 저자의 깃허브 GitHub 저장소 github.com/yfain/getts 와 영진닷컴 홈페이지에서 다운받을 수 있습니다.

목차

제 1 부
타입스크립트 문법 완전 정복

목차

목차

타입스크립트 문법 완전 정복

1부는 타입스크립트가 자바스크립트보다 나은 점을 설명하며 시작합니다. 이후 이해를 돕는 짧은 코드 스니펫들을 통해 타입스크립트가 가진 다양한 문법을 살펴봅니다. 기본 타입의 사용법과 커스텀 타입의 선언법을 살펴본 뒤, 클래스와 인터페이스를 비롯해 제네릭, 열거 타입, 데코레이터, 맵핑 타입, 조건 타입의 사용법을 알려드리겠습니다. 그리고, 타입스크립트 개발자들이 사용하는 컴파일러와 린터, 디버거, 번들러 같은 도구들에 대해 소개해드릴 겁니다. 마지막으로는 타입스크립트와 자바스크립트를 같은 앱에서 혼용하는 법을 배울 수 있습니다.

타입스크립트의 문법과 도구에 대해서 빠르게 익히고 싶다면 1부만 보셔도 무방합니다.

제 1 장
타입스크립트 기초

이 장의 목표

- 자바스크립트 대비 타입스크립트의 장점
- 타입스크립트를 자바스크립트로 컴파일하는 방법
- 비주얼 스튜디오 코드 에디터 사용 방법

이 장에서는 타입스크립트 개발을 시작하기 위한 준비를 해보겠습니다. 우선, 자바스크립트의 역사를 되짚어보고 왜 우리가 타입스크립트를 사용해야 하는지에 대해 알아보겠습니다. 그리고, 간단한 타입스크립트 프로그램을 작성하고 자바스크립트로 컴파일하는 과정을 배울겁니다.

많은 개발자들이 타입스크립트를 써야 하는 이유를 궁금해합니다. 경험 많은 자바스크립트 개발자라면 타입스크립트도 결국 배포 전에 자바스크립트로 컴파일해야 하는데 군이 왜 타입스크립트를 쓰는지 물을 것이며, 프론트엔드 생태계를 이해하려는 백엔드 개발자라면 자바스크립트 외의 프로그래밍 언어를 배워야 하는 이유에 대해 의문을 가질 것입니다. 이제부터 그 이유를 알아봅시다.

책에서는 타입스크립트로 코드를 작성하며 실제 코드를 실행하기 위해서는 자바스크립트로 컴파일해야 합니다. 본격적으로 시작하기 전에 자바스크립트 역사에 대해 빠르게 살펴보겠습니다.

1.1 왜 타입스크립트인가

타입스크립트는 2012년 마이크로소프트Microsoft 사에서 오픈소스로 공개한 컴파일 투 자바스크립트 언어Compile-to-JavaScript language입니다. 타입스크립트 프로그램은 자바스크립트로 트랜스파일 해야 브라우저나 자바스크립트 엔진에서 실행됩니다.

트랜스파일transpile과 컴파일compile 두 용어는 언뜻 비슷해 보이지만 차이점이 있습니다. 트랜스파일은 타입스크립트 코드를 자바스크립트로 바꾸는 것과 같이 한 언어의 소스 코드를 비슷한 추상화 수준의 다른 언어로 변환하는 것이며, 컴파일은 C언어를 기계어로 변경할 때와 같이 서로 다른 추상화 수준의 언어로 변환하는 것을 말합니다. 엄밀히 말하면 타입스크립트의 변환 과정은 트랜스파일에 해당되지만 커뮤니티에서는 편의상 컴파일이라고 합니다. 따라서 이 책 역시 타입스크립트 코드를 자바스크립트로 변환하는 과정을 설명할 때, 컴파일이라고 부르도록 하겠습니다.

이렇듯 자바스크립트를 컴파일해야 하는 번거로운 과정이 필요함에도 불구하고, 왜 굳이 타입스크립트를 사용해야 하는지 궁금할 것입니다. '처음부터 자바스크립트 코드로 짜면 안될까요?'라고 물어보실 수도 있을 겁니다. 이에 답하기 위해서 우리는 타입스크립트가 무엇인지, 얼마나 좋은지를 알아볼 것입니다.

타입스크립트는 자바스크립트의 상위 집합superset으로 모든 ECMA 버전의 자바스크립트 파일을 사용할 수 있습니다. 예를 들어 myProgram.js 파일 확장명을 .js에서 .ts로 변경하면 타입스크립트 파일이 됩니다. 이제 해당 파일의 자바스크립트 코드에 객체 프로퍼티 타입을 정의하거나 타입과 관련된 버그를 수정하는 과정을 진행하면 됩니다.

> **TIP** 제 7장의 7.3 절에서 자바스크립트 코드를 타입스크립트로 마이그레이션할 때 주요 팁을 확인할 수 있습니다.

수학적으로 상위 집합이란 전체 집합을 포함합니다. 타입스크립트가 정적 타이핑static typing을 지원하는 반면, 자바스크립트 집합은 동적 타이핑dynamic typing만을 지원합니다. 따라서 타이핑typing이라는 용어는 프로그램 변수에 타입을 정의하는 것을 말합니다. [그림 1.1]은 타입스크립트가 모든 ECMA 버전의 상위 집합임을 보여줍니다. ES.Next란 ES8 이후 추가될 최신 버전을 말합니다.

그림 1.1 상위 집합인 타입스크립트

정적 타입 프로그래밍 언어는 변수를 사용하기 전 타입을 반드시 할당해야 합니다. 타입스크립트는 변수의 타입을 선언한 후 이를 다른 타입으로 바꾸게 되면 컴파일 오류가 발생합니다. 자바스크립트는 프로그램이 실행 중인 런타임에서도 변수 타입에 대해 알지 못하기 때문에, 변수 타입을 변경할 수 있습니다.

예를 들어 타입스크립트는 문자열 타입인 변수에 숫자값을 할당하면 컴파일 오류가 발생합니다.

```
let customerId: string;
customerId = 123; // 컴파일 오류가 발생합니다.
```

반면 자바스크립트는 런타임 도중 변수 타입을 취하기 때문에 동적으로 타입을 변경할 수 있습니다.

```
let customerId = "A15BN"; // customerId 타입은 문자열입니다.
customerId = 123;  // 이제 숫자로 변경되었습니다.
```

아래와 같이 할인율에 따라 가격을 계산하는 함수가 있습니다. 두 파라미터의 타입은 숫자여야 하겠지요.

```
function getFinalPrice(price, discount) {
    return price - price / discount;
}
```

그렇다면 해당 파라미터 타입이 숫자인지 어떻게 알 수 있을까요? 모든 함수의 타입을 기억하거나 혹은 파라미터와 함수 네이밍으로 특정 타입을 추측할 수 있었을지도 모르겠습니다.

매우 간단한 함수이지만 이 함수에 입력한 파라미터가 문자열 타입이라면 NaN을 반환합니다.

```
console.log(getFinalPrice( 100, "10%")); // NaN
```

이와 같이 함수를 잘못 사용할 경우 런타임 오류가 발생합니다. 타입스크립트는 함수 파라미터의 타입을 정의해 런타임 오류가 절대로 발생하지 않도록 해줍니다. 만약 잘못된 타입 파라미터로 해당 함수를 호출했다면 타입 오류가 표시됩니다.

타입스크립트 공식 웹사이트www.typescriptlang.org에는 문서와 더불어 타입스크립트 코드를 자바스크립트로 변환할 수 있는 플레이그라운드 에디터가 있습니다.

bit.ly/3rcBsp0에 접속해 코드를 확인해보세요. 빨간색 밑줄이 있는 "10%" 위에 마우스 커서를 올리면 [그림 1.2]와 같은 오류 메시지를 확인할 수 있습니다.

그림 1.2 타입스크립트 플레이그라운드

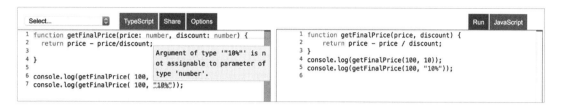

타입스크립트 컴파일러 tsc가 컴파일하기 전 타입스크립트 정적 코드 분석기가 오류를 감지하고 경고해줍니다. 특정 변수 타입을 정의할 때, 코드 에디터나 IDE 내 자동 완성 기능이 있어 파라미터 이름과 **getFinalPrice()** 함수 타입을 쉽게 확인할 수 있습니다.

런타임 전, 컴파일 단계에서 모든 오류를 확인해야 좋겠죠. 자바, C++, C# 개발자들이 타입스크립트를 좋아하는 이유도 이러한 이유 때문입니다.

> **NOTE** 프로그래밍 오류 보고 유형은 크게 도구에서 보고하는 경우와 사용자가 보고하는 경우로 구분됩니다. 타입스크립트를 사용하면 사용자가 직접 보고하는 경우의 수가 줄어듭니다.

> **TIP** 타입스크립트 사이트(www.typescriptlang.org) 내 Documentation의 Tutorials 메뉴를 살펴보면 앵귤러, 리액트, Node.js 환경에서 타입스크립트를 구성하는 유용한 팁을 확인할 수 있습니다.

일부 하드코어한 자바스크립트 개발자들은 타입스크립트는 타입을 선언해야 하므로 자바스크립트보다 생산성이 떨어진다고 주장합니다. 타입스크립트 도입 여부는 각자의 선택입니다. 하지만 자바스크립트만 쓰더라도 실무에 타입스크립트 컴파일러를 사용하는 걸 추천드립니다. 저사양 브라우저를 지원하기 위해 **async**와 **await** 등 ECMA 최신 문법은 ES5 버전으로 변환해야 하기 때문입니다.

그러나 대부분의 평범한 웹 개발자는 타입스크립트 도입에 찬성합니다. 훌륭한 도구를 갖춘 타입 언어를 사용하면 개발 생산성이 향상됨을 느낄 것입니다. 여러분들도 타입스크립트를 사용해보며 정적 타입 언어의 장점을 경험해보기를 바랍니다.

자바스크립트로 컴파일할 수 있는 프로그래밍 언어는 백여 개가 넘습니다. github.com/jashkenas/ coffeescript/wiki/list-of-languages-that-compile-to-js 수많은 언어 중 우리가 타입스크립트에 주목해야 하는 이유는 타입스크립트가 ECMA스크립트ECMAScript 표준을 따르며 웹 브라우저보다 훨씬 더 빠르게 자바스크립트 기능을 실행할 수 있기 때문입니다.

github.com/tc39/proposals에서 현재 제출된 ECMA스크립트 제안서 목록을 확인할 수 있습니다. 제안서가 승인될 때까지 여러 단계를 거쳐야 합니다. 승인 단계가 stage 3 단계이면 최신 버전의 타입스크립트에도 반영되었을 가능성이 높습니다.

2017년 여름, async 및 await 키워드^{부록 A - A.10.4 참고}가 ECMA스크립트 사양 ES2017^{ES8}에 추가되었습니다. 주요 브라우저에서 신규 키워드를 지원하기까지 무려 1년 이상이 걸린 것입니다. 그러나 타입스크립트는 2015년 11월부터 최신 키워드를 지원하고 있었습니다. 타입스크립트 개발자가 3년 더 일찍 최신 키워드를 사용해오고 있음을 짐작할 수 있을 것입니다. 타입스크립트에서 최신 자바스크립트 문법을 지원하며 모든 브라우저 사양을 지원하는 버전으로 컴파일이 가능합니다. 타입스크립트가 얼마나 좋은지 이제 아시겠죠.

이 책에서는 최신 ECMA스크립트 문법과 타입스크립트 문법을 명확히 구분해 설명합니다. 아직 자바스크립트 최신 문법에 익숙하지 않다면 부록 A부터 시작하길 바랍니다. 그래야 ECMA스크립트와 타입스크립트 문법을 구분할 수 있습니다.

자바스크립트 엔진은 변수 값으로 타입을 추측할 수 있지만 개발 도구는 그 기능이 제한적입니다. 따라서 자바스크립트를 사용하는 대규모 애플리케이션을 개발하는 경우 개발 생산성이 낮아지기도 합니다.

정리하면 타입스크립트는 최신 ECMA스크립트를 반영하며, 타입, 인터페이스, 데코레이터, 클래스 변수^{필드}, 제네릭, 열거 타입, public, protected 및 private 키워드가 추가된 언어입니다. 타입스크립트 로드맵^{github.com/Microsoft/TypeScript/wiki/Roadmap}에서 현재 배포된 기능과 향후 기능을 확인할 수 있습니다. 한 가지 더 있습니다. 컴파일된 자바스크립트 코드는 사람들이 읽기에도 쉽게 적혀있어서 기계가 아닌 실제 사람이 작성한 것처럼 보이지요!

❶ 타입스크립트 핵심 개발자는 터보 파스칼Turbo Pascal과 델파이Delphi를 개발한 안드레스 하일즈버그Andres Hejlsberg이며 마이크로소프트 C#의 수석 아키텍트입니다.

❷ 2014년 말, 구글은 앵귤러 2 개발에 타입스크립트를 도입하고자 마이크로소프트 사에 타입스크립트 내 데코레이터 추가를 요청했습니다. 이에 마이크로소프트는 동의했고 수십만 명의 앵귤러 개발자들 덕분에 타입스크립트 인기는 더욱 높아졌습니다.

❸ npmjs.org에 따르면 2021년 2월 기준으로 타입스크립트 컴파일러는 매주 1천 6백만 회씩 다운로드되고 있습니다. 하지만 npmjs.org가 유일한 타입스크립트 저장소는 아니기에 정확한 데이터는 아닙니다. www.npmjs.com/package/typescript

❹ 2019년 1월, 저명한 소프트웨어 애널리틱스 회사인 레드몽크Redmonk가 발표한 프로그래밍 랭킹 조사에 따르면 타입스크립트는 12위를 차지했습니다. redmonk.com/sogrady/2019/03/20/language-rankings-1-19

❺ 2020년 스택오버플로우의 조사에 따르면 타입스크립트는 전 세계에서 두 번째로 가장 많이 사랑받는 언어입니다. insights.stackoverflow.com/survey/2020

지금부터 타입스크립트 컴파일러를 구성하고 사용하는 방법을 알아보겠습니다.

1.2 타입스크립트 애플리케이션 개발 과정

타입스크립트 코드를 작성하고 애플리케이션을 배포하기까지 과정에 대해 알아봅시다. [그림 1.3]은 타입스크립트로만 개발된 애플리케이션을 배포하는 과정을 도식화했습니다.

그림 1.3 타입스크립트 앱의 배포 과정

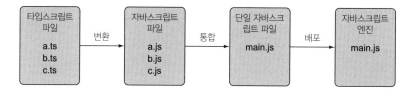

[그림 1.3]은 a.ts, b.ts, c.ts 타입스크립트 파일로 구성된 프로젝트입니다. 타입스크립트 컴파일러는 각 .ts 파일을 a.js b.js, c.js로 변환합니다. 다음 절에서 컴파일러가 이를 어떻게 특정 자바스크립트 버전으로 변환하는지 알아보겠습니다.

일부 자바스크립트 개발자들은 [그림 1.3]을 본 후 "타입스크립트는 코드 작성과 실행 단계에서 컴파일 단계가 필요하기 때문에 번거롭다"고 말할지도 모릅니다. 그렇다면 ES6, 7, 8, 9 버전에 도입된 최신 구문을 포기하고 ES5 버전 사용을 계속 고집해야 할까요? 아니라면 ES5 버전으로 컴파일하는 과정이 반드시 필요합니다.

[그림 1.3]은 단지 3개의 파일로 구성되었으나, 실제 프로젝트는 수백 수천 개의 파일로 구성되어 있습니다. 이 수많은 파일을 그대로 웹 서버나 독립된 자바스크립트 애플리케이션에 배포하고 싶지 않을 것입니다. 따라서 이 파일을 하나로 묶고 통합하는 번들링 과정이 필요합니다.

자바스크립트 개발자는 웹팩Webpack 또는 롤업Rollup과 같은 번들러를 사용합니다. 이 도구는 여러 자바스크립트 파일을 통합하거나 코드를 최적화하고, 불필요하거나 사용하지 않는 코드를 제거하는 이른바 트리 쉐이킹tree-shaking을 수행합니다. 또한 각 모듈별로 번들링해 배포할 수 있습니다.

[그림 1.3]은 단일 파일 main.js로 번들링되었습니다. 웹 앱인 경우 HTML 파일에 <script src='main.js'> 태그로 자바스크립트 파일을 불러옵니다. Node.js와 같은 자바스크립트 엔진에서 실행되는 경우, 아래 명령어로 파일을 실행할 수 있습니다.

```
node main.js
```

자바스크립트 생태계에는 수천 개의 라이브러리가 있지만 전부 타입스크립트로 작성된 것은 아닙니다. 타입스크립트 프로젝트에서는 기존 자바스크립트 라이브러리도 함께 사용할 수 있습니다.[1]

자바스크립트 라이브러리를 기존에 개발된 애플리케이션에 추가하면 타입스크립트 컴파일러는 해당 라이브러리의 API를 사용할 때 자동 완성 또는 오류 메시지를 표시하지 않습니다. 제 6장에서 자세히 설명하겠지만, d.ts 파일 확장자는 특수한 타입을 정의한 파일로 타입스크립트 컴파일러는 오류를 표시하고 라이브러리에 적합한 도움말을 제공합니다.

아래 [그림 1.4]는 유명한 자바스크립트 라이브러리 lodash를 사용하는 애플리케이션의 작업 흐름을 보여줍니다.

---

1 역자 주: 대규모 자바스크립트 프로젝트를 타입스크립트로 마이그레이션 하는 과정은 매우 복잡하며 까다롭습니다. 에어비앤비AirBnB에서 만든 도구인 ts-migrate를 사용하면 전략적인 마이그레이션 작업을 할 수 있습니다.https://github.com/airbnb/ts-migrate

그림 1.4 타입스크립트와 자바스크립트를 함께 사용한 애플리케이션 배포 과정

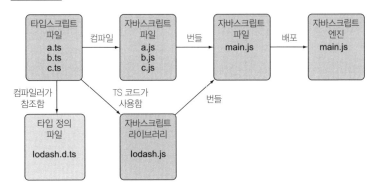

[그림 1.4]에서 lodash.d.ts 파일은 타입이 정의되어 있으며, 타입스크립트 컴파일러가 이를 사용합니다. 자바스크립트 라이브러리인 lodash.js은 나머지 여러 파일과 함께 번들링됩니다. 번들bundle이라는 용어는 여러 스크립트 파일을 하나로 통합하는 과정을 말합니다.

1.3 타입스크립트 컴파일러

타입스크립트 프로그램을 자바스크립트로 변환시키는 방법에 대해 알아보겠습니다. 타입스크립트 컴파일러는 IDE에 이미 내장되어 있거나 별도 IDE 플러그인을 설치해 사용할 수 있습니다. 우리는 Node.js 런타임을 사용해 컴파일하겠습니다. 먼저 nodejs.org에서 최신 Node.js 버전을 선택해 다운로드합니다. 설치 후 터미널을 열어 아래 명령어로 현재 Node와 NPM의 버전을 확인합니다.

```
node -v
npm -v
```

Node 버전은 15.7.0, NPM 버전은 7.5.2처럼 현재 설치되어 있는 버전을 출력할 것입니다. 앞으로 **npm** 명령어로 타입스크립트 컴파일러와 NPM 패키지를 설치할 것입니다. www.npmjs.com에는 오십 만 개가 넘는 무료 패키지가 공개되어 있습니다.

npm 명령어를 사용하면 현재 작업 중인 프로젝트 폴더^{지역설치}나 전체 프로젝트를 대상^{전역설치}으로 패키지를 설치할 수 있습니다. 우리는 타입스크립트 컴파일러를 전역으로 설치하겠습니다.

```
npm install -g typescript
```

제 1부는 전역으로 설치된 타입스크립트 컴파일러를 사용합니다. 실제 프로젝트에서는 전역이 아닌 프로젝트 폴더 내에 개발 의존성으로 설치합니다. package.json 파일 내에서 devDependencies 부분에 타입스크립트 버전이 명시됩 니다. 제 8장의 제 4절 블록체인 실습 프로젝트에서 이 내용을 다룹니다.

-g 플래그는 타입스크립트를 전역으로 설치함을 말합니다. 이 책에서는 타입스크립트 버전 3 이상 을 사용합니다. 아래 명령어로 설치된 타입스크립트 버전을 확인합니다.

```
tsc -v
```

앞서 말했듯이 타입스크립트로 작성된 코드가 웹 브라우저에서 구동이 되려면 자바스크립트로 변환 되어야 합니다. 타입스크립트를 자바스크립트로 컴파일하는 과정을 알아봅시다. 먼저 main.ts 파일 을 만들고 아래와 같이 작성합니다.

코드 1.1 main.ts

```
function getFinalPrice(price: number, discount: number) {   •┄┄┄┄ 함수 인자에 타입을 정의했습니다.
    return price - price/discount;
}
console.log(getFinalPrice(100, 10));   •┄┄┄ 올바른 함수 호출
console.log(getFinalPrice(100, "10%"));   •┄┄┄ 잘못된 함수 호출
```

main.ts가 있는 경로에서 아래 명령어를 실행해 main.ts를 main.js로 변환합니다.

```
tsc main
```

"argument of type '10%' is not assignable to parameter of type 'number''10%' 타입은 '숫자' 타입인 파라미터가 아닙니다." 라는 오류 메시지가 출력되지만, 이와 별개로 main.js 파일은 생성됩니다.

코드 1.2 main.js

```
function getFinalPrice(price, discount) {   •┄┄┄┄ 파라미터의 타입이 없습니다.
    return price - price/discount;
}
console.log(getFinalPrice(100, 10));   •┄┄┄ 올바른 함수 호출
console.log(getFinalPrice(100, "10%"));   •┄┄┄ 잘못된 함수 호출이나 오류 메시지는 런타임에서만 출력됩니다.
```

컴파일 오류가 발생함에도 불구하고 자바스크립트 파일을 생성하는 이유가 무엇인지 궁금할 것입니다. 자바스크립트 관점에서 보면 main.js 파일은 유효합니다. 그러나 실제 타입스크립트 프로젝트에서는 오류가 있는 파일을 생성할 수 없습니다.

타입스크립트 컴파일러는 20개가 넘는 옵션이 있습니다. 참고: bit.ly/384AgfN 그중 하나인 noEmitOnError에 대해 알아봅시다. 기존 main.js 파일을 삭제하고 **noEmitOnError**를 추가해 명령어를 실행해봅시다.

```
tsc main --noEmitOnError true
```

main.ts 내 오류를 고치지 않는 이상 main.js 파일이 생성되지 않습니다.

> ✅ **TIP** noEmitOnError를 사용할 경우 타입스크립트 컴파일러는 모든 오류가 고쳐질 때까지 이전에 생성된 자바스크립트 파일을 덮어 쓰지 않습니다.

컴파일러 옵션 중 **--t**는 특정 자바스크립트 버전을 가리킵니다. 예를 들어 ES5, ES6 또는 그 이상 버전의 문법으로 변환하고 싶을 때 사용할 수 있습니다. 아래 명령어로 ES5 문법의 코드로 변환해봅시다.

```
tsc --t ES5 main
```

타입스크립트 컴파일러는 해당 소스, 최종 디렉터리, 타겟 등 옵션을 미리 설정할 수 있습니다. 프로젝트 폴더에 tsconfig.json 파일이 있는 상태에서 tsc 명령어 입력하면 컴파일러가 tsconfig.json 내 모든 옵션을 읽습니다. 아래 tsconfig.json 파일을 봅시다.

코드 1.3 tsconfig.js

```
{
  "compilerOptions": {
    "baseUrl": "src",        •──── src 폴더 내 모든 .ts 파일을 컴파일합니다.
    "outDir": "./dist",      •──── dist 폴더에 생성된 .js 파일을 저장합니다.
    "noEmitOnError": true,   •──── 컴파일 오류 발생 시, 자바스크립트 파일을 생성하지 않습니다.
    "target": "es5"          •──── 타입스크립트를 ES5로 컴파일합니다.
  }
}
```

이제 차례대로 실습해봅시다.

1. 프로젝트 폴더 안에 tsconfig.json 파일을 만들고 아래 코드를 작성합니다. main.ts와 같은 경로에 있어야 합니다.

```
{
  "compilerOptions": {
    "noEmitOnError": true,
    "target": "es5",
    "watch": true
  }
}
```

마지막 옵션 watch는 watch 모드로 컴파일러가 타입스크립트 파일이 변경될 때마다 다시 컴파일합니다.

2. 터미널에서 아래 명령어를 실행합니다.

```
tsc
```

앞서 언급했던 오류 메시지가 보일 것입니다. 하지만 컴파일러가 종료되지 않고 watch 모드에서 실행 중이므로 main.js 파일은 생성되지 않습니다.

3. 오류를 고치면 자동으로 다시 컴파일됩니다. main.js 파일을 열어 코드를 확인해보세요.

watch 모드를 중단하려면 터미널에서 Ctrl + C 키를 누르세요.

타입스크립트를 위한 REPL

REPL은 read–eval–print loop 약자로 간단한 코드를 빠르게 실행할 수 있는 인터랙티브 언어 셸interactive language shell을 말합니다. 타입스크립트 플레이그라운드typescriptlang.org/play 역시 코드 스니펫을 작성, 컴파일, 실행할 수 있는 REPL 입니다. 아래 그림은 타입스크립트 클래스를 ES5로 컴파일한 결과입니다.

타입스크립트를 ES5로 컴파일

```
1  class Person {
2      name = '';
3  }
4
5
```

```
1  "use strict";
2  var Person = /** @class */ (function () {
3      function Person() {
4          this.name = '';
5      }
6      return Person;
7  }());
```

아래 그림은 동일한 코드를 ES6로 컴파일한 결과입니다.

타입스크립트를 ES6로 컴파일

```
1  class Person {
2      name = '';
3  }
4
5
```

```
1  "use strict";
2  class Person {
3      constructor() {
4          this.name = '';
5      }
6  }
```

플레이그라운드 메뉴 옵션에서 컴파일러 옵션을 선택할 수 있습니다. 컴파일 타겟을 ES2018, ES5 등으로 선택할 수 있습니다.

브라우저가 아닌 터미널에서 코드 스니펫을 실행하려면 타입스크립트 Node용 REPLgithub.com/TypeStrong/ts-node을 설치하세요.[2]

---

2 역자 주: ts-node는 타입스크립트 실행 엔진으로 타입스크립트를 자바스크립트로 변환하지 않고 Node.js에서 직접 타입스크립트를 실행할 수 있습니다.)

1.4 비주얼 스튜디오 코드

비주얼 스튜디오, 웹스톰, 이클립스, 서브라임 텍스트, 아톰, 이맥스, 빔과 같은 통합 개발 환경IDE, Integrated Development Environments과 코드 에디터는 타입스크립트와 타입스크립트 전용 도구들을 지원합니다. 이 책은 마이크로소프트 사의 비주얼 스튜디오 코드이후 VS 코드에서 실습하지만 타입스크립트를 지원하는 타 에디터를 사용해도 무방합니다.

> **NOTE** 2019년 스택오버플로의 조사(insights.stackoverflow.com/survey/2019)에 따르면 응답자 중 50% 이상이 VS 코드를 사용 중이라고 답했습니다. VS 코드 역시 타입스크립트로 개발되었습니다.

실제 프로젝트에서 도움말과 리팩터링 지원은 매우 중요합니다. 정적 타입 언어는 몇 초만에 모든 변수와 함수 이름을 수정할 수 있지만, 타입을 지원하지 않는 자바스크립트는 불가능합니다. 만약 함수, 클래스, 변수 이름에 오탈자가 있다면, 빨간색으로 강조 표시가 됩니다.

code.visualstudio.com에서 운영체제 사양에 맞는 VS 코드를 다운받아 설치를 진행합니다. 설치 방법은 사용하는 OS에 따라 다릅니다. 공식 문서code.visualstudio.com/docs의 SETUP 메뉴를 참고하세요.

VS 코드를 열고 메뉴 내 File파일 〉 Open열기을 선택한 후, 예시 코드가 있는 chapter1/vscode 폴더를 선택합니다. 이 폴더에는 이전의 실습 코드인 main.ts, tsconfig.json 파일이 있습니다. [그림 1.5] 내 빨간색으로 밑줄이 그어진 "10%"는 오류를 가리킵니다. 이곳에 마우스를 올리면 [그림 1.2]와 같은 오류 메시지를 볼 수 있습니다.

그림 1.5 VS 코드 내 오류 메시지 강조 표시

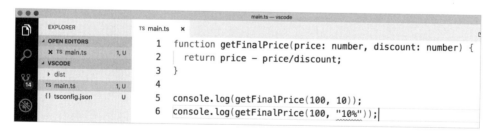

VS 코드는 타입스크립트 파일, 프로젝트 두 모드를 지원합니다. 단일 파일은 다른 파일 내 변수를 불러와 사용할 수 없습니다. 프로젝트 모드는 프로젝트 폴더 내 tsconfig.json 파일이 있어야 합니다. 다음 절에서 tsconfig.json 파일의 설정 내용을 설명하겠습니다.

코드 1.4 vscode/tsconfig.json

```
{
  "compilerOptions": {
    "outDir": "./dist",      ●—— dist 폴더에 생성된 자바스크립트를 저장합니다.
    "noEmitOnError": true,   ●—— 모든 오류가 고쳐진 후에야 자바스크립트 파일이 생성됩니다.
    "lib": ["dom", "ES6"]    ●··········
  }
}
                              해당 라이브러리를 추가해야 tsc가 console.log() 같은
                              웹 API를 알 수 없는 API로 인식하지 않습니다.
```

만약 터미널^{또는 명령 프롬프트}에서 VS 코드를 실행할 수 없다면 환경 변수인 PATH를 추가해야 합니다. 윈도우는 설치 과정에서 자동으로 환경 변수가 추가됩니다. 맥 OS는 메뉴 내 View 〉 Command Palette에서 **shell command**를 입력한 후 아래 Shell command: Install 'code' command in PATH 옵션을 선택합니다. 터미널을 다시 실행한 후, **code** 명령어를 입력하면 해당 폴더 위치에서 VS 코드가 실행됩니다.

이전 절에서 별도 터미널에서 코드를 컴파일했지만, VS 코드 내에서 터미널을 사용하면 여러 창을 열고 닫지 않아도 되어 편리합니다. View 〉 Terminal 또는 Terminal 〉 New Terminal을 선택해 터미널을 엽니다.

[그림 1.6]은 VS 코드 터미널에서 **tsc** 명령어를 실행한 모습입니다. + 버튼을 클릭하면 더 많은 창을 만들 수 있습니다. 명령어를 실행하면 main.ts가 컴파일되고 main.js가 dist 폴더 내에 생성됩니다.

그림 1.6 VS 코드에서 tsc 명령어 실행

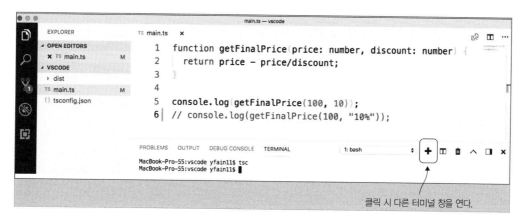

좌측 검은색 패널 맨 아래에 있는 사각형 아이콘은 VS 코드 마켓플레이스 버튼으로 VS 코드 전용 확장 애플리케이션을 찾아 설치할 수 있습니다. 아래는 타입스크립트 개발을 도와주는 확장 애플리케이션 목록입니다.

- ESLint : 자바스크립트 린터를 통합시켜 코드의 가독성과 보전성을 확인합니다.
- Prettier : 코드 파싱 후 자체 규칙에 따라 자동으로 고쳐주어 일관적인 스타일을 적용합니다.
- Path Intellisense : 자동으로 파일 경로를 고쳐줍니다.

VS 코드에서 타입스크립트 프로그래밍을 하는 법에 대한 자세한 내용은 VS 코드의 공식 안내 문서 code.visualstudio.com/docs/languages/typescript에서 확인하세요.

NOTE 이 책의 2부에서는 블록체인 앱을 구현하는 다양한 방법을 소개합니다. 2부를 읽을지 결정하는 건 여러분의 자유지만 8장과 9장은 꼭 읽어보시길 권합니다.

요약

- 타입스크립트는 자바스크립트의 상위 집합 언어입니다. 타입스크립트로 작성한 프로그램은 자바스크립트로 트랜스파일해야 브라우저나 자바스크립트 엔진에서 실행할 수 있습니다.

- 타입스크립트에서 발생하는 오류는 정적 코드 분석기가 입력하는 즉시 찾아낼 수 있습니다.

- 타입스크립트는 정적 타입 언어가 가진 장점을 가지고 있습니다. 원한다면 오랫동안 익숙했던 동적 자바스크립트 오브젝트도 사용할 수 있습니다.

- 타입스크립트는 ECMA스크립트 최신 명세를 따르며 타입, 인터페이스, 데코레이터, 클래스 변수필드, 제네릭, 열거 타입, public, protected 및 private 키워드 등 다양한 기능을 가지고 있습니다. 타입스크립트 로드맵github.com/Microsoft/TypeScript/wiki/Roadmap에서 향후 추가될 기능을 확인할 수 있습니다.

- 새 타입스크립트 프로젝트를 시작하려면 원하는 위치에서 명령어 tsc --init를 입력하세요. 컴파일러의 모든 옵션이 주석 처리되어 있는 tsconfig.json이 생성될 겁니다. 필요한 설정만 주석 처리를 해제하세요.

제 2 장

기본 타입과 커스텀 타입

이 장의 목표

- 함수 내 변수 타입 선언
- 타입 키워드를 사용한 타입 선언
- 클래스와 인터페이스의 커스텀 타입 선언

여러분은 타입스크립트를 타입이 추가된 자바스크립트라 생각할지도 모릅니다. 이는 너무 과소평가라 생각합니다. 타입스크립트에는 인터페이스, 제네릭 등 자바스크립트에 없는 다양한 구문들을 가지고 있습니다. 그 중 핵심이 바로 타입type입니다.

반드시 식별자 타입 선언을 해야하는 것은 아니지만 되도록이면 타입을 선언하는 것이 좋습니다. 이번 장에서는 일반 타입과 커스텀 타입의 다양한 사용 방법에 대해 알아봅니다.

또한 클래스와 인터페이스를 사용해 커스텀 타입을 선언하는 방법에 대해 알아봅니다. 제 3장에서 클래스와 인터페이스를 더 자세히 다룹니다.

> **NOTE** 최신 자바스크립트 문법에 익숙하지 않다면 부록 A부터 읽으시길 권합니다. 부록 A를 통해 먼저 자바스크립트 문법을 숙지하면 앞으로 배울 타입스크립트에 대해 더 잘 이해할 수 있습니다.

2.1 변수 타입 선언

그렇다면 자바스크립트 변수에 타입은 왜 선언해야 할까요? 변수명과 해당 데이터 타입은 어디에 선언해야 할까요? 타입스크립트를 사용하지 않고, 자바스크립트에서 타입을 선언하는 것이 더 편하지 않을까요?

물론 자바스크립트에서 타입이 숫자인 변수를 문자열로 변경할 수 있습니다. 하지만 [그림 2.1]에서 볼 수 있듯이 타입스크립트에서는 불가능합니다.

변수 타입 변경

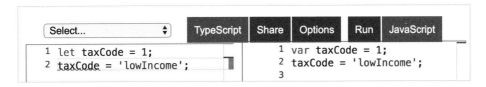

typescriptlang.org 사이트 내 Playground로 들어가 왼쪽 패널에 타입스크립트 코드를 직접 입력해보세요. 변수 taxCode의 타입을 어디에 선언했나요? 선언하지 않았지만, 초기 변수 타입은 숫자입니다. 여기서 타입스크립트는 taxCode 변수 타입을 number로 지정합니다.

두 번째 행에 보이는 빨간색 물결선은 오류를 표시합니다. 이 줄에 마우스를 가져가면 "an errorType 'lowIncome' is not assignable to type 'number'. 타입 오류: 'lowIncome'의 '숫자' 타입으로 할당할 수 없습니다."라는 오류 메시지가 보일 것입니다. 이는 숫자 타입으로 지정된 변수를 다시 문자열로 변경할 수 없다는 의미입니다. [그림 2.1]의 오른쪽 패널은 컴파일된 자바스크립트 코드로, 런타임 도중 변수 타입이 변경되더라도 아무런 오류가 발생하지 않음을 볼 수 있습니다.

강제적인 타입 선언이 귀찮게 느껴질지도 모르겠지만 장기적인 관점에서 볼 때 생산성이 눈에 띌 정도로 향상된다는 사실을 알게 될 것입니다. 만약 개발자가 실수로 변수 타입을 숫자에서 문자열로 바꾼다면, 런타임이 아닌 컴파일러 단계에서 이 오류를 바로잡을 수 있기 때문입니다.

소프트웨어 개발자는 타입스크립트 컴파일러로 타입을 명시적 또는 암시적이른바 타입 추론, Type Inference 으로 선언할 수 있습니다. 명시적이란 코드에 직접 구체적으로 표현한다는 뜻이며, 암시적은 코드로 표현하지 않아도 컴파일러가 알아서 처리한다는 의미입니다. [그림 2.1]에서는 taxCode 변수를 타입을 지정하지 않고 선언했습니다. 이 변수에 1이란 값을 지정하면 컴파일러는 변수의 타입을 number로 인식합니다. 이게 바로 암시적 선언입니다. 다음 절에서 나오는 대부분의 예시 코드에서는 명시적 선언을 합니다. 표시된 일부의 경우만 암시적 선언을 사용합니다.

2.1.1 기본적인 타입 표기

타입스크립트는 변수 선언 후, 타입과 함께 세미콜론을 붙입니다.

```
let firstName: string;
let age: number;
```

타입스크립트에는 다음과 같은 타입 표기가 있습니다. 대부분 타입은 자기 기술적Self-descriptive인 이름을 가지고 있으며 주요 타입은 아래와 같습니다.

- string – 문자열
- boolean – true/false 값
- number – 숫자
- symbol – Symbol 생성자를 호출해 생성된 고윳값
- any – 모든 타입을 허용하는 타입. 코드를 쓰는 동안 정해지지 않은 변수를 지정할 수 있음
- unknown – any와 비슷하나 먼저 타입을 지정하거나 좁히지 않으면 조작이 허용되지 않음
- never – 도달할 수 없는 코드를 나타냄
- void – 값이 없음

symbol은 ES6에 추가된 변경 불가능한 원시 타입으로 객체 프로퍼티를 만들 수 있습니다. 아래 코드를 통해 볼 수 있듯 변수 sym1과 sym2의 값은 동일하지 않습니다.

```
const sym1 = Symbol("orderID");
const sym2 = Symbol("orderID");
```

새 symbol을 추가할 때 (new 키워드는 생략됨) 설명description 추가는 옵션예: orderID입니다. symbol은 객체 프로퍼티의 고유값을 가진 키를 생성할 때 사용됩니다.

코드 2.1 객체 프로퍼티로 Symbol 사용하기
```
const ord = Symbol('orderID');   •······ 새 symbol 생성
const myOrder = {
    ord: "123"   •······ 객체 프로퍼티로 symbol 사용
};
console.log(myOrder['ord']);   •······ 123이 출력됨
```

타입스크립트 역시 자바스크립트에서 '값이 없음'을 나타내는 null과 undefined 타입을 가집니다. 값이 할당되지 않은 변수는 초기값으로 undefined를 가지며 그 자체로 undefined 타입입니다. 값을 반환하지 않는 함수 역시 undefined를 반환합니다. 반면 null은 명시적으로 값이 비어있음을 나타내며 객체입니다. 예: let somVar = null;

null과 undefined를 모든 변수에 할당할 수 있지만, 여러 타입과 섞어 사용되는 것이 일반적입니다.

아래 코드는 문자열 또는 null을 반환하는 함수입니다. (| 표시는 union 타입으로 2.1.3절에서 다룹니다.)

```
function getName(): string | null {
    ...
}
```

대부분의 프로그래밍 언어와 마찬가지로, 문자열을 반환하는 함수를 선언해도 null을 반환할 수 있는 가능성이 있겠지만, 이렇게 null을 명시적으로 작성해주면 코드 가독성이 향상됩니다.

any 타입은 숫자, 텍스트, 부울 또는 Customer 같은 커스텀 타입^{사용자가 정의한 타입} 값을 할당할 수 있습니다. 그러나 any 타입을 사용하면 타입 체크의 장점을 잃고 코드 가독성도 떨어지기 때문에 되도록이면 사용하지 않는 것이 좋습니다.

never 타입은 절대 반환을 하지 않는 함수에 사용합니다. 절대로 실행이 종료되지 않는 함수나 오류를 발생시키기 위해서만 존재하는 함수를 예로 들 수 있습니다. 아래 화살표 함수는 반환되지 않으며 타입 검사기는 never 타입을 반환한다고 유추합니다.

코드 2.2 화살표 함수는 never 타입을 반환합니다.
```
const logger = () => {
  while (true) {  •······ 함수가 종료되지 않고 계속 실행됩니다.
    console.log('서버가 실행 중 입니다.');
  }
};
```

생성한 함수를 변수에 할당하는 방법을 함수 표현식이라고 하는데, 이 역시 타입을 반환합니다. 위 코드에서 logger의 타입은 never입니다. [코드 2.9]에서 never 타입의 또 다른 코드를 확인할 수 있습니다.

void 타입은 변수 선언이 아니라, 값을 반환하지 않는 함수를 선언하는 데 사용됩니다.

```
function logError(errorMessage: string): void {
    console.error(errorMessage);
}
```

never 타입과 다르게 void 함수는 실행을 완료하지만 값을 반환하지 않습니다.

타입스크립트 내 타입 표기는 선택 사항입니다. 일부 변수에 타입 표기가 없다면, 타입스크립트의 타입 검사기는 해당 타입을 유추합니다.

아래 코드는 유효한 타입스크립트 문법입니다.

```
let name1 = 'John Smith';    •——— 타입 없이 변수를 선언 및 초기화했습니다.
let name2: string = 'John Smith';   •——— 타입을 추가해 변수를 선언 및 초기화했습니다.
```

첫 번째 행은 자바스크립트 스타일로 변수 **name1**을 선언하고 초기화하며, **name1**의 타입은 문자열임을 유추할 수 있습니다. 두 번째 행은 타입스크립트 스타일로 변수 **name2**를 선언하고 문자열 타입을 표기하여 초기화합니다. 올바르게 타입을 표기한 것일까요? 사실 코드 스타일 관점에서 보면 타입을 중복해서 지정한 것입니다.

두 번째 행은 타입스크립트 문법에 문제가 없지만 변수의 값이 문자열이므로 타입스크립트가 이미 타입을 **string**으로 유추했기 때문에 또 다시 타입을 지정할 필요가 없습니다.

따라서 타입스크립트 컴파일러가 유추 가능한 곳에 명시적으로 타입을 추가하는 것을 피해야 합니다. 아래 [코드 2.3]의 변수 **age**와 **yourTax**의 타입 표기가 없습니다. 타입스크립트 컴파일러가 타입을 유추하기 때문에 굳이 타입을 다시 표기할 필요가 없습니다.

코드 2.3   타입 유추

```
const age = 25;   •——— 상수 age의 타입이 없습니다.
function getTax(income: number): number {
    return income * 0.15;
}
let yourTax = getTax(50000);   •——— 변수 yourTax의 타입은 없습니다.
```

타입스크립트는 문자열 리터럴String Literal을 타입으로 사용할 수 있습니다. 아래 코드의 변수 **name3**의 값 **John Smith**가 타입 값으로 선언되었습니다.

```
let name3: 'John Smith';
```

변수 name3은 John Smith이라는 리터럴 타입을 가집니다. 즉 이 변수는 John Smith란 값을 가지며 그 값이 변경되면 아래와 같이 오류가 발생됩니다.

```
let name3: 'John Smith';
name3 = 'Mary Lou'; // error: Type '"Mary Lou"' is not assignable to type '"John Smith"'
                    // 오류 : '"Mary Lou"' 타입은 '"John Smith"'타입으로 지정할 수 없습니다.
```

그러나 변수 name3처럼 문자열 리터럴을 사용해 타입을 선언하는 경우는 드물고, 이 대신 유니온2.1.3 절에서 설명과 열거 타입제 4장에서 설명을 사용합니다.

타입 확장

초기값 없이 변수를 선언하면 타입스크립트 컴파일러는 any 타입으로 유추합니다. 이처럼 컴파일러가 변수 타입을 유추하는 것을 타입 확장type widening이라고 부릅니다. 아래 변수 productId의 값은 undefined입니다.

```
let productId;
productId = null;
productId = undefined;
```

타입스크립트 컴파일러는 any 타입으로 유추하고 null과 undefined 값에 할당합니다. 따라서, 변수 productId의 타입은 any입니다.

타입스크립트 컴파일러는 --strictNullCheck 옵션을 통해 타입이 정해진 변수에 null이 입력되는 걸 막습니다. 아래 코드 스니펫에서 --strictNullCheck 옵션을 적용하면 productId의 타입은 number가 되며, 두 번째와 세 번째 줄은 컴파일되지 않을 것입니다.

```
let productId = 123;
productId = null; // 컴파일 오류
productId = undefined; // 컴파일 오류
```

--strictNullCheck 옵션은 undefined 값을 잡는 데도 도움이 됩니다. 예를 들어 어떤 함수가 조건부 프로퍼티가 들어있는 객체를 반환할 때 여러분이 짠 코드는 해당 프로퍼티가 존재한다고 착각하고 함수를 적용하려 할 수도 있습니다.

2.1.2 함수 본문 내 타입 선언

타입스크립트 함수와 함수 표현식은 자바스크립트와 유사하지만 파라미터 타입과 반환 값을 명시적으로 선언합니다. 먼저 타입이 없는 자바스크립트 함수를 작성해보겠습니다. 아래 [코드 2.4]의 함수는 세 가지 파라미터를 받아 주^{state}, 소득^{income}, 부양 가족 수^{dependents}에 따라 세금을 계산합니다. 거주지에 따라 부양 가족 1인당 $500 또는 $300 세금을 공제받습니다.

코드 2.4 ▶ 자바스크립트 - 세금 계산 함수

```
function calcTax(state, income, dependents) {  •········ 함수 파라미터에 타입 표기가 없습니다.
    if (state === 'NY') {
        return income * 0.06 - dependents * 500;  •········ 뉴욕 주의 세금을 계산합니다.
    } else if (state === 'NJ') {
        return income * 0.05 - dependents * 300;  •········ 뉴저지 주의 세금을 계산합니다.
    }
}
```

예를 들어 뉴저지 주에 거주하며 $50,000의 소득이 있고 두 명의 부양 가족이 있다고 가정하고 calcTax()를 호출해봅시다.

```
let tax = calcTax('NJ', 50000, 2); //1900
```

변수 **tax** 값은 **1,900**입니다. calcTax()의 함수 파라미터에 아무 타입도 선언하지 않았지만, 파라미터의 이름을 보고 숫자 타입임을 추측할 수 있습니다. 만약 우리가 타입을 틀리게 추측하면 어떻게 될까요? dependents 파라미터에 문자열 값을 전달해 잘못된 방식으로 호출해보겠습니다.

```
let tax = calcTax('NJ', 50000, 'two'); // NaN
```

함수가 호출되기 전까지 위 코드에 문제가 있음을 알 수 없습니다. 변수 **tax** 값은 NaN$^{NaN은 숫자가 아닙}$다입니다. 파라미터 타입을 선언할 수 없고, 컴파일러가 함수 파라미터 타입을 유추할 수 없기 때문에 버그가 발생한 것입니다. [코드 2.5]에서는 같은 함수에 타입을 추가해보겠습니다.

코드 2.5 타입스크립트 - 세금 계산 함수

```
function calcTax(state: string, income: number, dependents: number): number {     •┈┈┈┈┐
    if (state === 'NY') {
                                                                  함수 인자와 반환 값의 타입을 표시했습니다.
        return income * 0.06 - dependents * 500;
    } else if (state === 'NJ') {
        return income * 0.05 - dependents * 300;
    }
}
```

이제는 실수로 세 번째 파라미터인 **dependents**에 **string** 타입의 값을 전달하는 일은 없을 것입니다.

```
let tax: number = calcTax('NJ', 50000, 'two');
```

타입스크립트 컴파일러는 "Argument of type string is not assignable to parameter of type number. string 타입인 파라미터를 number 타입 파라미터에 할당할 수 없습니다."라는 오류 메시지를 보냅니다. 한편 함수의 반환 값은 **number** 타입으로, 변수 **tax**의 결과가 숫자가 아니라면 오류를 내보내 타입 실수를 방지합니다.

```
let tax: string = calcTax('NJ', 50000, 'two');
```

컴파일러는 이를 포착하여 "The type 'number' is not assignable to type 'string': var tax: string. 'number' 타입은 'string': var tax : string 타입에 할당할 수 없습니다."라는 오류를 생성합니다. 컴파일하는 동안 타입 검사는 실제 프로젝트 개발 중 많은 시간을 절약해줍니다.

calcTax( ) 함수 고치기

calcTax() 함수의 첫 번째 파라미터인 **state**는 NY와 NJ의 두 가지 경우만 처리합니다. 여기에 없는 주를 파라미터로 추가하면 **undefined**를 반환합니다. [코드 2.5]에서 타입스크립트 컴파일러는 결과값이 **unde-fined**가 될 수 있다는 경고 메시지를 표시하지 않습니다. 아래와 같이 타입스크립트 구문을 추가해 결과값이 **number** 또는 **undefined** 타입으로 반환될 수 있음을 경고할 수 있습니다.

```
function calcTax(state: string, income: number, dependents: number) : number | undefined
```

2.1.3 유니온 타입

유니온union은 OR 연산자처럼 변수에 지정할 수 있는 타입이 여러 개일 경우 사용합니다. (| 표시가 유니온입니다.) 아래와 같이 문자열 또는 숫자를 허용하는 변수를 선언할 수 있습니다.

```
let padding: string | number;
```

변수 **padding**은 숫자 또는 문자열 타입만 허용합니다. 물론 이 대신에 **any** 타입을 사용하면 해결되지만, 이렇게 사용하는 이유가 있습니다. [코드 2.6]은 타입스크립트 공식 문서^{bit.ly/3bXxv0q}에 있는 코드입니다. **padLeft()** 함수는 주어진 문자열에 왼쪽 패딩값을 추가하는 함수입니다. **padding** 값이 숫자 타입이면 이 값만큼 **value** 앞에 공백 문자를 추가하고, 문자열 타입이면 **value** 앞에 **padding**의 문자열을 이어 붙여 반환합니다.

코드 2.6 | any 타입을 사용하는 padLeft()함수

```
function padLeft(value: string, padding: any): string {    ● ─── value는 string 타입, padding은 any 타입을 허용합니다.
  if (typeof padding === 'number') {    ● ─── padding이 number 타입이면 그 값만큼 공백을 만듭니다.
    return Array(padding + 1).join(' ') + value;
  }
  if (typeof padding === 'string') {    ● ─── string 타입이면 padding과 value를 이어 붙입니다.
    return padding + value;
  }
  throw new Error(`Expected string or number, got '${padding}'.`);    ●
}                                        파라미터 타입이 string이나 number가 아닐 경우 오류가 발생합니다.
```

[코드 2.7]은 padLeft() 함수를 사용한 예 입니다.

코드 2.7 | padLeft 함수 호출

```
console.log(padLeft('Hello world', 4));    ● ─── " Hello world"를 반환합니다.
console.log(padLeft('Hello world', 'John says '));    ● ─── "John says Hello world"를 반환합니다.
console.log(padLeft('Hello world', true));    ● ─── 런타임 오류가 발생합니다.
```

조건문을 적용해 변수 타입을 세분화하는 것을 타입 축소[type narrow]라고 하며, [코드 2.5]의 if 문은 typeof 타입 가드를 사용해 둘 이상의 타입을 허용하도록 그 범위를 축소했습니다. 런타임 동안 **padding**의 실제 타입을 확인하기 위해 **typeof** 를 사용했습니다.

이와 유사하게 **instanceof**는 2.2에서 설명할 커스텀 타입과 함께 사용됩니다. **instanceof** 가드는 런타임 동안 실제 객체 타입을 확인합니다.

```
if (person instanceof Person) {...}
```

typeof는 타입스크립트 내장 타입에 사용되며, **instanceof**은 사용자가 만든 타입에 사용된다는 차이가 있습니다.

✓ TIP 2.2.4절에서 타입스크립트의 구조적 타입 시스템에 대해 설명합니다. 요약하자면, (중괄호를 사용한) 객체 리터럴 구문을 통해 생성한 객체가 클래스 객체(예: Person)와 같은 속성을 가지고 있다면 Person을 요구하는 자리에 해당 객체를 사용할 수 있습니다. 이 때문에 변수 person이 Person 클래스의 생성자로 생성하지 않은 객체를 가리키는 경우 if (person instance of Person)는 false를 반환할 수 있습니다.

[코드 2.6]의 **padding** 타입을 **string**과 **number** 유니온으로 바꾸면 컴파일러는 **padLeft()**에 그 이외의 타입이 들어올 경우 오류를 내보냅니다. 예외 처리의 필요성이 사라집니다.

코드 2.8 union 타입이 적용된 padLeft 함수

```
function padLeft(value: string, padding: string | number ): string {    •┄┄┄┄┄┄
  if (typeof padding === "number") {                          두 번째 파라미터는 string 또는 number 타입만 허용합니다.
    return Array(padding + 1).join(" ") + value; }
  if (typeof padding === "string") {
    return padding + value;
  }
}
```

이제 **padLeft()** 함수의 두 번째 인자에 잘못된 타입(예를 들면 **true** 등)을 추가해 호출하면 컴파일 오류가 발생합니다.

```
console.log(padLeft("Hello world", true)); // 컴파일 오류
```

이제 never 타입을 설명하기 위해 [코드 2.8]을 수정해보겠습니다. if 문 등으로 경우의 수가 좁혀진 변수의 경우 else 절을 추가해 never 타입을 만들 수 있습니다.

코드 2.9 never 타입이 적용된 padLeft 함수

```
function padLeft(value: string, padding: string | number ): string {
  if (typeof padding === "number") {
    return Array(padding + 1).join(" ") + value; }
  if (typeof padding === "string") {
    return padding + value;
  } else {
    return padding;   •┄┄┄┄ else 블록은 실행되지 않습니다.
  }
}
```

never는 어떤 타입과도 호환되지 않는 타입으로 논리적으로 끝까지 실행될 수 없는 함수의 반환 값은 never 타입이 됩니다. padding 파라미터 타입은 문자열 또는 숫자이며, 그 외의 타입을 허용하지 않습니다. 따라서 else 절 내 padding은 never 타입으로 유추됩니다. 위 코드를 복사해 타입스크립트 플레이 그라운드에서 실행하고 else 절 내 padding 위에 마우스를 올려 값을 확인해보세요.

[코드 2.6]과 [코드 2.9]의 padLeft()를 서로 비교해보고 any 대신 string | number를 사용해야 하는 이유를 깨달으셨기를 바랍니다. 유니온을 사용하면 타입스크립트 컴파일러가 런타임 도중 padLeft()가 잘못 호출된 경우 이를 감지해 오류를 바로 해결할 수 있습니다.

이번 절에서는 원시 타입string, number과 유니온 타입을 알아보았으니, 이어서 커스텀 타입을 선언하는 방법을 알아보겠습니다.

2.2 커스텀 타입 정의

타입스크립트는 type, interface, enum(제 4장에서 다룹니다) 키워드 및 클래스 선언으로 커스텀 타입을 만들 수 있습니다. 먼저 type 키워드에 대해 알아보겠습니다.

2.2.1 타입 키워드 사용

type 키워드는 새로운 타입을 선언하거나 타입 별칭^{type alias}을 사용해 이미 존재하는 타입에 다른 이름을 붙여 사용할 수 있습니다. 환자의 이름, 키, 몸무게를 보여주는 앱을 만든다고 가정해봅시다. 먼저 키와 몸무게를 나타내는 단위인 Foot과 Pound 타입을 정의해보겠습니다.

코드 2.10 Foot와 Pound 타입 선언

```
type Foot = number;
type Pound = number;
```

이 타입 별칭을 사용해 환자를 나타내는 Patient 타입을 만들어보겠습니다.

코드 2.11 타입 별칭을 사용해 새 타입 선언

```
type Patient = {      •┄┄┄┄ Patient 타입 선언
  name: string;
  height: Foot;       •┄┄┄┄ Foot 타입 별칭 사용
  weight: Pound;      •┄┄┄┄ Pound 타입 별칭 사용
}
```

타입 별칭은 자바스크립트 코드로 컴파일되지 않습니다. 이제 변수에 Patient 타입을 추가해 초기화합니다.

코드 2.12 타입 프로퍼티 선언 및 초기화

```
let patient: Patient = {      •┄┄┄┄ 객체 리터럴 표기법을 사용해 인스턴스를 만들었습니다.
  name: 'Joe Smith',
  height: 5,
  weight: 100
}
```

patient 변수를 초기화할 때, 만약 타입 프로퍼티 값 중 하나인 weight가 빠지면 어떻게 될까요?

```
let patient: Patient = {
    name: 'Joe Smith',
    height: 5
}
```

타입스크립트는 아래와 같이 불평할 것입니다.

Type '{ name: string; height: number; }' is not assignable to type 'Patient'. Property 'weight' is missing in type '{ name: string; height: number; }'.
타입 '{ name: string; height: number; }'은 'Patient'에 할당되지 않았습니다. '{ name: string; height: number; }' 타입에 'weight' 프로퍼티가 빠져있습니다.

만약 해당 프로퍼티가 필수가 아닌 옵션 사항이라면, 프로퍼티 이름에 ?를 붙여 조건부 프로퍼티임을 선언합니다. 이 경우, **weight** 프로퍼티는 옵션으로 그에 따른 오류가 발생되지 않습니다.

코드 2.14 조건부 프로퍼티 선언

```
type Patient = {
    name: string;
    height: Height;
    weight?: Weight;    •········ weight 프로퍼티는 옵션 사항입니다.
}

let patient: Patient = {    •········ 변수는 patient weight 없이 초기화됩니다.
    name: 'Joe Smith',
    height: 5
}
```

> **TIP** 클래스나 인터페이스에서 물음표를 추가해 조건부 프로퍼티를 정의할 수 있습니다. 타입스크립트의 클래스와 인터페이스는 이후에 다룹니다.

함수 시그니처에도 **type** 키워드와 타입 별칭을 사용할 수 있습니다. 예를 들어 폼 양식이 있고 입력된 값의 유효성을 검사하는 **ValidatorFn**이라는 함수를 구현한다고 가정해봅시다. **ValidatorFn** 함수에는 특정 시그니처가 필요합니다. **FormControl** 타입 객체를 받아서, 값이 유효한 경우 **null**을 반환하고 그렇지 않으면 오류를 설명하는 객체를 반환합니다.

아래와 같이 이 함수 타입을 정의할 수 있습니다.

```
type ValidatorFn =
    (c: FormControl) => { [key: string]: any }| null
```

여기서 `{ [key: string]: any }`는 모든 타입의 프로퍼티를 가질 수 있는 객체를 의미합니다.

아래와 같이 **FormControl** 클래스 생성자를 만들 때 앞서 정의한 커스텀 타입 **ValidatorFn**를 파라미터로 사용할 수 있습니다.

```
class FormControl {
    constructor (initialValue: string, validator: ValidatorFn | null) {...};
}
```

> **✓ TIP** 부록 A에서 자바스크립트 함수 내 조건부 파라미터 사용에 대해 다룹니다. 위 코드는 타입스크립트 union 타입을 사용해 조건부 파라미터를 선언했습니다.

2.2.2 클래스 내 커스텀 타입 사용

부록 A를 통해 자바스크립트 클래스 개념에 익숙해졌을 것입니다. 이번 절에서는 자바스크립트 클래스에 타입스크립트의 추가 기능을 붙여보겠습니다. 제 3장에서 클래스에 대해 더 자세히 다룹니다.

자바스크립트는 클래스 프로퍼티를 선언하는 구문이 없지만 타입스크립트는 그렇지 않습니다. [그림 2.2]의 왼쪽 패널의 타입스크립트 코드를 보면 **Person** 클래스에 세 가지 프로퍼티가 선언되었음을 확인할 수 있습니다. 오른쪽 패널은 타입스크립트 컴파일러로 생성된 ES6 코드입니다.

그림 2.2 클래스 Person을 ES6버전으로 컴파일한 결과

TypeScript	JavaScript (ES6)
1 `class Person {`	1 `"use strict";`
2 `    firstName: string;`	2 `class Person {`
3 `    lastName: string;`	3 `}`
4 `    age: number;`	4 `const p = new Person();`
5 `}`	5 `p.firstName = "John";`
6	6 `p.lastName = "Smith";`
7 `const p = new Person();`	7 `p.age = 25;`
8 `p.firstName = "John";`	8
9 `p.lastName = "Smith";`	
10 `p.age = 25;`	

위 코드에서 자바스크립트는 **Person** 클래스의 프로퍼티가 없습니다. **Person** 생성자를 선언하지 않았기 때문에 인스턴스를 만든 후에 프로퍼티를 초기화했습니다. 생성자는 클래스 인스턴스가 생성된 후에 한 번만 실행되는 특별한 함수입니다.

이제 **Person** 클래스를 세 개의 파라미터와 함께 생성자를 추가해보겠습니다. 코드 한 줄로 클래스를 인스턴스하고 프로퍼티를 초기화할 수 있습니다. 타입스크립트는 생성자의 파라미터 등에 타입을 표기할 수 있습니다.

타입스크립트는 다른 객체 지향 언어와 같이 접근 제어자Access modifier가 있으며 **readonly, private, protected, public** 키워드가 있습니다. 이 키워드는 제 3장에서 자세히 다룹니다. 이들 중 하나를 생성자 파라미터와 함께 사용하여 [그림 2.3]과 같이 생성자 내 파라미터를 생성된 자바스크립트 객체 내 프로퍼티로 추가해보겠습니다.

그림 2.3 생성자가 추가된 Person 클래스

```
TypeScript

1  class Person {
2      constructor(public firstName: string,
3                  public lastName: string, public age: number) {};
4  }
5
6  const p = new Person("John", "Smith", 25);
7
8
9
10
```

```
JavaScript (ES6)

1  "use strict";
2  class Person {
3      constructor(firstName, lastName, age) {
4          this.firstName = firstName;
5          this.lastName = lastName;
6          this.age = age;
7      }
8  ;
9  }
10 const p = new Person("John", "Smith", 25);
```

이제 왼쪽 타입스크립트 클래스 코드가 조금 더 명확해졌고 생성된 자바스크립트 코드는 생성자에 세 개의 프로퍼티를 포함하고 있습니다. [그림 2.3]의 6행에 주목해봅시다. 별도의 타입 없이 상수 **p**를 선언했지만, 이것으로 타입을 좀더 명확하게 작성할 수 있습니다.

```
const p: Person = new Person('John', 'Smith', 25);
```

이는 때로는 명시적인 타입 표기를 생략해도 된다는 것을 보여줍니다. 상수를 선언하고 타입 객체를 초기화했기 때문에 타입스크립트 타입 검사기는 타입을 추론하고 상수 **p**에 타입을 할당할 수 있습니다. 생성된 자바스크립트 역시 상수 **p**의 타입을 다시 지정하지 않고 타입스크립트 코드와 동일합니다. 실제 코드를 확인하려면 bit.ly/3kD2EL7를 참고하세요.

TIP 타입스크립트 클래스 내 각 생성자 파라미터에 public 접근 제어자를 사용할 수 있습니다. 생성된 프로퍼티는 클래스 내부 및 외부에서 접근할 수 있게 됩니다.

클래스 프로퍼티를 선언할 때 readonly 제한자를 사용할 수 있습니다. 클래스 생성사 내부 등에 프로퍼티를 초기화하는 경우, 그 값이 바뀌지 않아야 하는 경우가 종종 있습니다. readonly 제한자는 변경 불가능한 상수를 나타내는 const 키워드와 비슷하지만, 다만 const는 클래스 프로퍼티에 사용할 수 없습니다.

제 8장의 블록체인 앱 개발 실습에서 블록체인은 변경 불가능한 프로퍼티로 구성됩니다. [코드 2.15]에서는 나중에 사용하게 될 클래스 Block으로 생성자 내 정의된 프로퍼티에 대해 살펴보겠습니다.

코드 2.15 Block 클래스 프로퍼티

```
class Block {
    readonly nonce: number;    •———— 생성자 내부에 초기화된 프로퍼티입니다.
    readonly hash: string;
    constructor (
        readonly index: number,    •———— 초기화 중 프로퍼티 값이 생성자로 전달됩니다.
        readonly previousHash: string,
        readonly timestamp: number,
        readonly data: string
    ) {
        const { nonce, hash } = this.mine();   •———— mine() 메서드에서 반환된 객체를 구조 분해 구문으로 상수를 선언합니다.
        this.nonce = nonce;
        this.hash = hash;
    }
    // 이후 코드 생략
}
```

Block 클래스는 총 6개의 readonly 프로퍼티를 가집니다. 거듭 말했지만, 생성자 파라미터에 클래스 프로퍼티를 명시적으로 선언하지 않아도 됩니다. [코드 2.15]에서 클래스의 두 프로퍼티가 명시적으로 선언 되었고, 나머지 4개는 그렇지 않습니다.

2.2.3 인터페이스를 사용한 커스텀 타입

대다수 많은 객체 지향 언어는 인터페이스interface 문법 구조가 있는데, 이는 객체 프로퍼티 또는 메서드 구현을 위해 사용됩니다. 자바스크립트에는 인터페이스가 없습니다.

이번 절에서는 인터페이스를 사용한 커스텀 타입을 정의하는 방법을 설명합니다. 제 3장에서는 클래스에서 인터페이스를 사용하는 방법에 대해 구체적으로 설명합니다.

타입스크립트는 인터페이스를 지원하는 **interface**와 **implements** 키워드가 있는데, 이들은 자바스크립트 코드로 컴파일되지 않습니다. 개발 도중 잘못된 타입을 피할 수 있게 도와주는 역할을 할 뿐입니다. 커스텀 타입을 선언하기 위해 **interface** 키워드를 사용하는 방법에 대해 알아보겠습니다.

예를 들어 조직 내 구성원에 대한 정보를 저장하는 함수를 만든다고 가정해봅시다. 각 사람은 프로퍼티와 타입을 가진 객체로 표현할 수 있습니다. 아래와 같이 인터페이스 **Person**을 정의해보겠습니다.

코드 2.16 인터페이스를 사용한 커스텀 타입 선언

```
interface Person {
  firstName: string;
  lastName: string;
  age: number;
}
```

[그림 2.2]의 타입스크립트는 **class** 키워드로 **Person**을 선언했지만, 이번에는 **interface** 키워드로 커스텀 타입을 선언했습니다. 차이점은 무엇일까요? 커스텀 타입을 **class**와 같이 선언하면 마치 값처럼 여러 번 사용할 수 있습니다. (예 : [그림 2.2] 및 [그림 2.3]에서 본 **new** 키워드를 사용해 인스턴스화할 수 있습니다.)

또한 타입스크립트 코드에서 **class** 키워드를 사용하면 생성된 자바스크립트 코드에 해당 코드가 포함됩니다. (ES5에서는 함수로 ES6에서는 클래스로 컴파일됩니다.) [그림 2.4]를 보면 자바스크립트 코드에 **interface** 키워드에 해당하는 부분이 없다는 것을 알 수 있습니다.

그림 2.4 interface 키워드를 사용한 커스텀 타입 Person

```
1   interface Person {
2       firstName: string;
3       lastName: string;
4       age: number;
5   }
6
7   function savePerson (person: Person): void {
8       console.log('Saving ', person);
9   }
10
11  const p: Person = {
12          firstName: "John",
13          lastName: "Smith",
14          age: 25 };
15
16  savePerson(p);
```

```
1   "use strict";
2   function savePerson(person) {
3       console.log('Saving ', person);
4   }
5   const p = {
6       firstName: "John",
7       lastName: "Smith",
8       age: 25
9   };
10  savePerson(p);
11
```

이렇듯 자바스크립트 코드는 간결하게 변환되며, 배포하기에도 적합합니다. 개발 도중, 컴파일러는 savePerson() 함수의 파라미터에 들어온 객체를 인터페이스 Person 내 프로퍼티와 비교하며 확인합니다.

bit.ly/2MBwzSf 링크에서 직접 코드를 확인해 여러 시도를 해보기를 바랍니다. 예를 들어 13행에 있는 lastName 프로퍼티를 없애면 타입스크립트 타입 검사기는 변수 p에 빨간색 선으로 즉시 밑줄을 표시합니다. 변수 p 위로 마우스 포인터를 가져가면 아래와 같은 오류 메시지가 표시됩니다.

Type '{ firstName: string; age: number; }' is not assignable to type 'Person'. Property 'lastName' is missing in type '{ firstName: string; age: number; }'.
타입 '{ firstName: string; age: number; }'는 'Person' 타입에 할당할 수 없습니다. '{ firstName: string; age: number; }' 타입에 'lastName' 프로퍼티가 없습니다.

계속해서 확인해보겠습니다. 이번에는 savePerson() 함수 내부에서 person.lastName 프로퍼티로 접근해보겠습니다. Person 인터페이스에서 선언되어 있는 lastName 프로퍼티가 p에 존재하지 않는다면 타입스크립트는 컴파일 오류를 발생시킵니다. 한편 자바스크립트 코드는 오류를 발생시키지 않고 런타임에서 문제를 일으킵니다.

이번에는 11행에 Person 타입을 삭제해봅시다. 코드에 문제가 없으며 16행에도 오류가 없습니다. 그렇다면 파라미터에 Person 타입을 정의하지 않았음에도 savePerson() 함수를 호출할 수 있는 이유는 무엇일까요? 그 이유는 타입스크립트의 구조적 타입 시스템structural type system 때문입니다. 타입스크립트는 두 타입의 구조만을 가지고 호환성을 결정합니다. 서로 다른 타입임에도 멤버가 서로 일치한다면 두 타입은 서로 호환되며 명시적인 표시는 필요하지 않습니다. 구조적 타입 시스템은 다음 절에서 더 자세히 알아보겠습니다.

---

type, interface, class를 언제 사용해야 할까요?

지금까지 type, class, interface 키워드로 커스텀 타입을 선언했습니다. Person과 같은 커스텀 타입을 선언하려면 이 중 어떤 키워드를 사용해야 할까요?

런타임 동안 객체를 인스턴스화한다면 interface 또는 type을 사용하고, 그 반대의 경우는 class를 사용합니다. 다시 말해 값을 나타내는 데 사용해야 하는 경우 class를 사용합니다.

타입스크립트의 타입 검사기로 안전하게 커스텀 타입을 선언하고자 한다면 type 또는 interface를 사용합니다. 이들 키워드는 자바스크립트 코드로 컴파일되지 않으므로 런타임 코드 용량이 더 작아집니다. 그러나 class는 자바스크립트 코드로 컴파일되기 때문에 용량이 커집니다.

type 키워드는 interface와 동일한 기능뿐만 아니라 더 많은 기능을 사용할 수 있습니다. 예를 들어 interface는 합집합 또는 교집합 개념을 사용할 수 없지만 type은 사용 가능합니다. 제 5장에서 interface에서 사용할 수 없는 조건부 타입에 대해 배울 것입니다.

2.2.4 구조적 타입 시스템과 명목적 타입 시스템

number, string 등 원시 타입은 간단한 이름만 갖고 있지만, 객체와 클래스 등 복잡한 타입은 이름과 더불어 많은 프로퍼티를 포함하고 있습니다. (예를 들어, Customer 클래스는 이름과 주소와 같은 프로퍼티를 갖고 있습니다.)

두 개의 타입이 있을 때 이 둘이 같은 타입인지 다른 타입인지는 어떻게 판단할 수 있을까요? 명목적 타입 시스템nomial type system을 사용하는 자바 같은 일부 객체지향 언어는 같은 네임스페이스패키지 안에 같은 이름으로 선언된 클래스를 동일하다고 판단합니다. 즉, 명목적 타입 시스템에서는 Person 타입 변수에는 Person 타입 객체나 이를 상속받은 클래스의 객체만 넣을 수 있죠. 자바에서 아래 코드는 컴파일 되지 않습니다. 클래스의 구조는 같더라도 이름이 다르기 때문입니다.

코드 2.17 ▶ 자바

```
class Person {    •········ 클래스 선언
    String name;
}
class Customer {    •········ Customer 클래스 선언
    String name;
}

Customer cust = new Person();    •········ 구문 오류: 왼쪽과 오른쪽의 클래스 이름이 같지 않습니다.
```

그러나 타입스크립트와 일부 언어는 구조적 타입 시스템structural type system을 사용합니다. [코드 2.18]는 위 자바 코드를 타입스크립트로 옮긴 것입니다.

코드 2.18 ▶ 타입스크립트

```
class Person {    •········ 클래스 선언
    name: string;
}
class Customer {    •········ 클래스 선언
```

```
    name: string;
  }

  const cust: Customer = new Person();    •········ 타입 구조가 같으므로 오류가 발생하지 않습니다.
```

타입스크립트는 구조적 타입 시스템을 사용하기 때문에 **Person**과 **Customer**은 같은 구조를 갖고 있어 오류가 없었습니다. 따라서 클래스 인스턴스를 다른 클래스의 변수에 할당해도 됩니다.

또한 객체 리터럴을 사용해 구조가 동일한 객체를 만들어 클래스 타입 변수나 상수에 할당할 수 있습니다. 아래 코드 역시 문제가 없습니다.

코드 2.19 상호 호환 가능한 타입

```
class Person {
  name: String;
}
class Customer {
  name: String;
}

const cust: Customer = { name: 'Mary' };
const pers: Person = { name: 'John' };
```

> **TIP** 접근 제어자는 타입 호환성에 영향을 줍니다. 예를 들어 Person 클래스 내 name 프로퍼티가 private일 경우, 컴파일되지 않습니다.

위 클래스 내 메서드는 없지만, 메서드의 이름, 파라미터, 반환 값의 타입 등이 일치한 타입을 정의해 사용할 수 있습니다.

예를 들어 **Person**과 **Customer** 구조가 같지 않다면 어떻게 될까요? [코드 2.20]과 같이 **Person** 클래스에 프로퍼티를 추가해봅시다.

코드 2.20 클래스 프로퍼티가 모두 일치하지 않는 경우

```
class Person {
  name: String;
  age: number;    •········ 추가된 프로퍼티입니다.
}
```

```
class Customer {
    name: String;
}

const cust: Customer = new Person(); // 오류가 발생하지 않습니다.
```

여전히 오류는 발생하지 않습니다. 타입스크립트는 Person과 Customer가 같은 구조를 갖추었음을 확인합니다. 앞선 코드에서 name이란 프로퍼티를 가진 Customer 타입의 상수를 사용해 똑같이 name 프로퍼티를 갖는 Person 객체를 가리키려 했습니다.

cust 변수가 표현하는 객체로는 뭘 할 수 있을까요? Person 인스턴스에도 name 프로퍼티가 존재하므로 cust.name='John' 같은 코드를 작성할 수도 있습니다.

NOTE Customer 타입인 변수의 값을 Person 타입인 객체로 지정했기 때문에 Person 타입은 Customer 타입에 할당 가능하다고 말할 수 있습니다.

bit.ly/2MbHvpH 를 열고 해당 코드를 확인해보세요. 12행의 cust.name에서 커서를 . 뒤로 옮기고 Ctrl + 스페이스 바를 누르면 사용 가능한 프로퍼티 목록이 표시되는데 name 프로퍼티만 보입니다. Person 클래스는 age 프로퍼티도 갖지만 Customer클래스가 사용하는 건 name 프로퍼티 뿐이기 때문입니다.

[코드 2.20]에서 Person 클래스는 Customer 클래스보다 더 많은 프로퍼티가 있음에도 컴파일 오류는 발생하지 않았습니다. 그렇다면 Person보다 Customer의 프로퍼티 수가 많으면 어떻게 될까요?

코드 2.21 참조된 변수보다 인스턴스의 프로퍼티 수가 더 많은 경우

```
class Person {
    name: string;
}
class Customer {
    name: string;
    age: number;
}

const cust: Customer = new Person();  •⋯⋯⋯ 타입이 일치하지 않습니다.
```

[코드 2.21]에서는 오류가 발생합니다. 참조된 변수 cust는 age 프로퍼티가 없으므로 Person 객체 내 age 프로퍼티의 메모리를 할당할 수 없기 때문입니다. 따라서 cust.age = 29 는 불가능합니다. 이 경우 Person 타입은 Customer 타입에 할당할 수 없습니다.

> **✓ TIP** 4.2절에서 제네릭 타입에 대해 설명할 때 타입스크립트의 구조적 타입 시스템을 더 다룹니다.

2.2.5 커스텀 타입의 유니온

이전 절에서 유니온 타입은 변수에 지정할 수 있는 타입이 여러 개일 경우 사용한다고 배웠습니다. 그 예로 [코드 2.8]에서 다룬 함수의 padding 인자는 string 또는 number 타입 중 하나에 해당되는데, 이는 원시 타입을 포함한 유니온 타입에 해당됩니다. 물론 변수가 동시에 string과 number 타입이 될 수는 없지만, 둘 중 하나는 가능합니다.

이제 커스텀 타입의 유니온을 선언하는 방법을 살펴보겠습니다. 사용자 활동에 응답하는 다양한 액션^{action}을 가진 애플리케이션을 개발한다고 가정해봅시다. 각 액션을 다른 이름의 클래스로 만듭니다. 액션의 타입^{type}은 필수이며 옵션 사항으로 검색 쿼리 등을 가진 페이로드^{payload}를 가집니다.

[코드 2.22]에서 세 개의 액션 클래스와 유니온 타입 SearchAction을 선언했습니다.

코드 2.22 action.ts 파일에서 유니온을 사용해 액션을 표현

```
export class SearchAction {   •········ 액션 타입과 페이로드가 있는 클래스입니다.
  actionType = 'SEARCH';
  constructor(readonly payload: { searchQuery: string }) {}
}


export class SearchSuccessAction {[1]
  actionType = 'SEARCH_SUCCESS';
  constructor(public payload: { searchResults: string[] }) {}
}


export class SearchFailedAction {   •········ 액션 타입은 있지만 페이로드가 없는 클래스입니다.
  actionType = 'SEARCH_FAILED';
}
                                                        유니온 타입을 선언합니다.
                                                             ⁝
export type SearchActions = SearchAction | SearchSuccessAction | SearchFailedAction;   •┄┄
```

식별 가능한 유니온Discriminated Unions은 공통 프로퍼티 즉, 공통의 식별자를 가진 멤버로 이루어진 타입을 말합니다.

[코드 2.22]는 각 멤버마다 **actionType**이라는 식별자가 있기 때문에 유니온 식별에 해당합니다. 아래 [코드 2.23]에서 두 가지 다른 유니온 식별인 **Rectangle**과 **Circle**을 보겠습니다.

코드 2.23 유니온에서 식별자를 사용해 모양 구분하기

```
interface Rectangle {
  kind: 'rectangle';  •⸺ 식별자
  width: number;
  height: number;
}
interface Circle {
  kind: "circle";  1
  radius: number;
}

type Shape = Rectangle | Circle;  •⸺ 유니온
```

Shape 타입은 유니온 식별로 **Rectangle**과 **Circle** 타입을 가지며, 이들 타입 모두 공통으로 **kind** 프로퍼티를 가지고 있습니다. [코드 2.24]에서 **kind** 프로퍼티의 값에 따라 **Shape** 크기를 계산할 수 있다는 것을 볼 수 있습니다.

코드 2.24 식별 가능한 유니온의 사용

```
function area(shape: Shape): number {
  switch (shape.kind) {  •⸺ 식별자 값을 변경합니다.
    case 'rectangle': return shape.height * shape.width;  •⸺ 사각형 면적을 계산하는 수학 공식입니다.
    case 'circle': return Math.PI * shape.radius ** 2;  •⸺ 원 면적을 계산하는 수학 공식입니다.
  }
}

const myRectangle: Rectangle = { kind: 'rectangle', width: 10, height: 20 };
console.log(`Rectangle's area is ${area(myRectangle)}`);
```

```
const myCircle: Circle = { kind: 'circle', radius: 10 };
console.log(`Circle's area is ${area(myCircle)}`);
```

위 코드는 bit.ly/3e1Je1d에서 확인할 수 있습니다.

타입 가드 in

타입 가드 **in** 키워드는 타입 범위를 축소하는 표현입니다. 예를 들어 유니온 타입 인자를 가진 함수는 호출하는 동안 실제 값을 체크할 수 있을 것입니다.

아래 코드를 보면 서로 다른 프로퍼티를 가진 두 인터페이스가 있습니다. **foo()** 함수는 a 또는 b 프로퍼티를 가집니다. 타입 가드 **in**은 **foo()** 함수 본문에서 반환 전 특정 프로퍼티가 파라미터 객체에 포함되어 있는지를 확인합니다.

```
interface A { a: number };
interface B { b: string };

function foo(x: A | B) {
    if ("a" in x) {   •········· in을 사용해 특정 프로퍼티가 있는지 확인합니다.
        return x.a;
    }
    return x.b;
}
```

확인할 프로퍼티는 **"a"** 처럼 문자열로 입력해야 합니다.

2.3 any, unknown

이번 장 맨 처음에 **any**와 **unknown** 타입에 대해 언급했습니다. 이번 절에서는 이 타입들의 차이점에 대해 알아보겠습니다. 또한 **typeof, instanceof** 및 **in** 외에도 커스텀 타입 가드를 사용하는 방법을 살펴보겠습니다.

any 타입의 변수는 모든 타입의 값을 가질 수 있습니다. 타입스크립트에서 타입을 작성하지 않는다면 자바스크립트와 차이점이 없습니다. 마찬가지로 **any** 타입 역시 존재하지 않는 프로퍼티에 접근하면 런타임 중 예기치 않은 오류가 발생할 수 있습니다.

unknown 타입은 타입스크립트 3.0 버전에 도입됐습니다. 컴파일러는 프로퍼티에 접근하기 전 unknown 타입의 변수에 타입 범위를 줄이라고 경고합니다. 따라서 런타임 오류를 방지할 수 있습니다.

any와 unknown의 차이점에 대해 알아보겠습니다. 예를 들어 프론트엔드에서 Person 타입을 선언하고, 백엔드에서 오는 데이터가 JSON 형식이라고 가정해보겠습니다. JSON.parse() 메서드로 JSON 문자열을 객체로 바꾸고 이를 any 타입으로 정의하겠습니다.

코드 2.25 ▶ 타입 any 사용

```
type Person = {    •──── 타입 별칭 선언했습니다.
  address: string;
}

let person1: any;    •──── any 타입의 변수를 선언했습니다.

person1 = JSON.parse('{ "adress": "25 Broadway" }');    •──── JSON 문자열을 파싱합니다.

console.log(person1.address);    •──── undefined가 출력됩니다.
```

마지막 줄은 JSON 문자열 내 address에 철자 오류가 있어 undefined가 출력됩니다. parse 메서드로 반환된 객체는 address 프로퍼티가 아닌 adress 프로퍼티를 가집니다. 위 코드를 실행해 직접 확인해보세요.

이번에는 변수를 unknown 타입으로 바꾸어 보겠습니다.

코드 2.26 ▶ unknown 타입 사용 시 컴파일 오류

```
let person2: unknown;    •──── unknown 타입을 선언했습니다.

person2 = JSON.parse('{ "adress": "25 Broadway" }');

console.log(person2.address);    •──── 컴파일 오류가 발생합니다.
```

이번에는 마지막 줄은 타입 범위를 좁히지 않고 unknown 타입인 person2를 사용했기 때문에 컴파일도 되지 않습니다.

타입스크립트는 사용자가 정의한 타입 가드로 객체의 특정 타입을 확인할 수 있습니다. "thisFunctionArg is SomeType이 파라미터는 특정 타입입니다."라는 메시지를 반환하는 함수를 만들 수 있습니다.

타입 가드 isPerson()를 만들고 address 프로퍼티를 가진 객체이면 Person임을 출력하도록 만들어 보겠습니다.

코드 2.27 isPerson 타입 가드 (첫 버전)

```
const isPerson = (object: any): object is Person => "address" in object;
```

isPerson 타입 가드는 주어진 객체가 address 프로퍼티를 가지고 있으면 true를 반환합니다.

코드 2.28 isPerson 타입 가드를 적용한 구문

```
if (isPerson(person2)) {      •······· 타입 가드를 적용합니다.
  console.log(person2.address);   •······· address 프로퍼티에 접근 가능합니다.
} else {
  console.log('person2 is not a Person');
}
```

isPerson() 타입 가드가 이 잘못된 객체를 파라미터로 가져오지 않는 한 컴파일 오류 없이 잘 작동합니다. 예를 들어, isPerson()에 null 값을 전달하면 "address" 표현식에서 런타임 오류가 발생합니다.

[코드 2.29]는 isPerson() 가드를 조금 더 안전하게 사용했습니다. !! 연산자는 주어진 객체가 true인지 확인합니다.

코드 2.29 isPerson 타입 가드

```
const isPerson = (object: any): object is Person => !!object && "address" in object;
```

bit.ly/2Vs2dp6를 실행해 코드를 실행해보세요.

위 코드에서 address 타입의 유무만으로 Person 타입을 식별할 수 있었습니다. 그러나 경우에 따라 한 가지 프로퍼티만을 가지고 식별하기에 부족합니다. Organization 또는 Pet 클래스가 address 프로퍼티를 갖고 있을 경우가 있습니다. 객체가 특정 타입에 매칭되는지를 확인하려면 몇 가지 프로퍼티가 더 필요합니다. 더 간단한 방법은 식별자 프로퍼티discriminator property를 가지고 Person 타입을 식별하는 것입니다.

```
type Person = {
  discriminator: 'person';
  address: string;
}
```

이제 커스텀 타입 가드는 아래와 같이 수정할 수 있습니다.

```
const isPerson = (object: any): object is Person => !!object && object.discriminator === 'person';
```

지금까지 타입스크립트의 타입 종류와 문법을 살펴보았습니다. 이제 배운 내용을 확인해 볼 차례입니다.

2.4 연습 문제

아래 주어진 요구 사항에 따라 코드를 작성해봅시다. 정답 코드가 있지만 자세한 설명은 생략했습니다. 문제를 읽고 먼저 코드를 작성한 후 서로 비교해보세요.

두 커스텀 타입인 Dog와 Fish를 작성해봅시다. 클래스로 선언하고 name 프로퍼티를 추가합니다. Dog 클래스는 sayHello(): string 메서드를 가지며 Fish 클래스는 dive(howDeep: number): string 메서드를 가집니다.

타입 Pet을 Dog와 Fish의 유니온 타입으로 선언합니다. talkToPet(pet: Pet): string 함수는 타입 가드를 사용해 Dog 클래스라면 sayHello()를 호출시키고 Fish 클래스에는 "Fish cannot talk, sorry.^{안타깝}^{지만, 물고기는 말을 할 수 없습니다.}"를 출력하도록 합니다.

talkToPet()의 파라미터를 Dog, Fish, 그 외의 객체로 총 세 번 호출하겠습니다.

이를 적용한 코드는 [코드 2.30]과 같습니다.

코드 2.30 정답 코드

```
class Dog {    •········ 커스텀 타입인 Dog를 선언합니다.
  constructor(readonly name: string) { };

  sayHello(): string {
    return 'Dog says hello!';
  }
}

class Fish {    •········ 커스텀 타입인 Fish를 선언합니다.
  constructor(readonly name: string) { };

  dive(howDeep: number): string {
    return `Diving ${howDeep} feet`;
```

```typescript
    }

  }

type Pet = Dog | Fish;        // Dog과 Fish 유니온 타입을 만듭니다.

function talkToPet(pet: Pet): string {

  if (pet instanceof Dog) {        // 타입 가드를 사용합니다.
    return pet.sayHello();
  } else if (pet instanceof Fish) {
    return 'Fish cannot talk, sorry.';
  }
}

const myDog = new Dog('Sammy');        // Dog의 인스턴스를 만듭니다.
const myFish = new Fish('Marry');        // Fish의 인스턴스를 만듭니다.

console.log(talkToPet(myDog));
                                      // Pet을 전달해 talkToPet 함수를 실행합니다.
console.log(talkToPet(myFish));
//talkToPet({ name: 'John' });        // 파라미터 타입이 잘못 되었으므로 컴파일 되지 않습니다.
```

bit.ly/3uQXDDt에서 전체 코드를 확인할 수 있습니다.

요약

- 개발자들에게 변수 타입 선언을 강제하면 해야 할 일이 더 많아져도 장기적으로 봤을 때 개발 생산성이 눈에 띄게 높아질 것입니다.
- 타입스크립트는 많은 타입을 지원하지만 커스텀 타입도 필요한 만큼 선언할 수 있습니다.
- 이미 선언된 타입들로 유니온을 선언해 새로운 타입을 만들 수도 있습니다.
- **type, interface, class** 연산자를 사용해 새로운 타입을 선언할 수 있습니다. 제 4장에서는 **enum** 연산자를 통해 커스텀 타입을 선언하는 또 다른 방법을 보게 될 것입니다.
- 타입스크립트는 자바나 C# 등 명목적nominal 타입 시스템을 사용하는 언어와 다르게 구조적 structural타입 시스템을 사용합니다.

제3장
클래스와 인터페이스를 사용한 객체 지향 프로그래밍

이 장의 목표

- 클래스 상속
- 클래스 추상화 사용 이유와 방법
- 인터페이스가 세부 구현 사항을 걱정하지 않고 클래스 메서드를 강제로 알고 있는 타입으로 만드는 방법
- '인터페이스 프로그래밍'의 의미

제 2장에서는 클래스와 인터페이스로 커스텀 타입을 만들었습니다. 이번 장에서는 객체 지향 프로그래밍 OOP, Object Oriented Programming의 관점으로 클래스와 인터페이스를 배워보겠습니다. OOP는 함수가 아닌 객체를 다루는 프로그래밍 스타일입니다. 함수로도 객체를 만들 수 있지만 OOP의 핵심은 바로 객체입니다.

객체 지향 언어를 사용하는 개발자는 클래스에 특정 API를 적용하는 방법으로 인터페이스를 사용합니다. 이미 '인터페이스'라는 단어를 자주 들었을 것입니다. 이번 장에서는 인터페이스가 무엇인지를 알아봅니다. 타입스크립트를 사용한 OOP의 개념을 짧고 굵게 경험해봅시다.

3.1 클래스 사용

제 2장에서 배운 타입스크립트 클래스 개념을 다시 복습해보겠습니다.

- 객체 지향 언어는 멤버 변수로 클래스를 선언할 수 있습니다.
- 자바스크립트에서는 클래스 내 생성자를 선언할 수 있으며 인스턴스 생성 중 한 번만 호출됩니다.
- 컴파일 타겟이 ES5인 경우 타입스크립트 컴파일러는 타입스크립트 클래스를 자바스크립트 생성자 함수로 변환합니다. ES6 이상이면 자바스크립트 클래스로 컴파일됩니다.
- 클래스 생성자의 파라미터를 readonly, public, protected, private 키워드로 정의하면 타입스크립트는 각 파라미터에 대한 클래스 프로퍼티를 만듭니다.

이외에도 더 알아야 할 내용이 있습니다. 이번 장에서는 클래스 상속과 클래스 추상화에 대해서 알아보고 public, protected, private 접근 제어자를 어떻게 사용하는지 알아보겠습니다.

3.1.1 클래스 상속

모든 사람이 부모로부터 특성을 물려 받듯이 타입스크립트도 부모로부터 기능을 상속 받습니다. 타입스크립트는 기존 클래스를 기반으로 새 클래스를 만들 수 있습니다. 예를 들어, Person 클래스의 모든 프로퍼티를 상속하고 더 많은 프로퍼티를 추가하여 새로운 클래스인 Employee를 만들 수 있습니다. 상속은 객체 지향 언어의 특징으로, extends 키워드는 한 클래스가 다른 클래스를 상속함을 선언할 때 사용합니다.

아래 [그림 3.1]의 7행은 Person 클래스를 확장해 Employee 클래스를 선언하는 방법을 보여줍니다. department 프로퍼티가 추가됐습니다. 11행에서 Employee 클래스의 인스턴스를 만듭니다.

그림 3.1 ▶ 타입스크립트의 클래스 상속

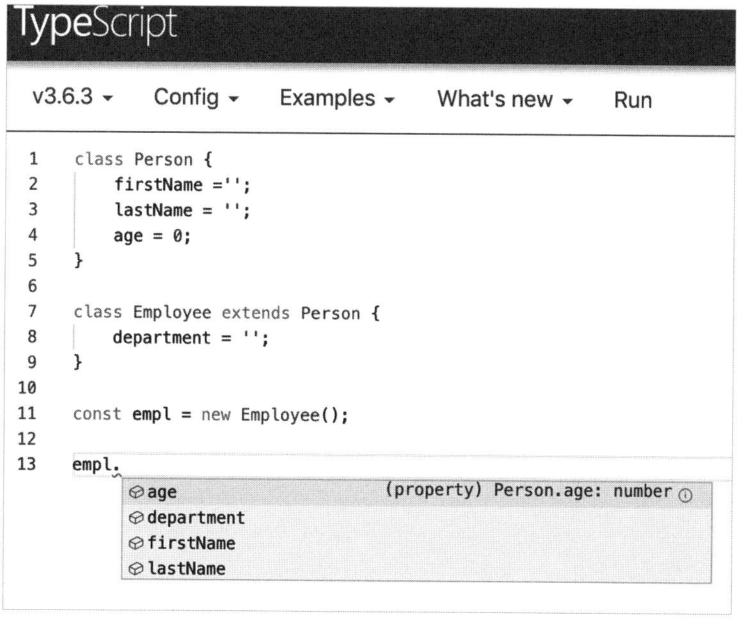

```
TypeScript

v3.6.3 ▾    Config ▾    Examples ▾    What's new ▾    Run

1    class Person {
2        firstName ='';
3        lastName = '';
4        age = 0;
5    }
6
7    class Employee extends Person {
8        department = '';
9    }
10
11   const empl = new Employee();
12
13   empl.
            ⊘age              (property) Person.age: number ⓘ
            ⊘department
            ⊘firstName
            ⊘lastName
```

typescriptlang.org 플레이그라운드에서 empl.이라고 입력하고 Ctrl + 스페이스 키를 눌렀을 때 [그림 3.1]과 같이 자동 완성 목록이 보입니다. 타입스크립트 분석기는 Employee 타입이 Person에서 상속되었음을 인식하고 Person과 Employee 클래스에 정의된 프로퍼티 목록을 보여줍니다.

Employee 클래스는 Person의 서브 클래스subclass, 또는 자식 클래스, 서브 클래스입니다. 따라서 Person 클래스는

Employee의 슈퍼 클래스superclass, 또는 부모 클래스입니다. Person 클래스는 부모이고 Employee는 Person의 자식 클래스입니다.

> **NOTE** 자바스크립트는 프로토타입(prototype) 기반 객체 지향 언어입니다. 자바스크립트의 모든 객체는 프로토타입이라는 객체를 가지고 있으며 모든 객체는 프로토타입으로부터 프로퍼티와 메서드를 상속받습니다. 런타임 도중 프로토타입으로 한 객체를 다른 객체에 할당합니다. 타입스크립트가 자바스크립트로 변환된 코드는 프로토타입 상속 구문을 사용합니다.

클래스는 프로퍼티 이외에도 메서드를 가집니다. 메서드로 클래스 내부에 선언된 함수를 호출합니다. 메서드가 슈퍼 클래스에서 선언된 경우, 해당 메서드가 private이 아니면 서브 클래스에 상속됩니다.

[그림 3.2]는 Person 클래스를 발전시킨 코드로, sayHello() 메서드를 추가했습니다. bit.ly/2QeFcJf로 접속하면 해당 코드를 확인할 수 있습니다. 18행에서 볼 수 있듯이 타입스크립트 분석기는 자동 완성 기능이 있습니다.

그림 3.2 슈퍼 클래스의 sayHello() 메서드가 표시됨

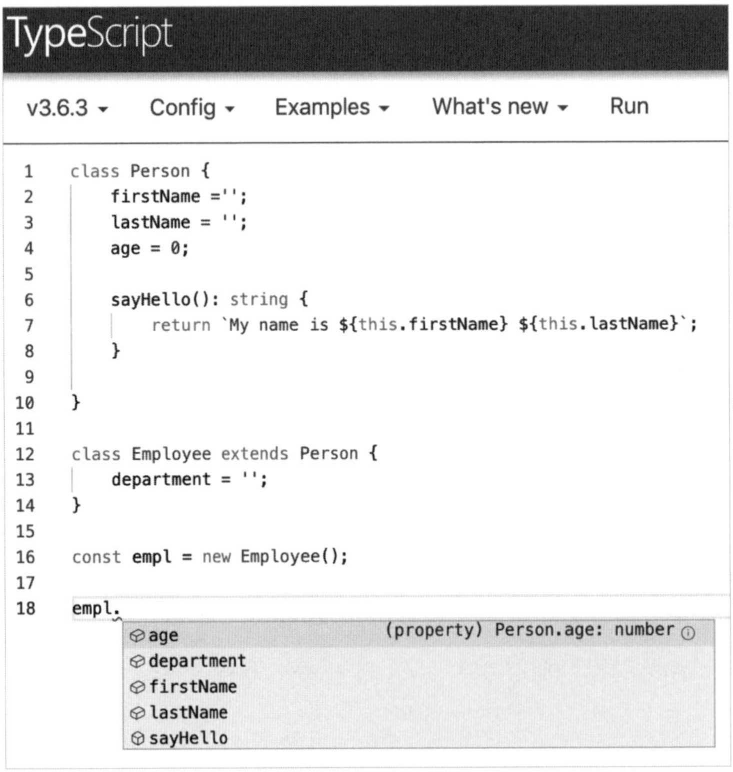

TypeScript
v3.6.3 Config Examples What's new Run
1 class Person {
2 firstName ='';
3 lastName = '';
4 age = 0;
5
6 sayHello(): string {
7 return `My name is ${this.firstName} ${this.lastName}`;
8 }
9
10 }
11
12 class Employee extends Person {
13 department = '';
14 }
15
16 const empl = new Employee();
17
18 empl.
age
(property) Person.age: number
department
firstName
lastName
sayHello

그렇다면 클래스 프로퍼티와 메서드를 접근하고 제어할 수 있을까요? 네, 할 수 있습니다. 바로 private, protected, public 접근 제어자 키워드를 사용하는 것입니다.

3.1.2 public, private, protected 접근 제어자

타입스크립트는 접근 제어자 public, protected, private로 클래스 멤버^{프로퍼티 또는 메서드를 말합니다}의 접근 권한을 제어합니다.

- public인 클래스 멤버는 모든 내부 및 외부 클래스에서 접근할 수 있습니다. 타입스크립트는 기본적으로 모든 멤버의 접근 권한이 public이기 때문에 [그림 3.2]의 각 클래스 또는 sayHello() 메서드 앞에 public 키워드를 붙여도 접근 권한이 변경되지 않습니다.
- protected는 동일 패키지에 속하는 클래스와 서브 클래스 관계일 경우에만 접근 가능합니다.
- private는 클래스 내에서만 접근 가능합니다.

> **NOTE** 자바, C#를 경험해봤다면 private와 protected 키워드와 접근 제어 개념이 익숙하게 느껴질 것입니다. 그러나 자바스크립트는 private와 protected 키워드가 없기 때문에 타입스크립트는 컴파일 단계에서 이 키워드를 삭제합니다. 즉 접근 제어자는 개발 편의성을 목적으로 사용됩니다.

[그림 3.3]은 protected 및 private 접근 제어자를 설명합니다. 15행에 sayHello() 메서드는 부모 클래스의 메서드로 접근할 수 있습니다. 그러나 20행을 보면 Ctrl + 스페이스 바를 눌렀을 때, age 변수는 자동 완성 목록에 보이지 않습니다. age 변수는 private으로 Person 클래스에서만 접근 가능하기 때문입니다.

그림 3.3 private인 age 프로퍼티가 보이지 않음

```
TypeScript

v3.6.3 ▾    Config ▾    Examples ▾    What's new ▾    Run

1    class Person {
2        public firstName ='';
3        public lastName = '';
4        private age = 0;
5
6        protected sayHello(): string {
7            return `My name is ${this.firstName} ${this.lastName}`;
8        }
9    }
10
11   class Employee extends Person {
12       department = '';
13
14       reviewPerformance(): void {
15           this.sayHello();
16           this.increasePay(5);
17       }
18
19       increasePay(percent: number): void {
20           this.|
21       }                ⊘ department
22   }                    ⊘ firstName
23                        ⊕ increasePay
24                        ⊘ lastName
25                        ⊕ reviewPerformance
                          ⊕ sayHello        (method) Person.sayHello(): string ⓘ
```

[그림 3.3]을 통해 볼 수 있듯 ^{bit.ly/3sHOV8z} 서브 클래스는 슈퍼 클래스의 private 멤버에 접근할 수 없습니다. Person 클래스의 메서드만 private 멤버에 접근할 수 있습니다.

protected 클래스 멤버는 서브 클래스에서 접근 가능하지만 클래스 인스턴스에서는 접근할 수 없습니다. 아래 코드는 컴파일되지 않고 "Property 'sayHello' is protected and only accessible within class 'Person' and its subclasses. 'sayHello' 프로퍼티는 보호되어 'Person' 클래스와 서브 클래스에서만 접근 가능합니다."라는 오류를 표시합니다.

```
const empl = new Employee();
empl.sayHello(); // 오류가 발생합니다.
```

[그림 3.4]에서 생성자를 가진 다른 클래스를 살펴보겠습니다. ^{bit.ly/3slxS6f} 이 클래스에는 생성자, 2개의 public, 1개의 private 프로퍼티가 있습니다. 클래스의 세 가지 프로퍼티를 명시적으로 자세히 선언했음을 알 수 있습니다. Person 클래스 내 생성자는 파라미터의 값을 클래스 각 프로퍼티에 할당하는 일을 수행합니다.

그림 3.4 > 클래스 상세 버전

```
TypeScript

v3.6.3 ▾    Config ▾    Examples ▾    What's new ▾    Run

1    class Person {
2        public firstName ='';
3        public lastName = '';
4        private age = 0;
5
6        constructor(firstName: string, lastName: string, age: number) {
7            this.firstName = firstName;
8            this.lastName = lastName;
9            this.age = age;
10       }
11   }
```

이번에는 [그림 3.5]와 같이 **Person** 클래스를 간결한 버전으로 선언하겠습니다. ^{bit.ly/2Purd1i} 생성자 파라미터와 접근 제어자를 사용해 타입스크립트 컴파일러가 생성자의 파라미터와 이름이 동일한 클래스 프로퍼티를 만들도록 지시합니다. 컴파일러는 생성자에 제공된 값을 클래스 프로퍼티에 할당하기 위해 자바스크립트 코드를 자동 생성합니다.

그림 3.5 > 생성자의 파라미터와 함께 액세스 한정자 사용

```
1 ∨ class Person {
2 ∨     constructor(public firstName: string,
3                          public lastName: string,
4                          private age: number) { }
5   }
6
7   const pers = new Person('John', 'Smith', 29)
8
9   console.log(`${pers.firstName} ${pers.lastName} ${pers.age}`);
```

왼쪽 패널의 7행을 보면 **Person** 클래스의 인스턴스를 생성했는데, 초기 프로퍼티 값은 생성자에 전달되고 객체의 프로퍼티에 할당됩니다. 9행에서 **pers**의 firstName과 lastName, age 값을 출력하려고 했지만 age에는 빨간 물결선이 표시됩니다. 마우스를 그 위로 가져가면 age는 private임을 알 수 있습니다.

Property 'age' is private and only accessible within class 'Person'.
'age' 프로퍼티는 비공개이며 'Person' 클래스에서만 접근할 수 있습니다.

타입스크립트 플레이그라운드에서 자바스크립트는 10행에 문제가 없기 때문에 자바스크립트 코드가 생성된 것입니다. 그러나 실제 개발 프로젝트에서는 컴파일러의 **noEmitOnError** 옵션을 사용해 모든 타입스크립트 오류가 없어야 자바스크립트가 생성되도록 설정하는 것이 일반적입니다.

[그림 3.4]와 [그림 3.5]의 타입스크립트 코드를 서로 비교해보세요. [그림 3.4]의 **Person** 클래스는 생성자 내 세 가지 프로퍼티를 명시적으로 선언하고 초기화했습니다. [그림 3.5]는 명시적인 프로퍼티 선언과 초기화가 없습니다.

[그림 3.4]의 코드와 [그림 3.5]의 코드에서 생성된 자바스크립트를 비교해보겠습니다. 완벽하게 동일한 코드입니다.

클래스를 선언할 때 명시적 선언과 암시적 선언 중 어느 것이 더 나을까요? 이들 모두 파라미터가 있습니다. 명시적 선언 방법은 코드 가독성을 높이지만 암시적 선언은 코드를 더 간결하게 만들어줍니다. 정답은 없습니다. 예를 들어 **public** 프로퍼티는 명시적으로 선언하고 **private**과 **protected**은 암시적으로 선언할 수 있습니다. 대부분의 경우는 단순 프로퍼티 초기화의 경우 암시적 선언을 사용합니다.

3.1.3 고정 변수와 싱글톤

ES6부터 클래스의 각 인스턴스가 일부 프로퍼티를 공유해야 하는 경우 정적 프로퍼티로 선언합니다. ^{부록 A의 A.9.3 참고} 타입스크립트는 **static** 키워드를 지원합니다. 이번 절에서는 **static** 프로퍼티와 **private** 생성자로 싱글톤 디자인 패턴을 구현해보겠습니다.

간단한 사격 게임을 만들어봅시다.

한 집단이 임무를 수행하며, 남은 총알 수를 모니터링 해야 합니다. 한 번 총을 쏠 때마다 값이 1씩 감소하며 전체 총알 개수는 집단에게 알려야 합니다.

코드 3.1 static 프로퍼티를 사용

```
class Gangsta {
    static totalBullets = 100;    •······ static 변수를 초기화 선언합니다.
    shoot() {
        Gangsta.totalBullets--;    •······ 총을 쏠 때 마다 총알 개수를 업데이트 합니다.
        console.log(`Bullets left: ${Gangsta.totalBullets}`);
    }
}
```

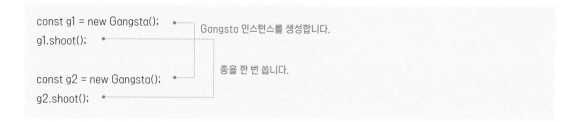

```
const g1 = new Gangsta();          Gangsta 인스턴스를 생성합니다.
g1.shoot();

                                   총을 한 번 쏩니다.
const g2 = new Gangsta();
g2.shoot();
```

[코드 3.1]를 실행하면 브라우저 콘솔에 아래와 같이 출력됩니다. bit.ly/2OCK587

```
Bullets left: 99
Bullets left: 98
```

Gangsta 클래스의 두 인스턴스는 동일한 변수 totalBullets를 공유합니다. 그래서 어떤 Gangsta가 총을 쏘더라도 공유 변수 totalBullets는 업데이트됩니다. shoot() 메서드의 this.totalBullets는 인스턴스 변수가 아니기 때문에 사용하지 않았습니다. static 클래스 멤버 앞에 해당 클래스 이름을 붙이면 접근할 수 있습니다. 예: Gangsta.totalBullets

> **NOTE** static인 클래스 멤버는 서브 클래스에 공유되지 않습니다. SuperGangsta 클래스가 Gangsta의 서브 클래스라면 totalBullets 프로퍼티를 복사해 그대로 가져옵니다. goo.gl/3BSnjZ에서 코드를 확인할 수 있습니다.

이제 다른 코드를 살펴 보겠습니다. 한곳에서만 앱 전체 상태를 관리하며, 외부에서 접근 가능한 객체를 만들어봅시다. 이와 같이 전체 데이터를 한 곳에서 관리하는 원칙을 단일 데이터 소스 또는 단일 진실 공급원single source of truth이라고 부릅니다.

객체 지향 언어에서는 단 하나의 인스턴스를 생성하는 디자인 패턴을 싱글톤Singleton이라고 합니다. 프로그램 전반에서 사용하는 인스턴스를 하나만 구현하고 생성된 인스턴스 객체는 어디에서든지 참조할 수 있습니다.

개념은 간단합니다. new 키워드로 원하는 만큼 여러 인스턴스를 생성할 수 있기 때문에 new 키워드를 사용을 막아야 합니다. new 키워드로 private인 클래스 생성자의 새로운 인스턴스를 만들면 오류가 발생합니다.

그렇다면 단일 인스턴스를 만드는 방법은 무엇일까요? 클래스 생성자가 private인 경우 클래스 내에서만 접근 가능하다는 문제가 있습니다.

인스턴스가 불가능한 클래스 내부 메서드를 외부에서 호출할 수 있는 방법은 무엇일까요? static 키워드로 클래스 메서드를 정적 메서드로 만들면 특정 인스턴스가 아닌 클래스에만 속하도록 만들 수 있습니다.

[코드 3.2]는 AppState 싱글톤 디자인 패턴으로 counter 프로퍼티를 가집니다. counter는 외부에서 접근 가능하며 단일 인스턴스에서만 그 값을 저장합니다. counter의 값을 읽는 메서드 역시 AppState 인스턴스에서 가져옵니다.

코드 3.2 ▶ 싱글톤 클래스

```
class AppState {
    counter = 0;  •····· 앱 상태를 나타냅니다
    private static instanceRef: AppState;  •····· AppState의 단일 인스턴스에 대한 참조를 저장합니다.
    private constructor() { }  •····· private 생성자는 AppState와 함께 새 연산자를 사용할 수 없습니다.
    static getInstance(): AppState {  •····· AppState의 인스턴스를 가져올 수 있는 메서드입니다.
        if (AppState.instanceRef === undefined) {
            AppState.instanceRef = new AppState();  •····· AppState 객체가 존재하지 않으면 인스턴스화합니다.
        }
        return AppState.instanceRef;
    }
}
// const appState = new AppState(); //  private 생성자 때문에 오류가 발생합니다.

const appState1 = AppState.getInstance();
const appState2 = AppState.getInstance();
                                            •····· AppState 인스턴스에 대한 참조를 가져옵니다.

appState1.counter++;
appState1.counter++;
appState2.counter++;      •····· 카운터 값을 수정합니다.(두 개의 참조 변수를 사용)
appState2.counter++;

console.log(appState1.counter);
console.log(appState2.counter);   •····· 카운터 값을 인쇄합니다. (두 개의 참조 변수를 사용)
```

AppState 클래스는 private 생성자가 있으므로 new 키워드로 인스턴스를 생성할 수 없습니다. getInstance() 메서드로 AppState 클래스의 생성자를 호출할 수 있습니다. getInstance()는 정적 메서드로 클래스 인스턴스가 없을 때 메서드를 호출할 수 있습니다. 단일 인스턴스는 AppState 하나뿐이므로 console.log()에서 모두 4를 출력합니다. bit.ly/3sBeZCi에서 코드를 확인하세요.

3.1.4 super( ) 메서드와 super 키워드

이번 절에서는 클래스 상속에 대해 알아보겠습니다. [그림 3.3]의 15행에서 슈퍼 클래스 내 sayHello() 메서드를 호출했습니다. 슈퍼 클래스와 서브 클래스가 같은 이름의 메서드를 가지고 있다면 어떻게 될까요? 둘 다 모두 생성자가 있다면 어떻게 될까요? 실행을 제어할 수 있을까요? 슈퍼 클래스와 서브 클래스 모두 생성자가 있는 경우 서브 클래스의 생성자는 [코드 3.3]과 같이 **super()** 메서드로 슈퍼 클래스의 생성자를 호출해야 합니다.

코드 3.3 슈퍼 클래스의 생성자 호출

```
class Person {
    constructor(public firstName: string,
            public lastName: string,
            private age: number) { }    •──── 슈퍼 클래스 Person의 생성자입니다.
}
class Employee extends Person {    •──── 서브 클래스 Employee입니다.
    constructor(firstName: string, lastName: string,
            age: number, public department: string) {    •──── 서브클래스 Employee의 생성자입니다.
        super(firstName, lastName, age);    •──── 슈퍼 클래스 생성자를 호출합니다.
    }
}
const empl = new Employee('Joe', 'Smith', 29, 'Accounting');    •──── 서브 클래스를 인스턴스를 생성합니다.
```

> **NOTE** 자바스크립트의 super() 메서드와 super 키워드에 대해 더 자세히 알고 싶다면 [부록 A – 9.2]를 참고하세요.

두 클래스 모두 생성자가 있으며, 각 파라미터가 필수 파라미터로 호출되는지 확인해야 합니다. 클래스 **Employee**의 생성자는 **new** 연산자를 사용할 때마다 자동으로 호출되며 슈퍼 클래스 **Person**의 생성자 호출을 일일이 해줘야 합니다. 클래스 **Employee**의 생성자는 네 개의 파라미터를 가집니다. **department**는 **Employee** 타입의 객체를 구성하기 위해 필요하며, 다른 세 개의 파라미터는 **Person** 객체를 구성하기 위한 것으로 **super()** 메서드를 호출해 **Person**에 전달합니다. goo.gl/E6qkUm에서 코드를 확인할 수 있습니다.

이제 슈퍼 클래스와 서브 클래스가 동일한 이름의 메서드를 가지고 있다고 가정해보겠습니다. 만약 서브 클래스의 메서드가 동일한 이름을 가진 슈퍼 클래스의 메서드를 호출할 때, 슈퍼 클래스의 메서드를 참조하므로 this 대신 super 키워드를 사용해야 합니다.

예를 들어 Person 클래스의 sellStock() 메서드는 증권 거래소에 연결하고 지정된 주식의 지정된 양의 주식을 판매하는 일을 한다고 해봅시다. Employee 클래스는 이 함수를 재사용할 수 있지만 직원이 주식을 판매할 때마다 법무팀compliance에 보고해야 합니다. Employee 클래스에서 sellStock() 메서드를 선언하고 Person 클래스의 sellStock()을 호출한 다음 내부 메서드인 reportToCompliance()를 호출하도록 만들 수 있습니다.

코드 3.4 super 키워드 사용

```
class Person {
    constructor(public firstName: string,
            public lastName: string,
            private age: number) { }


    sellStock(symbol: string, numberOfShares: number) {  •⸺ 부모의 sellStock() 메서드입니다.
        console.log(`Selling ${numberOfShares} of ${symbol}`);
    }
}


class Employee extends Person {
    constructor(firstName: string, lastName: string,
                age: number, public department: string) {
        super(firstName, lastName, age);  •⸺ 부모의 생성자를 호출합니다.
    }
    sellStock(symbol: string, shares: number) {  •⸺ 자식의 sellStock() 메서드입니다.
        super.sellStock(symbol, shares);  •⸺ 부모에서 sellStock()을 호출합니다.
        this.reportToCompliance(symbol, shares);
                                        reportToCompliance()는 private 메서드 입니다.
    }
    private reportToCompliance(symbol: string, shares: number) {  •⸺
        console.log(`${this.lastName} from ${this.department} sold ${shares} shares of ${symbol}`);
    }
}
const empl = new Employee('Joe', 'Smith', 29, 'Accounting');
empl.sellStock('IBM', 100);  •⸺ Employee 객체에서 sellStock()을 호출합니다.
```

reportToCompliance() 메서드는 private으로 선언했으므로 클래스 내부에서만 호출됩니다. goo.gl/68HtTC에서 실행해보고 브라우저 콘솔에서 아래와 같은 결과를 출력하는지 확인해보세요.

Selling 100 of IBM

Smith from Accounting sold 100 shares of IBM

super 키워드를 활용해 슈퍼 클래스에서 선언한 메서드의 기능을 재사용하며 동시에 새 기능을 추가했습니다.

3.1.5 추상 클래스

추상 클래스는 객체로 만들 수 없는 추상적인 개념으로 일종의 설계도 역할을 합니다. 추상 클래스는 abstract 키워드로 선언하며 추상 클래스로부터 객체를 생성하기 때문에 인스턴스화될 수 없습니다. 추상 클래스에는 프로퍼티와 메서드도 abstract로 선언할 수 있습니다.

그렇다면 왜 추상 클래스가 필요할까요? 그 이유는 구체적이지 않는 메서드를 서브 클래스에 위임해 하위에서 더 자세히 구현할 수 있기 때문입니다. 이제 아래 문제를 함께 해결해보며 추상 클래스를 어떻게 사용하는지 알아보겠습니다.

회사 내 직원은 정규직과 계약직으로 구분됩니다. 아래 메서드를 포함시켜 직원을 가리키는 클래스를 설계합니다.

- constructor(name: string)
- changeAddress(newAddress: string)
- giveDayOff()
- promote(percent: number)
- increasePay(percent: number)

promote() 메서드는 휴일을 하루 더 부여하고 정해진 비율만큼 급여를 인상합니다. increasePay() 메서드는 일반 정규직 직원의 경우 연간 급여를, 계약직의 경우 시간당 급여를 인상합니다. 각 메서드는 자유롭게 구현하되, 단 하나의 console.log() 문만 사용할 수 있습니다.

이제 문제를 함께 해결해봅시다. 제일 먼저 Employee와 Contractor 클래스를 만듭니다. 이 두 클래스의 기능은 동일합니다. 예를 들어 정규직 계약직 모두 주소 변경과 휴일 제공 등은 동일합니다. 그러나 근무 형태에 따라 급여 인상 방식은 다릅니다.

이를 코드로 옮겨 보겠습니다. Person 클래스를 추상 클래스로 만들고 Employee와 Contractor 두 자식을 가집니다. Person 클래스는 changeAddress(), giveDayOff(), promote(), increasePay()를

가집니다. increasePay() 메서드는 Person의 서브 클래스에서 구현되므로 추상 메서드로 선언합니다.

코드 3.5 Person 추상 클래스

```
abstract class Person {   •········· 서브 클래스를 선언합니다.
  constructor(public name: string) { };
  changeAddress(newAddress: string) {   •
    console.log(`Changing address to ${newAddress}`);
  }
  giveDayOff() {   •                                    각 메서드를 구현합니다.
    console.log(`Giving a day off to ${this.name}`);
  }
  promote(percent: number) {   •
    this.giveDayOff();
    this.increasePay(percent);   •········ 추상 메서드를 호출합니다.
  }
  abstract increasePay(percent: number): void;   •········ 추상 메서드를 선언합니다.
}
```

> **NOTE** 외부에서 giveDayOff() 메서드가 호출되는 것을 막으려면 private 키워드를 선언해야 합니다. giveDayOff() 메서드를 Person 클래스와 자식 클래스에서만 호출을 허용할 경우 protected 키워드를 선언합니다.

중요한 점은 추상 메서드를 "호출"하는 명령문을 작성할 수 있다는 것입니다. 추상 클래스는 인스턴스화할 수 없으므로 추상 멤버^{구현되지 않은 메서드}는 절대로 호출되지 않습니다. 인스턴스화가 가능한 추상 클래스의 자식을 생성하려면 부모의 모든 추상 메서드를 구현해야 합니다. [코드 3.6]은 Employee와 Constructor 클래스마다 각 메서드를 구현했습니다

코드 3.6 Person 클래스의 후손

```
class Employee extends Person {
  increasePay(percent: number) {   •········ Employee를 위한 increasePay() 메서드 구현합니다.
    console.log(`Increasing the salary of ${this.name} by ${percent}%`);
  }
}
class Contractor extends Person {
  increasePay(percent: number) {   •········ Contracte를 위한 increasePay() 메서드를 구현합니다.
    console.log(`Increasing the hourly rate of ${this.name} by ${percent}%`);
```

```
        }
    }
```

제 2장의 2.2.4절 내 [코드 2.20]에 관한 노트에서 '할당 가능^{assignable}'하다는 용어를 사용했습니다. class A extends class B 구문은 클래스 A가 클래스 B를 확장한다는 뜻으로, 클래스 A가 더 많은 프로퍼티를 가지기 때문에 클래스 B가 더 일반적이고 클래스 A가 더 상세하다^{구체적}고 말할 수 있습니다.

상세한 타입은 일반적인 타입에도 사용할 수 있습니다. 따라서 [코드 3.7]과 같이 Person 타입 변수는 Employee 또는 Contractor 객체에도 사용할 수 있습니다.

[코드 3.7]은 정규직, 계약직을 나타내는 배열을 만들고, 반복문으로 promote() 메서드를 호출합니다.

코드 3.7   promote() 메서드 실행

```
const workers: Person[] = [];    •······ 서브 클래스 타입을 배열로 선언합니다.

workers[0] = new Employee('John');
workers[1] = new Contractor('Mary');

workers.forEach(worker => worker.promote(5));    •······ 각 객체마다 promote() 메서드를 실행합니다.
```

배열 workers는 Person 타입의 배열로 자식 객체의 인스턴스를 저장합니다.

> **NOTE** Person의 자식은 스스로 생성자를 선언하지 않기 때문에 Employee와 Contractor가 생성될 때 부모의 생성자가 자동으로 호출됩니다. 어느 자식도 생성자를 갖고 있지 않다면 super()로 Person의 생성자를 호출합니다.

goo.gl/nRuzVL에서 코드를 실행해보고 아래와 같이 출력되는지 확인해봅니다.

```
Giving a day off to John
Increasing the salary of John by 5%
Giving a day off to Mary
Increasing the hourly rate of Mary by 5%
```

[코드 3.7]은 Person 타입의 객체의 수만큼 Person.promote()를 반복해서 호출한다는 인상을 줍니다. 물론 일부는 Employee 타입이고 나머지는 Contractor 타입일 것입니다. 실제 객체 타입은 런타

임 중에서만 평가되기 때문에 각 객체마다 **increasePay()**를 사용할 수 있습니다. 이와 같이 상속을 통해 기능을 확장하거나 변경하는 것을 다형성polymorphism이라고 하며 객체 지향 언어의 주요 특징 중 하나입니다.

---

protected 생성자

3.1.3 절에서 싱글톤을 생성하기 위해 **private** 키워드로 생성자를 선언했습니다. **protected** 생성자를 사용하는 경우도 있습니다. 인스턴스화를 할 수 없는 클래스를 선언해야 하지만, 서브 클래스는 인스턴스화가 가능합니다. 슈퍼 클래스에 **protected** 생성자를 선언하고 서브 클래스 생성자에서 **super()** 메서드로 호출할 수 있습니다.

추상 클래스 기능을 모방한 방법입니다. **protected** 생성자를 가진 클래스를 그 자체로 추상으로 선언해야 추상 메서드를 선언할 수 있습니다.

제 10장 10.6.1절의 블록체인 실습에서 추상 클래스를 사용해 웹소켓 메시지를 다룹니다.

3.1.6 메서드 오버로딩

자바, C# 등 객체 지향 프로그래밍 언어는 메서드 오버로딩method overloading을 지원합니다. 메서드 오버로딩은 파라미터의 유형과 개수가 다르지만 이름이 같은 메서드를 여러 개 가질 수 있게 만드는 것을 의미합니다. 예를 들어, 두 가지 버전의 **calculateTax()** 메서드를 만들 수 있습니다. 하나는 개인 소득과 부양 가족이라는 두 개의 파라미터를 가지도록, 다른 하나는 **Customer** 타입으로 지정하고 여러 개의 파라미터를 가지도록 만들 수 있습니다.

타입 언어에서는 타입이 없는 파라미터를 가진 클래스 메서드를 호출할 수 없으므로 파라미터 타입과 반환값을 명시하여 메서드를 만들어야 합니다. 그러나 타입스크립트는 자바스크립트를 위한 일종의 문법적 설탕syntactic sugar, 문법적 기능은 그대로이나 간결한 코드로 만드는 것으로 함수 내 파라미터 개수를 처음 선언보다 더 많이, 혹은 더 적게 만들 수 있습니다. 자바스크립트에서 오류가 발생하지 않고 별도의 오버로딩을 지원할 필요가 없습니다. 물론 메서드 내에서 전달된 객체가 문제가 있다면 런타임 오류가 발생할 수 있습니다.

[코드 3.8]이 실행되는지 확인해보겠습니다.

코드 3.8   메서드 오버로딩의 잘못된 예

```
class ProductService {
  getProducts() {   •——— getProducts() 메서드는 파라미터가 없습니다.
    console.log(`Getting all products`);
  }
  getProducts(id: number) {      // 오류가 발생합니다.   •——— getProducts() 메서드는 1개의 파라미터를 가집니다.
    console.log(`Getting the product info for ${id}`);
  }
}
const prodService = new ProductService();

prodService.getProducts(123);

prodService.getProducts();
```

[그림 3.6]과 같이 타입스크립트 컴파일러는 두 번째 getProducts() 함수에 중복 함수 구현^{Duplicate} function implementation 오류를 일으킵니다.

그림 3.6   오류가 있는 타입스크립트이지만 자바스크립트는 유효함

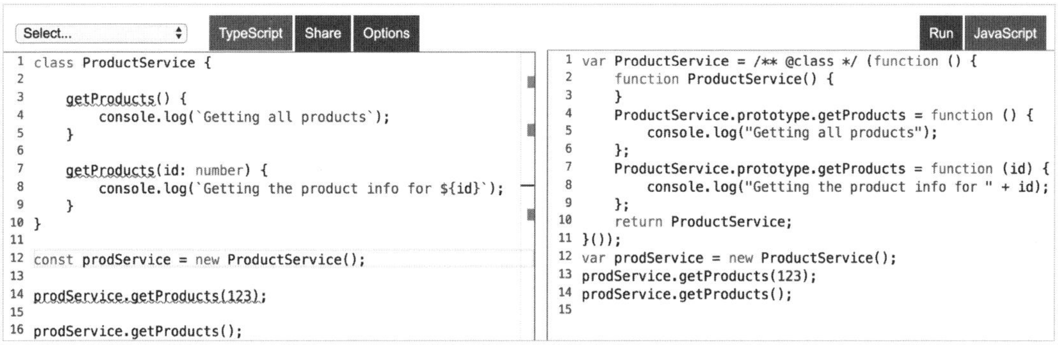

왼쪽의 타입스크립트는 구문 오류가 있지만 자바스크립트는 오류가 없습니다. 런타임 도중 4행의 getProducts() 메서드는 7행의 getProducts(id)로 변경되기 때문에, 자바스크립트는 getProducts(id)로 변경됩니다.

컴파일 오류를 무시하고 타입스크립트 플레이그라운드에서 생성된 자바스크립트를 실행해봅시다. getProducts() 메서드를 호출해도 getProducts(id) 메서드가 호출되어 콘솔에 출력됩니다.

```
Getting the product info for 123
Getting the product info for undefined
```

컴파일된 자바스크립트 코드를 보면 메서드^{또는 함수} 본문에 모든 메서드 파라미터가 있습니다. 타입스크립트는 메서드 오버로딩 구문을 지원합니다. [코드 3.9]를 보면 단 한 개의 메서드 구현을 가집니다.

코드 3.9 메서드 오버로딩의 올바른 예

```
class ProductService {
    getProducts(); ●┄┄┄┄┄┐
                          ├── 허용 가능한 메서드를 선언합니다.
    getProducts(id: number); ●┄┄┘
    getProducts(id?: number) { ●┄┄┄ 메서드를 구현합니다.
        if (typeof id === 'number') {
            console.log(`Getting the product info for ${id}`);
        } else {
            console.log(`Getting all products`);
        }
    }
}

const prodService = new ProductService();

prodService.getProducts(123);
prodService.getProducts();
```

---

getProducts(id?: number)는 구현된 메서드로 **id** 뒤에 물음표가 있습니다. 이 물음표는 해당 파라미터를 선택 사항으로 선언하는 것을 말합니다. 물음표를 생략하면 컴파일러는 "Overload signature is not compatible with function implementation^{오버로드 시그니처가 함수 구현과 호환되지 않습니다}"라는 오류를 표시합니다.

> **✓ TIP** [코드 3.9]에서 getProducts()와 getProducts(id: number)를 생략해도 프로그램 동작은 변경되지 않습니다. 이 코드는 IDE 내 getProducts() 함수의 자동 완성 기능을 도와주는 역할을 합니다.

위 코드는 bit.ly/3uOAO35에서 확인할 수 있습니다. [그림 3.7]과 같이 생성된 자바스크립트 코드는 **getProducts(id)** 함수만 있습니다.

그림 3.7 ▸ 오버로딩 메서드의 올바른 예

```typescript
1  class ProductService {
2
3      getProducts();
4      getProducts(id: number);
5      getProducts(id?: number) {
6          if (!!id) {
7              console.log(`Getting the product info for ${id}`);
8          } else {
9              console.log(`Getting all products`);
10         }
11     }
12 }
13
14 const prodService = new ProductService();
15
16 prodService.getProducts(123);
17
18 prodService.getProducts();
```

```javascript
1  var ProductService = /** @class */ (function () {
2      function ProductService() {
3      }
4      ProductService.prototype.getProducts = function (id) {
5          if (!!id) {
6              console.log("Getting the product info for " + id);
7          }
8          else {
9              console.log("Getting all products");
10         }
11     };
12     return ProductService;
13 }());
14 var prodService = new ProductService();
15 prodService.getProducts(123);
16 prodService.getProducts();
17
```

마찬가지로 메서드 시그니처를 오버로드해 다른 파라미터를 가질 수 있을 뿐만 아니라 다른 타입 값을 반환할 수 있습니다. [코드 3.10]은 getProducts() 메서드로 두 가지 방법으로 호출 가능 합니다.

1. product의 description을 전달하고 Product 타입인 배열을 반환합니다.
2. product의 id를 전달하고 Product 타입인 객체를 반환합니다.

코드 3.10 ▸ 파라미터 및 반환되는 타입이 서로 다른 경우

```typescript
interface Product {          •······· Product 타입을 정의합니다.
  id: number;
  description: string;
}


class ProductService {
    getProducts(description: string): Product[];          •······· 첫 번째 getProducts() 오버로딩 메서드입니다. (메서드 선언)
    getProducts(id: number): Product;          •······· 두 번째 getProducts() 오버로딩 메서드입니다. (메서드 선언)
    getProducts(product: number | string): Product[] | Product {          •······· getProducts() 메서드를 구현합니다. (메서드 구현)
      if (typeof product === "number") {          •······· 파라미터 id로 메서드가 호출되었는지를 확인합니다.
        console.log(`Getting the product info for id ${product}`);
        return { id: product, description: 'great product' };
      } else if (typeof product === "string") {          •······· 파라미터 description로 메서드가 호출되었는지를 확인합니다.
        console.log(`Getting product with description ${product}`);
        return [{ id: 123, description: 'blue jeans' },
            { id: 789, description: 'blue jeans' }];
      } else {
        return {
          id: -1,
          description: 'Error: getProducts() accept only number or string as args'
        };
      }
```

```
      }
   }

   const prodService = new ProductService();

   console.log(prodService.getProducts(123));

   console.log(prodService.getProducts('blue jeans'));
```

goo.gl/rq3GJ1에서 위 코드를 확인할 수 있습니다. 브라우저 콘솔이 [그림 3.8]과 같이 출력되는지 확인해보세요.

그림 3.8 반환 값이 서로 다름

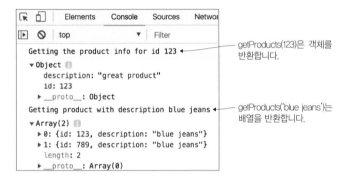

getProducts(123)은 객체를 반환합니다.

getProducts('blue jeans')는 배열을 반환합니다.

[코드 3.10]를 가지고 여러 가지 실험을 해보겠습니다. 맨 마지막의 **getProducts()** 메서드를 주석 처리하면 숫자 또는 문자열을 파라미터로 전달해야 호출 가능하며 하나의 **Product** 또는 이들의 배열을 반환합니다.

그렇다면 파라미터 타입과 함수 반환 값에 유니온을 사용하여 메서드를 구현할 수 있음에도 불구하고 왜 굳이 오버로딩 메서드를 사용해야 할까요? 오버로딩 메서드는 타입스크립트 컴파일러가 올바른 방법으로 메서드를 호출할 수 있게 도와줍니다. [그림 3.9]는 **getProducts()** 메서드의 첫 번째 사용 방법을 보여줍니다. (1/2 표시)

그림 3.9 첫 번째 메서드 시그니처

```
24
25   const prodService = new ProductService();
26
27   const product: Product = prodService.getProducts()
28
```

```
getProducts(description: string):
1/2  Product[]
```

이어서 [그림 3.10]은 두 번째 사용 방법으로 getProducts() 메서드에 Product[] 타입과 다른 파라미터가 추가해야 함을 알려줍니다. (2/2 표시)

그림 3.10 두 번째 메서드 시그니처

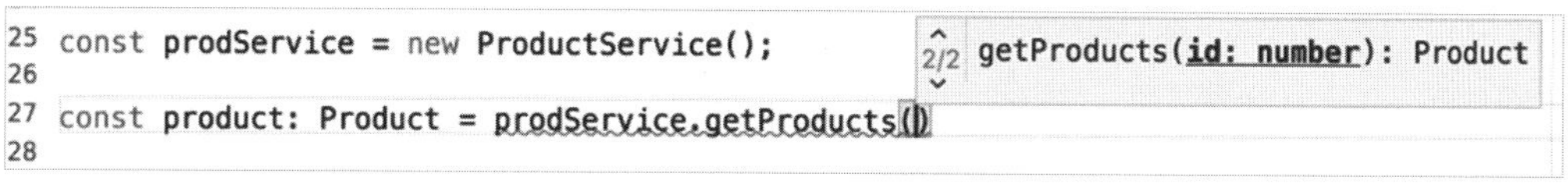

```
25  const prodService = new ProductService();        2/2  getProducts(id: number): Product
26
27  const product: Product = prodService.getProducts()
28
```

만약 맨 처음 두 getProducts() 시그니처 선언을 주석 처리하면 [그림 3.11]과 같이 어떤 파라미터 타입이 어떤 타입의 값을 반환하는지 이해하기 쉽지 않습니다.

그림 3.11 오버로딩을 없앤 결과

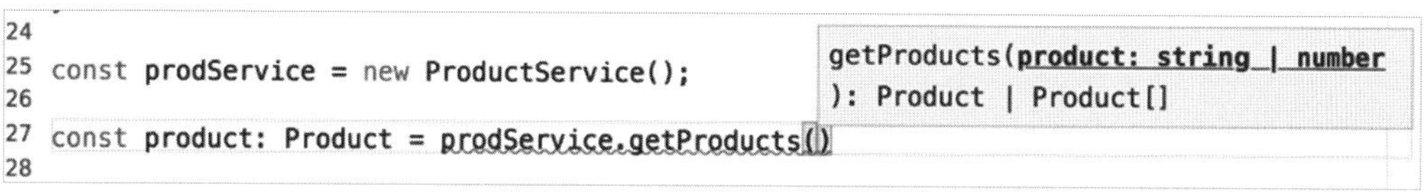

```
24
25  const prodService = new ProductService();         getProducts(product: string | number
26                                                    ): Product | Product[]
27  const product: Product = prodService.getProducts()
28
```

물론 타입스크립트 오버로딩 메서드의 장점이 부족하다고 주장할 수 있습니다. 또한 파라미터와 반환 값에 유니온 타입을 사용하지 않고 getProduct()와 getProducts()처럼 메서드 두 개를 구분해 만드는 것이 낫다고 말할 수 있습니다. 그러나 오버로딩 생성자를 사용할 경우 그렇지 않습니다. 타입스크립트 클래스는 constructor 키워드로 생성자를 만듭니다. [코드 3.11]과 같이 오버로딩 구문을 사용해 여러 생성자를 만들 수 있습니다.

코드 3.11 오버로딩 생성자

```
class Product {
    id: number;
    description: string;
    constructor();  •──── 생성자 선언 내 파라미터가 없습니다. (생성자 선언)
    constructor(id: number);  •──── 생성자 선언 내 한 개의 파라미터가 있습니다. (생성자 선언)
    constructor(id: number, description: string);  •──── 생성자 선언 내 두 개의 파라미터가 있습니다. (생성자 선언)
    constructor(id?: number, description?: string) {
        // 이 곳에 생성자 구현을 합니다.  •──── 모든 가능한 파라미터를 다루는 생성자를 구현합니다. (생성자 구현)
    }
}
```

NOTE 파라미터가 없는 생성자도 허용하기 때문에 생성자 구현에서 모든 파라미터를 선택할 수 있게 만들었습니다.

그러나 객체 속성 초기화를 위해 오버로딩 생성자가 유일한 정답은 아닙니다. 예를 들어 생성자에 사용되는 모든 파라미터를 나타내는 인터페이스를 선언할 수 있습니다. [코드 3.12]는 인터페이스는 선택적 프로퍼티를, 클래스는 선택적 파라미터를 취하는 단일 생성자를 가집니다.

코드 3.12 선택적 인자를 가진 단일 생성자

```
interface ProductProperties {    •········ ProductProperties는 두 개의 선택적 파라미터를 가집니다.
  id?: number;
  description?: string;
}
class Product {
  id: number;
  description: string;
  constructor(properties?: ProductProperties) {    •········ 클래스 생성자는 ProductProperties 타입인
    // 이곳에 생성자 구현을 합니다.                              선택적 파라미터를 가집니다.
  }
}
```

요약하면 타입스크립트에서 오버로딩 메서드나 생성자를 사용할 때 주의가 필요합니다. 오버로딩을 사용하면 여러 방법으로 메서드를 호출할 수 있지만 로직을 읽고 판단하기 힘들어질 수 있습니다. 때문에 오버로딩 사용을 절제하는 것이 일반적입니다.

3.2 인터페이스 사용

제 2장에서는 타입스크립트 인터페이스로 커스텀 타입을 선언하는 방법을 배웠습니다. 생성자를 포함시킨 커스텀 타입이 필요한 경우 일반 클래스를 사용하고, 그렇지 않으면 인터페이스를 사용했습니다. 이번 절에서는 인터페이스를 사용해 API를 구현하는 클래스를 만들어보겠습니다.

3.2.1 인터페이스 강제

인터페이스는 속성뿐만 아니라 메서드 선언도 포함할 수 있습니다 메서드 구현은 아닙니다. 클래스 선언에는 **implements** 키워드와 인터페이스 이름을 사용할 수 있습니다. 다시 말해, 인터페이스는 메서드 시그니처만을 포함하지만, 클래스는 메서드 구현이 포함될 수 있습니다.

예를 들어 여러분이 도요타 자동차를 가지고 있다고 가정해봅시다. 수천 개의 부품이 있지만, 운전자는 자동차를 운전에 필요한 엔진 시동을 켜는 방법, 가속 및 브레이크 사용 방법, 라디오를 트는 방법 등을 알아야 합니다. 이들은 도요타 설계자가 제공하는 공용 인터페이스public interface와 같습니다.

이번에는 여러분이 운전해 본 적이 없는 포드 자동치를 렌트했다고 가정해봅시다. 운전하는 법을 알고 있기 때문에 문제가 없을 것입니다. 이미 엔진, 가속 페달, 브레이크 등 인터페이스에 익숙하기 때문입니다. 혹은 렌트 시 자동 변속기와 같은 친숙한 인터페이스를 갖춘 차를 렌트할 수도 있을 것입니다.

이제 타입스크립트로 자동차를 구성하는 인터페이스를 만들어봅시다. [코드 3.13]에서 인터페이스 MotorVehicle은 다섯 개의 메서드를 가집니다.

코드 3.13   MotorVehicle 인터페이스

```
interface MotorVehicle {
    startEngine(): boolean;
    stopEngine(): boolean;
    brake(): boolean;                    클래스에 사용되는 메서드 시그니처를 선언합니다.
    accelerate(speed: number);
    honk(howLong: number): void;
}
```

MotorVehicle 인터페이스 내 메서드 구현은 없습니다. 다음으로 MotorVehicle 인터페이스 내 모든 메서드를 구현하는 Car를 선언하겠습니다. 아래와 같이 implements 키워드를 사용해 특정 인터페이스를 구현하는 클래스를 선언해보겠습니다.

```
class Car implements MotorVehicle {

}
```

그러나 클래스 선언은 컴파일되지 않아 "Class Car incorrectly implements interface MotorVehicle. 클래스 Car의 MotorVehicle 인터페이스는 잘못된 구현입니다."이라는 오류를 내보냅니다. 인터페이스로 클래스를 선언할 때, 인터페이스 내 각 메서드를 구현해야 합니다. 다시 말해 위 코드는 Car 클래스가 MotorVehicle 인터페이스에 선언된 API를 반드시 구현할 것임을 약속하는 것과 같습니다. [코드 3.14]는 Car 클래스 내에 인터페이스를 구현했습니다.

```
class Car implements MotorVehicle {
    startEngine(): boolean {
        return true;
    }
    stopEngine(): boolean {
        return true;
    }
    brake(): boolean {                    interface 내 메서드를 구현합니다.
        return true;
    }
    accelerate(speed: number) {
        console.log(`Driving faster`);
    }
    honk(howLong: number): void {
        console.log(`Beep beep yeah!`);
    }
}
const car = new Car();      Car 클래스를 초기화 합니다.
car.startEngine();      Car API를 사용해 엔진을 실행합니다.
```

그러나 위 코드는 상수의 **car** 타입을 명시적으로 선언하지 않았습니다. 필수는 아니지만 아래와 같이 **car**의 타입을 명시적으로 선언할 수 있습니다.

```
const car: Car = new Car();
```

또한 **Car** 클래스는 커스텀 타입을 구현하기 때문에 상수 **car**에 **MotorVehicle** 타입을 선언할 수 있습니다.

```
const car: MotorVehicle = new Car();
```

이 둘의 차이점은 무엇일까요? 예를 들어 **Car** 클래스는 여덟 개의 메서드를 구현한다고 해봅시다. 다섯 개는 **MotorVehicle** 인터페이스이며 나머지는 임의의 메서드입니다. 만약 상수 **car**가 Car 타입이면, 객체 인스턴스 내 여덟 개의 메서드 모두 호출할 수 있습니다. 그러나 **car**의 타입이 **MotorVe-hicle**이면 인터페이스에 선언된 메서드만 호출 가능합니다.

이를 인터페이스는 특정 규약을 강제한다고 말할 수 있습니다. 따라서 위 코드에서 **Car** 클래스는

MotorVehicle 인터페이스에 선언된 메서드 다섯 개를 모두 구현해야 오류가 발행하지 않습니다.

이제 제임스 본드 영화에 나오는 자동차를 나타내는 인터페이스를 만들어봅시다. 영화 속 자동차는 하늘을 비행하고 수중을 항해합니다. 이 두 기능을 각각의 인터페이스로 선언해봅시다.

코드 3.15 Flyable 및 Swimmable 인터페이스를 선언

```
interface Flyable {
    fly(howHigh: number);
    land();
}
interface Swimmable {
    swim(howFar: number);
}
```

이제 MotorVehicle, Flyable, Swimmable 인터페이스를 구현하는 클래스를 만들어봅시다.

코드 3.16 세 가지 인터페이스를 가진 클래스 Car

```
class Car implements MotorVehicle, Flyable, Swimmable {
    // 세 가지 인터페이스 내 모든 메서드를 구현합니다.
}
```

그러나 클래스 Car 전체에 비행과 항해를 가능하도록 만드는 것은 좋은 방법은 아닙니다. 클래스 상속 개념을 적용해 [코드 3.14]의 Car 클래스를 확장하고 몇 가지 기능을 추가해 특수 차량을 나타내는 SecretServiceCar 클래스를 만들어봅시다.

코드 3.17 클래스 확장과 구현

```
class SecretServiceCar extends Car implements Flyable, Swimmable {
    // 두 가지 인터페이스 내 모든 메서드를 구현합니다.
}
```

Flyable과 Swimmable 안에 선언된 모든 메서드를 SecretServiceCar 클래스에서 구현하면, SecretServiceCar는 일반 자동차에서 비행 및 수영이 가능한 객체로 바뀝니다. 한편 Car 클래스는 MotorVehicle 인터페이스에 정의된 기능을 가지므로 일반 자동차 기능만을 가집니다.

3.2.2 인터페이스 확장

이전 절에서 보았듯이, 클래스와 인터페이스의 조합으로 코드를 유연하게 설계할 수 있습니다. 인터페이스 확장에 대해 알아보겠습니다.

이전 장에서 선언한 특수 임무차를 나타내는 SecretServiceCar 클래스는 Flyable, Swimmable 인터페이스 내 메서드를 모두 구현해야 합니다. [코드 3.17]에서 SecretServiceCar 클래스는 Car를 상속받고 추가된 인터페이스를 구현합니다. 그러나 SecretServiceCar 클래스를 설계할 때, [코드 3.18]과 같이 MotorVehicle 인터페이스 내 각 메서드를 다르게 구현할 수도 있습니다.

코드 3.18   세 가지 인터페이스를 구현하는 클래스

```
class SecretServiceCar implements MotorVehicle, Flyable, Swimmable {
    // 세 가지 인터페이스 내 모든 메서드를 구현합니다.
}
```

반면, 비행 가능한 객체 역시 자동차이므로 Flyable 인터페이스를 다음과 같이 선언할 수 있습니다.

코드 3.19   인터페이스 확장

```
interface Flyable extends MotorVehicle {    •······· 다른 인터페이스를 확장합니다.
    fly(howHigh: number);    •·······┐
    land();                          │ 클래스를 구현하는 메서드 시그니처입니다.
}                            •·······┘
```

클래스 선언에 **implements Flyable** 구문이 포함된 경우 MotorVehicle 인터페이스에 선언된 5개의 메서드[코드3.13 참조]와 Flyable[코드3.19]의 두 메서드를 합친 총 7개의 메서드를 구현해야합니다. 우리의 SecretServiceCar 클래스는 [코드 3.20]에 표시된 것처럼 7가지 메서드와 Swimmable의 메서드를 구현해야 합니다.

코드 3.20   Flyable과 Swimmable을 구현한 클래스

```
class SecretServiceCar implements Flyable, Swimmable {
    startEngine(): boolean {    •·······┐
        return true;
    }
    stopEngine(): boolean {    •·······  MotorVehicle 메서드를 구현합니다.
        return true;
    }
```

```
      brake(): boolean {  •┄┄┄┄┄┄┄┄┄┄┄┄┄┄┄┄┐
         return true;                       ┊
      }                                      ┊
      accelerate(speed: number) {  •┄┄┄┄┄┄┄┄┤
         console.log(`Driving faster`);     ┊
      }                                      ┊
      honk(howLong: number): void {  •┄┄┄┄┄┄┘
         console.log(`Beep beep yeah!`);
      }
      fly(howHigh: number) {  •┄┄┄┄┄┄┄┐
         console.log(`Flying ${howHigh} feet high`);   ┊
      }                                  Flyable 내 메서드를 구현합니다.
      land() {  •┄┄┄┄┄┄┄┄┄┄┄┄┄┄┄┄┄┄┄┄┄┘
         console.log(`Landing. Fasten your belts.`);
      }
      swim(howFar: number) {  •┄┄┄┄ Swimmable 내 메서드를 구현합니다.
         console.log(`Swimming ${howFar} feet`);
      }
   }
```

> **TIP** 만약 Swimmable 인터페이스가 MotorVehicle을 확장하더라도 타입스크립트 컴파일러는 불평하지 않습니다.

메서드 시그니처를 포함한 인터페이스 선언은 코드 가독성을 높여줍니다. 인터페이스는 각 기능이 잘 정의된 집합으로 이 인터페이스로 구체적인 클래스를 구현할 수 있기 때문입니다. 인터페이스를 보면 어떤 클래스가 이를 구현하는지 알 수 없습니다. 객체 지향 프로그래밍에 익숙한 개발자들은 먼저 '구현이 아닌 인터페이스 프로그래밍에 집중하자'라는 생각을 떠올립니다. 무슨 의미인지 다음 절에서 살펴보겠습니다.

3.2.3 인터페이스 프로그래밍

인터페이스 프로그래밍의 의미와 장점을 알기 위해, 먼저 인터페이스 프로그래밍을 사용할 수 없는 경우를 살펴보겠습니다. 데이터 소스로부터 한 가지 또는 모든 제품 정보를 읽는 코드를 작성해야 한다고 생각해봅시다.

먼저 클래스를 만들고 각 기능을 바로 구현하는 데 집중할 것입니다. [코드 3.21]과 같이 Product 타입과 ProductService 클래스를 정의했을 것입니다.

코드 3.21 구현 프로그래밍

```
class Product {  ●—— Product는 커스텀 타입입니다.
  id: number;
  description: string;
}
class ProductService {  ●—— ProductService를 구현합니다.
  getProducts(): Product[] {  ●—— 메서드를 구현합니다.
    // 모든 products의 정보를 가져옵니다.
    return [];
  }
  getProductById(id: number): Product {
    // id를 조회해 product의 정보를 가져옵니다.
    return { id: 123, description: 'Good product' };
  }
}
```

그러고 나서 아래와 같이 **ProductService** 인스턴스를 만들고 메서드를 사용할 수 있습니다.

```
const productService = new ProductService();
const products = productService.getProducts();
```

어렵지 않았지요? 그러나 아직 서버가 준비되지 않아 **ProductService**에서 데이터를 받을 수 없다고 해봅시다. 동일한 API를 사용하는 **MockProductService** 클래스를 생성하고 하드코딩된 제품 데이터를 반환할 수 있게 만들어야 합니다. 이제 이를 구현해보겠습니다.

코드 3.22 MockProductService 클래스 구현

```
class MockProductService {  ●—— MockProductService 클래스를 구현합니다.
  getProducts(): Product[] {
    // 하드코딩된 제품 정보를 받는 코드를 작성합니다.
    return [];                              ┐
  }                                          │ 메서드를 구현합니다.
  getProductById(id: number): Product {      │
    return { id: 456, description: 'Not a real product' };
  }                                         ┘
}
```

> **✓ TIP** MockProductService 클래스는 실제 서비스에 사용되지 않지만 유닛 테스트에 사용될 수 있습니다.

MockProductService 클래스는 ProductService 클래스와 동일한 두 메서드를 선언했습니다. 반대의 경우 오류가 발생할 수 있습니다.

이를 방지하기 위해 MockProductService 클래스에 인터페이스를 강제할 수 있습니다. 그러나 아직 인터페이스를 선언하지 않았습니다. 타입스크립트는 implements 키워드로 나른 클래스를 구현하는 클래스를 만들 수 있기 때문에 아래와 같이 MockProductService 클래스를 수정하는 것이 바람직합니다.

```
class MockProductService implements ProductService {
    // 이곳에 구현합니다.
}
```

타입스크립트는 implements 키워드 뒤에 클래스 이름을 입력하면 ProductService의 모든 메서드를 강제로 구현하도록 만듭니다. 따라서 getProducts() 또는 getProductById() 메서드를 빠트리지 않고 구현하게 됩니다. 또한 MockProductService 클래스에 모든 메서드가 완벽히 구현될 때까지는 컴파일되지 않습니다.

그러나 가장 좋은 방법은 처음부터 인터페이스에 집중해 코드를 작성하는 것입니다. 두 개의 메서드를 사용하여 ProductService를 작성해야 하는 경우, 구현에 대한 걱정 없이 이러한 메서드로 인터페이스를 선언하는 것으로 시작해야 합니다.

먼저 IProductService라는 인터페이스와 메서드 두 개를 선언합니다. 그 뒤 인터페이스를 구현할 ProductService 클래스를 선언합니다.

코드 3.23 인터페이스 프로그래밍

```
interface Product {    •········ 인터페이스를 통한 커스텀 타입 선언
    id: number;
    description: string;
}
interface IProductService {    •········ API를 인터페이스로 선언
    getProducts(): Product[];
    getProductById(id: number): Product
}
class ProductService implements IProductService {    •········ 인터페이스 구현
    getProducts(): Product[] {
        // 실제 데이터에서 제품을 받습니다.
```

```
      return [];
  }
  getProductById(id: number): Product {
      // id로 제품을 조회합니다.
      return { id: 123, description: 'Good product' };
  }
}
```

API를 인터페이스로 선언한다는 말은 곧 필요한 기능에 대해 오랫동안 생각한 뒤 자세하게 구현했다는 의미입니다. MockProductService 같은 새 클래스를 구현해야 한다면 다음과 같이 시작할 수 있습니다.

```
class MockProductService implements IProductService {
  // 이 곳에 메서드를 구현합니다.
}
```

[코드 3.21]과 [코드 3.23]에서 커스텀 타입 Product가 서로 다르게 구현되었습니다. 커스텀 타입예: Product 을 초기화할 필요가 없을 때 class 대신 interface 키워드를 사용하면 자바스크립트 코드 양이 적어집니다. 타입스크립트 플레이그라운드에서 두 코드를 실행해보고 생성된 자바스크립트 코드를 확인해보세요. Product 인터페이스를 사용한 경우의 코드가 훨씬 간소화됩니다.

> **✓ TIP** 여기서는 클래스 이름을 ProductService로, 인터페이스 이름에는 영어 interface를 나타내는 대문자 I를 붙여 IProductService를 사용합니다. 일부 개발자들은 인터페이스 이름은 그대로 ProductService를 사용하고, 클래스 이름에 접미사 Impl를 붙여 ProductServiceImpl를 사용하는 것을 선호하기도 합니다.

인터페이스 프로그래밍의 좋은 예는 팩토리 함수factory function를 사용하는 것입니다. 팩토리 함수란 비즈니스 로직을 구현하고 객체의 인스턴스를 반환하는 함수입니다. ProductService 또는 MockProductService 타입 중 하나를 반환하는 팩토리 함수를 만들어 봅시다.

코드 3.24 팩토리 함수

```
function getProductService(isProduction: boolean): IProductService {  • ⋯⋯ 타입을 반환하는 팩토리 함수입니다.
  if (isProduction) {
    return new ProductService();
  } else {
```

```
        return new MockProductService();
    }
}

const productService: IProductService;   ●────── 인터페이스 타입을 나타내는 상수입니다.

...

const isProd = true;   ●────── 현재 프로덕션 상태임을 나타냅니다.
productService = getProductService(isProd);   ●────── productService 인스턴스를 가져옵니다.

const products[] = productService.getProducts();   ●────── productService 내 메서드를 호출합니다.
```

위 코드에서는 상수 isProd는 하드코딩된 값인 true를 사용했습니다. 그러나 실제 앱에서는 속성 파일 또는 환경 변수를 통해 이 값을 가져옵니다. 속성 값이 true에서 false로 바뀌면 런타임 동안 앱의 동작이 변경됩니다.

실제로는 ProductService 또는 MockProductService가 반환되더라도 함수 시그니처에서는 IProductService를 반환한다고 작성했습니다. 이렇게 하면 팩토리 함수를 더 유연하고 쉽게 확장할 수 있도록 만들 수 있습니다. 나중에 AnotherProductService라는 객체를 반환하도록 수정해야 하는 경우, 새 클래스 선언에 implements IProductService를 입력함으로써 팩토리 함수를 사용하는 코드가 추가 변경 없이 컴파일됩니다. 이것이 바로 인터페이스 프로그래밍입니다.

요약

- 클래스 상속이란 기존에 정의되어 있는 클래스의 모든 멤버를 물려받아 새로운 클래스를 생성하는 것을 말합니다.
- 서브 클래스에서 슈퍼 클래스의 public 또는 protected 프로퍼티를 사용할 수 있습니다.
- 클래스 프로퍼티가 private으로 선언된 경우 클래스 내부에서만 사용할 수 있습니다.
- private 생성자를 사용해 한 번만 인스턴스화할 수 있는 클래스를 만들 수 있습니다.
- 메서드 오버라이딩method overriding은 객체 지향 프로그래밍에서 서브 클래스가 슈퍼 클래스의 메서드를 특정한 형태로 구현하여 재정의하는 것을 말합니다. 클래스 생성자도 재정의할 수 있습니다. super 키워드와 super() 메서드로 서브 클래스가 슈퍼 클래스의 클래스 멤버를 호출할 수 있습니다.

- 메서드 오버로딩method overloading이란 메서드 내 여러 시그니처를 선언할 수 있음을 발합니다.

- 인터페이스는 메서드 시그니처를 선언할 수 있지만, 구현은 할 수 없습니다.

- 인터페이스를 다른 인터페이스에서 상속할 수 있습니다.

- 클래스 구현 시, 인터페이스에서 선언해야 할 메서드가 있는지를 먼저 확인합니다. 인터페이스를 정의한 이후 클래스에서 인터페이스를 구현하는 습관을 갖는 것이 좋습니다. 메서드 선언과 구현을 깔끔하게 구분할 있게 도와줍니다.

제 4 장

열거 타입(Enum)과 제네릭(Generic)

이 장의 목표

- 열거 타입의 장점
- 숫자 및 문자열 enum 타입 문법
- 제네릭 타입
- 제네릭을 지원하는 클래스, 인터페이스 함수 사용 방법

2장에서 기존 타입 여러 개를 조합해 커스텀 타입을 만들 수 있게 해주는 유니온을 소개했습니다. 이번 장에서는 열거 타입에 대해 배우겠습니다. 열거 타입을 이용하면 제한된 수의 상수로 구성된 새로운 타입을 만들 수 있습니다.

또한 제네릭 타입에 대해서도 배울 겁니다. 제네릭은 클래스 멤버와 함수 파라미터, 반환값에 타입을 넣을 수 있게 해줍니다.

4.1 열거 타입(Enum)

열거 타입Enumerations, 줄여서 Enum은 일정 수의 상수로 구성된 집합을 만듭니다. 상수로는 숫자나 문자열을 사용할 수 있습니다.

4.1.1 숫자형 열거

예를 들어 일주일을 숫자 1부터 7로 나타내고자 한다면 한 주의 시작을 나타내는 숫자는 무엇일까요?

ISO 8601국제 날짜 표준 규격은 월요일을 시작으로 보지만, 미국, 캐나다 및 호주 등의 국가들은 일요일을 시작으로 합니다. 따라서 1부터 7까지의 숫자만을 사용하는 것은 좋은 방법이 아닙니다. 누군가 실수로 변수의 값으로 8을 할당한다면 어떻게 해야 할까요? 그런 이유로 숫자가 아닌 이름으로 요일

을 표시하는 편이 가독성을 높일 수 있습니다.

한편 요일 값으로는 요일 이름 대신 숫자를 사용하는 것이 효율적입니다. 높은 가독성이 필요하고 일정 집합에만 값을 배정하고 싶으며, 데이터 저장을 효율적으로 하고 싶은 상황에선 열거 타입을 사용하는 것이 좋습니다.

타입스크립트는 enum 키워드로 일정 수의 상수로 구성된 집합을 만듭니다. 열거를 이용해 요일을 표시하는 타입을 선언하겠습니다.

코드 4.1 enum 타입으로 요일 정의

```
enum Weekdays {
    Monday = 1,
    Tuesday = 2,
    Wednesday = 3,
    Thursday = 4,
    Friday = 5,
    Saturday = 6,
    Sunday = 7,
}
```

[코드 4.1]의 Weekdays 타입이 가질 수 있는 값은 수가 정해져 있습니다. 각 enum 멤버를 숫자값으로 초기화하고, 각 요일은 점 표기법으로 참조할 수 있습니다.

```
let dayOff = Weekdays.Tuesday;
```

지금 dayOff 변수의 값은 2입니다. 위 코드를 IDE나 타입스크립트 플레이그라운드에서 위의 코드를 입력하면 [그림 4.1]과 같이 입력 가능한 값을 보여줍니다.

그림 4.1 enum 자동 완성 기능

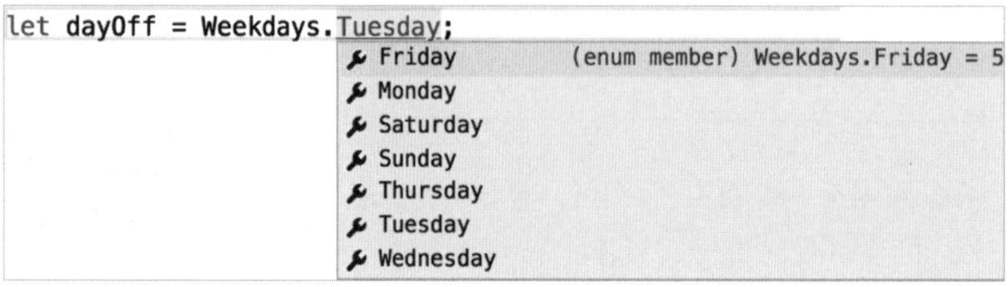

```
let dayOff = Weekdays.Tuesday;
                      🔧 Friday          (enum member) Weekdays.Friday = 5
                      🔧 Monday
                      🔧 Saturday
                      🔧 Sunday
                      🔧 Thursday
                      🔧 Tuesday
                      🔧 Wednesday
```

열거 타입을 사용했기 때문에 변수 dayOff에 8처럼 잘못된 값은 할당할 수 없습니다. enum을 무시하고 dayOff = 8로 작성하는 것을 강제로 막을 수 없지만 잘못된 방법임을 표시해줍니다.

[코드 4.2]에서 월요일을 1로 초기화했고, 나머지 값은 자동으로 1씩 증가된 값이 할당됩니다. 예: 화요일

은 2로, 수요일은 3으로 초기화됩니다.

코드 4.2　　**자동 증가 값이 적용된 enum**

```
enum Weekdays {
    Monday = 1,
    Tuesday,
    Wednesday,
    Thursday,
    Friday,
    Saturday,
    Sunday,
}
```

기본적으로 열거 타입은 0부터 시작합니다. Monday를 1로 초기화하지 않으면 Monday의 값은 0이

됩니다.

숫자 열거 타입 역방향 조회

열거 타입의 숫자값을 이용하면 이에 상응하는 멤버의 이름을 조회할 수 있습니다. 예를 들어 요일 번호
를 반환하는 함수를 만든 뒤 특정 번호에 대한 요일의 이름을 인쇄하고 싶을 수 있습니다. 이 값을 색인으
로 사용하면 원하는 이름을 검색할 수 있습니다.

```
enum Weekdays {     •······· 숫자 열거 타입을 선언합니다
    Monday = 1,
    Tuesday,
    Wednesday,
    Thursday,
    Friday,
    Saturday,
    Sunday,
}
console.log(Weekdays[3]);     •······ 값이 3인 멤버 이름을 출력합니다.
```

마지막 행은 값이 3인 요일 이름인 **Wednesday**가 콘솔에 출력되도록 하는 코드입니다.

열거 타입 멤버에 할당된 숫자 값을 신경 쓰지 않아도 되는 경우도 있습니다. 다음 [코드 4.3]의 convertTemperature()는 화씨 온도를 섭씨 온도로 또는 그 반대로 변환하는 함수입니다. 이후 열거 타입을 사용해 리팩터링하겠습니다.

코드 4.3 enum 타입 없이 기온 변환 함수 구현

```
function convertTemperature(temp: number, fromTo: string): number {  •┄┄┄┄ temperature(온도)와 fromTo(변환
    return 'FtoC' === fromTo ?                                            방향) 두 파라미터를 사용합니다.
        (temp - 32) * 5.0 / 9.0 :  •┄┄┄ 화씨에서 섭씨로 변환합니다.
        temp * 9.0 / 5.0 + 32;  •┄┄┄ 섭씨에서 화씨로 변환합니다.
}
console.log(`70F is ${convertTemperature(70, 'FtoC')}C`);  •┄┄┄ 화씨 70도를 섭씨로 변환합니다.
console.log(`21C is ${convertTemperature(21, 'CtoF')}F`);  •┄┄┄ 섭씨 21를 화씨로 변환합니다.
console.log(`35C is ${convertTemperature(35, 'ABCD')}F`);  •┄┄┄ fromTo에 잘못된 파라미터로 함수를 호출합니다.
```

[코드 4.3] 함수는 **FtoC**가 아닌 아무 값을 전달하면 화씨를 섭씨로 바꿉니다 마지막 행에서 의도적으로 잘못된 파라미터 값으로 ABCD를 전달했지만 오류 없이 섭씨에서 화씨로 변환했습니다. 잘못된 값으로 함수가 호출될 때 타입스크립트 컴파일러가 오류를 감지해야 합니다. 이때 열거 타입이 필요합니다. bit.ly/3dZO8M9에서 확인할 수 있습니다.

[코드 4.4]에서 열거 타입 **Direction**을 선언해 **FtoC** 또는 **CtoF**로 값을 제한했습니다. **fromTo** 타입은 **string**에서 **Direction**으로 변경했습니다.

코드 4.4 enum 타입으로 기온 변환 함수 구현

```
enum Direction {  •┄┄┄ enum 타입인 Direction을 선언합니다.
    FtoC,
    CtoF,
}                                                    두 번째 파라미터의 타입으로 Direction을 사용합니다.
function convertTemperature(temp: number, fromTo: Direction): number {  •┄┄┄┄┘
    return Direction.FtoC === fromTo ? ((temp - 32) * 5.0) / 9.0 : (temp * 9.0) / 5.0 + 32;
}
console.log(`70F is ${convertTemperature(70, Direction.FtoC)}C`);  •┄┄┐
console.log(`21C is ${convertTemperature(21, Direction.CtoF)}F`);  •┄┄┤ 열거 타입 멤버를 사용해 함수를 호출합니다.
```

위 함수의 두 번째 파라미터 타입은 **Direction**로 열거 타입 멤버 중 하나예: Direction.CtoF를 전달해 함수를 호출해야 합니다. 온도를 나타내는 숫자 값은 중요하지 않습니다. 열거 타입의 목적은 CtoF, FtoC와 같은 제한된 값으로 구성된 상수 세트를 만드는 것입니다. IDE는 두 번째 파라미터에 가능

한 값을 보여주므로 잘못된 값을 전달하는 실수를 방지해줍니다.

열거 타입 멤버는 값으로^{명시적으로 또는 암시적으로} 초기화됩니다. 지금까지 열거 타입 멤버가 숫자값으로 초기화를 했지만, 문자열 값으로 초기화할 수 있습니다.

4.1.2 문자열 열거

수가 제한된 문자열 상수 집합을 선언할 때 열거 타입으로 멤버의 값을 문자열로 초기화할 수 있습니다. 이번에는 플레이어가 네 방향으로 움직이는 게임을 프로그래밍한다고 가정해보겠습니다.

코드 4.5   문자열 enum 선언

```
enum Direction {
    Up = 'UP',
    Down = 'DOWN',        문자열 값으로 enum 멤버를 초기화합니다.
    Left = 'LEFT',
    Right = 'RIGHT',
}
```

문자열 열거 타입을 선언 할 때는 각 멤버를 초기화해야 합니다. 여기서 숫자 열거 타입을 사용하지 않는 이유는 무엇일까요? 열거 타입 멤버에게 숫자가 아닌 값이 필요할 때가 있기 때문입니다. 예를 들어 디버깅을 할 때 마지막 이동이 0이 아닌, UP임을 확인할 수 있습니다.

그렇다면 "UP, DOWN, LEFT, RIGHT" 네 개의 문자열 상수를 선언할 수 있는데 굳이 열거 타입으로 타입을 선언해야 하는 이유는 무엇일까요? 물론 일반 상수를 사용할 수 있지만, 아래와 같은 함수가 있다고 가정해봅시다.

```
move(where: string)
```

어쩌면 실수로 **move("North")**를 호출할 수 있습니다. **North**는 올바른 방향이 아니기 때문에 파라미터 타입을 **string**에서 **Direction** 타입으로 바꾸는 것이 안전합니다.

```
move(where: Direction)
```

그림 4.2 ▷ 함수 호출 시 오류를 감지

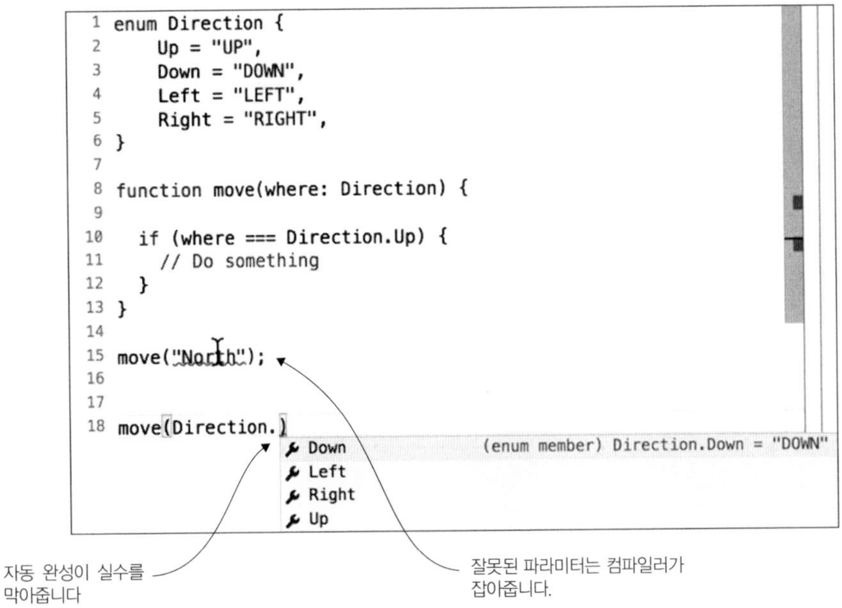

```
1  enum Direction {
2      Up = "UP",
3      Down = "DOWN",
4      Left = "LEFT",
5      Right = "RIGHT",
6  }
7
8  function move(where: Direction) {
9
10     if (where === Direction.Up) {
11         // Do something
12     }
13  }
14
15  move("North");
16
17
18  move(Direction.)
              ⚡ Down        (enum member) Direction.Down = "DOWN"
              ⚡ Left
              ⚡ Right
              ⚡ Up
```

자동 완성이 실수를   잘못된 파라미터는 컴파일러가
막아줍니다   잡아줍니다.

15행에서 잘못된 문자열인 **"North"**로 함수를 호출했습니다. **"North"** 타입인 파라미터는 **Direction** 타입의 파라미터에 할당할 수 없습니다. "Argument of type 'North' is not assignable to the parameter of type 'Direction'. 'North' 타입인 파라미터를 'Direction' 타입 파라미터에 할당할 수 없습니다."이라는 오류 메시지가 발생합니다. 18행에서 IDE는 허용된 열거 타입 멤버를 보여주기 때문에 잘못된 파라미터를 막을 수 있습니다.

enum을 대신해 유니온을 사용할 수 있습니다. **move()**의 시그니처는 아래처럼 표현됩니다.

```
function move(direction: 'Up' | 'Down' | 'Left' | 'Right') { }
move('North'); // 컴파일 오류
```

enum을 대체하는 또 다른 방법은 커스텀 타입을 사용하는 것입니다.

```
type Direction = 'Up' | 'Down' | 'Left' | 'Right';
function move(direction: Direction) {}
move('North'); // 컴파일 오류
```

이제 앱 상태의 변경을 확인하는 코드 작성해야 한다고 가정해보겠습니다. 화면 초기화 시, 특정 액션이 실행되고 상태를 확인할 수 있어야 합니다. 맨 처음 제품 리스트를 불러오고 그 결과는 성공

또는 실패할 수 있습니다. 사용자는 제품을 검색할 수도 있습니다. 문자열 열거 타입으로 각 앱의 상태를 아래와 같이 선언하겠습니다.

코드 4.6 액션을 모니터링하는 문자열 enum 선언

```
enum ProductsActionTypes {
    Search = 'Products Search',          ●——— Search 멤버를 초기화합니다.
    Load = 'Products Load All',          ●——— Load 멤버를 초기화합니다.
    LoadFailure = 'Products Load All Failure',     ●——— LoadFailure 멤버를 초기화합니다.
    LoadSuccess = 'Products Load All Success',     ●——— LoadSuccess 멤버를 초기화합니다.
}
// 만약 로드가 실패하면..
console.log(ProductsActionTypes.LoadFailure);     ●——— "Products Load All Failure"을 출력합니다.
```

사용자가 '불러오기' 버튼을 클릭하면, **ProductsActionTypes.Load** 멤버의 값인 'Products Load All' 가 출력됩니다. 만약 불러오기가 실패하면, **ProductsActionTypes.LoadFailure** 값인 'Products Load All Failure'가 출력됩니다.

> **NOTE** 일부 상태 관리 프레임워크(예 : Redux)에서는 앱 상태가 변경될 때 액션을 내보냅니다. 만약 [코드 4.7]과 같이 문자열 열거 타입을 선언한다면, ProductsActionTypes.Load, ProductsActionTypes.LoadSuccess 등 액션을 내보내도록 만들 수 있습니다.

문자열 열거 타입은 서버나 데이터베이스에서 오는 문자열 값_{순서 상태, 사용자 역할 등}에 쉽게 맵핑되어 타입을 추가하지 않아도 됩니다. 이 부분은 이 장의 마지막 부분의 [코드 4.17]에서 더 자세히 설명합니다.

> **NOTE** 문자열 열거 타입은 역방향 조회가 불가능합니다. 즉, 타입 값을 알아도 멤버의 이름을 찾을 수 없습니다.

4.1.3 const enum의 사용

const enum을 사용하면 자바스크립트가 생성되지 않습니다. enum과 const enum으로 선언했을 때 생성된 자바스크립트 코드를 서로 비교해봅시다. [그림 4.3] 왼쪽은 const가 없는 열거 타입이며 오른쪽은 생성된 자바스크립트 코드입니다. 8행은 theNextMove를 출력합니다.

그림 4.3 const 키워드가 없는 열거 타입

```
1  enum Direction {              1  var Direction;
2      Up = "UP",                2  (function (Direction) {
3      Down = "DOWN",            3      Direction["Up"] = "UP";
4      Left = "LEFT",            4      Direction["Down"] = "DOWN";
5      Right = "RIGHT",          5      Direction["Left"] = "LEFT";
6  }                             6      Direction["Right"] = "RIGHT";
7                                7  })(Direction || (Direction = {}));
8  const theNextMove = Direction.Down;   8  var theNextMove = Direction.Down;
```

이제 enum 키워드 앞에 const를 추가하고 생성된 자바스크립트 코드와 [그림 4.3]을 비교해봅시다.

그림 4.4 const 키워드가 있는 열거 타입

```
1  const enum Direction {        1  var theNextMove = "DOWN" /* Down */;
2      Up = "UP",                2
3      Down = "DOWN",
4      Left = "LEFT",
5      Right = "RIGHT",
6  }
7
8  const theNextMove = Direction.Down;
```

위에서 보았듯이, enum Direction 부분은 자바스크립트 코드로 생성되지 않았습니다. theNextMove 상수의 값은 열거 타입 멤버예: Direction.Down의 값인 'DOWN'으로 변환됩니다.

> ✅ **TIP** const와 enum을 함께 사용해야 자바스크립트 코드가 더 정확해지지만, 자바스크립트에는 const enum에 해당하는 것이 없음을 명심해야 합니다. 예를 들어 특정 값으로 숫자 열거 타입 멤버의 이름을 찾을 수 없습니다.

대부분 열거 타입은 코드 가독성 향상을 위해 사용됩니다.

4.2 제네릭(Generic)

지금까지 배운 내장 타입과 커스텀 타입 외에도 타입스크립트는 또 다른 타입들을 가지고 있습니다. 이해하시기 어렵겠지만, 타입도 파라미터가 될 수 있습니다. 값이 아닌 타입을 파라미터로 넣을 수 있죠.

물론 숫자나 문자열 같은 특정한 타입을 파라미터로 받는 함수를 선언하기란 쉽습니다.

```
function calcTax(income: number, state: string){...}
```

그러나 타입스크립트 제네릭을 사용하면 다양한 타입을 지원하는 함수를 작성할 수 있습니다. 즉, 제네릭을 사용해 함수를 선언하면, 함수의 호출자가 나중에 구체적인 타입을 지정할 수 있습니다.

타입스크립트는 제네릭 함수, 클래스 또는 인터페이스를 작성할 수 있습니다. 제네릭 타입은 **T in Array\<T\>**와 같이 임의의 문자로 표시합니다. 배열 내 요소의 다입^{예: number}을 신인할 때 **\<\>** 기호 안에 해당 타입을 작성합니다. 예: Array\<number\>

```
let lotteryNumbers: Array<number>;
```

이번 절에서는 다른 사람이 작성한 제네릭 타입을 사용하는 방법과 제네릭 타입의 클래스, 인터페이스, 함수를 작성하는 방법에 대해 알아보겠습니다.

4.2.1 제네릭

제네릭은 코드를 사용^{예: 함수 호출 또는 클래스 인스턴스화}할 때 타입을 선언함으로써 여러 종류의 타입 값을 처리할 수 있게 해줍니다. 아래 두 개의 타입 정의를 살펴보겠습니다.

- 배열 요소의 타입을 정의합니다.

```
const someValues: number[];
```

- 제네릭 **Array\<\>** 키워드로 **\<\>** 기호 안에 타입 파라미터를 작성합니다.

```
const someValues: Array<number>;
```

배열 내 모든 요소가 동일한 타입이며 선언 방법도 동일하지만, 첫 번째 구문 쪽이 읽기가 더 쉽습니다. 두 번째 구문의 꺾쇠 괄호**\<\>**는 타입 파라미터를 가집니다. **number** 타입으로 제한하면서 이 배열을 인스턴스화할 수 있습니다. 아래 코드는 **Person** 타입인 객체가 10개인 배열을 생성하며, 변수 **people**의 타입은 **Person[]**임을 유추할 수 있습니다.

```
class Person{ }
const people = new Array<Person>(10);
```

타입스크립트 배열은 모든 타입의 객체를 가질 수 있지만, 제네릭 타입은 **Array\<Person\>**과 같이 배열에서 허용되는 특정 타입을 지정해야 합니다. 이로써 배열 인스턴스에 제약 조건이 적용됩니다.

이 배열에 다른 타입인 객체를 추가하려고 하면 타입스크립트 컴파일러에서 오류가 발생합니다. 이 경우 별도로 해당 타입에 상응하는 배열을 작성해야 합니다.

[코드 4.7]은 Person 클래스, 서브 클래스인 Employ 및 Animal 클래스를 선언한 후, 각 클래스를 인스턴스화하고 타입 파라미터 Array<Person>과 제네릭 배열 표기법을 사용해 모든 객체를 workers 배열에 저장합니다.

코드 4.7 ▶ 제네릭 타입 사용법

```
class Person {  •────── Person 클래스를 선언합니다.
  name: string;
}
class Employee extends Person {  •────── Person의 서브 클래스를 선언합니다.
  department: number;
}
class Animal {  •────── Animal 클래스를 선언합니다.
  breed: string;
}
const workers: Array<Person> = [];  •────── 파라미터를 가진 제네릭 타입을 선언합니다.

workers[0] = new Person();  •──────┐
workers[1] = new Employee();  •──────┤ 배열에 객체를 추가합니다.
workers[2] = new Animal(); // 컴파일 오류가 발생합니다.  •──────┘
```

[코드 4.7] 마지막 행의 상수 workers는 Person 타입인 배열이고 Animal()은 Person 타입이 아니므로 컴파일되지 않습니다. 그러나 Employee 클래스는 Person 클래스를 확장하므로 Person의 하위 타입입니다. 상위 타입인 Person을 허용하는 모든 곳에서 하위 타입인 Employee를 사용할 수 있습니다.

따라서 <Person> 파라미터가 추가된 제네릭 배열은 Person 클래스 또는 상응하는 타입의 인스턴스만 저장함을 선언합니다. [코드 4.7]과 같이 Animal 클래스의 인스턴스를 저장하려 하면 "Type Animal is not assignable to type Person. Property name is missing in type Animal. Animal 타입은 Person 타입에 할당할 수 없습니다. Animal 내 해당 프로퍼티 이름이 없습니다"이라는 컴파일 타임 오류가 발생합니다. 타입스크립트 제네릭을 사용하면 타입 오류를 피할 수 있습니다.

자바 또는 C#의 제네릭에 익숙하다면 타입스크립트 제네릭도 쉽게 이해할 수 있을 것입니다. 한 가지 유의할 점은 2.2.4절에서 설명했듯이 자바와 C#은 명목적 타입 시스템nominal type system을 사용하지만 타입스크립트는 구조적 타입 시스템structural type system을 사용합니다.

명목적 타입 시스템은 이름을 기반으로, 구조적 타입 시스템에서는 구조를 기반으로 타입을 검사합니다. 명목적 타입 시스템의 경우 아래와 같은 오류가 항상 발생합니다.

```
let person: Person = new Animal();
```

구조적 타입 시스템은 타입 구조가 유사한 타입 객체를 다른 타입의 변수에 할당할 수 있습니다. Animal 클래스에 프로퍼티 이름을 추가해봅시다.

코드 4.8 제네릭 타입과 구조적 타입 시스템

```
class Person {
    name: string;
}
class Employee extends Person {
    department: number;
}
class Animal {
    name: string;   •······· [코드 4.7]과 다르게 새롭게 추가된 행입니다.
    breed: string;
}
const workers: Array<Person> = [];
```

```
workers[0] = new Person();
workers[1] = new Employee();
workers[2] = new Animal();  // 오류가 없습니다.
```

이제 타입스크립트 컴파일러는 Animal 객체에 Person 타입 변수를 할당할 수 없다는 오류를 보내지 않습니다. Person 타입 변수는 name 프로퍼티를 갖는 객체를 예상하고 있고, Animal 객체 역시 name 프로퍼티를 갖고 있습니다. Person와 Animal 두 클래스는 동일한 타입이 아니지만, 타입이 상호 호환 가능합니다.

또한 Person, Employee, Animal의 새 인스턴스를 생성할 필요 없이 객체 리터럴 구문을 대신 사용할 수 있습니다. 객체 리터럴의 구조가 Person 타입 구조와 호환 가능하므로 [코드 4.8]에 다음 행을 추가합니다.

```
workers[3] = { name: "Mary" };
```

한편 Person 객체를 타입 변수 Animal로 할당하면 컴파일 오류가 발생합니다.

```
const worker: Animal = new Person(); // 컴파일 오류
```

"Property breed is missing in type Person^{Person 타입에 breed 프로퍼티가 누락되었습니다.}"이라는 오류 메시지를 표시되며, Animal 타입인 변수 worker를 선언했지만 breed 프로퍼티가 없는 Person 객체의 인스턴스를 생성하므로 worker.breed를 작성하면 컴파일 타임 오류가 발생합니다.

> **NOTE** worker.breed와 같은 객체 프로퍼티를 추가해왔던 자바스크립트 개발자라면 불편할 수도 있을 것입니다. 만약 breed 프로퍼티가 worker 객체에 존재하지 않는다면, 자바스크립트 엔진이 생성해주겠지요. 동적 타입에서는 가능한 일이지만, 우리는 정적 타입의 이점이 많기 때문에 이미 정적 타입을 사용하기로 결정했습니다. 로마에 가면 로마의 법을 따르는 것처럼 정적 타입을 지키도록 합니다.

제네릭 타입은 많은 경우에 사용될 수 있습니다. 예를 들어 다양한 타입의 값을 취하는 함수를 만들 수 있지만, 호출 중에 구체적인 타입을 명시적으로 작성해야 합니다. 클래스, 인터페이스, 함수와 함께 제네릭 타입을 사용하기 위한 특별한 작성법이 있습니다.

제네릭 배열의 사용

이 절의 시작에 숫자 배열을 선언하는 두 가지 방법에 대해 설명했습니다. 다른 예를 살펴보겠습니다.

```
const values1: string[] = ["Mary", "Joe"];
const values2: Array<string> = ["Mary", "Joe"];
```

배열 내 모든 요소가 같은 타입일 때, **values1**과 같은 구문을 사용하면 읽고 쓰기 편리하다는 장점이 있습니다. 그러나 만약 서로 다른 타입을 저장하는 배열이라면, 제네릭을 사용해 사용 가능한 타입을 제한하는 것이 좋습니다. 예를 들어 숫자 또는 문자열 타입만 허용하는 배열을 선언한다고 해봅시다. 아래 코드의 변수 **values3**은 허용되지 않는 부울 값이 있으므로 컴파일 오류가 발생합니다.

```
const values3: Array<string | number> = ["Mary", 123, true]; // 오류가 발생합니다.
const values4: Array<string | number> = ["Joe", 123, 567];   // 오류가 없습니다.
```

타입스크립트 깃허브 저장소에서 타입 정의 파일^{lib.d.ts}을 열어 Array 인터페이스 선언 부분을 확인해 봅시다. git.io/JvjOC 에서 [그림 4.5]와 같은 화면이 보일 것입니다.

1008 행의 **<T>**는 [코드 4.8]과 같이 배열을 선언할 때 들어갈 타입 자리를 가리킵니다. 타입스크립트는 **Array**와 타입 파라미터를 선언해야 하고 이 배열에 새 요소가 추가될 때마다 컴파일러는 해당 요소가 타입과 일치하는지 확인합니다.

그림 4.5 Array API를 설명하는 lib.d.ts

```
1008    interface Array<T> {
1009        /**
1010         * Gets or sets the length of the array. This is a number one higher than the h
1011         */
1012        length: number;
1013        /**
1014         * Returns a string representation of an array.
1015         */
1016        toString(): string;
1017        toLocaleString(): string;
1018        /**
1019         * Appends new elements to an array, and returns the new length of the array.
1020         * @param items New elements of the Array.
1021         */
1022        push(...items: T[]): number;
1023        /**
1024         * Removes the last element from an array and returns it.
1025         */
1026        pop(): T;
```

[코드 4.8]에서는 제네릭 파라미터인 <T>을 대신해 조금 더 구체적인 타입인 <Person>을 사용했습니다.

```
const workers: Array<Person>;
```

그러나 제네릭은 자바스크립트에서 지원하지 않기 때문에 트랜스파일러에서 생성된 코드에서 볼 수 없습니다. 다른 타입 키워드처럼 삭제됩니다. 따라서 타입 파라미터를 사용하는 것이 안전한 방법입니다.

[그림 4.5]의 1022 행과 1026 행에서 제네릭 타입 T를 볼 수 있습니다. 함수 파라미터에 제네릭 타입을 지정하면 꺾쇠 괄호를 생략해도 됩니다. [코드 4.13]에서 확인할 수 있습니다. 타입스크립트에는 T 타입이라는 것이 없습니다. T란 push() 및 pop() 메서드를 사용해 타입 객체를 추가하거나 삭제할 수 있습니다. 예를 들어, 아래 코드에서 T 대신 Person 타입으로 배열을 선언했기 때문에 Person 인스턴스를 push()의 파라미터로 사용할 수 있습니다.

```
const workers: Array<Person>;
workers.push(new Person());
```

> **NOTE** 문자 T는 타입(Type)의 약자로 직관적이지만 코드 가독성을 높이기 위해 다른 문자로 제네릭 타입을 선언할 수 있습니다. 많은 개발자들이 map() 메서드를 사용할 때 각 키(key)-값(value)의 타입을 K, V로 사용합니다.

Array 인터페이스 API 내 타입 T를 보면 제네릭을 지원할 수 있음을 알 수 있습니다. 제네릭 타입을 만들지 않더라도 타입스크립트 문서나 다른 사람의 코드를 읽을 때 제네릭 타입을 이해할 수 있어야 합니다.

4.2.2 제네릭 타입 생성

자신만의 제네릭 클래스, 인터페이스 또는 함수를 만드는 것도 가능합니다. 이번 절에서는 제네릭 인터페이스를 만드는 방법에 대해 설명하지만, 제네릭 클래스에도 적용됩니다.

이번에는 Rectangle 클래스가 있고 두 사각형의 크기를 비교하는 함수를 추가해야 한다고 가정해봅시다. 인터페이스 프로그래밍제 3장의 3.2.3절 참고을 떠올릴 수 있지만, 간단히 compareRectangles() 메서드를 Rectangle 클래스에 추가할 수 있습니다.

물론 인터페이스를 중심으로 프로그래밍 하는 사고법을 갖췄다면 이렇게 생각할 수 있을 겁니다. '당장은 사각형만 비교하지만 다음에는 다른 객체를 비교할지도 모른다. compareTo() 함수와 함께 인터페이스를 선언하자. Rectangle 클래스와 미래에 만들 클래스는 동일한 인터페이스를 구현한다. 사각형을 비교하는 알고리즘은 삼각형을 비교하는 것과 다르지만, 둘 다 비교라는 공통점이 있기 때문에 compareTo() 메서드 시그니처 또한 같을 것이다.'

두 객체 타입을 서로 비교하기 위해 compareTo() 메서드가 필요합니다. 만약 특정 객체가 비교 대상보다 크기가 큰 경우 양수를 반환하고, 작으면 음수를, 동일하면 0을 반환한다고 해봅시다.

제네릭 타입에 익숙하지 않다면, 아래와 같은 인터페이스를 정의할 수 있을 것입니다.

```
interface Comparator {
    compareTo(value: any): number;
}
```

compareTo() 메서드는 모든 객체를 파라미터로 취할 수 있으며 Comparator 인터페이스를 구현하는 클래스에는 적절한 비교 알고리즘이 포함되어야 합니다 (예: 직사각형의 크기 비교).

[코드 4.9]는 Comparator 인터페이스를 사용하는 Rectangle 및 Triangle 클래스 코드의 일부입니다.

코드 4.9 제네릭 타입없이 인터페이스 사용

```
interface Comparator {
    compareTo(value: any): number;     •········ compareTo() 메서드는 하나의 파라미터 타입을 가집니다.
}

class Rectangle implements Comparator {
    compareTo(value: any): number {     •········ Rectangle 클래스 내 compareTo() 메서드를 구현합니다.
        // 이곳에 사각형 비교 알고리즘을 작성합니다.
    }
}

class Triangle implements Comparator {
    compareTo(value: any): number {     •········ Triangle 클래스 내 compareTo() 메서드를 구현합니다.
        // 이곳에 삼각형 비교 알고리즘을 작성합니다.
    }
}
```

개발자가 두 개의 **Rectangle** 클래스 인스턴스를 만든 다음 그중 하나를 **compareTo()** 메서드로 전달했습니다.

```
rectangle1.compareTo(rectangle2);
```

하지만 실수로 사각형과 삼각형을 비교하는 코드를 작성한다면 어떻게 될까요?

```
rectangle1.compareTo(triangle1);
```

Triangle 클래스의 **compareTo()** 메서드 내 파라미터는 **any** 타입이므로 위 코드는 런타임 오류가 발생합니다. 컴파일 단계에서 오류를 감지하기 위해서 **compareTo()** 메서드 내 파라미터 타입을 **any**에서 제네릭으로 변경할 수 있을 것입니다.

```
interface Comparator<T> {
    compareTo(value: T): number;
}
```

인터페이스와 메서드 모두 같은 문자 **T**로 표현하는 것이 중요합니다. 이제 **Rectangle** 및 **Triangle** 클래스는 꺾쇠 괄호에 **Comparator** 인터페이스를 구현할 수 있습니다.

코드 4.10 제네릭타입으로 인터페이스 쓰기

```
interface Comparator<T> {          ●┄┄┄ 하나의 타입 파라미터를 가지는 제네릭 인터페이스를 선언합니다.
    compareTo(value: T): number;   ●┄┄┄ compareTo() 메서드는 한 개의 타입 파라미터를 가집니다.
}
class Rectangle implements Comparator<Rectangle> {
    compareTo(value: Rectangle): number {   ●┄┄┄  Rectangle 클래스 내 compareTo() 메서드는
        // 이곳에 사각형 비교 알고리즘을 작성합니다.        Rectangle 타입 파라미터를 가집니다.
    }
}
class Triangle implements Comparator<Triangle> {
    compareTo(value: Triangle): number {   ●┄┄┄  Triangle 클래스 내 compareTo() 메서드는
        // 이곳에 삼각형 비교 알고리즘을 작성합니다.        Triangle 타입 파라미터를 가집니다.
    }
}
```

개발자가 다시 한번 동일한 실수를 저지른다고 해봅시다.

```
rectangle1.compareTo(triangle1);
```

이때 타입스크립트 코드 분석기는 **triangle1**에 빨간색 물결선을 표시하고 "Argument of type 'Triangle' is not assignable to parameter of type 'Rectangle'. Triangle 타입 파라미터는 Rectangle 타입 파라미터에 지정할 수 없습니다"이라는 오류를 내보냅니다. 이처럼 제네릭 타입은 의존성이 낮아집니다.

[코드 4.11]은 **Comparator<T>** 인터페이스를 **compareTo()** 메서드 내에 구현했습니다. 프로그래머와 직사각형을 서로 비교하기 위해 인터페이스를 어떻게 사용하는지를 보여줍니다. 비교 알고리즘은 매우 간단합니다.

첫 번째 직사각형의 면적너비와 길이를 곱한 값이 두 번째 직사각형의 면적보다 크면 첫 번째 직사각형이 더 큽니다. 두 직사각형의 면적은 같을 수 있습니다.

첫 번째 프로그래머의 급여가 두 번째 프로그래머의 급여보다 높으면 첫 번째 프로그래머가 더 부유합니다. 두 프로그래머의 급여가 동일할 수 있습니다.

코드 4.11 ▶ 제네릭 인터페이스를 사용한 실제 예

```
interface Comparator<T> {    •········ 제네릭 인터페이스 Comparator를 선언합니다.
    compareTo(value: T): number;
}

class Rectangle implements Comparator<Rectangle> {    •········ Rectangle 타입인 Comparator를 구현하는
                                                                클래스를 생성합니다.

    constructor(private width: number, private height: number) { };

    compareTo(value: Rectangle): number {    •········ 사각형을 비교하는 메서드를 구현합니다.
        return this.width * this.height - value.width * value.height;
    }
}

const rect1: Rectangle = new Rectangle(2, 5);
const rect2: Rectangle = new Rectangle(2, 3);

rect1.compareTo(rect2) > 0 ? console.log("rect1 is bigger") :
    rect1.compareTo(rect2) == 0 ? console.log("rectangles are equal") :
        console.log("rect1 is smaller");    •········ 사각형을 비교합니다. (타입을 T에서 Rectangle로 변경합니다.)

class Programmer implements Comparator<Programmer> {    •········ Programmer 타입인 Comparator를
                                                                  구현하는 클래스를 생성합니다.
```

```
    constructor(public name: string, private salary: number) { };
    compareTo(value: Programmer): number {    •········  프로그래머를 비교하는 메서드를 구현합니다.
      return this.salary - value.salary;
    }
}

const prog1: Programmer = new Programmer("John", 20000);
const prog2: Programmer = new Programmer("Alex", 30000);

prog1.compareTo(prog2) > 0 ? console.log(`${prog1.name} is richer`) :
  prog1.compareTo(prog2) == 0 ?
    console.log(`${prog1.name} and ${prog1.name} earn the same amounts`) :
    console.log(`${prog1.name} is poorer`);   •········  프로그래머를 비교합니다. (타입을 T에서 Programmer로 변경합니다.)
```

[코드 4.11]를 실행하면 다음과 같이 출력됩니다.

```
rect1 is bigger
John is poorer
```

코드펜 bit.ly/3sN0Q4P에서 확인해보세요.

제네릭 타입의 기본값

제네릭 타입을 사용하기 위해, 상세 타입을 제공해야 합니다. 아래 코드는 타입 **A**가 사용되는 동안 상세 타입 파라미터가 지정되지 않았으므로 컴파일 오류가 발생합니다.

```
class A<T> {
  value: T;
}
class B extends A { // 컴파일 오류가 발생합니다.

}
```

any 타입을 추가하면 오류가 해결됩니다.

```
class B extends A <any> {
}
```

다른 방법으로는 제네릭 타입 선언 시 기본 파라미터 타입을 추가하는 것이 있습니다. 아래 코드는 오류 없이 실행됩니다.

```
class A<T – any> { // 타입 파라미터 기본값을 신언합니다.
    value: T;
}
class B extends A { // 오류가 없습니다.


}
```

any 타입 대신 임시 타입을 지정할 수 있습니다.

```
class A < T = {} >
```

이 테크닉으로 제네릭 클래스를 사용하면 제네릭 파라미터를 지정할 필요가 없습니다. 제 12장의 12.1.5절의 리액트 개발에서 **Component** 클래스가 어떻게 제네릭 타입을 사용하는지 설명합니다.

이번 절에서는 **Comparator<T>** 제네릭 인터페이스를 만들어봤습니다. 이어서 제네릭 함수를 만들어 보겠습니다.

4.2.3 제네릭 함수 생성

상세 타입의 파라미터와 반환 값의 파라미터를 취하는 함수를 작성하는 법을 배웠습니다. 이번에는 여러 타입 파라미터를 사용할 수 있는 제네릭 함수 작성 방법에 대해 알아보겠습니다. 아래 [코드 4.13]의 printMe() 함수는 파라미터와 반환 타입이 **any**입니다. 물론 **any** 타입을 사용하는 것은 좋은 방법이 아닙니다. 이 함수는 모든 타입의 객체를 출력하고 반환합니다.

> **코드 4.12** ▶ *any* 타입을 사용한 함수

```
function printMe(content: any): any {    •⋯⋯⋯ 파라미터를 any 타입으로 선언합니다.
    console.log(content);
    return content;
}

const a = printMe('Hello');    •⋯⋯⋯ 문자열 파라미터로 printMe() 함수를 호출합니다.
```

```
class Person {    •········ Person 커스텀 타입을 선언합니다.
  constructor(public name: string) { }
}

const b = printMe(new Person('Joe'));    •········ Person 타입인 파라미터로 printMe() 함수를 호출합니다.
```

이 함수는 다양한 타입 파라미터를 사용할 수 있지만 타입스크립트는 printMe() 함수가 어느 파라미터 타입으로 호출되었는지 모릅니다. IDE에서 변수 a 및 b 위에 마우스를 올리면 타입스크립트 정적 분석기가 두 변수 타입을 any로 표시합니다.

printMe() 호출 시 사용된 파라미터 타입을 알고 싶다면 다시 제네릭 함수로 작성해야 합니다. [코드 4.13]은 제네릭 타입 <T>를 함수, 파라미터, 반환 값에 사용했습니다.

코드 4.13 제네릭 함수

```
function printMe<T>(content: T): T {    •········ 함수, 파라미터, 반환 값에 타입 T를 사용합니다.
  console.log(content);
  return content;
}

const a = printMe('Hello');    •········ 문자열 파라미터로 printMe() 함수를 호출합니다.

class Person {
  constructor(public name: string) { }
}

const b = printMe(new Person('Joe'));    •········ Person 타입의 파라미터로 printMe() 함수를 호출합니다.
```

위 함수는 제네릭 타입 <T>를 파라미터와 반환 값의 타입으로 선언했습니다. 상수 a는 string 타입이고, 상수 b는 Person 타입입니다. 추후 a와 b를 사용해야 하는 경우 타입스크립트 정적 분석기와 컴파일러가 타입 검사를 수행합니다.

> **NOTE** 함수 파라미터 타입과 반환 값 타입에 동일한 문자 T를 사용하면 함수 호출 중 상세 타입이 사용되어도 반환 값의 타입이 동일하도록 제한합니다.

이제 화살표 함수에서 제네릭 타입을 사용해보겠습니다. 아래 코드는 [코드 4.13]을 화살표 함수로 재작성한 코드입니다.

```
const printMe = <T>(content: T): T => {    •─── 화살표 함수 시그니처는 <T>로 시작합니다.
   console.log(content);
   return content;
};
const a = printMe('Hello');
class Person {
   constructor(public name: string) { }
}
const b = printMe(new Person('Joe'));
```

화살 괄호 안에 명시적 타입을 추가해 함수를 호출할 수 있습니다.

```
const a = printMe<string>('Hello');
const b = printMe<Person>(new Person('Joe'));
```

그러나 타입스크립트 컴파일러는 a의 타입을 문자열로, b의 타입을 Person으로 유추하므로 명시적 타입을 사용할 필요는 없습니다.

위 코드는 설득력이 없어 보일 수 있습니다. "Hello"는 문자열인데, 다시 한번 <string>을 사용하는 것은 중복 사용으로 보입니다. 그러나 [코드 4.17]에서 볼 수 있듯이 항상 그런 것은 아닙니다.

이제 제네릭 타입을 사용한 클래스와 함수를 만들어보겠습니다. 키key-값value의 쌍을 가진 클래스를 선언합니다. 키와 값은 모든 타입이 가능하므로 제네릭 타입으로 선언합니다.

```
class Pair<K, V> {    •─── 두 개의 타입 파라미터를 가진 클래스를 선언합니다.
   key: K;    •─── 제네릭 타입 K의 프로퍼티를 선언합니다.
   value: V;    •─── 제네릭 타입 V의 프로퍼티를 선언합니다.
}
```

K, V 등 특정 문자로 제네릭 타입 파라미터를 사용할 때, 타입스크립트 내장 타입처럼 변수를 선언할 수 있습니다. K와 V 타입인 Pair 클래스를 선언하고 컴파일하면 K와 V가 삭제되고 선언된 타입으로 대체됩니다.

이제 Pair 클래스가 생성자와 key와 values 프로퍼티를 가지도록 고쳐보겠습니다.

```
class Pair<K, V> {
    constructor(public key: K, public value: V) { }
}
```

이제 제네릭 쌍을 비교하는 제네릭 함수를 작성하겠습니다. [코드 4.16]은 K와 V로 두 가지 제네릭 타입을 선언했습니다.

코드 4.16 compare 제네릭 함수

```
function compare<K, V>(pair1: Pair<K, V>, pair2: Pair<K, V>): boolean {   •——— 제네릭 함수를 선언합니다
    return pair1.key === pair2.key && pair1.value === pair2.value;   •——— 키와 값의 쌍을 비교합니다.
}
```

compare() 함수 호출 시 Pair 객체와 일치하는 두 개의 파라미터 타입을 지정할 수 있습니다.

[코드 4.17]은 제네릭 클래스 Pair와 제네릭 함수 compare()를 사용하는 방법을 보여줍니다. 키는 number 타입, 값은 string 타입인 두 개의 Pair 인스턴스를 만들고 비교합니다. 그 이후 키와 값 모두 string 타입인 두 개의 Pair 인스턴스를 비교합니다.

코드 4.17 compare()과 Pair 사용

```
class Pair<K, V> {
    constructor(public key: K, public value: V) { }
}
function compare<K, V>(pair1: Pair<K, V>, pair2: Pair<K, V>): boolean {
    return pair1.key === pair2.key && pair1.value === pair2.value;
}
let p1: Pair<number, string> = new Pair(1, 'Apple');   •——— <number, string> 타입인 첫 번째 Pair을 생성합니다.
let p2 = new Pair(1, 'Orange');   •——— 타입 참조를 사용해 <number, string> 두 번째 Pair을 생성합니다.
// apples과 orange를 비교합니다.
console.log(compare<number, string>(p1, p2));   •——— 두 Pair가 일치하지 않으므로 false가 출력됩니다.
let p3 = new Pair('first', 'Apple');   •——— <string, string> 타입인 첫 번째 Pair을 생성합니다.
let p4 = new Pair('first', 'Apple');   •——— 타입 참조를 사용해 <string, string> 두 번째 Pair을 생성합니다
// apples과 apples을 비교합니다.
console.log(compare(p3, p4));   •——— 두 Pair가 일치하므로 않으므로 true가 출력됩니다.
```

첫 번째 compare() 함수 호출 시 상세 파라미터를 명시적으로 지정했지만, 두 번째 호출에는 그렇지 않았습니다.

```
compare<number, string>(p1, p2);
compare(p3, p4);
```

첫 번째 행을 통해 **p1**과 **p2**가 어떤 타입인지 직관적으로 알 수 있습니다. 또한 타입 실수를 하면 컴파일러가 즉시 오류를 내보냅니다.

```
compare<string, string>(p1, p2) // 컴파일 오류
```

bit.ly/2HWYZpR에서 실행되는 모습을 확인해보세요.

다음으로 문자열 열거 타입 멤버를 반환된 사용자 역할에 맵핑하는 제네릭 함수를 만들어보겠습니다. 사용자 역할로 어드민 또는 매니저를 반환하는 인증 매커니즘이 있다고 가정해봅시다. 문자열 **enum** 타입을 사용하고 사용자의 역할을 열거 타입의 멤버에 맵핑합니다. 먼저 아래와 같이 커스텀 타입 **User**를 선언합니다.

```
interface User {
    name: string;
    role: UserRole;
}
```

그런 다음 사용자 역할을 나타내는 문자열 열거 타입인 **UserRole**을 생성합니다.

```
enum UserRole {
    Administrator = 'admin',
    Manager = 'manager',
}
```

편의상 하드코딩된 사용자 이름과 역할을 가진 객체를 불러오는 함수를 만듭니다.

```
function loadUser<T>(): T {
    return JSON.parse('{ "name": "john", "role": "admin" }');
}
```

실제 앱에서는 서버에 사용자 ID를 전달해 사용자 역할을 찾아올 수 있지만 지금은 임의로 값을 반환하는 것으로 충분합니다. [코드 4.18]에서는 제네릭 함수로 User를 반환하고, 문자열 enum을 사용해 전달받은 사용자 역할을 액션에 맵핑합니다.

코드 4.18   string 열거 타입을 맵핑

```
interface User {    •——— 커스텀 타입 User을 선언합니다.
  name: string;
  role: UserRole;
}
enum UserRole {    •——— string 열거 타입을 선언합니다.
  Administrator = 'admin',
  Manager = 'manager',
}
function loadUser<T>(): T {    •——— 제네릭 함수를 선언합니다.
  return JSON.parse('{ "name": "john", "role": "admin" }');
}
const user = loadUser<User>();    •——— 상세 타입 User로 제네릭 함수를 호출합니다.

switch (user.role) {    •——— 문자열 열거 타입으로 사용자 역할을 바꿉니다.
  case UserRole.Administrator:
    console.log('Show control panel');
    break;
  case UserRole.Manager:
    console.log('Hide control panel');
    break;
}
```

[코드 4.18]의 스크립트는 loadUser()를 호출하는 과정에서 User 타입을 사용합니다. 또 loadUser()에서 반환되는 제네릭 타입 T는 상세 타입 User로 변환됩니다. 이 함수가 반환하는 직접 코딩된 객체가 User 인터페이스와 동일한 구조를 가지고 있다는 걸 참고하세요.

user.role은 항상 admin으로 enum 멤버 UserRole.Administrator에 맵핑되고, "Show control panel"을 출력합니다. bit.ly/3egeU39에서 코드를 확인하세요.

> **✓ TIP** 제 10장의 [코드 10.15]에서 제네릭 타입 <T>를 사용하는 MessageServer 클래스를 확인할 수 있습니다.

4.2.4 고차함수 내 반환 타입 강제

함수를 파라미터로 받거나 다른 함수를 반환하는 함수를 고차함수^{Higher order function}라고 합니다. 이번 절에서는 타입 파라미터를 사용하며 고차함수 반환 타입을 적용하는 방법을 알아보겠습니다. 다음과 같은 시그니처로 함수를 반환하는 고차함수를 작성하겠습니다.

```
(c: number) => number
```

위의 화살표 함수는 인자와 반환 값은 숫자입니다. 고차함수는 아래와 같습니다.

```
(someValue: number) => (multiplier: number) => someValue * multiplier;
```

간결하게 만들기 위해 화살표 뒤에 **return** 문은 제거했습니다. 이제 아래와 같은 고차함수를 만들 수 있습니다.

코드 4.19 고차함수 사용

```
const outerFunc = (someValue: number) =>
  (multiplier: number) => someValue * multiplier;   •⸺ 고차함수를 선언합니다.

const innerFunc = outerFunc(10);   •⸺ innerFunc는 someValue = 10인 클로저 함수입니다.

let result = innerFunc(5);   •⸺ 반환된 함수를 호출합니다.

console.log(result);   •⸺ 50을 출력합니다.
```

이제 좀 더 복잡하게 만들어봅시다. 파라미터 타입이 다른 고차함수가 호출되더라도 동일한 함수 시그니처 (c: number) => number;를 반환하도록 만들겠습니다.

제네릭 타입 T나 (c: number) => number;를 반환하는 함수를 선언합니다.

```
type numFunc<T> = (arg: T) => (c: number) => number;
```

이제 **numFunc** 타입 변수를 선언할 수 있으며 타입스크립트는 (c: number) => number; 타입의 함수 인지를 확인합니다. 아래 [코드 4.20]에서 완성된 제네릭 함수를 살펴보겠습니다.

```
const noArgFunc: numFunc<void> = () =>     •········ 파라미터가 없는 함수를 호출합니다.
    (c: number) => c + 5;
const numArgFunc: numFunc<number> = (someValue: number) =>   •········ 숫자 파라미터를 가진 함수를 호출합니다.
    (multiplier: number) => someValue * multiplier;
const stringArgFunc: numFunc<string> = (someText: string) =>   •········ 문자열 파라미터를 가진 함수를 호출합니다.
    (padding: number) => someText.length + padding;
const createSumString: numFunc<number> = () => (x: number) => 'Hello';   •········ 컴파일 오류가 발생합니다.
                                                                           numFunc는 다른 시그니쳐야
                                                                           합니다.
```

반환된 함수 시그니처는 (c : number) => string이므로 numFunc 타입 변수에 할당할 수 없습니다. 그러므로 마지막 행은 컴파일되지 않습니다. bit.ly/3e01CaN에서 위 코드를 확인할 수 있습니다.

요약

- 타입스크립트는 enum 키워드를 이용해 제한된 수의 상수들로 이루어진 집합을 선언할 수 있습니다.
- enum은 숫자 또는 문자열에 이름을 지정할 수 있습니다.
- enum을 선언하며 const를 사용하면 그 값은 인라인 값이 되며 자바스크립트는 생성되지 않습니다.
- 제네릭은 코드가 실행될 때 적혀있는 다양한 타입의 값을 이용하게 해줍니다.
- 타입 파라미터를 가진 클래스, 인터페이스, 함수를 작성할 수 있습니다.

제 5 장

데코레이터와 심화 타입

이 장의 목표

- 타입스크립트 데코레이터의 개념
- 조건 타입 사용 방법
- 기존 맵핑된 타입에 새 타입을 추가하는 방법
- 맵핑과 조건 타입의 결합 방법

지금까지 많은 코드를 통해 여러분들의 코딩에 타입스크립트를 적용할 수 있도록 주요 타입에 대해 알아보았습니다. 물론 타입스크립트는 여기서 더 나아가 특정 시나리오에서 유용하게 사용할 수 있는 추가 타입을 제공합니다.

이번 장의 내용은 타입스크립트 '심화' 내용으로 모두가 알아야 하는 것은 아닙니다. 문법이 다소 생소할 수 있고, 코드 생산성과 관련이 없는 내용 또한 들어있어 무조건 알아야 하는 내용은 아닙니다.

제 1장부터 제 4장까지 살펴보는 내내 이 책이 타입스크립트에 관한 주요 문법을 단숨에 설명한다고 이야기 했지만 이번에는 두 번 이상은 읽어야 할 수도 있습니다.

물론, 이번 장을 건너뛰어도 이 책의 나머지 부분을 이해하는 데 문제는 없습니다. 다만 여러분의 상황이 아래와 같은 경우에 해당된다면 이번 장을 읽는 게 좋습니다.

- 특별한 지식을 요구하는 회사의 기술 인터뷰를 준비하는 경우
- 코드를 보며 더 멋진 솔루션이 있을 것이라 기대하는 경우
- 인터페이스, 제네릭 및 열거만으로는 부족해 더 사용할 수 있는 문법이 궁금한 경우

> **NOTE** 이번 장에서는 제네릭 문법을 많이 사용합니다. 제 4장의 4.2절에서 다룬 제네릭 문법을 알고 있어야 이후 맵핑과 조건 타입을 이해할 수 있습니다.

5.1 데코레이터

타입스크립트 문서에는 데코레이터^{decorator}를 아래와 같이 정의합니다.

> "데코레이터는 클래스 선언, 메서드, 접근자, 프로퍼티, 파라미터에 추가하는 특별한 선언입니다. 데코레이터는 선언에 대한 정보와 함께 런타임에 호출되는 함수 이름 앞에 @을 붙인 형식을 사용합니다.^{예: expression -> @expression}"
>
> – 타입스크립트 공식 문서의 "데코레이터 항목"typescriptlang.org/docs/handbook/decorators.html

class A {...}와 클래스를 인스턴스화하여 다른 객체에 주입하는 데코레이터 @Injectable()이 있다고 합시다. 그렇다면 아래와 같이 클래스를 장식할 수 있습니다.

```
@Injectable() class A {}
```

위 코드를 보면 @Injectable() 데코레이터가 클래스 A의 동작을 변경시키리라 예상할 수 있습니다. 코드를 수정하지 않고 클래스 A의 동작을 변경할 수 있는 다른 방법은 무엇일까요? class A에 서브 클래스를 생성하고 동작을 추가하거나 다시 작성할 수 있지만, 클래스에 데코레이터를 추가하는 것이 더 좋은 방법입니다.

또한 데코레이터는 클래스 A인 특정 대상에 메타데이터를 추가할 수 있습니다. 예를 들면, mp3 파일은 음악 데이터라고 본다면 아티스트 이름, 앨범, 이미지와 같은 프로퍼티를 추가할 수 있는데, 이와 같은 정보를 메타데이터라고 말할 수 있습니다.

이와 비슷하게 타입스크립트 클래스에 추가 기능을 설명하는 메타데이터로 주석을 달 수 있습니다. 타입스크립트 데코레이터 이름은 @ 기호로 시작합니다.^{예: @component} 직접 데코레이터를 만들 수 있지만 일반적으로 라이브러리나 프레임워크에서 제공되는 데코레이터를 사용하는 일이 많습니다. 아래와 같은 클래스가 있다고 생각해봅시다.

```
class OrderComponent {
    quantity: number;
}
```

위 클래스를 UI 컴포넌트로 바꾸고 부모 컴포넌트에서 quantity 프로퍼티 값을 가져오는 경우를 가정해봅시다. 앵귤러와 타입스크립트를 사용한다면, [코드 5.1]과 같이 @Component() 나 @Input() 등 내장 데코레이터를 사용할 수 있습니다.

```
@Component({       •⎯⎯ @Component 데코레이터를 적용했습니다.
    selector: 'order-processor',   •⎯⎯ 이 컴포넌트는 <order-processor>로 HTML에 사용됩니다.
    template: `Buying {{quantity}} items`   •⎯⎯ 해당 텍스트를 렌더링합니다.
})
export class OrderComponent {
    @Input() quantity: number;   •⎯⎯ 입력 프로퍼티 값은 부모에서 전달받습니다.
}
```

앵귤러의 @Component() 데코레이터는 클래스에서만 사용 가능하며 selector, template 등 다양한 프로퍼티를 제공합니다. @Input() 데코레이터는 클래스 특성에만 사용 가능합니다. 두 데코레이터는 OrderComponent 클래스와 quantity 프로퍼티에 관한 메타데이터를 각각 제공합니다.

데코레이터를 유용하게 만드려면, 데코레이터를 구문 분석하고 지시하는 코드가 있어야 합니다. [코드 5.1]은 앵귤러 프레임워크가 데코레이터를 구문 분석하고 OrderComponent 클래스를 렌더링 가능한 UI 컴포넌트로 변환합니다.

> **NOTE** 제 11장과 12장에서 앵귤러 프레임워크 실습을 다루며 실제 데코레이터를 사용한 많은 예를 확인할 수 있습니다. 데코레이터는 서버 사이드 프레임워크 Next.js(docs.nestjs.com/custom-decorators 에서 확인), 상태 관리 라이브러리 MobX(mobx.js.org/refguide/modifiers.html 에서 확인), UI 라이브러리 Stencil.js (stenciljs.com/docs/decorators 에서 확인)에서 많이 사용됩니다.

타입스크립트는 내장 데코레이터를 제공하지 않지만, 직접 데코레이터를 만들거나 프레임워크 또는 라이브러리 내 데코레이터를 사용할 수 있습니다.

[코드 5.1]의 데코레이터는 클래스와 프로퍼티를 간결하고 선언적인 방식으로 사용했습니다. 물론 데코레이터가 객체에 동작을 추가할 수 있는 유일한 방법은 아닙니다. 예를 들어 앵귤러에 특정 생성자를 사용해 추상 클래스 UIComponent를 만들고, 클래스를 UI 컴포넌트로 변경하고 싶을 때 사용할 수 있습니다. 데코레이터 컴포넌트를 사용하는 편이 더 좋고 읽기도 쉽습니다.

상속과 달리 데코레이터는 프레임워크가 원하는 대로 자유롭게 해석할 수 있기 때문에 코드 유지보수가 용이합니다. 반대로 컴포넌트가 서브 클래스인 경우, 슈퍼 클래스의 메서드를 다시 작성하거나, 대체하거나, 의존할 수 있습니다.

> **NOTE** 자바스크립트 데코레이터 제안(2019년 2월 기준, Stage 2)은 tc39.github.io/proposal-decorators 에서 확인하세요

데코레이터는 2015년에 도입되었지만 여전히 실험적인 기능으로 프로젝트에 사용하기 위해서는 tsc 옵션에 --experimentalDecorators를 추가해야 합니다. tsconfig.json을 사용하는 경우 다음 아래와 같이 컴파일러 옵션을 추가하세요.

```
"experimentalDecorators": true
```

데코레이터는 클래스나 메서드 같은 타겟의 정의를 관찰하거나 변경할 수 있습니다. 데코레이터 함수의 시그니처는 타겟에 따라 달라집니다. 이번 장에서는 클래스와 메서드를 위한 데코레이터 작성법을 살펴보겠습니다.

5.1.1 클래스 데코레이터 생성

함수와 같이 클래스도 데코레이터를 만들 수 있습니다. 클래스 생성자가 실행될 때마다 데코레이터 함수가 실행됩니다. 클래스 데코레이터는 클래스 생성자 함수를 파라미터로 받습니다. [코드 5.2]는 콘솔에 클래스 정보를 출력하는 클래스 데코레이터입니다.

코드 5.2 커스텀 데코레이터 whoAmI 선언

```
function whoAmI(target: Function): void {  •········· 생성자 함수를 파라미터로 취하는 데코레이터를 선언합니다.
    console.log(`You are: ₩n ${target}`);  •········· 클래스 정보를 출력합니다.
}
```

> **NOTE** 클래스 데코레이터의 반환 타입이 void인 경우, 값이 반환되지 않습니다. (제 2장의 2.1.1을 참고) 이와 같은 데코레이터는 클래스를 수정하지 않고, [코드 5.3] 같이 클래스를 읽습니다. 그러나 데코레이터는 클래스를 수정할 수 있으며, 이 경우 수정된 클래스(생성자 함수)를 반환합니다. 이 절의 맨 끝에서 이 부분을 다룹니다.

이 데코레이터를 사용하기 위해 [코드 5.3]과 같이 클래스 이름 앞에 @whoAmI를 붙입니다. 클래스 생성자 함수는 데코레이터에 자동으로 제공됩니다. 또한 string과 number 타입인 두 가지 파라미터를 가집니다.

```
@whoAmI
class Friend {
    constructor(private name: string, private age: number) { }
}
```

타입스크립트 코드가 자바스크립트 코드로 변환될 때, tsc는 데코레이터가 적용되었는지를 확인합니다. 이 경우 런타임 중 사용되는 자바스크립트 코드가 생성됩니다.

[코드 5.3]은 bit.ly/3sIDRbd에서 확인할 수 있습니다. 실행 버튼인 Run을 클릭하면 브라우저 콘솔에서 아래와 같은 자바스크립트 코드가 출력됩니다.

```
You are:
function Friend(name, age) {
    this.name = name;
    this.age = age;
}
```

> **NOTE** Friend 클래스에서 데코레이터를 제거한 후 다시 실행해 @whoAmI 데코레이터 사용 전과 후의 코드를 비교해보세요.

@whoAmI 데코레이터가 유용하지 않다고 생각할 수도 있을 것입니다. 이제 다른 데코레이터를 만들어봅시다. 여러분은 UI 프레임워크를 개발 중이며 선언적인 방식으로 클래스를 UI 컴포넌트로 변환하고자 합니다. [코드 5.4]는 데코레이터 팩토리^{decorator factory}로 런타임에 데코레이터에 의해 호출될 표현식을 반환하는 함수를 구현했습니다. 이 함수는 HTML 문자열 등 임의의 파라미터를 가집니다.

코드 5.4   커스텀 데코레이터 UIcomponent를 선언

```
function UIcomponent(html: string) {    •------ 데코레이터 팩토리로 하나의 파라미터를 가집니다.
    console.log(`The decorator received ${html} \n`);    •------ 데코레이터로 문자열을 출력합니다.
    return function (target: Function) {    •------ 데코레이터 함수입니다.
        console.log(`Someone wants to create a UI component from \n ${target} `);
    }
}
```

제 **5** 장 데코레이터와 심화 타입   **125**

함수 안에 데코레이터 함수가 있고, 이 함수를 호출할 수 있습니다. 여기서 반환되는 데코레이터를 결정하는 로직을 적용할 수 있습니다. [코드 5.4]는 하나의 **return** 문을 가지며 항상 데코레이터 함수를 반환하지만, 조건문을 추가해 팩토리 함수의 파라미터를 기반으로 데코레이터를 반환하지 못하게 막을 수 없습니다.

> **NOTE** 후에 다룰 "데코레이터 시그니처의 공식적인 선언 방법"에서 데코레이터에 따라 데코레이터 시그니처 요구 사항이 달라짐을 확인할 수 있습니다. 그렇다면 임의의 파라미터를 Ulcomponent() 에 어떻게 사용할 수 있을까요? Ulcomponent()는 데코레이터가 아니라, function (target: Function) 시그니처를 가진 실제 데코레이터를 반환하는 데코레이터 팩토리입니다.

[코드 5.5]는 Ulcomponent 데코레이터를 적용한 Shopper 클래스입니다.

코드 5.5   Ulcomponent 커스텀 데코레이터를 적용

```
@Ulcomponent('<h1>Hello Shopper!</h1>')    •──── 데코레이터에 HTML을 전달합니다.
class Shopper {
    constructor(private name: string) { }   •──── 클래스는 shopper의 name을 가집니다.
}
```

위 코드를 실행하면 아래와 같이 출력됩니다.

```
The decorator received < h1 > Hello Shopper! < /h1>

Someone wants to create a UI component from
function Shopper(name) {
    this.name = name;
}
```

위 코드는 bit.ly/3e4LzbQ에서 확인할 수 있습니다.

지금까지 모든 데코레이터 코드는 클래스 선언을 수정하지 않았습니다. 다음 코드에서 생성자 믹스인mixin으로 클래스 선언을 수정하는 방법에 대해 알아보겠습니다.

자바스크립트에서 믹스인mixin은 특정 동작을 구현하는 클래스를 말합니다. 믹스인은 단독으로 사용할 수 없으며 다른 클래스에 추가하여 사용합니다. 자바스크립트는 다중 상속을 지원하지 않지만, 믹스인으로 여러 클래스의 동작을 작성할 수 있습니다.

만약 믹스인에 생성자가 없다면, 코드를 다른 클래스와 섞어 쓰게 되어 프로퍼티와 메서드가 타겟 클래스로 들어갑니다. 그러나 믹스인에 생성자가 있는 경우, 타입 파라미터를 여러 개 사용할 수 있어 타겟 클래스의 임의 생성자와 섞이지 않습니다.

타입스크립트는 아래와 같은 시그니처를 가진 생성자 믹스인constructor mixin을 지원합니다.

```
{ new(...args: any[]): {} }
```

레스트 파라미터rest argument ...args의 타입은 any[]이고, 생성자를 가진 클래스와 혼합될 수 있습니다. 이제 이 믹스인의 타입 별칭을 선언해봅시다.

```
type constructorMixin = { new(...args: any[]): {} };
```

이어서 아래 시그니처는 **constructorMixin**을 확장하는 제네릭 타입 T를 나타냅니다. 타입스크립트에서 타입 T는 **constructorMixin**에 할당 가능함을 의미합니다.

```
<T extends constructorMixin>
```

이 시그니처를 사용해 클래스의 원 생성자를 수정하는 클래스 데코레이터를 만들겠습니다. 클래스 데코레이터 시그니처는 아래와 같습니다.

```
function <T extends constructorMixin>(target: T) {
    //이곳에 데코레이터를 구현합니다.
}
```

이제 타겟 클래스의 선언을 수정하는 데코레이터를 작성해봅시다. 아래와 같은 **Greeter** 클래스를 만들겠습니다.

코드 5.6 데코레이터가 없는 클래스 Greeter

```
class Greeter {
    constructor(public name: string) { }
    sayHello() {
        console.log(`Hello ${this.name} `);
    }
}
```

아래와 같이 초기화합니다.

```
const grt = new Greeter('John');
grt.sayHello(); // "Hello John" 를 출력합니다.
```

이제 데코레이터 함수를 만들어 주어진 인사말 파라미터를 받고, **message** 프로퍼티를 추가하고, sayHello() 메서드가 인사말에 이름을 붙인 문자열을 출력하도록 코드를 수정해보겠습니다.

코드 5.7 데코레이터 useSalutation 선언

```
function useSalutation(salutation: string) {    •⸺ 팩토리 함수로 salutation 인자를 가집니다.

    return function <T extends constructorMixin>(target: T) {    •⸺ 데코레이터 본문입니다.
      return class extends target {    •⸺ 데코레이터 클래스를 재선언합니다.
        name: string;
        private message = 'Hello ' + salutation + this.name;    •⸺ 새 클래스에 private 프로퍼티를 추가합니다.
        sayHello() {
          console.log(`${this.message}`);    •⸺ 메서드를 재선언합니다.
        }
      };
    };
}
```

return class extends target 구문부터 데코레이터 클래스의 데코레이터 클래스에 해당합니다. 새 프로퍼티 **message**를 원래의 클래스에 추가하고 **sayHello()** 메서드 내 본문을 데코레이터 내 인사말로 교체했습니다.

다음 [코드 5.8]은 Greeter 클래스와 @useSalutation 데코레이터를 사용했습니다. grt.sayHello()를 호출하면 **"Hello Mr. Smith"**가 인쇄됩니다.

코드 5.8 Greeter 클래스에 데코레이트 적용

```
@useSalutation("Mr. ")    •⸺ 클래스에 파라미터와 데코레이트를 적용합니다.
class Greeter {
  constructor(public name: string) { }
  sayHello() { console.log(`Hello ${this.name} `) }
}
const grt = new Greeter('Smith');
grt.sayHello();
```

bit.ly/2wKyz4c에서 위 코드를 확인할 수 있습니다. 실행 버튼 Run을 클릭하고 브라우저 콘솔에서 출력을 확인하세요.

클래스 선언을 대체하는 강력한 메커니즘이지만 주의해서 사용해야 합니다. 정적 타입 분석기는 데코레이터가 추가된 public 프로퍼티나 메서드를 대상으로 자동 완성 기능을 제공하지 않기 때문에 클래스의 public API를 변경하지 않아야 합니다.

useSalutation() 함수에서 public인 sayGoodbye()를 추가하기로 합시다. [코드 5.8]과 같이 grt.를 입력하면, IDE는 해당 객체에 sayHello() 메서드와 name 프로퍼티만 있음을 보여줍니다. sayGoodbye() 메서드를 권장하지는 않지만 grt.sayGoodbye()를 작성해도 문제는 없습니다.

데코레이터 시그니처의 공식적인 선언 방법

데코레이터는 함수이며 시그니처는 타겟에 따라 다릅니다. 클래스 데코레이터와 메서드 데코레이터 시그니처는 동일하지 않습니다. 타입스크립트를 설치하면 타입 선언이 포함된 여러 파일도 들어 있습니다. lib.es5.d.ts가 그중 하나입니다. 아래와 같이 다양한 타겟을 대상으로 한 데코레이터 타입을 포함하고 있습니다.

```
declare type ClassDecorator =    •········ 클래스 데코레이터 시그니처입니다.
    <TFunction extends Function>(target: TFunction) => TFunction | void;
declare type PropertyDecorator =    •········ 프로퍼티 데코레이터 시그니처입니다.
    (target: Object, propertyKey: string | symbol) => void;
declare type MethodDecorator =    •········ 메서드 데코레이터 시그니처입니다.
    <T>(target: Object, propertyKey: string | symbol,
      descriptor: TypedPropertyDescriptor<T>) => TypedPropertyDescriptor<T> | void;
declare type ParameterDecorator =    •········ 파라미터 데코레이터 시그니처입니다.
    (target: Object, propertyKey: string | symbol, parameterIndex: number) => void;
```

제 4장 4.2.3절에서 제네릭 함수와 화살표 함수 구문에 대해 설명했습니다. [코드 5.7]의 시그니처를 이해하는 데 도움이 될 것입니다. 아래 시그니처를 보겠습니다.

```
<T>(someParam: T) => T | void
```

화살표 함수는 제네릭 타입 T인 파라미터를 가지고 타입 T 또는 void 값 중 하나를 반환합니다. 이제 선언된 클래스 데코레이터 시그니처를 읽어봅시다.

```
<TFunction extends Function>(target: TFunction) => TFunction | void
```

화살표 함수는 제네릭 타입 **TFunction**인 파라미터를 가질 수 있습니다. 상세 타입은 **Function**의 하위 타입이어야 합니다. 모든 타입클래스 클래스는 생성자 함수를 가리키는 **Function**의 서브 타입입니다. 데코레이터 타켓은 클래스여야 하며, 데코레이터는 클래스 타입 값 또는 반환 값을 반환합니다.

[코드 5.2]의 **@whoAmI** 클래스 데코레이터를 다시 보겠습니다. 화살표 함수를 사용하지 않은 클래스 데코레이터 입니다.

```
function whoAmI (target: Function): void
```

whoAmI 함수 값을 반환하지 않으므로, 데코레이터는 타겟만 관찰한다고 볼 수 있습니다. 데코레이터 안에 원 타겟을 수정하고자 했다면 수정된 클래스를 반환했을 것입니다. 화살표 함수는 **TFunction** 타입을 사용했지만 여기서는 원래의 타입을 그대로 사용합니다.

5.1.2 메서드 데코레이터

이제 클래스 메서드에 사용될 데코레이터를 만들어보겠습니다. 곧 삭제될 메서드를 표시하는 **@deprecated** 데코레이터를 만들어보겠습니다. [코드 5.9]의 **MethodDecorator** 함수는 세 가지 파라미터가 필요합니다.

- **target** : 메서드 클래스를 참조하는 객체
- **propertyKey** : 메서드 데코레이터 이름
- **descriptor** : 메서드 데코레이터의 디스크립터

descriptor 파라미터는 코드가 데코레이트 하고 있는 메서드를 가리키는 객체를 가집니다. 특히 **TypedPropertyDescriptor**의 **value** 프로퍼티는 데코레이팅된 메서드의 원본 코드를 저장합니다. 메서드 데코레이터 내 프로퍼티 값을 변경하여 데코레이션이 추가된 메서드의 원본 코드를 수정할 수 있습니다. **placeOrder()** 메서드를 가진 **Trader** 클래스를 보겠습니다.

```
class Trade {
    placeOrder(stockName: string, quantity: number, operation: string, traderID: number) {
        // 이곳에 메서드 구현을 작성합니다.
    }
    // 기타 메서드는 이곳에 작성합니다.
}
```

트레이더 ID가 123이고, IBM 주식 100주를 주문했다고 가정해봅시다.

```
const trade = new Trade();
trade.placeOrder('IBM', 100, 'Buy', 123);
```

수 년간 이 코드를 사용해왔지만, 새로운 감사 규정이 생겨 모든 거래를 기록하게 되었습니다. 한 가지 방법은 금융 상품 구매 또는 판매와 관련된 모든 메서드 내 호출을 기록하는 코드를 추가하는 것입니다. 하지만 더 똑똑한 방법은 어느 메서드에나 사용 가능하며 파라미터를 출력하는 메서드 데코레이터를 사용하는 것 입니다. [코드 5.9]는 @logTrade 메서드 데코레이터입니다.

코드 5.9 메서드 데코레이터 @logTrade

```
function logTrade(target, key, descriptor) {  •······ 메서드 데코레이터는 세 개의 파라미터를 가집니다.
    const originalCode = descriptor.value;  •······ 원 메서드 코드를 저장합니다.
    descriptor.value = function () {  •······ 데코레이터된 메서드 코드를 수정합니다.
        console.log(`Invoked ${key} providing:`, arguments);
        return originalCode.apply(this, arguments);  •······ 타겟 메서드를 호출합니다.
    };
    return descriptor;  •······ 수정된 메서드를 반환합니다.
}
```

원 메서드 코드를 저장하고, 수정한 다음 console.log()를 추가한 디스크립터를 받습니다. apply() 메서드로 데코레이션 메서드를 호출합니다. 마지막으로 수정된 메서드 디스크립터를 반환합니다.

코드 5.10 @logTrade 데코레이터 사용

```
class Trade {
    @logTrade  •······ placeOrder()에 데코레이션을 추가합니다.
    placeOrder(stockName: string, quantity: number, operation: string, tradedID: number) {
        // 이곳에 메서드 구현을 작성합니다.
    }
}
const trade = new Trade();
trade.placeOrder('IBM', 100, 'Buy', 123);  •······ placeOrder()을 호출합니다.
```

[코드 5.10]은 bit.ly/3bZquwq에서 확인할 수 있습니다. 수정된 **placeOrder()** 메서드를 실행하면 콘솔 출력은 아래와 같아집니다.

```
Invoked placeOrder providing:
Arguments(4)
  0: "IBM"
  1: 100
  2: "Buy"
  3: 123
```

메서드 데코레이터를 생성함으로써 여러 거래 관련 코드를 업데이트할 필요가 없어졌습니다. 데코레이터 @logTrade는 아직 만들지 않은 메서드에도 사용할 수 있습니다.

이번 절에서는 클래스와 메서드 데코레이터를 작성하는 방법을 배웠습니다. 프로퍼티와 파라미터 데코레이터에 대한 기초를 잘 쌓았기를 바랍니다.

5.2 맵핑 타입

맵핑 타입mapped type은 기존 타입에서 새 타입을 만들 수 있도록 해줍니다. 기존 타입에 변환 함수를 적용하면 됩니다. 어떻게 작동하는지 알아봅시다.

5.2.1 맵핑 타입 Readonly

아래 Person 타입 객체를 doStuff() 함수에 전달해야 한다고 가정해봅시다.

```
interface Person {
  name: string;
  age: number;
}
```

Person 타입은 다양한 곳에 사용될 수 있지만, doStuff() 함수가 실수로 age와 같이 일부 Person 프로퍼티를 수정하지 않도록 해야 합니다.

코드 5.11 age 프로퍼티를 실수로 수정한 경우

```
const worker: Person = { name: 'John', age: 22 };
function doStuff(person: Person) {
  person.age = 25;   •⸺ 이와 같은 실수를 방지해야 합니다.
}
```

Person 타입의 프로퍼티는 읽기 전용readonly으로 선언되지 않았습니다. doStuff()에 사용하기 위해 아래와 같이 또다른 타입을 선언해야 할까요?

```
interface ReadonlyPerson {
    readonly name: string;
    readonly age: number;
}
```

그렇다면 기존 타입의 읽기 전용 버전이 필요할 때마다 새로 타입을 선언해야 할까요? 더 나은 방법이 있습니다. 맵핑 타입 Readonly를 사용하여 이전에 선언된 타입을 readonly로 바꿀 수 있습니다. 다음과 같이 doStuff() 함수에 Person 대신 Readonly<Person> 타입 파라미터로 변경합니다.

코드 5.12   맵핑 타입 Readonly를 사용
```
const worker: Person = { name: 'John', age: 22 };
function doStuff(person: Readonly<Person>) {   •────── 기존 타입을 맵핑 타입 Readonly로 수정합니다.
    person.age = 25;   •────── 컴파일 오류를 일으킵니다.
}
```

프로퍼티 age 값을 변경하면 컴파일 오류가 발생합니다. 이 오류를 이해하려면 Readonly 타입 선언 방식을 확인해야 하고, 조회 타입인 keyof에 대해서도 알고 알고 있어야 합니다.

typescript/lib/lib.es5.d.ts 파일에서 맵핑 타입 선언을 읽어보면 타입스크립트 내부 작업을 이해하는 데 도움이 됩니다. 우선 타입스크립트의 인텍스 타입 쿼리인 keyof과 룩업 타입lookup type에 익숙해야 합니다.

lib.es5.d.ts에서 Readonly인 맵핑 함수 선언문을 확인할 수 있습니다.

코드 5.13   맵핑 타입 Readonly 선언
```
type Readonly<T> = {
    readonly [P in keyof T]: T[P];
};
```

제 4장에서 제네릭 타입에 대해 배웠으니 <T>의 의미를 아시겠죠. 제네릭에서 대문자 T는 타입type을 뜻하고 K는 키key, V는 값value, P는 프로퍼티property를 의미합니다.

keyof는 인덱스 타입 쿼리^{index type query}라 불리며, 해당 타입의 프로퍼티 이름을 모아둔 유니온과 같습니다. 만약 Person 타입이 T라면, keyof T는 name과 age의 유니온을 나타냅니다. [그림 5.1]은 커스텀 타입 propNames에 마우스를 올린 화면을 캡처한 사진입니다. propNames 타입은 name과 age의 유니온입니다.

그림 5.1 Person타입에 keyof 적용

```
interface Person {
  name: string;
  age: number;
}

      type propNames = "name" | "age"
type propNames = keyof Person;
```

[코드 5.13]에 있는 [P in Keyof T]가 갖는 의미는 '타입 T에 있는 모든 프로퍼티의 유니온을 주세요.' 입니다. 마치 객체 요소에 접근하는 것처럼 보이지만 실제로는 타입 선언에 사용됩니다. keyof 쿼리는 타입 선언에서만 사용할 수 있습니다.

이렇게 타입 프로퍼티에 접근하는 방법을 알게 되었습니다. 이제 기존 타입을 맵핑 타입으로 만들려면 프로퍼티 타입을 알아야 합니다. Person 타입의 경우, 프로퍼티 타입이 string 또는 number 타입임을 알아야 합니다.

이를 위해 타입을 조회하는 룩업 타입^{lookup types}이 필요합니다. [코드 5.13]의 T[P]는 룩업 타입으로 '프로퍼티 P의 타입을 지정하세요'를 의미합니다.

그림 5.2 Person 프로퍼티의 타입을 가져옴

```
type propNames = keyof Person;
|
      type propTypes = string | number
type propTypes = Person[propNames];
```

[코드 5.13]을 다시 보겠습니다. Readonly<T> 타입 선언은 이름과 상세 타입의 프로퍼티 타입을 찾고 각 프로퍼티에 readonly를 적용합니다.

Readonly<Person>은 아래와 같이 맵핑 타입을 생성합니다.

```
interface Person {
  readonly name: string;
  readonly age: number;
}
```

이제 **Person**의 **age** 프로퍼티를 수정하려고 하면, "Cannot assign to age because it's a read-only property ^{age는 읽기 전용 프로퍼티로 값을 할당할 수 없습니다.}"라는 오류가 발생합니다. 기존 타입 **Person**을 가져 와서 읽기 전용 프로퍼티로 매핑했습니다. 위 코드는 bit.ly/3uRuhF4에서 확인할 수 있습니다. 컴파일이 되지 않는지를 확인해보세요.

그렇다면 실제로 어떻게 매핑 타입 **Readonly** 사용할까요? 제 10장의 [코드 10.16]에서 **message** 파라미터를 가진 **Readonly** 타입을 사용하는 두 가지 메서드를 볼 수 있습니다.

```
replyTo(client: WebSocket, message: Readonly<T>): void
```

이 방법은 WebSocket 프로토콜을 통해 메시지를 블록체인 노드에 보낼 수 있습니다. 메시징 서버는 어떤 타입의 메시지가 전송될지 알지 못하므로 메시지 타입 제네릭 타입입니다. **replyTo()** 내 메시지가 실수로 수정되는 것을 방지하기 위해 매핑 타입 **Readonly**를 사용합니다.

keyof와 **T[P]** 사용의 장점을 보여주는 코드를 하나 더 살펴보겠습니다. 지정된 타입에 지정된 값을 가진 객체만을 만들기 위해 객체의 제네릭 배열을 필터링하는 함수를 만들어봅시다. 첫 번째로 타입 체크를 사용하지 않고 아래와 같이 작성하겠습니다.

```
function filterBy<T>(property: any, value: any, array: T[]) {
  return array.filter(item => item[property] === value);   • ······· 한 객체로만 제공할 파라미터 값을 관리합니다.
}
```

존재하지 않는 프로퍼티 이름이나 잘못된 타입으로 함수를 호출하면 찾기 어려운 버그를 유발할 수 있습니다. [코드 5.16]은 **Person** 타입과 **filterBy()** 함수를 선언합니다. 마지막 두 줄은 존재하지 않는 **lastName** 프로퍼티 또는 **age**의 잘못된 타입으로 함수를 호출합니다.

```
interface Person {
    name: string;
    age: number;
}


const persons: Person[] = [
    { name: 'John', age: 32 },
    { name: 'Mary', age: 33 }
];


function filterBy<T>(    •—— 타입 체크를 사용하지 않는 함수입니다.
    property: any,
    value: any,
    array: T[]) {

    return array.filter(item => item[property] === value);    •—— 프로퍼티와 값을 기반으로 데이터를 필터링합니다.
}
console.log(filterBy('name', 'John', persons));    •—— 올바른 함수를 호출합니다.
console.log(filterBy('lastName', 'John', persons));    •—— 잘못된 함수를 호출합니다.
console.log(filterBy('age', 'twenty', persons));    •—— 잘못된 함수를 호출합니다.
```

Person 타입에 lastName 프로퍼티가 없고, age 프로퍼티 타입이 문자열이 아닌데도 코드는 아무런 경고를 하지않고 빈 객체를 반환합니다. 다시 말해 [코드 5.16]에는 버그가 있습니다.

[코드 5.17]은 filterBy()의 함수 시그니처를 변경해 컴파일 단계에서 버그를 해결했습니다.

```
function filterBy<T, P extends keyof T>(    •—— 프로퍼티가 [keyof T] 유니온에 속하는지를 확인합니다.
    property: P,    •—— 필터링할 프로퍼티입니다.
    value: T[P],    •—— 제공된 프로퍼티 타입을 확인하여 필터링하는 값입니다.
    array: T[]) {
    return array.filter(item => item[property] === value);
}
```

우선, <T, P extends keyof T>는 두 T와 P라는 두 가지 제네릭 값을 받는 함수인 것을 알려줍니다. 또한 P extends keyof T로 제한했습니다. 즉 T의 구체적인 타입은 Person이고 이 경우 P는 person 또는 name일 수 있습니다.

```
filterBy('lastName', 'John', persons)    ●······ lastName 프로퍼티는 존재하지 않습니다.
filterBy('age', 'twenty', persons)    ●······ age 값은 숫자이어야 합니다.
```

앞에서 언급했듯이 indexof와 룩업 타입을 사용해 오류를 해결할 수 있습니다. bit.ly/3kD3Mye에서 확인할 수 있습니다.

5.2.2 커스텀 맵핑 타입 선언

[코드 5.13]은 Readonly 맵핑 타입을 위한 변환 함수라 할 수 있습니다. 이와 비슷한 문법으로 변환 함수를 직접 만들 수 있습니다. 이번에는 Readonly와 반대되는 Modifiable 타입을 만들어보겠습니다.

Person 타입은 모든 프로퍼티에 맵핑 타입 Readonly을 적용해 읽기 전용인 Readonly〈Person〉 타입으로 만들었습니다. 다른 시나리오를 생각해보겠습니다. 맨 처음 Person 타입의 프로퍼티는 readonly 제한자로 선언되었습니다.

```
interface Person {
    readonly name: string;
    readonly age: number;
}
```

그렇다면 Person에 선언된 readonly 제한자를 어떻게 삭제할 수 있을까요? 이를 지원하는 맵핑 타입이 없으므로 아래 [코드 5.19]와 같이 직접 커스텀 맵핑 타입을 만들 수 있습니다.

코드 5.19 　커스텀 맵핑 타입 Modifiable

```
type Modifiable<T> = {
    -readonly [P in keyof T]: T[P];
};
```

readonly 제한자 앞에 있는 − 표시는 모든 타입 프로퍼티를 삭제함을 의미합니다. [코드 5.20]는 Modifiable 맵핑 타입으로 모든 프로퍼티에 있는 readonly 제한자를 삭제했습니다.

```
interface Person {
    readonly name: string;
    readonly age: number;
}
const worker1: Person = { name: 'John', age: 25 };
worker1.age = 27;    •──── 컴파일 오류가 발생합니다.
const worker2: Modifiable<Person> = { name: 'John', age: 25 };
worker2.age = 27;    •──── 컴파일 오류가 없습니다.
```

위 코드는 bit.ly/3qfo1TH에서 확인할 수 있습니다.

5.2.3 이외 내장 맵핑 타입

타입 선언 시 프로퍼티 이름이 ?로 끝나는 경우, 이 프로퍼티는 선택 사항으로 타입에 속할 수도 속하지 않을 수도 있습니다. 아래 선언된 Person 타입을 보겠습니다.

```
interface Person {
    name: string;
    age: number;
}
```

물음표로 끝나는 프로퍼티가 없으므로 name과 age는 반드시 포함되어야 합니다. 만약 Person 내 모든 프로퍼티가 선택 사항이라면 프로퍼티 이름 끝에 일일이 물음표를 달아야 할까요? 더 나은 방법은 내장 맵핑 타입인 Partial<T>를 사용하는 것입니다. 다른 말로 맵핑 함수라고 하며 lib.es5.d.ts에 선언되어 있습니다.

```
type Partial<T> = {
    [P in keyof T]?: T[P];
};
```

맵핑 타입 Partial에 물음표가 있는 걸 확인하셨나요? 타입 프로퍼티를 선택 사항으로 만들 때 프로퍼티 이름 끝에 물음표를 추가하는 것이 일반적인 방법입니다. 맵핑 타입 Partial은 모든 타입 프로퍼티를 선택 사항으로 변경합니다. [그림 5.3]은 변수 worker1 위에 마우스를 올려 놓은 화면입니다.

그림 5.3 ▶ Partial 타입 사용

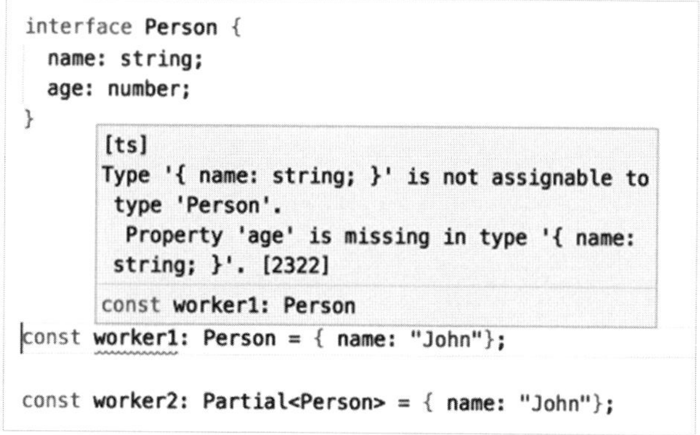

```
interface Person {
  name: string;
  age: number;
}
        [ts]
        Type '{ name: string; }' is not assignable to
         type 'Person'.
          Property 'age' is missing in type '{ name:
         string; }'. [2322]
        const worker1: Person
const worker1: Person = { name: "John"};

const worker2: Partial<Person> = { name: "John"};
```

변수 worker1은 Person 타입이지만 age 값이 없기 때문에 오류가 발생했습니다. 반면 변수 worker2는 동일한 객체이지만 Partial<Person> 타입이기 때문에 오류가 없습니다. 즉 모든 프로퍼티는 선택 사항입니다.

그렇다면 반대로 선택 사항인 모든 타입 프로퍼티를 필수로 바꿀 수 있지 않을까요? 네, 할 수 있습니다! 아래와 같이 Required 타입을 사용하는 것입니다.

```
type Required<T> = {
   [P in keyof T]-?: T[P];
};
```

-? 표시는 ?를 삭제한다는 의미입니다.

[그림 5.4]는 변수 worker2 위에 마우스를 올려 놓은 화면입니다. Person 타입의 age 및 name 프로퍼티는 모두 선택 사항이었으나, Required<Person> 매핑 타입에서는 두 프로퍼티가 필수 사항이므로 age가 누락되었기 때문에 오류가 발생합니다.

그림 5.4 ▶ Required 맵핑 타입 사용

```
interface Person {
  name?: string;
  age?: number;
}

const worker1: Person = { name: "John"};
```

> [ts] 'worker2' is declared but its value is never read. [6133]
>
> [ts] Property 'age' is missing in type '{ name: string; }' but required in type 'Required<Person>'. [2741]
>
> • main.ts(92, 3): 'age' is declared here.
>
> const worker2: Required<Person>

```
const worker2: Required<Person> = { name: "John"};
```

> **TIP** Required 타입은 타입스크립트 2.8 버전에서 추가되었습니다. IDE가 이 타입을 인식하지 못한다면, 타입스크립트 버전을 확인하길 바랍니다. 비주얼 스튜디오 코드의 경우 화면 맨 아래 타입스크립트 버전을 확인할 수 있습니다. 이 버튼을 클릭해 버전을 변경할 수 있습니다.

지정된 타입에 두 개 이상의 맵핑 타입을 적용할 수 있습니다. [코드 5.22]는 Person 타입에 Readonly와 Partial 타입을 적용했습니다. 전자는 각 프로퍼티를 읽기 전용으로 만들고 후자는 선택 사항으로 만듭니다.

코드 5.22 ▶ 한 개 이상의 맵핑 타입 사용

```
interface Person {
  name: string;
  age: number;
}
                          worker1은 Person 타입을 유지하나, 프로퍼티는 읽기 전용이며 선택 사항입니다.
const worker1: Readonly<Partial<Person>> •┄┄
              = { name: 'John' }; •┄┄ 선택 사항인 age 프로퍼티를 제외하고, name 프로퍼티만 초기화 합니다.

worker1.name = 'Mary'; // 컴파일 오류가 발생합니다. •┄┄ name 프로퍼티는 선택 사항이며 한 번만 초기화 됩니다.
```

또 다른 유용한 내장 맵핑 타입으로 Pick 타입이 있습니다. 타입 프로퍼티 중 하위 집합을 선택해 새 타입을 선언할 수 있습니다. 변환 함수는 다음과 같습니다.

```
type Pick<T, K extends keyof T> = {
    [P in K]: T[P];
};
```

첫 번째 파라미터는 임의의 타입 T이며, 두 번째 파라미터는 프로퍼티 T의 서브셋 K 입니다. "타입 T에서 유니온 K 중 해당 키를 가진 프로퍼티를 선택하라."라는 뜻입니다. [코드 5.23]의 Person 타입은 세 가지 프로퍼티를 가집니다. [코드 5.23]에서는 타입 Pick을 사용해 name과 address 프로퍼티를 가진 맵핑 타입 PersonNameAddress을 선언했습니다.

Pick 맵핑 타입 사용

```
interface Person {  •·········· 세 가지 프로퍼티와 함께 Person 타입을 선언합니다.
    name: string;
    age: number;
    address: string;
}                                    두 가지 프로퍼티와 함께 맵핑 타입 PersonNameAddress를 선언합니다.
type PersonNameAddress<T, K> = Pick<Person, 'name' | 'address'>;  •········
```

'내장 맵핑 타입을 사용하면 좋은 것은 알겠는데, 굳이 구현 방법까지 알아야 하나?'라는 의문이 들수도 있을 것입니다. 네, 알아야 합니다. [그림 5.5]와 제 10장 내 [코드 10.22]에서 커스텀 맵핑 타입을 정의하기 위해 맵핑 타입 Pick을 사용합니다.

지금까지 맵핑 타입을 사용해 기존 타입을 변경해보았습니다. 이외에도 조건에 따라 타입을 변경할수 있습니다. 이 내용은 다음 절에서 다룹니다.

5.3 조건 타입

변형 함수는 맵핑 타입에서 늘 동일하지만, 조건 타입에서는 조건에 따라 달라집니다. 자바스크립트와 타입스크립트를 포함한 많은 프로그래밍 언어는 삼항 조건 연산자를 지원합니다.

```
a < b ? doSomething() : doSomethingElse()
```

a가 b보다 적으면, doSomething()을 호출하고, 그 반대인 경우 doSomethingElse()를 호출합니다. 이 표현식은 값을 확인하고 조건에 따라 다른 코드를 실행합니다. 조건 타입은 조건 표현식을 사용하지만 표현 타입expression type도 확인합니다. 조건 타입은 항상 아래와 같이 선언합니다.

```
T extends U ? X : Y
```

extends U 키워드는 "U에서 상속"을 의미합니다. 제네릭 표현식으로, 이 대문자는 모든 타입을 표현합니다.

객체 지향 프로그래밍에서 **class Cat extends Animal** 선언문은 Cat은 Animal이며 Cat은 Animal과 같은_{혹은 그 이상}의 기능을 할 수 있음을 의미합니다. 쉽게 말하면 고양이는 동물의 상세 버전이라고 말할 수 있겠지요. Cat 객체는 Animal 타입 변수에 할당될 수 있습니다.

그렇다면 반대로 Animal 객체는 Cat 타입 변수에 할당될 수 있을까요? 아니요, 할 수 없습니다. 모든 고양이는 동물이지만, 모든 동물이 고양이가 아니기 때문입니다.

마찬가지로 **T extends U ?** 표현식은 T가 U에 할당될 수 있는지를 확인하는 것입니다. 만약 참이면, 타입 X을 사용하고, 그렇지 않으면 Y를 사용할 것입니다. **T extends U** 표현식은 타입 **T** 값이 타입 **U** 변수에 할당될 수 있음을 의미합니다.

TIP 제 2장의 [코드 2.20]과 제 3장의 [코드 3.30]에서 할당 가능한 타입에 대해 다뤘습니다.

조건에 따라 다른 타입을 반환하는 **getProducts()** 함수를 작성해봅시다. 파라미터 **id**가 있으면 **Product** 타입을 반환하고, 파라미터가 없으면 **Product[]** 배열을 반환합니다.

```
function getProducts<T>(id?: T):
    T extends number ? Product : Product[];
```

만약 파라미터 타입이 **number**이면 **Product** 타입을 반환하고 아니면 **Product[]**를 반환합니다. [코드 5.24]는 **getProducts** 함수를 구현한 코드입니다.

코드 5.24 ▶ 조건부 반환 타입을 가진 함수
```
class Product {
    id: number;
}
const getProducts = function <T>(id?: T):
        T extends number ? Product : Product[] {     ●········· 조건부 반환 타입을 선언합니다.
    if (typeof id === 'number') {     ●········· 주어진 파라미터 타입을 확인합니다.
```

```
      return { id: 123 } as any;
    } else {
      return [{ id: 123 }, { id: 567 }] as any;
    }
  };
  const result1 = getProducts(123);  •┄┄┄┄ 숫자 타입인 파라미터를 가진 함수를 호출합니다.
  const result2 = getProducts();  •┄┄┄┄ 파라미터가 없는 함수를 호출합니다.
```

변수 result1의 타입은 Product이고 result2의 타입은 Product[]입니다. bit.ly/3b6v6lo에서 마우스를 오버해 타입을 확인해보세요.

[코드 5.24]에서 타입스크립트가 타입 유추를 하지 않도록 타입 단언type assertion as를 사용했습니다. as any는 타입스크립트가 해당 타입을 오류로 인식해 불평하지 말라는 뜻입니다. id 타입이 조건부 타입으로 선택되는 것이 아니므로 함수가 조건문을 평가할 수 없고 Product 타입으로 좁힐 수 없기 때문입니다.

이와 비슷하게 제 3장의 3.1.6절은 getProducts()를 만들 때 메서드 오버로딩을 사용했습니다. 조건부 타입은 다양한 경우에 사용될 수 있습니다. 또 다른 경우를 살펴보겠습니다.

타입스크립트에는 특정 타입을 버릴 수 있는 Exclude 조건부 타입이 있습니다. lib.es5.d.ts 파일에 Exclude 타입이 아래와 같이 선언되어 있습니다.

```
  type Exclude<T, U> = T extends U ? never : T;
```

Exclude 타입은 U에 할당된 타입을 제외시킵니다. 여기서 never 타입은 절대 존재하지 않아야 할 타입을 명시합니다. 타입 T는 U에 할당할 수 없습니다.

이제 아래와 같은 Person 클래스가 유명 오디션 방송인 "보이스The Voice"의 애플리케이션에 여러 번 사용된다고 가정해보겠습니다.

```
  class Person {
    id: number;
    name: string;
    age: number;
  }
```

참가자들은 블라인드 오디션을 통과해야 하며, 심사위원들은 참가자들의 정보를 알지 못합니다. 블라인드 오디션을 위해 Person 타입에서 name과 age를 제외한 또 다른 타입을 만들고자 합니다.

이전 절에서 조회 타입 keyof가 타입 내 모든 프로퍼티 목록을 제공함을 배웠습니다. 아래 타입은 K 타입을 제외한 모든 프로퍼티 T를 가집니다.

```
type RemoveProps<T, K> = Exclude<keyof T, K>;
```

이제 Person 타입에서 name과 age 프로퍼티를 제외한 새 타입을 만들겠습니다.

```
type RemainingProps = RemoveProps<Person, 'name' | 'age'>;
```

타입 K는 'name' | 'age' 유니온에 해당하며, RemainingProps는 Person에서 name과 age를 제거한 나머지 프로퍼티 id에 해당됩니다. 이전 절의 [코드 5.23]에서 설명한 맵핑 타입 Pick과 Remaining-Props을 사용해 PersonBlindAuditions 타입을 만들겠습니다.

```
type RemainingProps = RemoveProps<Person, 'name' | 'age'>;
type PersonBlindAuditions = Pick<Person, RemainingProps>;
```

[그림 5.5]는 PersonBlindAuditions 타입에 마우스 포인터를 오버한 모습입니다. bit.ly/3qfo7ux에서 Person의 두 프로퍼티가 PersonBlindAuditions 타입에서 빠져있는지 확인해보세요.

그림 5.5 Pick과 Exclude 사용

```
class Person {
  id: number;
  name: string;
  age: number;
}

type RemoveProps<T, K> = Exclude<keyof T, K>;

type RemainingProps = RemoveProps<Person, 'name' | 'age'>;

    type PersonBlindAuditions = {
        id: number;
    }
type PersonBlindAuditions = Pick<Person, RemainingProps>;
```

Person 타입이지만
프로퍼티 두 개를 제거

이쯤되면 id만 가진 PersonBlindAuditions 타입을 새로 만드는 것이 더 쉽다고 생각할지도 모르겠습니다. Person 타입은 세 가지 프로퍼티만 있으므로 그 편이 더 간단해보입니다. 그러나 Person 타입에 삼십 개가 넘는 프로퍼티가 있다면 조건부 타입을 사용하는 것이 유용할 것입니다.

실제로 세 가지 프로퍼티만 있다고 해도, 조건부 타입 클래스를 사용하는 것이 더 좋습니다. 만약 Person 클래스 내 name 프로퍼티를 firstName과 lastName으로 바꾸려면 어떻게 해야 할까요? 조건부 타입 PersonBlindAuditions을 사용하면 당연히 컴파일 오류가 발생할 것이고, 이를 수정해야 합니다. 조건부 타입 PersonBlindAuditions을 만들지 않고 Person 클래스에서 변경한 내용을 그대로 복사해서 붙여 넣어 PersonBlindAuditionsIndie 클래스를 만든다면 매우 번거로울 것입니다.

RemoveProperties은 제네릭 타입으로, 모든 타입에서 특정 프로퍼티를 삭제할 수 있습니다.

5.3.1 infer 키워드

이번에는 함수의 반환 타입을 찾아 다른 타입으로 바꿔보겠습니다. 프로퍼티와 메서드가 선언된 인터페이스가 있고 각 메서드를 Promise로 래핑하여 비동기적으로 실행해야 한다고 해봅시다. Sync-Service 인터페이스 내 baseUrl 프로퍼티와 getA() 메서드를 선언하겠습니다.

```
interface SyncService {
    baseUrl: string;
    getA(): string;
}
```

getA() 메서드를 Promisify 타입을 사용하는 Promise로 만들기 위해 아래 문제들을 해결해야 합니다.

- 메서드와 프로퍼티를 구별하는 방법은 무엇일까요?
- Promise로 래핑하기 전, 원 메서드 반환 타입을 알 수 있는 방법은 무엇일까요?
- 메서드 내 타입 파라미터를 그대로 가져갈 수 있는 방법은 무엇일까요?

조건부 타입을 사용해 메서드와 프로퍼티를 구별할 수 있습니다. 맵핑 타입은 수정된 메서드 시그니처에 사용할 수 있습니다. 우리의 목표는 Promisify 타입을 만들고 SyncService에 할당하는 것입니다. getA()는 Promise를 반환합니다. 이어서 [코드 5.25] 코드가 작동하도록 만들어보겠습니다.

```
class AsyncService
  implements Promisify<SyncService> {  •——— SyncService를 Promisify에 맵핑합니다.
    baseUrl: string;  •——— SyynService에서 수정되지 않는 프로퍼티입니다.
    getA(): Promise<string> {  •——— 반환 타입을 Promise로 래핑합니다.
      return Promise.resolve(");
    }
}
```

주어진 타입 T의 모든 프로퍼티를 반복하고 메서드 시그니처를 비동기로 변환하는 새로운 타입 Promisify를 만들어보겠습니다. 조건부 타입에 따라 변환됩니다. 조건부 타입인 U$^{T의 슈퍼 타입}$는 함수로 여러 개의 모든 타입 파라미터를 사용할 수 있으며, 반환 값을 가져야 합니다.

```
T extends (...args: any[]) => any ?
```

맨 뒤의 물음표는 T가 함수이면 타입을 전달하고, 아닌 경우에 함수를 전달함을 의미합니다.

타입 T는 함수 시그니처로 보이는 타입에 할당할 수 있습니다. 위 조건이 참이면 함수의 반환을 Promise로 래핑할 수 있습니다. 문제는 타입을 사용하면 함수 인자와 반환 타입 정보를 잃게 된다는 것입니다.

함수 타입을 반환하는 제네릭 타입 R이 있다고 가정해봅시다. infer 키워드와 변수 R을 사용할 수 있습니다.

```
T extends (...args: any[]) => infer R ?
```

여기서 infer R은 getA() 메서드의 string과 같이 구체화된 반환 타입이 반환되는지를 타입스크립트가 확인하도록 지시하는 것이며, infer R을 구체화된 타입으로 바꿉니다. 따라서 아래와 같이 함수 파라미터 타입 any[]을 infer A로 바꿀 수 있습니다.

```
T extends (...args: infer A) => infer R ?
```

이제 조건부 타입을 선언해보겠습니다.

```
type ReturnPromise<T> = T extends (...args: infer A) => infer R ? (...args: A) => Promise<R> : T;
```

타입 T가 구체적인 타입이라면 Promise<R>로 반환 타입을 래핑합니다. 그렇지 않으면 타입 T를 그대로 유지합니다. 조건부 타입 ReturnPromise<T>는 모든 타입에 적용할 수 있고, 클래스 및 인터페이스 등 모든 프로퍼티를 열거하려고 할 때, 조회 타입 keyof를 사용할 수 있습니다.

이전 맵핑 타입 부분을 읽어봤다면 다음 코드가 친숙할 것입니다.

```
type Promisify<T> = {
    [P in keyof T]: ReturnPromise<T[P]>;
};
```

맵핑 타입 Promisify<T>는 T 프로퍼티를 반복하고 이를 조건부 타입 ReturnPromise에 적용시킵니다. Promisify<SyncService>는 baseUrl 프로퍼티에 아무런 일을 하지 않지만, getA() 반환 타입을 Promise<string>으로 바꿉니다.

bit.ly/2T51M7x에서 [그림 5.6] 전체 코드를 확인해보세요.

그림 5.6 조건부 타입과 맵핑 타입을 결합

```
type ReturnPromise<T> =
    T extends (...args: infer A) => infer R ? (...args: A) => Promise<R> : T;

type Promisify<T> = {
    [P in keyof T]: ReturnPromise<T[P]>;
};

interface SyncService {
    baseUrl: string;
    getA(): string;
}

class AsyncService implements Promisify<SyncService> {
    baseUrl: string;

    getA(): Promise<string> {
        return Promise.resolve('');
    }
}

let service = new AsyncService();

let result: Promise<string>
let result = service.getA();
```

result 위에 커서를 올리면 Promise〈String〉 타입임을
확인할 수 있습니다.

요약

- 타입스크립트의 데코레이터를 활용해 클래스 또는 함수, 속성, 파라미터에 메타데이터를 추가할 수 있습니다.
- 데코레이터는 타입 선언이나 클래스, 메서드, 속성, 파라미터의 작동 방식을 수정할 수 있습니다.
- 특정 타입을 기반으로 한 새로운 타입을 생성할 수 있다.
- 맵핑 타입은 기존 타입 일부와 기존 타입을 기반으로 만든 파생 타입을 가진 새로운 애플리케이션을 만들 수 있게 해줍니다.
- 조건부 타입은 어떤 타입을 사용할지 결정을 미룰 수 있게 해줍니다. 결정은 런타임 중 일부 조건에 따라 이루어집니다.
- 타입스크립트의 다양한 타입은 처음에 이해하기 어렵지만, 곧 타입의 장점을 느끼게 될 것입니다. 제 10장에서 블록체인 앱을 만들면서 맵핑 타입과 조건부 타입의 실제 사용 예를 보겠습니다.

제6장

도구

이 장의 목표

- 소스맵으로 타입스크립트 디버깅 하기
- 웹팩을 사용한 타입스크립트 컴파일
- 웹팩과 바벨을 사용한 타입스크립트
- 린터(linter)의 역할
- 바벨을 사용한 타입스크립트 번들링

타입스크립트는 가장 많이 사랑받는 프로그래밍 언어입니다. 타입스크립트 문법도 훌륭하지만, 타입스크립트 도구는 매우 효율적입니다. 특히 IDE에서 타입 오류의 수정과 리팩토링을 편하게 만들어 주는 자동완성 기능은 매우 효과적입니다.

이 자동완성 기능은 IDE 개발자가 아니라 타입스크립트 개발팀이 만든 것입니다. 타입스크립트 플레이그라운드나 비주얼 스튜디오 코드, 웹스톰 어디를 들어가도 같은 형식의 자동 완성 기능과 오류 메시지가 표시됩니다. 타입스크립트를 설치하면 bin 디렉터리에 tsc 및 tsserver라는 두 파일이 생성됩니다. 이 중 tsserver 파일은 IDE의 생산성을 돕는 타입스크립트 언어 지원 기능이 들어있습니다. 타입스크립트 코드를 입력할 때, IDE는 메모리에 컴파일하는 tsserver과 통신합니다.

소스맵 파일의 도움으로 브라우저에서 직접 타입스크립트 코드를 디버깅 할 수 있습니다. 린터^{linter}를 사용하면 정해진 코딩 스타일 대로 코드를 깔끔하게 작성할 수 있습니다.

타입 선언 파일인 .d.ts는 tsserver는 사용 가능한 함수 또는 객체 프로퍼티의 시그니처를 보여주는 일종의 도움말을 제공해주는 역할을 합니다. 이 선언 파일을 사용하면 유명 자바스크립트 라이브러리도 타입스크립트와 함께 사용할 수 있습니다.

이와 같이 타입스크립트의 편의성과 생산성 때문에 많은 개발자들은 타입스크립트를 좋아합니다. 그러나 실제 프로젝트에는 자바스크립트 코드, CSS, 이미지 등 많은 파일이 있기 때문에 타입스크립트 컴파일러 이외에 웹팩, 바벨과 같은 개발 도구가 필요합니다. 이번 장에서는 웹팩과 바벨의 사용 방법을 배우고 ncc와 deno에 대해서도 간략하게 알아보겠습니다.

6.1 소스맵

웹 브라우저나 자바스크립트 엔진에서는 자바스크립트가 동작하기 때문에 타입스크립트 코드를 컴파일해야 합니다. 어느 프로그램이든 소스 코드를 디버거에 제공해야 합니다. 우리에게는 타입스크립트 코드, 자바스크립트 코드가 있습니다. 소스맵 파일을 사용하면 타입스크립트 코드를 디버깅할 수 있습니다.

소스맵 파일은 .map 확장자로 자바스크립트 코드 조각을 원래 언어^{타입스크립트}에 맵핑하는 json 형식의 데이터를 포함하고 있습니다. 타입스크립트로 작성된 자바스크립트 프로그램을 디버깅하고자 한다면, 브라우저가 컴파일 중에 생성된 소스맵 파일을 다운로드 하며, 엔진이 자바스크립트를 실행하더라도 타입스크립트 코드 내에 브레이크 포인트^{breakpoint}를 설정할 수 있습니다.

간단한 타입스크립트 프로그램을 소스맵으로 컴파일해보겠습니다. 이후 생성된 소스맵에 대해 자세히 들여다 볼 것입니다. [코드 6.1]은 greeter.ts 파일 소스 코드 입니다.

코드 6.1 ▶ greeter.ts

```
class Greeter {
    static sayHello(name: string) {
        console.log(`Hello ${name}`);    ●──── 콘솔에서 name을 출력합니다.
    }
}
Greeter.sayHello('John');    ●──── sayHello() 메서드를 호출합니다.
```

소스맵 파일로 이 파일을 컴파일해봅시다.

```
tsc greeter.ts --sourceMap true
```

컴파일을 마치면, greeter.js와 greeter.js.map 두 파일이 생성됨을 볼 수 있습니다. 후자는 소스맵 파일로 [코드 6.2]와 같은 구조일 것입니다.

코드 6.2 ▶ 생성된 소스맵 파일 greeter.js.map

```
{
    "file": "greeter.js",
    "sources": ["greeter.ts"],
    "mappings": "AAAA;IAAA;IAMA,CAAC;IAJU,gBAAQ,..."
}
```

이 파일은 사람이 읽을 수는 없지만, **file** 프로퍼티는 생성된 자바스크립트 파일 이름이, **source** 프로퍼티는 타입스크립트 파일임을 볼 수 있습니다. **mapping** 프로퍼티에서는 자바스크립트와 타입스크립트 파일 내 코드 조각의 맵핑 정보가 있습니다.

그렇다면 자바스크립트 엔진은 맵핑 정보를 포함한 파일이 greeter.js.map 이라고 어떻게 추측할까요? 사실 추측할 필요가 전혀 없습니다. 타입스크립트가 생성한 greeter.js 맨 끝에 다음 줄을 추가합니다.

```
//# sourceMappingURL=greeter.js.map
```

브라우저에서 greeter 앱을 실행해보고 타입스크립트 코드를 디버깅 해보겠습니다. 먼저 간단한 html 파일을 만들고 greeter.js를 로드하겠습니다.

코드 6.3 ▶ index.html

```
<!DOCTYPE html>
<html>
<body>
  <script src="greeter.js" />   ●········ 타입스크립트가 아닌, 자바스크립트 코드를 로드합니다.
</body>
</html>
```

웹 서버로 html 파일을 브라우저에 서빙해보겠습니다. 아래 명령어로 npm 패키지 live-server를 다운로드하겠습니다.

```
npm install -g live-server
```

콘솔을 열고 greeter.js 파일이 있는 위치에서 서버를 시작합니다.

```
live-server
```

크롬 브라우저에서 localhost:8080를 열고 [코드 6.3] 파일이 로드됩니다. 크롬 개발자 도구를 열고 Source 탭으로 들어가 greeter.ts 파일을 선택합니다. 소스 코드에 5행을 클릭해 브레이크 포인트를 설정할 수 있습니다. [그림 6.1]은 소스 패널입니다.

그림 6.1 ▶ 타입스크립트 코드 내 브레이크 포인트 설정

페이지를 새로고침하면 [그림 6.2]와 같이 브레이크 포인트에 코드 동작이 멈추고, 한 단계씩 확인 해보며 디버깅을 해볼 수 있습니다.

그림 6.2 ▶ 디버거 내 실행 중지

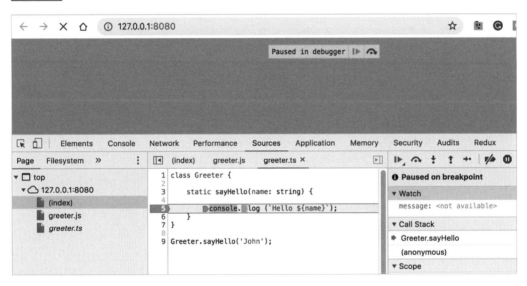

> **NOTE** IDE도 디버거를 내장하고 있지만 크롬 개발자 도구로 디버깅하는 것을 추천합니다. 크롬에서도 Node.js 앱을 실행해 디버깅 할 수 있습니다. 이 내용은 제 10장 10.6.1 절의 마지막 부분 '브라우저 내 Node.js 코드 디버깅' 부분에서 자세히 다룹니다. 물론 이번 장에서도 다룰 수 있겠지만 블록체인 앱 개발 실습에서 Node.js를 사용하므로 제10장에서 Node.js 애플리케이션 디버깅을 다루기로 합니다.

다음으로 소스맵 생성 과정과 관련있는 타입스크립트 컴파일러 옵션인 --inlineSources 에 대해 알아보겠습니다. 이 옵션을 사용하면 .js.map 파일에도 타입스크립트 소스 코드가 포함됩니다. 아래 명령어로 greeter.ts을 컴파일 해봅시다.

```
tsc greeter.ts --sourceMap true --inlineSources true
```

greeter.js와 greeter.js.map을 생성하지만 후자는 greeter.ts 파일 내 코드도 포함합니다. 이 모드에서는 웹 서버에 별도의 .ts 파일을 배포할 필요가 없지만 타입스크립트 코드를 디버깅할 수 있습니다.

> **NOTE** 배포 서버에 js.map 파일을 배포해도 브라우저에서 다운받은 코드 크기는 증가하지 않습니다. 브라우저는 사용자가 개발 도구를 열 경우에만 소스맵 파일을 다운로드합니다. 만약 사용자가 타입스크립트 소스 코드를 읽지 못하게 하려는 경우 배포 서버에 소스맵 파일을 배포해서는 안됩니다.

6.2 ESLint

린터Linter란 일정한 코딩 스타일을 유지하도록 도와주는 도구입니다. 모든 파일에서 홑 따옴표만 사용 가능하며 불필요한 괄호를 제거하는 등 코딩 스타일 관련 규칙을 만들 수 있습니다.

ESLint를 비롯해 JSLint, JSHint 등 다양한 자바스크립트 린터가 존재하고 있습니다. 2019년까지 타입스크립트 이용자들은 팔란티어Palantir사에서 유지보수하는 오픈소스 린터 TSLint palantir.github.io/tslint/를 사용할 수 있었습니다. TSLint는 2019년을 기준으로 ESLint에 병합되었습니다. 팔란티어 사의 블로그 글 "타입스크립트 2019"medium.com/palantir/tslint-in-2019-1a144c2317a9 에서 자세한 내용을 확인할 수 있습니다.

이번 절에서는 ESLint에서 타입스크립트를 사용하는 기초적인 방법을 소개합니다. 먼저 프로젝트에 ESLint를 설치합니다. 콘솔을 열어 새 디렉터리를 만들고 npm 프로젝트를 초기화합시다.

```
npm init -y
```

-y 옵션은 모든 기본 옵션을 따른다는 뜻으로 기본 설정을 지닌 package.json 파일을 생성합니다. 이후 타입스크립트와 ESLint를 설치합니다.

```
npm install typescript eslint
```

node_modules 폴더가 생성되고 이 폴더 내 타입스크립트와 ESLint가 설치됩니다. ESLint의 실행 파일은 node_modules/.bin 디렉터리에 있습니다. 이제 다음 명령을 사용하여 구성 파일 .eslintrc.json을 생성합니다.

```
./node_modules/.bin/eslint --init
```

ESLint 구성파일을 생성할 때 몇가지 질문을 합니다. 사용하는 프로젝트에 따라 설정 방법은 다르지만 이번 절에서는 아래와 같이 설정합니다.

ESLint의 사용 목적으로는 'To check syntax and find problems', 사용하는 프로젝트 모듈로는 자바스크립트 모듈, 사용하는 프레임워크는 'None of these', 타입스크립트 사용 여부는 'Yes', 코드 동작 환경은 'Browser', 설정 파일 확장자는 'JSON', 타입스크립트 의존성 설치는 'Yes'를 선택합니다.

```
▲ eslint  ./node_modules/.bin/eslint --init
✔ How would you like to use ESLint? · problems
✔ What type of modules does your project use? · esm
✔ Which framework does your project use? · none
✔ Does your project use TypeScript? · No / Yes
✔ Where does your code run? · browser
✔ What format do you want your config file to be in? · JSON
The config that you've selected requires the following dependencies:

@typescript-eslint/eslint-plugin@latest @typescript-eslint/parser@latest
✔ Would you like to install them now with npm? · No / Yes
```

생성된 .eslintrc.json 은 [코드 6.4]와 같을 것입니다.

> **TIP** VS 코드에서 ESLint를 사용하려면, 먼저 ESLint 확장 프로그램을 설치해야 합니다. 좌측 사이드 바 내 확장 아이콘을 클릭하고 ESLint를 검색해 설치합니다. VS 코드가 현재 버전의 타입스크립트를 사용하는지 확인하세요. (상태 표시줄의 오른쪽 하단에 표시). 타입스크립트 버전 변경 방법은 VS 코드 공식 문서 using-newer-typescript-versions 에서 확인하세요.

코드 6.4 생성된 .eslintrc.json 파일

```
{
  "env": {
    "browser": true,
    "es2021": true
  },
  "extends": [
    "eslint:recommended",          ●······ eslint 권장 규칙 사용
    "plugin:@typescript-eslint/recommended"   ●······ eslint에서 타입스크립트 전용 권장 규칙 사용
```

```
    ],
    "parser": "@typescript-eslint/parser",
    "parserOptions": {
      "ecmaVersion": 12,
      "sourceType": "module"
    },
    "plugins": [
      "@typescript-eslint"
    ],
    "rules": {    •········· 커스텀 규칙
    }
  }
```

구성 파일에 따르면 eslint가 권장 규칙을 확장해야 한다고 명시되어 있으며, 타입스크립트 전용 권장 규칙도 사용해야한다고 명시되어 있습니다. eslint의 권장 규칙은 node_modules/eslint/conf/eslint-recommended.js 파일에서 확인할 수 있으며, 타입스크립트용 eslint의 권장 규칙은 node_modules/@typescript-eslint/eslint-plugin/dist/configs/recommended.js 파일에서 확인할 수 있습니다. [그림 6.3]은 eslint의 recommended.js 파일 내 일부 코드입니다.

그림 6.3 recommended.js 코드 일부

```
rules: {
    "constructor-super": "error",
    "for-direction": "error",
    "getter-return": "error",
    "no-async-promise-executor": "error",
    "no-case-declarations": "error",
    "no-class-assign": "error",
    "no-compare-neg-zero": "error",
    "no-cond-assign": "error",
    "no-const-assign": "error",
    "no-constant-condition": "error",
    "no-control-regex": "error",
    "no-debugger": "error",
    "no-delete-var": "error",
    "no-dupe-args": "error",
    "no-dupe-class-members": "error",
    "no-dupe-else-if": "error",
    "no-dupe-keys": "error",
    "no-duplicate-case": "error",
    "no-empty": "error",
    "no-empty-character-class": "error",
    "no-empty-pattern": "error",
    "no-ex-assign": "error",
    "no-extra-boolean-cast": "error",
    "no-extra-semi": "error",
    "no-fallthrough": "error",
    "no-func-assign": "error",
    "no-global-assign": "error",
```

각 규칙의 설정값은 아래와 같습니다.

- "off" 또는 0: 규칙을 미적용
- "warn" 또는 1: 규칙에 어긋날 경우 경고 발생
- "error" 또는 2: 규칙에 어긋날 경우 오류 발생

해당 설정파일의 37번 줄을 보겠습니다. **"no-extra-semi": "error"**란 설정이 존재합니다. 이 설정은 세미콜론을 2개 이상 작성할 경우 오류가 발생한다는 의미입니다. 이제 [그림 6.4]의 hello.ts 파일을 살펴보겠습니다. console.log("Hello World!") 뒤에 세미콜론을 두개 작성했습니다.

그림 6.4 ESLint 오류 표시

> ✅ **TIP** 오류 옆 전구 아이콘을 클릭하면 자동 수정 옵션이 나타납니다.

[그림 6.4]을 보면 마지막 세미콜론에 짧은 물결선이 있습니다. 마우스를 갖다 대면, "Unnecessary semicolon불필요한 세미콜론"이라는 오류 메시지를 볼 수 있습니다. 이 오류는 .eslintrc.json파일에 해당 규칙을 추가하면 오류 메시지가 사라집니다.

코드 6.5 .eslint.json 내 규칙 덮어쓰기

```
{
  "env": {
    "browser": true,
    "es2021": true
  },
  "extends": [
    "eslint:recommended",
    "plugin:@typescript-eslint/recommended"
  ],
  "parser": "@typescript-eslint/parser",
  "parserOptions": {
    "ecmaVersion": 12,
```

```
        "sourceType": "module"
    },
    "plugins": [
        "@typescript-eslint"
    ],
    "rules": {
        "no-extra-semi": "off",
        "@typescript-eslint/no-extra-semi": ["off"]    •─────┐ 이 두 줄을 추가하세요.
    }
}
```

ESLint와 타입스크립트 플러그인의 **no-extra-semi** 규칙의 값을 "**off**"로 설정했습니다. 이제 [그림 6.4]에 있던 물결선이 사라집니다. 기존의 규칙을 덮어쓰거나 새로운 규칙을 추가해서 여러분만의 코딩 스타일을 적용할 수도 있습니다.

6.3 웹팩을 사용한 번들링

브라우저는 서버에 요청을 보내, CSS, 이미지, 비디오 등 파일이 포함된 HTML 문서를 가져옵니다. 제 2부 블록체인 앱 개발 실습 프로젝트에서도 다양한 파일을 다룹니다. 앞으로 사용하게 될 자바스크립트 프레임워크 역시 수백 개의 파일로 구성되어 있습니다. 만약 모든 파일을 각각 배포한다면, 브라우저는 웹 사이트 하나를 보기 위해 요청을 수백 번 이상 보내야 합니다. 전체 용량도 수 메가바이트 이상이 될 수 있습니다.

실제 애플리케이션은 수백, 수천 개의 파일로 구성되어 있고 최소화, 최적화, 번들링^{bundling, 파일 묶기} 과정을 거쳐 최종 배포됩니다. [그림 6.5]는 배포 단계에서 웹팩을 통해 더 적은 수의 파일이 생성됨을 보여줍니다.

제 6 장 도구 **157**

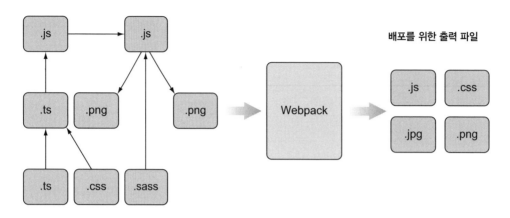

그림 6.5 웹팩을 사용한 번들링

여러 파일을 하나로 묶으면 다운로드 속도가 빨라지고 성능도 높아집니다. tsconfig.json에서 출력 파일을 지정할 수 있습니다. tsc는 여러 .ts 파일에서 생성된 코드를 단일 파일로 만들 수 있지만, **module** 컴파일러 옵션이 System 이거나 AMD 인 경우에만 가능합니다. 출력 파일에는 자바스크립트 라이브러리 등 의존성이 포함되지 않습니다.

개발 및 프로덕션 배포 및 빌드 환경을 다르게 구성할 수 있습니다. 배포 단계에서 최적화와 최소화를 추가하고, 개발 단계에서 파일을 묶을 수 있습니다.

몇 년 전만 하더라도 자바스크립트 개발자들은 그런트Grunt나 걸프Gulp 같은 빌드 도구를 사용했지만, 지금은 웹팩Webpack, 롤업Rollup 및 브라우저리파이Browserify와 같은 도구를 사용합니다.

이번 절에서는 웹팩 번들러github.com/webpack로 브라우저에서 실행 가능한 애플리케이션을 만들어보겠습니다.

웹팩을 전역 또는 프로젝트 폴더에 설치할 수 있습니다. 웹팩은 webpack-cligithub.com/webpack/webpack-cli 커맨드라인 도구를 갖고 있습니다.

웹팩 4 이전에는 웹팩 설정이 까다로웠지만, 이제 webpack-cli로 웹팩 구성 설정이 단순해졌습니다.

아래 명령어로 웹팩과 CLI를 전역으로 설치하겠습니다. **-g** 플래그는 전역으로 설치함을 의미합니다.

```
npm install webpack webpack-cli -g
```

웹팩을 전역으로 설치하면 여러 프로젝트에서 사용할 수 있습니다. 일반적인 제품의 프로덕션 배포는 전담 컴퓨터에서 실행되고, 전역 설치에 제한이 있을 수 있습니다. 이 경우 로컬에 설치된 웹팩과 웹팩 CLI 사용합니다.

다음 절에서 자바스크립트 생태계 내 가장 유명한 번들러인 웹팩에 대해 더 자세히 알아보겠습니다.

6.3.1 웹팩을 사용한 자바스크립트 번들링

이 절에서는 웹팩을 구성하고 실행해보며 번들러의 작동방식을 배우고 출력 결과는 어떤지 알아보겠습니다. 부록 소스코드에서 chapter6 내 webpack-javascript 폴더를 보면 전체 코드를 확인할 수 있습니다. 먼저, webpack-javascript라는 빈 프로젝트 폴더를 만들고 npm 명령어로 의존성을 설치합니다.

```
npm install
```

이번 프로젝트에서 chalk 라이브러리를 사용합니다. package.json에 의존성dependencies 목록을 확인할 수 있습니다.

코드 6.6　package.json

```
{
    "name": "webpack-javascript",
    "description": "Code sample for chapter 6",
    "homepage": "https://www.manning.com/books/typescript-quickly",
    "license": "MIT",
    "scripts": {
        "bundleup": "webpack-cli"      •········ 웹팩을 실행하는 명령어를 설정합니다.
    },
    "dependencies": {
        "chalk": "^2.4.1"      •········ chalk 라이브러리
    },
    "devDependencies": {
        "webpack": "^4.28.3",      •········ 웹팩 번들러
        "webpack-cli": "^3.1.2"      •········ 웹팩 커맨드 라인 인터페이스
    }
}
```

devDependencies은 개발 의존성으로 이 패키지들은 배포시 포함되지 않습니다. npm run bundleup

명령어를 실행하면 node_modules/.bin 디렉터리에 있는 webpack-cli가 실행됩니다.

Chalk 라이브러리는 다른 색상으로 콘솔 결과를 출력할 뿐, 실제 프로젝트와 관련된 기능은 없습니다. 이번에는 자바스크립트 코드를 번들링해보겠습니다. src 폴더 내 index.js 파일을 만들고 [코드 6.7]과 같이 작성합니다.

코드 6.7 webpack-javascript/src/index.js: 웹팩 자바스크립트 앱 소스 코드

```
const chalk = require('chalk');   •—— 라이브러리를 로드합니다.
const message = 'Bundled by the Webpack';
console.log(chalk.black.bgGreenBright(message));   •—— 라이브러리를 사용합니다.
```

선택 사항이지만 일반적으로 웹팩 v4부터 구성 정의 파일인 webpack.config.js을 사용합니다. 프로젝트 빌드를 구성하는 파일로, webpack.config.js을 [코드 6.8]과 같이 작성합니다.

코드 6.8 webpack.config.js: 웹팩 설정 파일

```
const { resolve } = require('path');
module.exports = {
    entry: './src/index.js',   •—— 번들 대상 파일
    output: {
        filename: 'index.bundle.js',   •—— 출력 번들 이름
        path: resolve(__dirname, 'dist'),   •—— 출력 번들 위치
    },
    target: 'node',   •—— Node.js에서 앱을 실행합니다.
    mode: 'production',   •—— 출력 번들의 사이즈를 최적화 합니다.
};
```

메인 모듈은 다른 모듈 또는 서드 파티 라이브러리의 의존성을 가집니다. 번들을 생성하려면, 웹팩 애플리케이션의 엔트리 포인트^{시작점}인 메인 모듈을 알아야 합니다. 웹팩은 메인 모듈을 불러오고 종속 모듈^{있는 경우}의 메모리 트리를 빌드합니다.

이 구성 파일에서, Node.js 모듈인 path을 사용해 __dirname 환경 변수로 절대 경로를 확인합니다. 웹팩은 노드에서 실행되며, __dirname 변수는 webpack.config.js이 있는 디렉터리 위치를 저장합니다. resolve (__dirname, 'dist')는 프로젝트 루트 위치에 dist 서브 디렉터리를 생성하고, 번들된 앱은 이 디렉터리에 들어갑니다.

NOTE 버전 제어 시스템에서 빌드 디렉터리를 제외할 수 있습니다. Git을 사용하는 경우 dist 디렉터리를 .gitignore 파일에 추가하세요.

번들 크기를 최소화 하기 위해 **mode**의 값을 **production**으로 지정했습니다. 웹팩 4부터 프로덕션 production과 개발development 기본 모드가 도입되어 프로젝트 구성이 훨씬 더 쉬워졌습니다. 프로덕션 모드에서는 용량 크기를 줄이고 런타임에 최적화되며 개발 전용 코드는 삭제됩니다. 개발 모드에서는 컴파일이 실행되며 브라우저에서 코드를 디버깅할 수 있습니다.

webpack-cli는 entry, output 등 파라미터를 제공하고, 프로젝트 구성 파일을 생성할 수 있습니다.

웹팩을 실행해 번들링할 준비를 마쳤습니다. 프로젝트 node_modules 디렉터리에 설치된 로컬 버전의 웹팩을 실행합니다. [코드 6.6]에서 정의한 npm 명령어 **bundleup**으로 로컬에 설치된 webpack-cli를 실행할 수 있습니다.

```
npm run bundleup
```

몇 초 후 번들링 작업을 마치면, [그림 6.6]과 같이 보일 것입니다.

그림 6.6 npm run webpack 콘솔 결과

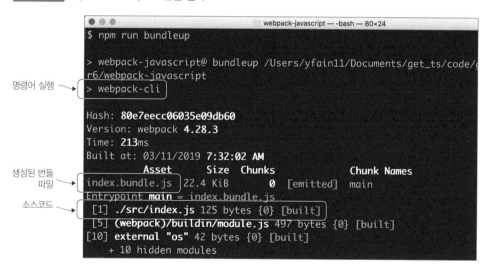

출력 내용을 보면 웹팩은 약 22Kb 크기인 index.bundle.js 번들 파일을 생성했으며 이를 메인 청크 main chunk 또는 번들이라고 부릅니다. 여기서 번들 파일은 하나지만 규모가 큰 프로젝트는 번들도 모듈로 분할되며 여러 번들을 빌드하도록 웹팩을 구성할 수 있습니다.

원 src/index.js의 크기는 125 바이트입니다. 번들은 index.js의 코드 세 줄뿐만 아니라 chalk 라이브러리와 모든 의존성을 포함하기 때문에 용량이 더 큽니다. 또한 웹팩은 번들을 추적하기 위해 자체적으로 코드를 추가합니다.

webpack.config.js에서 모드를 '**development**'로 변경하고 번들링을 다시 실행해보세요. 웹팩은 서로 다른 환경을 적용합니다. 프로덕션 모드에서 생성된 파일 크기는 22kb이지만 개발 모드에서는 56kb 이상입니다.

코드 에디터에서 dist/index.bundle.js 파일을 열어보세요. 프로덕션 버전은 코드가 한 줄로 압축되어 있지만, 개발 버전에서는 주석이 포함되어 있을 겁니다.

index.bundle.js 파일은 일반 자바스크립트 파일로 HTML 태그 〈script〉로 로드하거나, 자바스크립트 파일을 허용하는 곳에서 사용할 수 있습니다. 아직 브라우저에서 실행할 수 없습니다. 아래 명령어로 Node.js에서 실행해봅시다.

```
node dist/index.bundle.js
```

그림 6.7 번들 파일을 실행

```
$ node dist/index.bundle.js
Bundled by the Webpack
```

[그림 6.7]은 콘솔 출력 결과로, chalk 라이브러리는 초록색 바탕색 위에 'Bundled by the Webpack웹팩으로 번들되었습니다'이라는 메시지를 표시합니다.

Node.js 런타임을 사용해 코드를 실행했지만, 웹의 경우 웹팩 개발 서버로 웹 페이지를 서비스할 수 있습니다. webpack-dev-server 패키지를 의존성으로 설치하겠습니다.

```
npm install webpack-dev-server -D
```

> **✓ TIP** 경우에 따라 npm install에 오류가 발생할 수 있습니다. 명령어 앞에 sudo를 붙여 슈퍼유저 권한으로 명령어를 실행할 수 있습니다.

이후 package.json 내 scripts에서 아래와 같이 명령어를 추가합니다.

```
"scripts": {
  "bundleup": "webpack-cli --watch",   •⋯⋯ 워치 모드에서 웹팩이 실행되며 코드가 변경할 때마다 다시 빌드됩니다.
  "start": "webpack-dev-server"
}
```

다음으로 index.js 파일을 만들고 아래와 같이 작성합니다.

```
document.write('Hello World!');
```

웹팩은 해당 번들을 생성하고 dist/bundle.js에 저장합니다. [코드 6.8] webpack.config.js에서 **devServer**를 추가하고 **development** 모드로 변경합니다. 수정한 파일은 [코드 6.9]와 같습니다.

코드 6.9   devServer 추가

```
const { resolve } = require('path');
module.exports = {
  entry: './src/index.js', output: {
    filename: 'index.bundle.js',
    path: resolve(__dirname, 'dist')
  },
  target: 'node',
  mode: 'development',   •⋯⋯ 개발 모드를 위한 웹팩 설정입니다.
  devServer: {   •⋯⋯ webpack-dev-server 을 추가합니다.
    contentBase: '.'
  }
};
```

devServer에서 webpack-dev-server 옵션을 구성할 수 있습니다. 웹팩 공식 문서 webpack.js.org에서 자세한 내용을 확인하세요. **contentBase**를 사용해 현재 디렉터리 내 파일을 제공하도록 합니다.

이후 [코드 6.10]과 같이 HTML 문서에서 index.bundle.js를 호출할 수 있습니다.

코드 6.10   번들링된 자바스크립트 파일을 호출하는 index.html

```
<!DOCTYPE html>
<html>
  <body>
    <script src="dist/index.bundle.js"></script>
  </body>
```

```
</html>
```

번들을 빌드하고 웹 서버를 시작할 준비가 되었습니다. 번들 빌드가 먼저 진행됩니다.

```
npm run bundleup
```

새로운 터미널을 열고 아래 명령어를 실행해 webpack-dev-server 서버를 실행합니다.

```
npm start
```

webpack-devserver 디렉터리에서 앱을 찾을 수 있습니다. localhost:8080를 열면 [그림 6.8] 같은 내용이 보일 것입니다.

그림 6.8 웹 브라우저 index.html

webpack-dev-server는 기본 포트 8080에서 실행됩니다. 워치 모드에서 웹팩을 시작했기 때문에, 코드를 수정할 때마다 번들이 다시 컴파일됩니다.

지금까지 자바스크립트 프로젝트를 번들링하는 방법을 살펴보았습니다. 이제 타입스크립트 코드로 웹팩을 구성해보겠습니다.

6.3.2 웹팩을 사용한 타입스크립트 번들링

이번 절은 webpack-typescript 디렉터리로 이전 절의 프로젝트와 거의 동일합니다. index.ts 역시 index.js와 동일한 자바스크립트 라이브러리인 chalk를 사용합니다.

[코드 6.11]에서 index.ts 주요 변경 내용을 살펴봅시다.

코드 6.11 webpack-typescript/src/index.ts

```
import chalk from 'chalk';  •······· chalk 라이브러리를 가져옵니다.
const message: string = 'Bundled by the Webpack';  •······· message 변수 타입을 명시적으로 선언합니다.
console.log(chalk.black.bgGreenBright(message));  •······· chalk 라이브러리를 사용합니다.
```

chalk 라이브러리는 기본값으로 가져왔습니다. import * as chalk from 'chalk' 구문 대신 import chalk from 'chalk' 구문을 사용한 이유입니다.

message의 변수 타입을 명시적으로 선언할 필요는 없지만, 타입스크립트 코드임을 분명히 밝히고 자 했습니다.

[코드 6.7]과 비교해보면 package.json 내 개발 의존성에 ts-loader와 typescript가 추가 되었습니다.

코드 6.12   package.json 내 devDependencies

```
"devDependencies": {
  "ts-loader": "^5.3.2",      •——— 타입스크립트 로더를 추가합니다.
  "typescript": "^3.2.2",     •——— 타입스크립트 컴파일러를 추가합니다.
  "webpack": "^4.28.3",
  "webpack-cli": "^3.1.2"
}
```

일반적으로 빌드 자동화 도구는 빌드 프로세스 중에 필요한 추가 작업을 제공합니다. 웹팩은 빌드 를 커스터마이징 할 수 있는 로더와 플러그인을 제공합니다. 웹팩 로더는 한 번에 한 파일만 처리하 지만 플러그인은 파일 그룹으로 처리할 수 있습니다.

> **TIP** 웹팩 로더 목록은 webpack.js.org/loaders/#root 에서 확인할 수 있습니다.

웹팩 로더는 소스 파일을 입력으로 사용하고 다른 파일을 출력^{메모리 또는 디스크}으로 생성하는 변환기입 니다. 예를 들어, json-loader는 입력 파일을 가져 와서 JSON으로 구문 분석합니다. 타입스크립트 를 자바스크립트로 변환하기 위해 ts-loader를 package.json의 devDependencies에 추가했습니다. tsconfig.json를 추가해 타입스크립트가 컴파일할 수 있도록 합니다.

코드 6.13   tsconfig.json

```
{
  "compilerOptions": {
    "target": "es2018",      •——— ECMA 2018 스펙으로 변환합니다.
    "moduleResolution": "node"   •——— Node.js 방식 모듈 해석을 사용합니다.
  }
}
```

moduleResolution 옵션은 import 구문이 있는 경우 tsc에 모듈을 해결하는 방법을 알려줍니다. import { a } from "moduleA" 구문이 있다면, tsc는 moduleA가 있는 위치를 알아야 합니다.

모듈 해석module resolution에는 Classic과 Node 두 방법이 있습니다. Classic 해석은 tsc가 moduleA.ts에서 moduleA의 정의를 찾고 moduleA.d.ts에서 타입 정의를 찾습니다.

반면 Node 방식 해석은 node_modules 디렉터리에서 모듈을 찾습니다. 서드 파티 라이브러리인 chalk는 node_modules에 설치되어 있기 때문에 이 디렉터리에서 모듈을 찾아야 합니다.

> **NOTE** 모듈 해석에 대한 자세한 내용은 타입스크립트 공식 문서 내 핸드북을 확인하세요. www.typescriptlang.org/docs/handbook/module-resolution.html.

[코드 6.14]와 같이 webpack.config.js 파일 내 **rules**에 **ts-loader**를 추가합니다.

코드 6.14 webpack.config.js

```javascript
const { resolve } = require('path');
module.exports = {
  entry: './src/index.ts',
  output: {
    filename: 'index.bundle.js',
    path: resolve(__dirname, 'dist'),
  },
  module: {
    rules: [   // 모듈 규칙 (로더 구성, 파서 옵션 등)
      {
        test: /\.ts$/,   // 확장명이 .ts 인 파일에 적용
        exclude: /node_modules/,   // node_modules 디렉터리 내 .ts 파일을 무시합니다.
        use: 'ts-loader',   // 기존 tsconfig.json의 옵션을 사용해 타입스크립트를 컴파일합니다.
      },
    ],
  },
  resolve: {
    extensions: ['.ts', '.js'],   // 타입스크립트 파일을 가져오기 위해 resolve 프로퍼티에 .ts 확장자를 추가합니다.
  },
  target: 'node',
  mode: 'production',
};
```

간단히 설명하자면, '.ts 확장자 파일은 ts-loader을 사용하고, node_modules 디렉터리 내 .ts 파일은 무시하고 컴파일할 필요가 없다'고 웹팩에게 지시하는 것입니다.

지금은 rules에 로더가 하나 뿐이지만 여러 로더를 추가할 수 있습니다. 예를 들어 css-loader는 CSS 파일을 처리하며, file-loader은 이미지 파일 등을 처리하기 위해 import/require를 구문을 URL로 해석해 출력 번들로 내보내는 일을 합니다.

> **NOTE** 대규모 프로젝트에서 타입스크립트 전용 웹팩 로더인 awesome-typescript-loader(github.com/s-pan-ferov/awesome-typescript-loader)을 사용할 수 있습니다.

이제 아래 명령어로 index.bundle.js 파일을 빌드해보겠습니다.

```
npm run bundleup
```

아래 명령어로 번들된 코드 작동하는지 확인해봅시다.

```
node dist/index.bundle.js
```

웹팩 플러그인

웹팩 로더가 한 번에 하나씩 파일을 변환하는 경우, 플러그인은 모든 파일에 액세스 할 수 있으며 로더가 시작되기 전후에 파일을 처리 할 수 있습니다. 웹팩 플러그인 목록은 webpack.js.org/plugins에서 찾을 수 있습니다. 예를 들어 SplitChunksPlugin 플러그인을 사용하면 번들을 개별 청크 단위로 나눌 수 있습니다.

앱이 main과 admin이라는 두 개의 모듈로 나뉘어져 있고 각 모듈마다 번들을 만들려 한다고 생각해봅시다. 이 모듈은 앵귤러 프레임워크를 사용합니다. 두 엔트리 포인트^{main 및 admin}를 지정하면, 각 번들에는 앵귤러 코드와 애플리케이션 코드가 모두 포함됩니다.

이를 방지하기 위해 SplitChunkPlugin 플러그인을 사용해 웹팩이 두 모듈에 앵귤러 코드를 걷어내고, 별도로 서로 공유 가능한 앵귤러 번들을 만듭니다. 따라서 전체 애플리케이션 크기가 줄어듭니다. HTML 파일은 벤더 번들, 애플리케이션 번들 순으로 포함됩니다.

UglifyJSPlugin 플러그인은 변환된 모든 파일의 코드를 압축합니다. UglifyJS는 가장 널리 사용되는 자바스크립트 최적화 및 압축을 위한 플러그인입니다.

예를 들어, 반복적인 var 문을 결합하여 코드를 압축하고, 사용하지 않는 변수와 도달할 수 없는 코드를 제거하고, if 문을 최적화합니다. 또한 지역 변수 이름을 한 글자로 바꿉니다.

TerserWebpackPlugin 플러그인은 ES6 전용 파서, 변수 변환, 압축을 위한 최적화 도구 terser을 사용해 코드를 축소합니다.

webpack.config.js 파일 내 "mode": "production"은 프로덕션 모드에서 코드 최적화 웹팩 플러그인을 사용하는 것을 말합니다. 프로덕션 모드를 위한 플러그인은 webpack.js.org/concepts/mode/#mode—production 에서 확인할 수 있습니다.

[코드 6.14]의 구성 파일은 간단하게 쓰여있지만, 실제 프로젝트에서 사용되는 webpack.config.js는 많은 로더와 플러그인이 세팅되어 있어 있습니다. 이 절에서는 타입스크립트 로더를 사용했지만, HTML, CSS, 이미지 등을 위한 로더도 사용할 수 있습니다.

프로젝트 내 여러 개의 entry 파일이 있으면 특별한 방법으로 번들링하고 싶을 것입니다. 예를 들어 앱이 10개의 번들로 배포되는 경우, 웹팩은 (프레임워크에서 사용하는) 공통 코드를 추출해 별도의 번들로 만들기 때문에, 나머지 번들에는 서로 중복되는 코드가 없습니다.

번들링 프로세스가 점점 복잡해지면, webpack.config.js 코드 양도 많아지고 작성과 유지 관리 또한 어려워집니다. 잘못된 타입 값은 번들링 프로세스 중에 오류를 발생시키고 원인도 파악하기 어려울 수 있습니다. 타입스크립트로 웹팩 구성 파일을 작성해, 다른 타입스크립트 코드와 마찬가지로 타입스크립트 분석기의 도움을 받을 수 있습니다. 웹팩 공식 문서 내 타입스크립트로 웹팩 구성(webpack.js.org/configuration/configuration—languages)에서 자세한 내용을 확인할 수 있습니다.

이번 절에서 타입스크립트 코드와 chalk라이브러리를 사용했습니다. 제 7장에서 타입스크립트 및 자바스크립트 프로젝트를 함께 사용하는 방법에 대해 자세히 설명합니다. 다음 절에서 바벨과 타입스크립트를 사용하는 방법에 대해 알아봅시다.

6.4 바벨 트랜스파일러

바벨Babel은 모든 브라우저가 ECMA스크립트의 모든 기능을 지원하지 않기에 발생하는 크로스 브라우징 이슈를 해결해주는 자바스크립트 트랜스파일러입니다. 새 웹 앱을 개발하는 경우, 모든 브라우저를 테스트해야 합니다.

특정 ECMA스크립트의 전체 구현 방법에 대해 설명하지 않겠습니다. 어느 브라우저는 ECMA스크립트 2018 이하를 지원하지만 다른 브라우저는 ECMA스크립트 5만 지원합니다. caniuse.com를 방문하여 화살표 함수 "arrow functions"을 검색하면 인터넷 익스플로러 11, 오페라 미니 및 일부 브라우저가 지원하지 않음을 알 수 있습니다.

바벨은 최신 자바스크립트 코드를 이전 버전으로 바꿔줍니다. tsc를 사용하면 특정 ECMA스크립트예: ES2018를 변환 타겟으로 지정할 수 있지만 바벨은 세분화된 기능을 선택해 변환할 수 있습니다. [그림 6.9]는 브라우저 호환성browser compatibility표의 일부분입니다. 전체 내용은 kangax.github.io/compat-table/es2016plus에서 확인하세요. 맨 위에 브라우저와 컴파일러의 이름이 표시됩니다. 왼쪽 패널에는 기능 목록이 있습니다. 브라우저, 컴파일러 또는 서버 런타임은 일부 기능을 완전히 또는 부분적으로 지원하며 바벨 플러그인을 사용하면 특정 기능만 이전 코드로 변환하도록 지정할 수 있습니다. 플러그인의 전체 목록은 babeljs.io/docs/en/plugins에서 확인할 수 있습니다.

그림 6.9 ▶ 브라우저 호환성 표의 일부

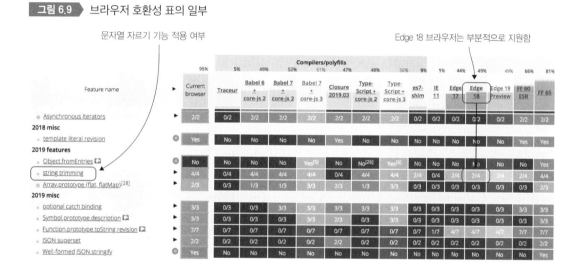

예를 들어 ES2019 버전 내 문자열의 양쪽 끝에서 공백을 쉽게 제거해주는 "문자열 자르기string trimming" 기능을 선택했다고 해봅시다.[그림 6.9]의 검은색 가로 화살표 참조 에지 브라우저에서 작동을 확인하기 위해 검은색 세로 화살표를 따라 가보면 엣지 18의 경우 부분적으로 이 기능을 지원함을 알 수 있습니다.

코드에서 문자열 내 공백 제거 기능을 사용할 수 있지만, 바벨이 구 문법으로 변환하도록 바벨에 요청해야 합니다. 추후 엣지 브라우저가 이 기능을 완벽하게 지원하면 변환작업이 더 이상 필요없게 됩니다. 이처럼 바벨은 트랜스파일링할 세부 기능을 선택하고 이를 지원할 수 있어 매우 유연합니다.

바벨 내 많은 플러그인은 특정 기능을 변환하는데 사용되지만, 각각 기능마다 플러그인을 찾고 맵핑하려면 시간이 많이 걸립니다. 때문에 바벨 플러그인을 묶어 프리셋preset으로 만들었습니다. 프리셋 환경변수 preset-env로 ECMA스크립트 기능과 앱이 지원해야할 브라우저 대상을 지정할 수 있습니다.

부록 A의 A.12 절에는 바벨 REPL^{babeljs.io/repl} 스크린샷이 있습니다. 바벨 홈페이지에서 Try it out 탭을 선택해 바벨 REPL을 열고 [그림 6.10]과 같이 왼쪽 패널 하단에 명시된 브라우저 사양을 확인해보세요.

그림 6.10 환경변수 프리셋 구성

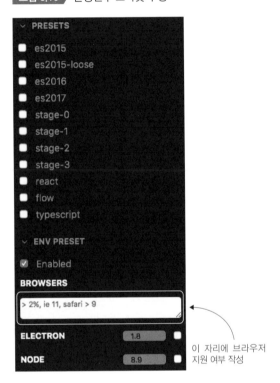

이 자리에 브라우저 지원 여부 작성

각 프리셋은 플러그인 집합입니다. ES6로 변환하고자 하면 ES6 체크박스를 클릭하면 됩니다. ECMA스크립트 스펙 이름 대신, 프리셋 옵션으로 특정 브라우저 또는 런타임 상세 버전을 구성할 수 있습니다.

[그림 6.11] 흰색 화살표를 보면 프리셋 권장 값인 **2%, ie 11, safari 9**가 있는데 이 값은 수정 가능합니다. 이는 바벨에서 코드를 시장 점유율이 2% 이상인 모든 브라우저, 인터넷 익스플로러 11 및 사파리 9에서 실행되도록 변환함을 의미합니다.

IE 11과 Safari 9는 화살표 함수를 지원하지 않습니다. 코드 에디터에 **(a, b) => a + b;**를 입력하면 바벨은 [그림 6.11]과 같이 코드를 변환합니다.

그림 6.11 사파리 프리셋 설정

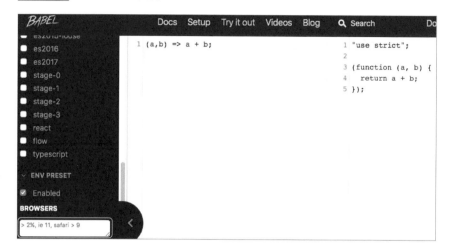

그림 6.11 사파리 프리셋 설정

> **TIP** 브라우저 이름을 입력한 후 오류가 표시되면, 선택된 체크박스를 취소하고 다시 입력해보세요.

이제 프리셋을 최신 크롬 버전 두 개로 한정하는 "last 2 chrome versions"로 변경하겠습니다. [그림 6.12]와 같이 바벨은 최신 크롬 버전은 화살표 함수를 지원하므로 변환할 필요가 없다는 것을 알고 있기 때문에 코드 결과는 동일합니다.

그림 6.12 크롬 프리셋 설정

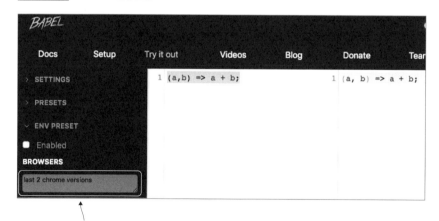

↑
크롬의 최신 버전 두 개만 지원합니다.

프리셋에서 브라우저 목록과 제약 조건을 위한 구문이 있습니다(예: "last 2 major versions", "Firefox >= 20", "> 5% in US"). 이에 대한 자세한 설명은 browserslist^{github.com/browserslist/browserslist} 프로젝트에서 확인할 수 있습니다.

바벨을 사용해 프로그래밍 언어를 최신 자바스크립트, 타입스크립트, 커피스크립트, 플로우 등으로 변환할 수 있습니다. 리액트 JSX 문법은 자바스크립트 표준이 아니지만 바벨은 JSX을 읽을 수 있습니다. 제 12장에서 리액트 앱과 바벨 사용에 대해 다룹니다.

바벨을 사용해 타입스크립트를 변환하면, tsc와 달리 타입 검사가 되지 않습니다. 바벨은 타입스크립트 컴파일러 모든 기능을 지원하지 않습니다. 바벨은 타입스크립트 코드를 파싱하고 자바스크립트 문법으로 생성해주는 일만 합니다.

그렇다면 "타입스크립트 컴파일러를 사용하면 되는데, 왜 자바스크립트를 자바스크립트 코드로 변환하는 트랜스파일러를 알아야 할까요"라는 의문이 들 수 있겠지요.

그 이유는 많은 프로젝트가 자바스크립트로 작성된 모듈과 타입스크립트로 작성된 모듈을 함께 쓰기 때문입니다. 이 경우 바벨은 개발-배포 과정에서 이미 사용 중일 것입니다. 바벨은 최근 타입스크립트로 리액트 개발을 시작한 개발자들에게 인기가 많습니다.

바벨은 npm 명령어로 전역-g 플래그를 추가 혹은 지역으로 설치할 수 있지만 프로젝트 디렉터리 내 지역으로 패키지를 설치하는 것이 좋습니다. 만약 다른 컴퓨터에서도 npm install 명령어로 모든 의존성을 동일하게 설치할 수 있기 때문입니다.

```
npm install @babel/core @babel/cli @babel/preset-env
```

@babel/core는 바벨 트랜스파일러, @babel/cli는 커맨드라인 인터페이스, @babel/preset-env는 프리셋 패키지 입니다.

다음 절에서는 세 가지 실습을 진행합니다. 첫 번째로는 자바스크립트와 바벨을 함께 사용하는 법을 실습하고 그 다음으로는 타입스크립트와 바벨의 사용법을 확인한 뒤, 마지막으로는 타입스크립트와 웹팩, 바벨을 다같이 사용하는 법을 배우도록 하겠습니다. 소스 코드는 github.com/yfain/getts/tree/master/chapter6 에서 확인하세요.

6.4.1 자바스크립트와 바벨 사용

이번 절에서는 자바스크립트와 바벨 사용 방법을 알아보겠습니다. 프로젝트 디렉터리 이름은 babel-javascript 입니다. [코드 6.7]에서 사용한 chalk 자바스크립트 라이브러리를 여기서도 사용하겠습니다. [코드 6.15]에서는 'Transpiled with Babel' 메시지가 추가되었습니다.

코드 6.15 babel-javascript/src/index.js

```
const chalk = require('chalk');
const message = 'Transpiled with Babel';
console.log(chalk.black.bgGreenBright(message));
```

[코드 6.16]과 같이 프로젝트 디렉터리 내 바벨과 의존성이 설치되어야 합니다.

코드 6.16 babel-javascript/package.json

```
"scripts": {
    "babel": "babel src -d dist"   •······· src에서 dist로 변환하는 npm 스크립트
},
"dependencies": {
    "chalk": "^2.4.1"
},
"devDependencies": {   •······· 로컬에 개발 의존성을 설치합니다.
    "@babel/cli": "^7.2.3",
    "@babel/core": "^7.2.2",
    "@babel/preset-env": "^7.2.3"
}
```

.babelrc은 바벨 구성 파일로 매우 간단합니다. **preset-env**를 추가만하면 됩니다.

코드 6.17 .babelrc

```
{
    "presets": [
```

```
    "@babel/preset-env"
  ]
}
```

브라우저 버전, 기타 옵션을 추가하지 않았습니다. @babel/preset-env는 @babel/preset-ES6, @babel/preset-es2016 및 @babel/preset-es2017과 정확히 동일합니다. 즉, ECMA스크립트 2015, 2016 및 2017에 추가된 기능은 ES5 버전으로 변환됩니다.

> **NOTE** .babelrc 파일은 고정값을 가진 정적 구성입니다. 동적인 방식으로 바벨을 구성하려면 babel.config.js 파일을 사용해야 합니다. (자세한 내용은 babeljs.io/docs/en/config-files#project-wide-configuration에서 확인하세요).

npm install으로 프로젝트 의존성을 설치한 다음 아래 명령어를 실행해 src/index.js을 변환해봅시다.

```
npm run babel
```

[코드 6.18]은 생성된 dist/index.js 파일입니다. [코드 6.13]과 비교해보세요.

코드 6.18 ▷ dist/index.js
```
'use strict';    •······ 바벨에서 추가된 행입니다.
var chalk = require('chalk');              •······┐
var message = 'Transpiled with Babel';    •······┘ 바벨은 const를 var로 바꿉니다.
console.log(chalk.black.bgGreenBright(message));
```

> **NOTE** 변환된 파일은 require('chalk')를 호출하며 이 라이브러리는 별도의 파일에 있습니다. 바벨은 번들러가 아닙니다. 6.4.3절에서 바벨과 웹팩을 사용합니다.

아래 명령어로 변환된 코드를 실행해봅시다.

```
node dist/index.js
```

[그림 6.13]과 같은 콘솔 결과를 확인할 수 있을 것입니다.

그림 6.13 바벨이 변환한 프로그램을 실행

```
$ node dist/index.js
Transpiled with Babel
```

바벨이 특정 브라우저 버전에 작동하는 코드를 생성하기 위해선 .browserslistrc 파일이 필요합니다. 최신 버전의 크롬과 파이어폭스에서만 작동되는 코드가 있다고 가정해봅시다. 프로젝트 루트에 .browserslistrc를 만들고 [코드 6.19]와 같이 작성합니다.

코드 6.19 .browserslistrc

```
last 2 chrome versions
last 2 firefox versions
```

파이어폭스와 크롬 모두 const 키워드를 지원하기 때문에 바벨을 실행하면 [코드 6.19]와 같이 const가 var로 변환되지 않습니다. 한 번 시도해보세요.

6.4.2 타입스크립트와 바벨 사용

이번 절에서는 바벨과 타입스크립트 사용 방법에 대해 알아보겠습니다. babel-typescript 디렉터리입니다. [코드 6.11]에서 불러온 chalk을 계속 사용합니다. 메시지만 "Transpiled with Babel"^{바벨로 트랜스}^{파일}로 변경됩니다.

코드 6.20 babel-javascript/src/index.ts

```
import chalk from 'chalk';
const message: string = 'Transpiled with Babel';
console.log(chalk.black.bgGreenBright(message));
```

순수한 자바스크립트 프로젝트인 [코드 6.16]의 package.json와 비교해보면 이번 코드는 preset-typescript 개발 의존성을 추가해 타입스크립트 유형 코드를 제거했습니다. 이렇게 하면 바벨은 코드를 순수 자바스크립트로 인식할 수 있습니다. 추가로 [코드 6.21]에서 npm 명령어에 --extensions '.ts' 옵션을 추가해 바벨이 .ts 파일을 읽도록 설정했습니다.

```
코드 6.21    package.json 일부
"scripts": {
    "babel": "babel src -d dist --extensions '.ts'"   •········ 바벨이 .ts 확장자 파일을 읽도록 지시합니다.
},
"dependencies": {
    "chalk": "^2.4.1"
},
"devDependencies": {
    "@babel/cli": "^7.2.3",
    "@babel/core": "^7.2.2",
    "@babel/preset-env": "^7.2.3",
    "@babel/preset-typescript": "^7.1.0"   •········ 개발 의존성에 preset-typescript 패키지를 추가합니다.
}
```

일반적으로 프리셋은 여러 플러그인으로 구성되지만, preset-typescript는 @babel/plugin-transform-typescript 한 가지로만 구성됩니다. @babel/plugin-transform-typescript는 타입스크립트 문법 플러그인 @babel/plugin-syntax-typescript과 플러그인 유틸 헬퍼 함수가 있는 @babel/helper-plugin-utils를 사용해 타입스크립트를 파싱합니다.

@babel/plugin-transform-typescript는 타입스크립트 코드를 자바스크립트 코드로 변환하지만 타입스크립트 컴파일러는 아닙니다. 바벨은 타입스크립트 코드를 지웁니다. 예를 들어 const x : number = 0을 const x = 0으로 바꿉니다. @babel/plugin-transform-typescript는 타입 검사를 하지 않기 때문에 타입스크립트 컴파일보다 훨씬 더 빠릅니다.

> **NOTE** babeljs.io/docs/en/babel-plugin-transform-typescript에서 @babel/plugin-transform-typescript가 지원하지 않는 기능을 확인하세요. (예를 들면 const enum을 지원하지 않습니다). 타입스크립트에 필요한 클래스 프로퍼티 플러그인 @babel/plugin-proposal-class-properties, 전개 연산자 플러그인 @babel/ plugin-proposal-object-rest-spread을 추가하는 것이 좋습니다.

이 책의 5장까지 잘 따라왔다면 타입스크립트의 타입 검사와 컴파일 오류가 점점 좋아지기 시작했을 것입니다. 그렇다면 많은 개발자들이 바벨을 사용해 타입스크립트 문법을 제거하는 방법을 추천할까요? 그렇지 않습니다. tsc^tsconfig.json와 타입스크립트를 지원하는 IDE을 사용해 계속 개발하고, 배포단계에서 바벨과 프리셋을 사용할 수 있습니다. tsc는 타입 검사의 역할만 하고 컴파일하지 않습니다. 대신 바벨이 컴파일 역할을 하는 것입니다.

아래와 같이 빌드 프로세스 도중 tsc를 실행하는 스크립트 명령어를 추가합니다.

```
"check_types": "tsc --noEmit src/index.ts"
```

tsc가 설치되어 있다면 아래 명령어로 check_types과 babel을 실행할 수 있습니다.

```
npm run check_types && npm run babel
```

--noEmit 옵션은 check_types 이후 babel을 실행하므로 index.js를 출력하지 못하게 합니다. index.ts
에 컴파일 오류가 있으면 빌드 프로세스가 실패하고 바벨이 실행되지 않습니다.

 TIP 두 npm 스크립트 사이 && 키워드를 사용하면 순차적으로 실행할 수 있습니다. 병렬 실행의 경우 &를 사용합니다.

아래와 같이 .babelrc 내 @babel/preset-typescript 를 추가합니다.

앞서 본 자바스크립트-바벨 프로젝트와 타입스크립트-바벨 프로젝트를 비교해봅시다.

- 바벨을 실행하는 명령어에 --extensions '.ts' 옵션을 추가했습니다.
- package.json에 타입스크립트 개발 의존성을 추가했습니다.

.babelrc에 "**@babel/preset-typescript**"를 추가했습니다.

index.ts를 변환하기 위해, package.json에 있는 npm 스크립트를 실행합니다.

```
npm run babel
```

dist 디렉터리에 index.js가 생성되었을 것입니다. 이전 절에서와 같은 방법으로 변환된 파일을 실행
해봅시다.

```
node dist/index.js
```

이제 웹팩을 추가해 index.js와 자바스크립트 라이브러리 chalk를 함께 번들해보겠습니다.

6.4.3 웹팩-바벨-타입스크립트 사용

바벨은 번들러가 아닌 트랜스파일러입니다. 웹팩^{Webpack}, 롤업^{Rollup}, 브라우저리파이^{Browserify} 등 다양한 번들러가 있지만 우리는 웹팩을 사용합니다. 이번 절에서는 웹팩-바벨-타입스크립트 사용 방법을 배웁니다. webpack-babel-typescript 디렉터리에 해당합니다.

6.3.2절에서 타입스크립트-웹팩 설정을 했습니다. [코드 6.23] 내 소스 코드를 사용합니다.

코드 6.23   webpack-babel-typescript/src/index.ts

```
import chalk from 'chalk';

const message: string = 'Built with Babel bundled with Webpack';
console.log(chalk.black.bgGreenBright(message));
```

[코드 6.24] package.json 내 devDependency를 보겠습니다.

코드 6.24   package.json 내 devDependencies

```
"devDependencies": {
  "@babel/core": "^7.2.2",
  "@babel/preset-env": "^7.2.3",
  "@babel/preset-typescript": "^7.1.0",
  "babel-loader": "^8.0.5",   •······ 웹팩 바벨 로더를 추가했습니다.
  "webpack": "^4.28.3",
  "webpack-cli": "^3.1.2"
}
```

[코드 6.21]과 [코드 6.24]의 두 개발 의존성을 비교해봅시다. [코드 6.24]에서 변경된 내용은 아래와 같습니다.

- 웹팩 바벨 로더 babel-loader를 추가
- 명령줄로 바벨을 실행하지 않을 것이므로 babel-cli 를 제거
- 웹팩은 번들링 과정에서 babel-cli 대신 babel-loader를 사용

6.3 절에서 webpack.config.js에서 웹팩을 구성했고, [코드 6.14]에서 ts-loader가 .ts 파일을 읽도록 지시했습니다. 이번에는 ts-loader가 아닌 babel-loader가 .ts 파일을 읽도록 바꾸겠습니다. [코드 6.25]는 webpack.config.js 내 바벨 관련 부분입니다.

```
코드 6.25    webpack-babel-typescript/webpack.config.js 내 바벨 관련 코드

module: {
  rules: [
    {
      test: /\.ts$/,      •⸻.ts 확장자에 다음 룰을 적용합니다.
      exclude: /node_modules/,
      use: 'babel-loader'  •⸻.ts 확장자에 babel-loader을 사용합니다.
    }
  ]
},
```

.babel-loader 파일은 [코드 6.20]과 동일합니다. **npm install** 명령어로 의존성을 설치한 후, bundleup 명령어로 번들을 빌드합니다.

```
npm run bundleup
```

dist 디렉터리 내 index.bundle.js를 생성합니다. 이 파일은 index.ts를 변환한 코드와 자바스크립트 라이브러리 chalk 코드가 함께 포함됩니다. 다시 번들 파일을 실행해봅시다.

```
node dist/index.bundle.js
```

콘솔에 아래와 같이 출력되는지 확인해보세요.

그림 6.14   바벨에서 변환된 파일을 실행한 결과

```
$ node dist/index.bundle.js
Built with Babel bundled with Webpack
```

이번 절의 핵심은 자바스크립트 코드를 생성하기 위해 바벨 또는 tsc 둘 중 하나를 선택할 필요가 없다는 것입니다. 이 둘은 프로젝트에서 함께 사용할 수 있습니다.

> **NOTE** 타입스크립트를 좋아하지 않는 개발자들은 '자바스크립트는 컴파일러가 필요 없기 때문에 작성하자마자 프로그램을 실행할 수 있다'고 말합니다. 틀린 말입니다. 몇몇 브라우저는 여전히 최신 자바스크립트 문법을 지원하지 않기 때문에 컴파일 과정이 필요합니다. 바벨과 타입스크립트에 이어 또다른 트랜스파일러에 대해 알아보겠습니다.

6.5 주목해야 할 타입스크립트 도구

이번 절에서 타입스크립트 개발에 유용한 몇 가지 도구를 소개합니다.

6.5.1 디노

이 책에서는 브라우저뿐만 아니라 Node.js를 이용해 앱을 실행했습니다. 자바스크립트 개발자라면 모두 Node.js를 좋아하겠지만, Node.js 창시자인 라이언 달^{Ryan Dahl}은 그렇지 않았습니다. 그는 2018년 개최된 JSConf 유럽 컨퍼런스에서 "Node.js에 대한 10가지 후회"^{youtu.be/M3BM9TB-8yA}라는 주제로 Node.js의 한계점과 문제점을 말하며 새로운 커맨드 라인 런타임인 디노^{Deno}를 소개했습니다. 러스트^{Rust}와 타입스크립트로 작성된 디노는 Node와 마찬가지로 V8 엔진에서 구축된 안전한 런타임 환경을 가지고 있습니다. 물론 타입스크립트 컴파일러도 내장되어 있습니다.

> **NOTE** 2020년에 첫 공식 버전이 릴리즈된 디노는 21년 4월 기준으로 v1.9.0이 출시된 상태입니다. 최신 버전에 관한 안내는 공식 웹 사이트 deno.land에서 확인하세요.

라이언 달은 노드 앱의 package.json, node_modules, npm 모듈 지원, 중앙 집중형 모듈 시스템의 문제를 지적했습니다. 디노는 이 중 어느 것도 필요하지 않습니다. 패키지가 필요하다면 해당 패키지의 소스 코드 저장소에서 직접 가져올 수 있습니다. 이번 절에서 디노가 어떻게 작동하는지 알아보겠습니다. 부록 소스 내 chapter6/deno 디렉터리를 확인하세요.

이 프로젝트는 [코드 6.26]과 같이 index.ts 파일만 있습니다.

코드 6.26 /deno/index.ts

```
import {bgGreen, black} from 'https://deno.land/std/fmt/colors.ts';  •┄┄ colors 외부 라이브러리를 추가합니다.
const message: string = 'Ran with deno!';  •┄┄ 타입스크립트 string 타입을 사용합니다.
console.log(black(bgGreen(message)));  •┄┄ colors 라이브러리의 API를 사용합니다.
```

colors 라이브러리를 설치하지 않고 바로 가져왔습니다. package.json 내 존속성도 없고 npm install 명령어로 라이브러리를 설치할 필요도 없습니다. 그렇다면 이런 질문을 할 수 있겠죠. "링크에서 서드파티 라이브러리를 바로 가져오는 것은 위험하지 않나요? 만약 원 라이브러리 코드가 변경된다면 앱 동작에 문제가 생기지 않을까요?"

디노는 처음 로드할 때 서드 파티 라이브러리를 로컬 캐시에 저장하기 때문에 걱정되는 일은 발생하지 않습니다. --reload 옵션을 사용하지 않는 한 라이브러리의 동일한 버전을 재사용합니다.

 NOTE chalk 라이브러리는 디노를 지원하지 않아 본 코드에서 사용하지 않았습니다.

github.com/denoland/deno_install에서 디노의 최신 설치법을 참고하세요.

윈도우의 파워쉘PowerShell을 사용하는 경우 아래 명령어를 입력하면 deno가 설치됩니다.

```
iwr https://deno.land/x/install/install.ps1 -useb | iex
```

macOS나 Linux 계열 OS를 사용하는 경우 아래 명령어를 입력하면 됩니다.

```
curl -fsSL https://deno.land/x/install/install.sh | sh
```

디노를 설치한 후 환경을 설정해야 합니다. 터미널에서 나온 명령어를 따라 입력하면 됩니다.

```
export DENO_INSTALL="/home/{사용자명}/.deno"
export PATH="$DENO_INSTALL/bin:$PATH"
```

설치가 완료되었다면 아래 명령어를 이용해 index.ts를 실행할 수 있습니다.

```
deno run index.ts
```

디노는 타입스크립트 프로그램을 실행하며 npm 또는 package.json가 필요하지 않습니다. 앱을 실행하면 아래와 같은 출력을 볼 수 있습니다.

```
Compiling file: ...chapter6/deno/index.ts
Downloading https://deno.land/std/colors/mod.ts…
Compiling https://deno.land/std/colors/mod.ts
```

디노는 index.ts을 변환하고, colors 라이브러리를 다운받고 컴파일합니다. 이후 앱이 실행되면 아래와 같은 메시지가 출력 됩니다.

그림 6.15 Deno 앱 실행

```
Ran with deno!
```

디노는 컴파일된 colors 라이브러리를 캐시로 저장하기 때문에 앱을 실행할 때마다 다운로드하거나 다시 컴파일하지 않습니다. 프로젝트 의존성도 필요 없기 때문에 앱을 실행하기 전에 설치하거나 구성할 필요가 없습니다.

디노 패키지는 npm 패키지를 읽을 수 없어 라이브러리 관리자가 디노에서 사용 가능하도록 패키징 해야 합니다. 앞으로 디노가 자바스크립트 생태계를 어떻게 변화시킬지 지켜봅시다.

6.5.2 ncc

두 번째로 살펴볼 도구는 ncc입니다. github.com/zeit/ncc. ncc는 Node.js 모듈과 모든 의존성을 단일 파일 로 컴파일하는 커맨드 라인 인터페이스 입니다. 타입스크립트로 서버를 개발 할 때 사용할 수 있습니다.

ncc는 서버리스 클라우드 업체인 자이트Zeit가 개발한 오픈 소스 제품입니다. 서버리스 웹 앱을 쉽게 배포할 수 있는 Nowhttps://zeit.co/now에 대해 한 번쯤은 들어보셨을 것입니다.

Zeit은 앱을 가능한 한 작은 조각 여러개로 분할하는 소프트웨어를 개발합니다. 예를 들어 익스프레 스Express 프레임워크를 사용하는 앱을 작성한다면, 엔드포인트 별로 기능에 필요한 코드만 포함 하 는 별도의 번들로 각 엔드포인트를 분할합니다. 이를 통해 라이브 서버를 실행해야 하는 부담을 줄 일 수 있습니다. 클라이언트가 엔드포인트에 도달하면 아주 작은 컨테이너에 있는 서버리스 번들을 100 밀리초 이내에 반환합니다. ncc는 서버사이드 앱을 작은 번들로 패키징 할 수 있는 도구입니다. ncc는 자바스크립트나 타입스크립트를 입력으로 받아 번들을 생성합니다.

ncc는 설정이 전혀 필요하지 않거나 필요하더라도 최소한의 설정만 필요합니다. 유일한 요구 사항 은 코드가 ES6 모듈 또는 require를 사용해야 한다는 것뿐입니다. 타입스크립트를 사용하기 때문에 최소한의 구성을 가져야 하는 작은 앱인 ncc-typescript를 살펴 보겠습니다. 만약 이 앱을 자바스크 립트로 작성했다면 구성이 필요하지 않았을 겁니다. 이 앱은 ncc-typescript 디렉터리에 있습니다. 이 디렉터리에는 chalk 라이브러리를 사용하는 index.ts 파일과 package.json 파일, tsconfig.json 파 일이 포함되어 있습니다.

코드 6.27 ncc/package.json 코드 일부

```
{
    "name": "ncc-typescript",
    "description": "A code sample for the TypeScript Quickly book",
    "homepage": "https://www.manning.com/books/typescript-quickly",
    "license": "MIT",
    "scripts": {
        "start": "ncc run src/index.ts",   •········ run 모드에서 ncc를 실행합니다.
        "build": "ncc build src/index.ts -o dist -m"   •········
    },                                         ncc로 타입스크립트를 변환합니다.
    "dependencies": {                          ( -m 옵션은 프로덕션 최적화에서 사용합니다.)
        "chalk": "^2.4.1"
    },
    "devDependencies": {
        "@zeit/ncc": "^0.16.1"   •········ ncc 도구
    }
}
```

타입스크립트는 컴파일러는 ncc의 의존성이므로 package.json 파일에서 tsc는 필요하지 않습니다. 필요한 경우, tsconfig.json에 컴파일러 옵션을 나열 할 수 있습니다. 개발 관점에서 보면, ncc를 사용하면 한 프로세스에서 타입스크립트 코드를 컴파일하고 실행할 수 있어 편리합니다.

script 내 start과 build 명령어는 ncc의 실행 모드, 빌드 모드를 설정하는 명령어입니다.

1. 실행 모드로 컴파일없이 타입스크립트를 실행합니다(내부적으로는 컴파일을 하지만 파일을 생성하지 않습니다).
2. 빌드 모드로 타입스크립트를 자바스크립트로 컴파일합니다.

ncc의 장점은 번들을 빌드하기 때문에 웹팩과 같은 번들러를 사용하지 않아도 된다는 점입니다. **npm install**을 실행하고 아래 명령어로 index.ts 샘플 앱을 직접 실행해보세요.

```
npm run start
```

[코드 6.25] package.json에 따라 **start** 명령어는 ncc를 실행하여 index.ts를 컴파일하고 실행합니다. [그림 6.16]과 같이 콘솔에 출력되는지 확인해보세요.

그림 6.16 ncc로 앱을 실행

```
> ncc run src/index.ts

ncc: Using typescript@3.2.2 (ncc built-in)
 46kB  index.js
 58kB  index.js.map
121kB  sourcemap-register.js
167kB  [1880ms] - ncc 0.16.1
Built with ncc
```

start 명령어는 index.ts를 소스맵^{기본값}을 생성해 변환합니다. 실행 모드에서는 변환된 파일이 생성되지 않습니다. build 명령어는 dist 디렉터리 내 index.js를 생성하며 앱은 실행되지 않습니다.

```
npm run build
```

build 명령어를 입력하면 아래와 같은 메시지가 콘솔에 출력될 것입니다.

```
ncc: Using typescript@3.2.2 (ncc built-in)
24kB dist/index.js
24kB [1313ms] - ncc 0.16.1
```

[그림 6.6]에서 볼 수 있듯이 최적화된 번들 사이즈는 24kb^{ncc 내부에서 웹팩을 사용}입니다. 생성된 번들은 작성한 코드와 함께 chalk 라이브러리 코드를 포함합니다. 아래 명령어로 번들된 앱을 실행해봅시다.

```
node dist/index.js
```

아래와 같이 출력되는지 확인해보세요.

그림 6.17 ncc로 앱 실행

```
$ node dist/index.js
Built with ncc
```

ncc가 가진 장점을 요약해보면 다음과 같습니다.

- 빌드 및 실행 모드에서 구성이 필요 없습니다.
- 실행 또는 빌드 모드 둘 중 하나를 사용할 수 있습니다. 실행 모드는 명시적으로 타입스크립트 코드를 컴파일하지 않아도 됩니다.
- 자바스크립트와 타입스크립트를 동시에 사용하고 있는 프로젝트를 지원합니다.

이번에는 타입스크립트 개발을 도와줄 새로운 프로젝트인 디노와 ncc에 대해 알아보았습니다. 타입스크립트 생태계는 급변하고 있습니다. 새로운 도구는 무엇인지, 어떤 도구가 좀 더 생산적이며 빌드와 배포에 용이한지를 꾸준하게 관심을 갖고 지켜보길 바랍니다.

한 프로세스 내에서 tsc와 노드 런타임을 함께 실행할 수 있는 ts-node라는 패키지도 있습니다.

10장의 10.4.2에서 타입스크립트로 서버를 실행하는 코드를 작성하며 소개할 예정입니다.

요약

- 소스맵은 브라우저가 자바스크립트 코드를 실행하더라도 타입스크립트 코드를 디버그 할 수 있도록 해줍니다.
- 린터는 코딩 스타일을 검사하고 강제하는데 사용한다. 타입스크립트는 ESLint를 사용합니다.
- 웹 앱을 배포할 때는 보통 소스파일을 모두 번들링 해 브라우저가 다운 받아야 할 파일의 수를 줄인다. 가장 유명한 번들러는 웹팩입니다.
- 자바스크립트 개발자들은 최신 ECMA스크립트 문법으로 작성된 코드를 웹 브라우저의 특정 버전이 지원할 수 있도록 변환해준다. 그래서 경우에 따라 타입스크립트와 바벨 컴파일러를 모두 사용합니다.
- 모든 프로그래밍 언어에서는 문법을 아는 게 중요하지만 여러분의 프로그램을 실행 가능한 앱으로 만드는 과정 또한 알아야 합니다.

제 7 장

프로젝트에서 타입스크 립트와 자바스크립트를 동시에 사용하기

이 장의 목표

- 자바스크립트 라이브러리와 함께 타입스크립트를 사용할 때의 장점
- 타입 정의 파일의 역할
- 자바스크립트 앱을 타입스크립트로 마이그레이션 하는 방법

이번 장에서는 자바스크립트 서드 파티 라이브러리를 사용해보고 동시에 컴파일 오류와 자동 완성 등 타입스크립트 기능의 이점을 활용하는 방법에 대해 알아봅니다. 먼저 타입 정의 파일에 대해 알 아보고 타입스크립트 애플리케이션에 자바스크립트 라이브러리를 사용하는 방법에 대해 설명합니 다. 마지막으로 자바스크립트 애플리케이션을 타입스크립트로 리팩토링할 때 고려할 사항도 짚어보 겠습니다.

7.1 타입 정의 파일

1995년 탄생한 자바스크립트는 눈부시게 성장했고 배포된 라이브러리만 해도 수만 수천 개가 넘습 니다. 타입스크립트 프로젝트에서는 자바스크립트 라이브러리를 사용할 수 있습니다. 물론, 자바스 크립트 라이브러리를 만든 사람이 타입스크립트로 다시 작성하면 제일 좋겠지만, 기존 타입스크립 트 앱에서 자바스크립트 레거시 코드를 사용할 수 있습니다. 지금쯤이면 여러분 모두가 타입스크립 트의 정적 타입 분석기, 자동 완성, 컴파일 오류 기능이 마음에 들었을 것입니다. 그렇다면 자바스 크립트 라이브러리 API를 계속 사용할 수 있을까요? 네, 가능합니다. 타입 정의 파일만 있다면요.

7.1.1 타입 정의 파일

타입 정의 파일^{type definition files}은 타입스크립트 컴파일러에게 자바스크립트 라이브러리 API의 타입을 알려줍니다. 타입 정의 파일은 자바스크립트 라이브러리 내 변수 이름과 함수 시그니처에 타입을 추가합니다. 이로써 타입스크립트가 자바스크립트 라이브러리 내 멤버 이름과 타입을 읽을 수 있게 됩니다.

2012년, 보리스 얀코프^{Boris Yankov}가 창안한 타입 정의 파일^{github.com/DefinitelyTyped/DefinitelyTyped}은 DefinitelyTyped 조직^{DefinitelyTyped.org}으로 발전하여 지금까지 약 8천명이 넘는 개발자들이 프로젝트에 기여했습니다. npmjs.org에 @types 조직으로 등록되어 있고, 자바스크립트 라이브러리 관련 타입 정의 파일을 위한 저장소입니다. DefinitelyTyped.org 내 모든 타입 모든 선언 파일은 @types 조직에 자동으로 배포됩니다.

타입 정의 파일은 파일 이름을 .d.ts로 끝내야 합니다. www.npmjs.com/~types에 등록된 자바스크립트 라이브러리 수는 6천여개가 됩니다. 이 사이트에서 관심있는 자바스크립트 라이브러리를 검색해보세요. 예를 들어, jQuery라이브러리는 npmjs.com/package/@types/jquery 에서 확인할 수 있습니다.

[그림 7.1] 오른쪽 상단을 보면 jQuery 타입 정의 파일을 설치할 수 있는 명령어가 있습니다. **-D** 플래그로 **@types/jquery** 라이브러리를 개발 의존성으로 설치합니다. 설치를 마치면 package.json 파일 내 **devDependencies**에 추가됩니다.

```
npm install @types/jquery -D
```

일반적으로 **@types** 다음에 패키지 이름을 붙여 타입 정의를 설치합니다. **@types/jquery**를 설치해보면 패키지 디렉터리^{node_modules/@types/jquery}내 jQuery.d.ts와 jQueryStatic.d.ts 같은 타입 정의 파일

을 확인할 수 있을 것입니다. 타입스크립트 컴파일러와 정적 분석기는 자동 완성과 타입 오류를 위해 이 파일들을 사용합니다.

[그림 7.1] 중간에는 jQuery 타입 정의 파일 URL이 있고 아래에는 jQuery가 제공하는 글로벌 값을 확인할 수 있습니다. 예를 들어, $를 사용해 jQuery API를 접근할 수 있습니다. jQuery 타입 정의 파일 패키지를 설치한 후 IDE를 사용해보겠습니다.

그림 7.1 jQuery의 타입 정의

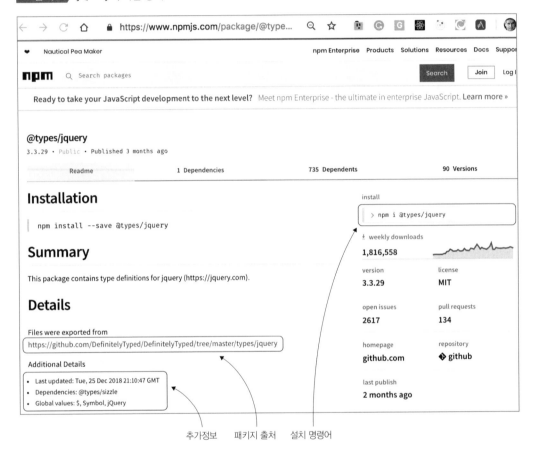

추가정보   패키지 출처   설치 명령어

새 프로젝트 디렉터리를 만들고 **npm init -y** 명령어로 초기화 합니다. package.json 파일이 생성될 것입니다. 다음으로 jQuery 타입 정의를 개발 의존성으로 설치합니다.

```
npm install @types/jquery -D
```

타입 정의 파일을 설치하면 정적 타입 분석기와 IDE가 타입스크립트로 jQuery API를 사용할 수 있도록 도와줄 것입니다.

7.1.2 타입 정의 파일과 IDE

다음으로 IDE에서 타입 정의 파일을 어떻게 사용하는지 알아보겠습니다. 7.1.1절에서 만든 프로젝트를 IDE에서 열고 main.ts 파일을 만듭니다. $. 기호를 입력한 후, Ctrl + 스페이스 바를 입력하면 [그림 7.2]와 같이 jQuery API 목록을 확인할 수 있습니다.

그림 7.2 ▶ 웹스톰에서 지원하는 jQuery 자동 완성 기능

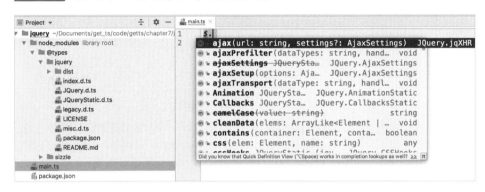

자동 완성 목록 내 맨 처음 **ajax()** 메서드를 보면 타입 파라미터가 있음을 확인할 수 있습니다. 아직 jQuery 라이브러리를 설치하지 않았고, 타입 정의 파일만 있습니다. VS 코드는 어떨까요? VS 코드는 [그림 7.3]과 같이 자동 완성 기능이 보이지 않을 수 있습니다. 웹스톰 IDE는 기본적으로 프로젝트 내 모든 타입 정의를 자동으로 표시하지만, VS 코드는 사용할 d.ts 파일을 명시적으로 구성하는 것을 선호하기 때문입니다.

그림 7.3 ▶ VS Code에서 jQuery 타입 정의를 찾지 못함

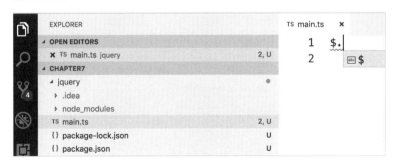

tsconfig.json 파일을 만들고 컴파일러 옵션 **type**에 **jquery**를 추가합니다. 이 배열에 자동 완성 기능을 사용할 타입 정의 라이브러리를 추가합니다. node_modules/@types 에 들어있는 디렉터리 이름 [코드 7.1]과 같이 **jquery**를 입력하면 됩니다.

코드 7.1 tsconfig.json

```
{
  "compilerOptions": {
    "types": ["jquery"]
  }
}
```

여러 개의 자바스크립트 라이브러리를 추가하는 경우 **types** 옵션 배열에 추가합니다.^{예 : types: [jquery, lodash]} 이외에도 **reference** 지시자로 컴파일러가 타입 정의를 찾을 수 있습니다. 이 내용은 7.1.4에서 설명합니다.

> **NOTE** 모듈 탐색(Module resolution)이란 컴파일러가 import 문이 무엇을 참조하는지 타입 선언을 찾는 과정입니다. 자세한 내용은 타입스크립트 문서 www.typescriptlang.org/docs/handbook/module-resolution.html를 참고하세요.

다시 $. 이후 Ctrl + 스페이스 바를 클릭하면, 자동 완성 기능이 잘 작동하는 것이 보일 것입니다. ajax() 메서드를 클릭한 후, VS 코드는 [그림 7.4]와 같이 프로그램 설명서를 보여줍니다.

그림 7.4 VS 코드의 자동 완성 기능과 ajax() 메서드 문서 확인

VS 코드가 ajax()에 대한 공식
문서 설명을 표시합니다.

> **NOTE** 웹스톰에서 자동 완성 목록 내 항목을 선택하고, Ctrl + J를 입력하면 프로그램 설명서를 볼 수 있습니다.

어느 IDE를 사용하든지, 자바스크립트 코드용 d.ts 파일이 있으면 타입스크립트 컴파일러와 정적 분석기가 읽을 수 있습니다. 이제 타입 정의 파일을 살펴보겠습니다. [그림 7.4] 화살표는 타입스크립트가 ajax() 타입 정의를 찾은 인터페이스 이름입니다. node_modules/@types/jquery 내 JQueryStatic.d.ts 파일을 열어 확인할 수 있지만, ajax() 위에 마우스 포인터를 놓고 Ctrl키를 누른 채로 클릭하면 타입 정의 파일에서 해당 부분으로 바로 이동할 수 있습니다.

코드 7.2 JQueryStatic.d.ts 일부

```
/**
* Perform an asynchronous HTTP (Ajax) request.  •········ ajax() 함수 설명
*                                                                   ajax() 파라미터 설명
* @param url A string containing the URL to which the request is sent.  •········
* @param settings A set of key/value pairs that configure the Ajax request. All settings are optional.  •········
* A default can be set for any option with $.ajaxSetup(). See jQuery.ajax( settings ) below
* for a complete list of all settings.
* @see ₩`{@link https://api.jquery.com/jQuery.ajax/ }₩`
* @since 1.5
*/
ajax(url: string, settings ?: JQuery.AjaxSettings): JQuery.jqXHR;  •········ ajax() 타입 정의
```

타입 정의 파일은 타입 선언만 가질 수 있습니다. JQueryStatic.d.ts 파일을 보면 전체 코드를 JQueryStatic 인터페이스로 감쌌습니다. 종종 d.ts 파일에서 **declare** 키워드를 보았을 것입니다.

```
declare const Sizzle: SizzleStatic;
export declare function findNodes(node: ts.Node): ts.Node[]
```

여기서 **declare**의 목적은 const Sizzle 또는 findNode() 함수를 선언하는 것이 아니라, const Sizzle 및 findNode() 선언이 포함된 자바스크립트 라이브러리를 사용하고자 하는 것입니다. 쉽게 말하면 tsc에게 "타입스크립트에 Sizzle 또는 findNode()가 표시되도 놀라지마. 런타임 중 이 타입을 가진 자바스크립트 라이브러리가 사용될 거야." 라고 말하는 것과 같습니다. 이런 선언을 주변 선언(또는 구현없는 선언)ambient declaration라 부르며 구현없이 타입만 선언하는 것으로, 해당 변수가 런타임에 존재함을 의미합니다. jQeury 타입 정의가 없다면, 타입스크립트 코드에 **declare var $: any** 를 추가해 $ 변수로 jQuery API에 접근할 수 있습니다. jQuery도 함께 로드되어야 함을 잊지 마세요.

이렇듯 타입 정의 파일로 자바스크립트 라이브러리를 사용할 수 있고 동시에 타입 정의 언어의 장점을 가질 수 있어 두 마리 토끼를 잡을 수 있습니다.

일부 자바스크립트 라이브러리는 d.ts 파일이 있어 별도 타입 정의 라이브러리를 추가하지 않아도 됩니다. 날짜 및 시간 라이브러리 Moment.js가 대표적인 예입니다. github.com/moment/moment 저장소에서 moment.d.ts를 확인 해보세요.

타입 정의 없이 자바스크립트 라이브러리 사용

타입스크립트 개발 시 자바스크립트 라이브러리를 위한 타입 정의 파일이 필요하지만, 타입 정의 파일이 없어도 사용할 수 있습니다. jQuery 같은 자바스크립트 프레임워크는 전역 변수가 있어 이를 사용할 수 있습니다. 최신 자바스크립트 라이브러리는 전역 변수 대신 모듈 시스템을 사용하며 특정 모듈을 가져와 사용할 수 있습니다. 먼저 해당 라이브러리 공식 문서를 읽어보길 바랍니다.

jQuery 기반 UI 라이브러리인 jQuery UI를 살펴보겠습니다. jQuery UI 타입 정의 파일이 존재하지 않는 다고 가정해봅시다.

JQueryUI 공식 문서learn.jquery.com/jquery-ui/getting-started에 따르면 웹 페이지에서 이 라이브러리를 사용하려 면 아래와 같이 HTML 문서 내 **<script>** 태그로 자바스크립트를 로드해야 합니다.

```
<link rel="stylesheet" href="jquery-ui.min.css">  •········ CSS 추가
<script src="external/jquery/jquery.js"></script>  •········ jQuery 추가
<script src="jquery-ui.min.js"></script>  •········ jQuery UI 추가
```

이제 타입스크립트 코드에 jQuery UI 위젯을 추가할 수 있습니다. jQuery의 전역 변수 $를 사용해 jQuery UI API를 사용할 수 있습니다. 예를 들어 HTML 드롭다운 **<select id = "customers">** 대신 다음과 같이 jQuery UI 드롭다운 위젯 **selectMenu**를 사용할 수 있습니다.

```
$("#customers").selectMenu();
```

위 코드는 동작하지만 타입 정의 파일이 없으면 타입스크립트의 도움을 받지 못하고, IDE는 jQuery UI API를 잘못된 것으로 판단해 오류 표시를 합니다. 아래와 같이 주변 타입을 선언하면 모든 tsc 오류를 수 정할 수 있습니다.

```
declare const $: any;
```

그러나 가능하다면 타입 정의 파일을 사용하는 것이 현명한 선택입니다.

7.1.3 shim과 타입 정의

shim는 IE와 같은 구버전 브라우저의 API를 가로채 ES6 표준에 맞게 변경해주는 라이브러리 입니다. 예를 들어, ES6의 find() 메서드는 주어진 판별 함수를 만족하는 첫 번째 요소의 값을 반환합니다. [코드 7.3]에서 3보다 큰 첫 번째 값은 4이므로 index 값은 4입니다.

```
코드 7.3    find() 메서드 사용
const data = [1, 2, 3, 4, 5];
const index = data.find(item => item > 3); // index = 4
```

이 코드를 ES6을 지원하지 않는 IE11에서 실행하려면, tsconfig.json에 컴파일러 옵션을 **"target"** : **ES5**로 설정해야 합니다. 이 경우 IDE는 ES5에서 find() 메서드를 지원하지 않기 때문에 오류로 표시하고, [그림 7.5]와 같이 자동 완성 목록에도 find() 메서드를 표시하지 않습니다.

그림 7.5   ES5에 find() 메서드가 없습니다.

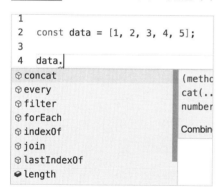

그렇다면 어떻게 최신 자바스크립트 메서드를 자동 완성 목록에 추가할 수 있을까요? 타입 정의 파일 es6-shim.d.ts를 설치하고 tsconfig.json 내 **types** 컴파일러 옵션에 추가하면 됩니다.

```
npm install @types/es6-shim -D
```

tsconfig.json에 **"types"** : **["jquery", "es6-shim"]**을 추가하면, [그림 7.6]과 같이 자동 완성 목록에 find()가 보입니다.

그림 7.6 es6-shim 자동 완성 목록

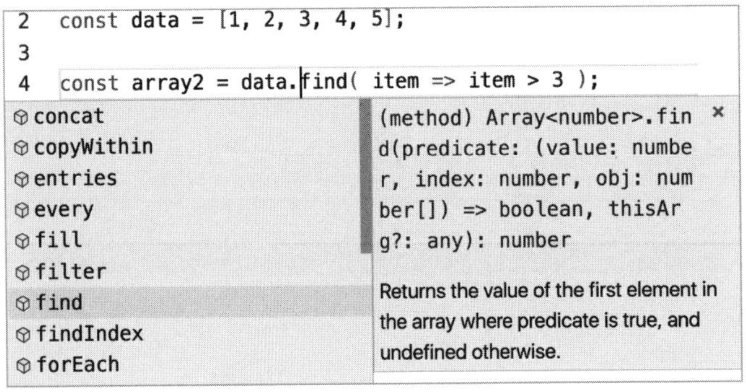

```
2   const data = [1, 2, 3, 4, 5];
3
4   const array2 = data.find( item => item > 3 );
```

⚙ concat	(method) Array<number>.fin ✕
⚙ copyWithin	d(predicate: (value: numbe
⚙ entries	r, index: number, obj: num
⚙ every	ber[]) => boolean, thisAr
⚙ fill	g?: any): number
⚙ filter	
⚙ find	Returns the value of the first element in
⚙ findIndex	the array where predicate is true, and
⚙ forEach	undefined otherwise.

> **NOTE** core-js(www.npmjs.com/package/core-js)는 최신 shim 라이브러리로 ES6 이상 버전을 지원합니다.

7.1.4 타입 정의 파일 만들기

다음으로 직접 타입 정의 파일을 만들어볼 차례입니다. hello.js 파일에 **greeting()** 함수가 있습니다.

코드 7.4 hello.js

```
function greeting(name) {
    console.log('hello ' + name);
}
```

타입스크립트 프로젝트에 이 함수를 사용하고 이 함수에 대한 자동 완성과 타입 검사 기능을 추가하고자 합니다. src 디렉터리에 typing.d.ts 파일을 만들고 [코드 7.5]와 같이 작성합니다.

코드 7.5 ./src/typing.d.ts

```
declare function greeting(name: string): void;
```

마지막으로 타입스크립트에게 타입 정의 파일의 위치를 알려줘야 합니다. **greeting()** 함수는 npmjs. org에 공개된 것도 아니고 @types에 등록된 타입 정의 라이브러리가 아니지요. 이 경우 타입스크립트 reference 지시자/// 로 표시를 사용합니다. [그림 7.7]과 같이 이 지시자는 .ts 파일의 맨 위에 배치합니다. 아래 이미지는 VS 코드에서 main.ts 파일에 **greeti** 까지만 썼을 때 나온 화면입니다.

그림 7.7 main.ts에 나타난 자동 완성

```
1   /// <reference path="src/typings.d.ts" />
2
3   greeti
4         ⊗ greeting              function greeting(name: st  ×
5         •○ WebGLRenderingContext  ring): void
6
```

이제 자동 완성 목록에 **greeting()** 함수의 파라미터와 반환 타입을 확인할 수 있습니다. [그림 7.7]에 서는 /// 뒤에 타입 정의 파일의 경로를 연결합니다. 하지만 npm에서 설치한 라이브러리의 타입 정의 파일이 있다면 **path** 대신 **types**를 입력해 라이브러리 이름만 적어도 됩니다.

```
/// <reference types="some-library" />
```

NOTE 기존 자바스크립트 타입 정의 작성 방법은 타입스크립트 공식 문서(www.typescriptlang.org/docs/hand-book/declaration-files/introduction.html) 에서 확인하세요. reference 지시자에 대한 설명은(typescriptlang.org/docs/handbook/triple-slash-directives.html) 에서 확인하세요.

7.2 자바스크립트 라이브러리를 활용한 타입스크립트 개발 실습

이번 장에서는 타입스크립트 프로젝트에서 jQuery UI 라이브러리를 사용하는 방법에 대해 살펴보겠습니다. [그림 7.8]과 같이 삼각형, 원, 사각형이 있는 간단한 웹 페이지입니다.

그림 7.8 jQuery UI로 렌더링한 세 가지 도형

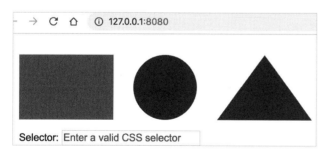

사각형은 파란색, 원과 삼각형은 초록색입니다. 사용자가 입력 필드에 유효한 CSS 셀렉터를 입력하면, 드롭다운 목록을 보여줍니다. [그림 7.9]와 같이 사용자가 **.green**을 입력한 후, **triangle**을 선택하면 주변 테두리가 빨간색으로 변경됩니다.

그림 7.9 .green 클래스를 선택했을 때

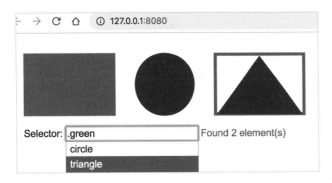

jQuery를 사용해 HTML 엘리먼트를 선택하고 jQuery UI로 도형을 그립니다.

프로젝트 코드는 chapter7/jquery-ui-example 디렉터리에 있습니다. package.json, tsconfig.json, index.ts 및 index.html의 네 가지 파일이 포함되어 있습니다. package.json 파일을 열어보면 [코드 7.6]과 같은 내용이 나옵니다.

코드 7.6 jQuery와 jQuery UI 전용 타입정의 파일이 포함된 package.json

```
{
    "name": "jquery-ui-example",
    "description": "Code sample for the TypeScript Quickly book",
    "homepage": "https://www.manning.com/books/typescript-quickly",
    "license": "MIT",
    "devDependencies": {
        "@types/jquery": "^3.3.29",    •⋯⋯⋯ jQuery 타입 정의
        "@types/jqueryui": "^1.12.7",    •⋯⋯⋯ jQuery UI 타입 정의
        "typescript": "^3.4.1"    •⋯⋯⋯ 타입스크립트 컴파일러
    }
}
```

보다시피 package.json에 jQuery나 jQuery UI 라이브러리 자체는 불러오지 않았습니다. 왜냐하면 index.html의 <head> 부분에 추가할 것이기 때문입니다.

코드 7.7 index.html에 jQuery와 jQuery UI 추가

```
                                                              jQuery UI의 스타일 시트 추가
<link rel="stylesheet" href="//code.jquery.com/ui/1.12.1/themes/base/jquery-ui.css">    •⋯⋯
<script src="//code.jquery.com/jquery-3.3.1.min.js"></script>    •⋯⋯⋯ jQuery 라이브러리 추가
<script src="//code.jquery.com/ui/1.12.1/jquery-ui.min.js"></script>    •⋯⋯⋯ jQuery UI 라이브러리 추가
```

그런데 다른 npm 라이브러리를 사용하듯 package.json 내 **dependencies**에 추가하지 않는 이유는 무 엇일까요? 로컬에 설치된 jQuery UI는 라이브러리의 번들된 버전을 지원하지 않아 웹팩이나 다른 번들러를 추가시켜야 하므로 앱이 복잡해지기 때문입니다. 간단하게 앱을 만들기 위해 해당 라이브 러리는 CDN^{Content Delivery Network, 콘텐츠 전송 네트워크}으로 불러옵니다.

jQuery 홈페이지에서 다운로드 버튼을 클릭하면 다운로드 페이지^{jquery.com/download}에서 CDN의 URL 을 찾을 수 있습니다. 다른 자바스크립트 라이브러리도 이와 비슷합니다.

index.html 파일을 열어보면 〈head〉 태그 안에 [코드 7.8]과 같이 〈style〉 태그가 포함되어 있습니 다. 타입스크립트 코드는 jQuery를 사용하여 ID가 **#shapes**, **#error** 및 **#info** 인 HTML 엘리먼트 에 대한 참조를 가져옵니다.

> **NOTE** 이번 데모 앱에서는 document.querySelector() 또는 document.querySelectorAll() 메서드 대신 jQuery 셀 렉터를 사용했습니다. 타입스크립트와 자바스크립트 라이브러리와 함께 사용하는 방법을 보여주기 위해 jQuery 라이브 러리를 선택한 것입니다.

사용자는 입력 필드에서 **#shapes**란 ID를 가진 DOM 엘리먼트를 검색할 수 있고, [그림 7.9]와 같 이 자동 완성 목록이 나타납니다.

코드 7.8 index.html 내 〈styles〉 태그

```
<style>
  #shapes {
    display: flex;
    margin-bottom: 16px;
  }

  #shapes>*:not(:last-child) {
    margin-right: 32px;
  }

  @media (max-width: 640px) {    ●┈┈┈┈ 최대 화면 너비가 640 픽셀 이하인 경우
    #shapes {
      flex-direction: column;
      align-items: center;
    }

    #shapes>*:not(:last-child) {
```

```
        margin-bottom: 16px;
        margin-right: 0;
    }
}

#rectangle {
    background-color: blue;    •┄┄┄┄ 사각형 배경색은 파란색입니다.
    height: 100px;
    width: 150px;
}

#circle {
    background-color: green;    •┄┐
    border-radius: 50%;            ┊
    height: 100px;                 ┊
    width: 100px;                  ┊    원과 삼각형 배경색은 초록색입니다.
}                                  ┊

#triangle {                        ┊
    color: green;    •┄┄┄┄┄┄┄┄┄┘
    height: 100px;
    width: 150px;
}
</style>
```

미디어 쿼리 **@media (max-width: 640px)**는 디바이스 화면이 640 픽셀 이하인 경우 레이아웃을 변경하도록 브라우저에 지시합니다. [그림 7.10]과 같이 **flex-direction: column;**은 세로로 도형을 렌더링 **align-items: center;** 으로 페이지 중앙에 배치합니다.

그림 7.10 CSS .green 클래스를 가진 DOM 요소 찾기

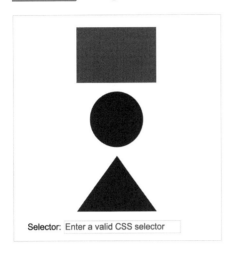

<body>에는 두 컨테이너 <div>가 있습니다. <div id="shapes">은 각 도형을 그리는 자식 <div>가 있습니다. <div class="ui-widget">는 입력 필드와 오류와 정보를 표시합니다.

코드 7.9 index.html의 바디

```
<body>
 <div id="shapes">  •········ 모든 도형이 포함된 컨테이너 입니다.
  <div id="rectangle"  •
      class="blue"        도형을 찾는데 CSS 속성이 사용됩니다.
      hasAngles>      •
  </div>
  <div id="circle" class="green"></div>
  <div id="triangle" class="green" hasAngles>
    <svg viewBox="0 0 150 100">
     <polygon points="75, 0, 150, 100, 0, 100" fill="currentColor" />
    </svg>
  </div>
 </div>
 <div class="ui-widget">
  <label for="selector">Selector:</label>
  <input id="selector" placeholder="Enter a valid CSS selector">
  <span id="error"></span>  •········ 오류 메시지가 표시됩니다.
  <span id="info"></span>  •········ 정보 메시지가 표시됩니다.
 </div>
 <script src="dist/index.js"></script>  •········ index.ts 파일에서 컴파일되었습니다.
</body>
```

입력 필드에 **div .green, hasAngles** 등 유효한 셀렉터를 입력할 수 있습니다. 직사각형과 삼각형에 **hasAngles** 속성을 추가한 이유는 단순히 검색하기 위한 것입니다.

jQuery UI의 자동 완성 위젯으로 검색 및 필터링이 가능합니다. 입력시 미리 채워진 값 목록을 빠르게 찾고 선택할 수 있습니다. [그림 7.9]의 맨 아래에 위젯이 작동하는 것을 확인할 수 있습니다. 사용자가 **.green**을 입력하면 해당 CSS 선택자를 가진 DOM 엘리먼트를 찾아서 자동 완성 위젯의 소스 값 목록에 추가합니다.

jQuery UI의 자동 완성 위젯api.jqueryui.com/autocomplete 참고은 데이터를 정의하는 **source** 프로퍼티가 필수입니다.

코드 7.10 자동 위젯 사용 코드

```
$('#selector')  •⸻ <input>은 id="#selector"을 가집니다.
    .autocomplete({  •⸻ jQuery UI 자동완성 위젯을 추가합니다.
        source: (request,  •⸻ 데이터를 가져와 콜백을 호출하는 함수입니다.
        response) => {...}});  •⸻ 선택된 값을 가져올 때 호출할 콜백입니다.
```

[코드 7.10]에는 타입이 없지만 jQuery UI 타입 정의 파일이 있으므로 [그림 7.11]과 같이 VS 코드는 **autocomplete()** API 타입 도움말을 보여줍니다. 위 아래 화살표와 숫자가 있는 부분을 보세요. jQuery UI는 **autocomplete()**를 호출하는 다양한 방법을 제공합니다. 화살표를 클릭하여 원하는 API를 선택할 수 있습니다.

그림 7.11 VS 코드에서 처음 나오는 프롬프트

[그림 7.11]의 프롬프트는 jQuery UI 객체 타입이 **JQueryUI.AutocompleteOptions**라는 메시지를 표시합니다. 언제든지 Ctrl + 스페이스 바를 누르면 도움말을 볼 수 있습니다. **autocomplete** 메서드 내 **source** 값을 전달해야하는데 [그림 7.12]와 같이 **source** 옵션 목록을 확인할 수 있습니다.

그림 7.12 VS 코드 도움말 옵션

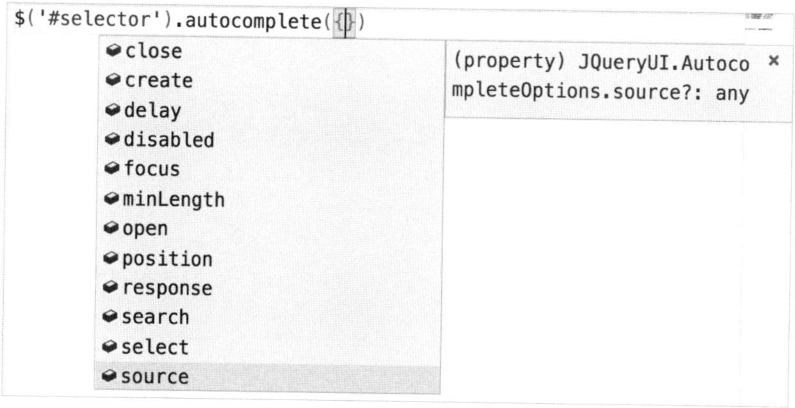

```
$('#selector').autocomplete({})
         close                    (property) JQueryUI.Autoco  ×
         create                   mpleteOptions.source?: any
         delay
         disabled
         focus
         minLength
         open
         position
         response
         search
         select
         source
```

그림 7.13 JQueryUI.AutocompleteOptions

```
interface AutocompleteOptions extends AutocompleteEvents {
    appendTo?: any; //Selector;
    autoFocus?: boolean;
    delay?: number;
    disabled?: boolean;
    minLength?: number;
    position?: any; // object
    source?: any; // [], string or ()
    classes?: AutocompleteClasses;
}
```

이 타입 선언은 개선이 가능합니다.

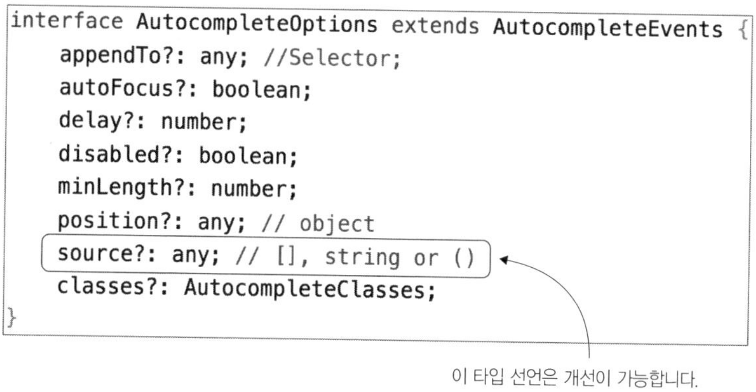

맥에서는 Cmd, 윈도우에서는 Ctrl을 누른 채로 autocomplete 코드 바로 위를 클릭하면 index.d.ts 파일이 열립니다. 이 파일에 모든 옵션이 정의되어 있습니다. Cmd/Ctrl을 누른 상태로 도움말 내 JQueryUI.AutocompleteOptions를 클릭하면 [그림 7.13]과 같은 타입 정의 파일을 확인할 수 있습니다.

물론 IDE 자동 완성과 도움말이 완벽하지 않을 수 있습니다. 타입 정의 파일을 보는 것이 좋을 때도 있습니다. [그림 7.13]에서 source 프로퍼티를 다시 살펴봅시다. source 타입은 배열, 문자열, 함수일 수 있습니다. 이를 유니온 타입으로 개선할 수 있습니다.

```
type arrayOrFunction = Array<any> | string | Function;
let source: arrayOrFunction = (request, response) => 123;
```

arrayOrFunction 타입을 사용하면 매번 [그림 7.13]의 주석을 작성할 필요가 없습니다. 물론 123 부분은 요청과 응답을 처리하는 코드로 변경해야 합니다.

> **NOTE** 가끔씩 라이브러리 코드와 d.ts 파일이 일치하지 않을 수 있습니다. 라이브러리 관리자들은 타입 정의 파일을 항상 최신으로 유지해야 합니다.

[코드 7.11] index.ts 파일을 살펴봅시다. 10년 전부터 웹 사이트를 개발해 본 분들이라면 jQuery 가 익숙할 것입니다. 모든 과정은 각 DOM 엘리먼트를 선택하는 데서 시작합니다. 예를 들어 $('#shapes')는 id="shapes"를 사용해 DOM 엘리먼트를 선택합니다.

코드 7.11 index.ts: 앱의 소스 코드

```
const shapesElement = $('#shapes');  •┐
const errorElement = $('#error');      │  jQuery를 사용해 DOM 엘리먼트를 선택합니다.
const infoElement = $('#info');      •┘
$('#selector').autocomplete({
  source: (request: { term: string },   •── 첫 번째 파라미터는 검색어 입니다.
      response: ([]) => void) => {   •── 두 번째 파라미터는 DOM을 수정하기 위한 콜백 입니다.
    try {
      const elements = $(request.term, shapesElement);   •── 검색어에 충족하는 엘리먼트를 찾습니다.
      const ids = elements
        .map((_index, dom) => ({ label: $(dom).attr('id'), value: request.term }))
        .toArray();   •── 검색어에 충족하는 ID를 찾습니다.
      response(ids);   •── 자동완성 값을 전달하는 콜백을 호출합니다.
      infoElement.text(`Found ${elements.length} element(s)`);
      errorElement.text('');
    } catch (e) {
      response([]);
      infoElement.text('');
      errorElement.text('Invalid selector');
      $('*', shapesElement).css({ border: 'none' });
    }
  },
  focus: (_event, ui) => {   •── 포커스가 이동할 때의 이벤트 입니다.
    $('*', shapesElement).css({ border: 'none' });   •── 모든 도형의 테두리를 제거합니다.
    $(`#${ui.item.label}`, shapesElement).css({ border: '5px solid red' });   •┐
  },                                                      선택된 ID 엘리먼트에 빨간색 테두리를 추가합니다.
});
```

```
$('#selector').on('input', (event: JQuery.TriggeredEvent<HTMLInputElement>) => {
  if (!event.target.value) {
    $('*', shapesElement).css({ border: 'none' });
    errorElement.text('');
    infoElement.text('');
  }
});
```

이전에 선택 항목과 메시지를 모두 재설정합니다.

Autocomplete 객체에 **source**와 **focus** 두 파라미터를 객체에 전달했습니다. **source** 프로퍼티는 request, response 프로퍼티를 가진 함수입니다.

- **request** : 검색어 term 프로퍼티를 가진 객체 예: {term : '.green'}
- **response** : 검색어에 충족하는 DOM 엘리먼트를 찾는 콜백입니다. **try/catch** 구문을 가진 콜백 함수를 전달했습니다.

focus 프로퍼티는 마우스를 움직일 때 호출되는 이벤트 핸들러입니다. 이전 테두리를 삭제하고, 현재 선택한 도형에 테두리를 추가합니다.

앱을 실행하기 전 타입스크립트 코드를 자바스크립트로 컴파일해야 합니다. [코드 7.12]와 같이 컴파일러 옵션을 지정합니다.

코드 7.12 tsconfig.json

```
{
  "compilerOptions": {
    "outDir": "dist",          컴파일된 자바스크립트 파일이 저장되는 디렉터리입니다.
    "target": "es2018"         ES2018 스펙 기준으로 컴파일됩니다.
  }
}
```

이전 장에서는 package.json에 npm 스크립트 명령을 작성했습니다. 이번에도 package.json의 **scripts** 섹션에 **"tsc" :"tsc"** 명령을 추가해 로컬에 설치된 컴파일러를 실행해봅시다.

```
npm run tsc
```

스크립트 명령어를 작성하지 않고, 대신 npx 명령어를 사용해 로컬에 설치된 tsc를 사용해 바로 index.ts를 컴파일 해봅시다.

```
npx tsc
```

명령어 실행 후, dist 디렉터리에 index.js가 생성되었는지 확인해보세요. 이 파일은 아래와 같이 index.html 스크립트에 주입됩니다.

```
<script src="dist/index.js"></script>
```

거의 다 끝나갑니다. 이제 웹 서버로 앱을 실행해보겠습니다. 간단한 웹 서버 중 하나인 live-server 패키지를 설치하겠습니다.

```
npm i live-server -g
```

> **NOTE** live-server을 수동으로 설치하는 대신, npx live-server 명령어로 바로 실행할 수 있습니다. npx는 프로젝트 node_modules에 live-server가 없다면 npmjs.com에서 live-server 패키지를 전역에서 캐싱해와서 실행합니다.

프로젝트 루트에서 아래 명령어로 서버를 실행합니다.

```
live-server
```

localhost:8080/ 에서 앱이 실행될 것입니다. 디버거를 통해 코드 동작 방식을 보다 잘 이해할 수 있습니다. [그림 7.14]는 크롬 브라우저로 focus 이벤트가 호출되는 22행에 브레이크 포인트를 두었습니다. 오른쪽 패널을 보면 선택한 값인 circle이 ui.item.label에 추가된 것을 볼 수 있습니다.

> **NOTE** 제 6장의 "소스맵"에서 소스맵 파일을 사용해 타입스크립트 코드를 디버깅 할 수 있다고 설명했습니다. "source-Map": true를 tsconfig.json 파일에 추가하면 index.js를 실행하는 동안에도 index.ts를 디버깅할 수 있습니다.

그림 7.14 ▶ dist/index.js 내 브레이크 포인트

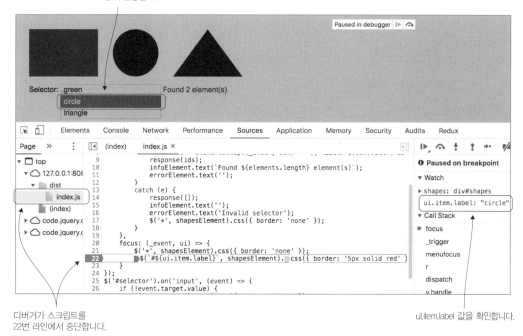

선택을 변경하면
focus 값이 변경됩니다.

디버거가 스크립트를
22번 라인에서 중단합니다.

ui.item.label 값을 확인합니다.

지금까지 타입스크립트 코드와 자바스크립트 라이브러리를 함께 사용하는 방법에 대해 알아보았습니다. 다음 절에서는 기존 자바스크립트 프로젝트를 타입스크립트로 마이그레이션 하는 방법을 알아봅니다.

7.3 자바스크립트 프로젝트에 타입스크립트 도입

개발자로서 최신 언어와 기술이 도입된 프로젝트를 작업하는 것이 이상적이나, 실제는 그렇지 않습니다. 여러분이 자바스크립트로 개발된 소프트웨어 제품을 유지보수하고 있는 개발자라면, 이 책이 끝날 쯤 타입스크립트로 바꾸자는 생각이 들지도 모르겠습니다. 간단한 토이 프로젝트는 쉽게 타입스크립트로 만들 수 있겠지만, 실제 현업에서 기존 자바스크립트 프로젝트를 타입스크립트로 바꿀 수 있을까요?

타입스크립트는 타입지정을 선택사항으로 둘 수 있습니다. 즉 자바스크립트 코드 내 선언된 변수나 함수 파라미터를 바꾸지 않아도 됩니다. 처음부터 타입스크립트 컴파일러를 자바스크립트 앱에 가져오지 않는 이유는 무엇일까요? 그 이유는 이미 기존 자바스크립트 앱에 수만 줄의 코드가 있을 것이고, tsc를 사용해 모든 코드를 컴파일하면 숨겨진 버그가 발생하고 배포 프로세스도 현저하게 느

려질 수 있기 때문입니다. 때문에 tsc를 바로 도입하는 것은 좋은 방법이 아닙니다.

그러나 고객 모듈, 장바구니 모듈 등 분리된 기능이라면 tsc를 통해 실행할 수 있습니다. 그런트, 걸프, 바벨, 웹팩 등 빌드 프로세스를 위한 도구가 있을 것입니다. 이 프로세스에 tsc를 통합할 수 있습니다.

기존 자바스크립트 확장자를 .ts로 바꾸지 않아도 됩니다. 타입스크립트 컴파일러 옵션에 "allowJs": true를 추가합니다. tsc에게 ".ts 파일 뿐만 아니라 .js 파일도 컴파일할 거야. .js 파일의 타입 검사는 하지마. 컴파일러 옵션 target에 맞춰서 변환하기만 하면 돼"라고 말해주는 것입니다.

> **NOTE** 파일 확장자를 .js에서 .ts로 변경하지 않아 IDE는 자바스크립트 파일을 오류로 강조 표시하더라도, "allow-Js":true 옵션이 있으면 이와 관계없이 tsc는 자바스크립트 파일을 컴파일 합니다.

타입은 선택사항인데, tsc가 타입 검사를 안하도록 만드는 이유는 무엇일까요? 그 이유는 tsc가 자바스크립트 코드 내 모든 타입 정보를 완전하게 추론하지 못하기 때문에 오류를 내보내기 때문입니다. 또한 기존 코드에 버그가 많을 수 있습니다. 잘 작동한다면, 우선 고치지 말아야겠지요?

물론 '앱이 깨지지 않으면, 개선해야 한다'고 생각할 수 있습니다. 잘 작성된 자바스크립트 코드라면 tsconfig.json 옵션에 "checkJs: true"를 추가하세요. 그러나 일부 자바스크립트 파일에서 오류가 발생하면 //@ ts-nocheck 주석을 추가해 검사를 건너 뛸 수 있습니다. 반대로 "checkJs ": true를 설정하지 않고 //@ts-check 주석을 추가해 일부 .js 파일만 검사하도록 지시할 수 있습니다. 특정 코드의 앞 부분에 //@ts-ignore 해당 코드 줄에 대한 타입 검사를 무시할 수도 있습니다.

기존 자바스크립트 코드의 타입 검사에 대해 설명하기 위해, Dojo 프레임워크 저장소 github.com/dojo/dojo/blob/master/OpenAjax의 OpenAjax.js 파일을 VS 코드에서 열고 확인해보겠습니다. 이 파일을 타입스크립트 코드로 바꾸어보겠습니다. 파일의 시작점에 //@ts-check 주석을 추가하면, [그림 7.15]와 같이 빨간색 물결선이 표시됩니다.

그림 7.15   자바스크립트 파일에 //@ts-check 추가

```
1    //@ts-check
2    import   isMoment   from './constructor';
3    import   normalizeUnits   from '../units/aliases';
4    import   createLocal   from '../create/local';
5    import isUndefined from '../utils/is-undefined';
6
7    if(!window["OpenAjax"]){
8        OpenAjax = new function(){
9            // summary:
10           //      the OpenAjax hub
11           // description:
12           //      see http://www.openajax.org/member/wiki/OpenAjax_Specif
13
14           var libs = {};
15           var ooh = "org.openajax.hub.";
16
17           var h = {};
18           this.hub = h;
19           h.implementer = "http://openajax.org";
20           h.implVersion = "0.6";
21           h.specVersion = "0.6";
22           h.implExtraData = {};
23           h.libraries = libs;
```

타입 체크 오류

맨 위에 있는 **import**문의 오류는 파일 존재 여부를 확인하지 않을 것이므로 무시합시다. 8행은 빨간색 물결선으로 오류가 표시되어 있지만 **OpenAjax** 객체가 런타임에 존재하므로 오류가 아닙니다. 이 행 바로 위에 **//@ts-ignore**를 추가하면 오류 표시가 제거됩니다.

그러나 19-23 행의 오류를 수정하려면 모든 프로퍼티에 대한 타입 또는 인터페이스를 선언해야 합니다. 여기서 변수 **h**를 바꿔 타입스크립트 코드로 바꿀 수 있습니다.

[그림 7.16] 코드를 보겠습니다. 제품 가격이 20달러 미만이면, 'Buying! 구매할래요!' 이라는 메시지가 출력됩니다. 오류 표시가 없으니 코드도 문제가 없는 것으로 보입니다.

그림 7.16   버그가 있는 자바스크립트 코드

```
1    const getPrice = () => Math.random()*100;
2
3    if (getPrice < 20) {
4        console.log("Buying!");
5    }
```

[그림 7.17]과 같이 이제 맨 앞에 **//@ts-check**를 추가하면 타입 정적 분석기가 유효성을 체크합니다.

그림 7.17 @ts-check가 오류를 발견

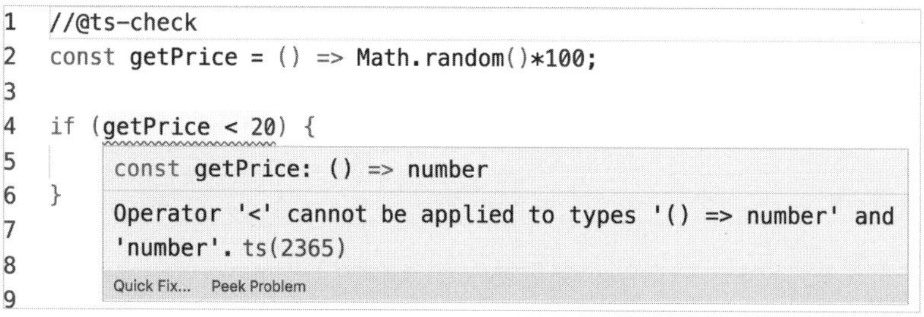

```
1   //@ts-check
2   const getPrice = () => Math.random()*100;
3
4   if (getPrice < 20) {
5   |       const getPrice: () => number
6   }
7           Operator '<' cannot be applied to types '() => number' and
8           'number'. ts(2365)
9           Quick Fix...   Peek Problem
```

이런! 자바스크립트 코드에 버그가 있습니다. if 문에서 **getPrice** 다음에 괄호를 추가하는 것을 잊었습니다. 함수를 호출하지 않았기에 **getPrice < 20**는 절대로 **true**가 될 수 없습니다. 이렇듯 //@ts-check를 맨 위에 추가하면 기존 자바스크립트 내 런타임 버그를 찾을 수 있습니다.

tsc 컴파일러 noImplicitAny 옵션은 자바스크립트에서 타입스크립트로 마이그레이션을 도와줍니다. 만약 함수 파라미터와 반환타입을 지정하지 않는 경우, tsc가 타입을 유추하기 어렵기 때문에 "noImplicitAny": false를 지정할 수 있습니다. 기본값이 **false**입니다. 이 모드에서 tsc가 변수 타입을 유추할 수 없는 경우 컴파일러는 자동으로 타입 기본값을 **any**로 설정합니다. 모드가 "noImplicitAny": true 였다면, 타입스크립트로 마이그레이션이 완료되면 다시 원래대로 **true**로 돌려놓아야 합니다.

타입스크립트 컴파일러는 .js 파일에서도 쉽게 사용할 수 있습니다. 선언 후 클래스나 함수에 프로퍼티를 추가할 수 있습니다. .js 파일의 객체 리터럴에도 동일합니다. 프로퍼티가 정의되지 않은 경우도 객체 리터럴에 프로퍼티를 추가할 수 있습니다. 타입스크립트는 CommonJS 모듈 형식을 지원하며 require() 함수로 모듈을 가져옵니다. 기본적으로 모든 함수 파라미터는 선택 사항으로 선언된 파라미터 수 보다 더 적은 파라미터로 호출할 수 있습니다.

자바스크립트 코드 내 JSDoc 주석^{예 : @param, @return}을 추가하면 tsc가 타입을 유추할 수 있고, 타입스크립트가 읽을 수 있습니다. 자세한 내용은 자바스크립트에서 JSDoc 지원 문서를 통해서 확인할 수 있습니다. github.com/Microsoft/TypeScript/wiki/JSDoc-support-in-JavaScript를 참고하세요.

기존 자바스크립트 프로젝트를 타입스크립트로 마이그레이션하는 과정은 복잡하지 않습니다. 이번 장에서는 한 가지 방법만 소개했습니다. 자세한 내용은 타입스크립트 공식 문서 내 '자바스크립트에서 마이그레이션' typescriptlang.org/docs/handbook/migrating-from-javascript.html에서 찾을 수 있습니다. 걸프, 웹팩, 리액트 앱을 타입스크립트로 마이그레이션 등 세부 정보가 있습니다. 제 12 장에서는 리액트와 타입스크립트로, 제 13장에서는 뷰와 타입스크립트로 실습을 해봅니다.

브라우저나 자바스크립트 엔진에서 자바스크립트를 대체하기 위해 나온 언어는 타입스크립트가 처음이 아닙니다. 타입스크립트는 2012년에 탄생해 불과 10년도 안된 언어이지만, 가장 인기있는 프로그래밍 언어 랭킹 10위를 차지했습니다. 자바스크립트를 대체하고자 만들어진 커피스크립트^{CoffeeScript}나 다트^{Dart}는 왜 10위 안에 들지 못했을까요?

아래 타입스크립트가 두각될 수 밖에 없었던 세 가지 이유가 있습니다.

- ECMA스크립트 표준을 엄격하게 준수합니다. 제안된 기능이 TS39 프로세스 내 3단계를 통과하면 타입스크립트에도 포함됩니다.
- 타입스크립트 IDE 마다 정적 타입 분석기는 동일하므로 일관된 도움말을 제공합니다.
- 타입스크립트 코드와 자바스크립트 코드를 함께 사용할 수 있어 타입스크립트 앱에서 수천 개의 기존 자바스크립트 라이브러리를 사용할 수 있습니다. 이번 장에서 배운 내용이기도 합니다.

이번 장을 끝으로 이 책의 1부를 마쳤습니다. 타입스크립트 기초 내용과 사용법에 대해 배웠지만, 타입스크립트의 세세한 모든 기능을 다루지 않았습니다. 이 책 제목이 "단숨에 배우는 타입스크립트"인 이유가 있지요. 1부의 내용을 모두 소화했다면 타입스크립트 관련 기술 면접 질문은 쉽게 통과할 수 있을 것입니다. 그러나 여러분이 배운 내용을 직접 실무와 프로젝트에 적용하고 싶다면 2부도 함께 진행해봅시다.

요약

- 타입스크립트 프로젝트에서 자바스크립트 라이브러리를 활용할 수 있습니다.
- 타입 정의 파일은 자바스크립트 라이브러리에 대한 타입 검사와 자동 완성 기능을 열어줍니다. 이 덕에 더 생산적으로 코드를 작성할 수 있습니다.
- 여러분이 짠 자바스크립트 코드에도 타입 정의 파일을 만들 수 있습니다.
- 타입 정의 파일이 없는 자바스크립트 라이브러리라도 타입스크립트 프로젝트에서 사용할 수 있습니다.

2부

타입스크립트로 블록체인 앱 만들기

2부에서는 유명한 프레임워크를 사용해 애플리케이션을 만들어봅니다. 각 앱은 프로그래밍 언어로 타입스크립트를 사용합니다. 우선 2부에서 만들 앱들의 기반이 될 블록체인 기술에 대한 소개로 시작하겠습니다.

앵귤러와 리액트, 뷰 같은 프레임워크와 라이브러리를 소개하고 이를 이용해 블록체인 앱을 만들겠습니다. 현재 타입스크립트가 실제 프로젝트에서 어떻게 쓰이고 있는지 이해할 수 있을 겁니다. 2부의 모든 장을 읽지 않아도 상관은 없습니다만 12장과 14장, 16장을 이해하기 위해서는 8장과 10장을 필수로 읽으셔야 합니다.

제8장

타입스크립트를 활용한 블록체인 애플리케이션 개발

이 장의 목표

- 블록체인 앱 기초
- 블록 마이닝
- 해시 함수
- 블록체인 앱 개발 과정

8.1 블록체인 기초

핀테크 업계의 화두인 암호화폐, 블록체인에 대해 모두 한번쯤 모두 들어보았을 것입니다. 비트코인과 블록체인은 혼동되어 사용되기도 하지만 같은 의미는 아닙니다. 블록체인은 데이터 분산 처리 기술이며 비트코인은 블록체인을 기반으로 한 암호화폐 중 하나입니다.

암호화폐cryptocurrency는 전통적인 화폐 대신 디지털 플랫폼에서 이루어지는 결제 시스템입니다. 모든 거래는 암호화되어 제3자 기관의 개입 없이 거래의 신뢰성을 확보할 수 있습니다. 그렇다면 청구서나 중앙 은행이 없이 어떻게 결제 여부를 확인할 수 있을까요?

블록체인에서 검증된 거래 데이터를 '블록' 단위로 나누고 이 블록들을 '사슬체인'처럼 연결해 완전한 하나의 데이터를 구성합니다. 마치 자전거 체인처럼 말이지요. [그림 8.1]은 세 개의 블록으로 구성된 블록체인을 시각화 한 모습입니다.

그림 8.1 세 개의 블록으로 구성된 블록체인

블록1   블록2   블록3

새 거래가 블록체인에 추가되면, 새로운 블록을 생성하고, 블록체인 알고리즘을 통해 전송받은 블록에 포함된 거래의 유효성을 검증합니다. 유효한 블록은 이전 블록과 체인으로 연결합니다.

일반적인 블록체인은 개인이나 회사가 데이터를 제어하거나 소유하지 않기 때문에 데이터가 분산되어 있습니다. 거래정보를 특정 중앙 서버에 데이터를 보관하는 전통적인 방식과 달리 P2P^{Peer-to-Peer} 네트워크로 모든 유저에게 데이터를 분산해서 기록하고 공동으로 관리합니다. 이렇게 단일 장애 지점을 제거하고 중앙 권력에 대한 필요성을 차단하는 것을 탈중앙화라고 합니다.

항공사 좌석 예약 정보를 관리하는 서버가 있다고 해봅시다. 여러 여행사^{노드}가 동시에 같은 서버에 접속해 항공권을 검색하고 예약할 것입니다. 규모가 작은 여행사는 한 대만 사용할 것이고, 규모가 제법 큰 곳은 서너 대를 사용할 것입니다. 모든 컴퓨터는 단 하나의 서버 데이터에 의존하고 있습니다. 서버에 문제가 생긴다면, 아무도 항공권을 예약할 수 없게 됩니다. 이와 같은 데이터 처리 방식을 중앙 집중식이라고 합니다.

그림 8.2 중앙 집중식 데이터 처리

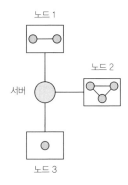

블록체인은 중앙 서버가 없는 탈중앙화 방식을 추구합니다. 모든 블록체인 사본은 P2P^{Peer-to-Peer} 네트워크를 통해 모든 유저에게 데이터를 분산해서 기록하고 공동으로 관리합니다. 단일 노드는 컴퓨터 한 대 또는 여러 대의 컴퓨터로 구성된 클러스터가 될 수 있습니다. [그림 8.3]의 노드 중 하나가 중단되더라도, 다른 노드가 실행 중이면 정상적으로 작동합니다.

그림 8.3 탈중앙화 데이터 처리

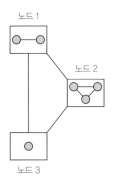

그렇다면 거래 사본을 다른 유저 또는 조직의 컴퓨터에 저장해도 안전할까요? 만약 누군가 나쁜 의도로 거래 내역을 0으로 수정하면 어떻게 될까요? 안심해도 됩니다. 블록체인에서는 거래 내역에 대한 수정이나 조작이 불가능하기 때문입니다. 데이터는 돌 위에 새기는 것처럼 영구적이므로 삭제하거나 수정할 수 없습니다. 대신 추가는 가능합니다. 네트워크의 일부 노드가 수학 문제를 해결한다면 새 블록을 추가할 수 있게 됩니다.

중앙서버나 중앙관리자의 제어 없이 분산화된 네트워크의 각 노드^{개인}들이 데이터베이스를 공유하고 계속 동기화하는 기술을 분산원장^{distributed ledger}이라고 부릅니다. 블록체인은 이 분산원장을 구현하기 위한 하나의 데이터 구조입니다. 블록은 금융 거래, 투표 결과, 의료 기록 등 모든 유형의 데이터를 저장할 수 있습니다. 이 블록 정보에 복잡한 수학적 공식을 적용해 해시^{hash} 값으로 바꿉니다. 다음 장에서 블록체인의 핵심개념인 해시 함수에 대해 알아보겠습니다.

8.1.1 해시 함수

위키피디아 해시 문서^{en.wikipedia.org/wiki/Hash_function}에는 해시 함수를 "임의의 길이의 데이터를 고정된 길이의 데이터로 맵핑하는 함수이다. 해시 함수에 의해 얻어지는 값은 해시값, 해시 코드, 해시 체크섬 또는 간단하게 해시라고 한다."라고 정의합니다. 해시 함수는 블록체인 암호화에 사용됩니다. 암호용 해시 함수는 맵핑된 해싱 값만을 가지고 원래 입력 값을 알아내기 힘듭니다.

암호화는 기본적으로 양방향 통신을 전제로 하므로 암호화와 복호화가 가능합니다. 같은 키를 사용해 암호화된 값을 해독할 수 있습니다.

그러나 해시 함수는 해시함수는 단방향 통신으로 복호화를 할 수 없습니다. 즉, 암호화는 가능하지만 복호화는 불가능하기 때문에 원본을 알 수 없습니다. 이를 이해하기 위해 아주 간단한 해시 함수를 만들어봅시다.

기본적으로 해시 함수는 입력값이 같으면 생성되는 해시값도 같습니다. 복잡한 해시 알고리즘을 사용하면 동일한 해시값이 생성될 확률을 최소화 할 수 있습니다.

숫자 전용 비밀번호가 있고 데이터베이스에 저장하지 않는 앱이 있다고 가정해보겠습니다. 암호값에 모듈러 연산자를 적용하고 10을 더하는 해시함수를 작성해봅시다.

코드 8.1 ▶ 해시 함수

```
function hashMe(password: number): number {
    const hash = 10 + (password % 2);   ●········ 모듈러를 적용한 해시
```

```
    console.log(`Original password: ${password}, hashed value: ${hash}`);
    return hash;
}
```

짝수의 경우 input % 2 표현식의 값은 0입니다. 이제 파라미터가 짝수인 hashMe()를 여러 번 호출해보겠습니다.

```
hashMe(2);
hashMe(4);
hashMe(6);
hashMe(800);
```

호출된 해시값은 0입니다.

```
Original password: 2, hashed value: 10
Original password: 4, hashed value: 10
Original password: 6, hashed value: 10
Original password: 800, hashed value: 10
```

코드펜bit.ly/3bUSBx0에서 함수 실행 결과를 확인할 수 있습니다.

이와 같이 해시 함수가 서로 다른 두 개의 입력값에 대해 동일한 출력값을 내는 상황을 해시 충돌collision이라고 부릅니다. 암호화에서 SHASecure Hash Algorithm, 안전한 해시 알고리즘는 서로 관련된 암호학적 해시 함수들의 모음으로 안전한 방법으로 해시를 생성합니다. 이와 같은 해시값을 생성하는 두 개의 입력값을 찾는 것이 계산상 어려운 성질을 충돌 저항성collision resistance이라고 합니다. 블록체인의 블록은 해시값으로 표시되며, 동일한 해시를 생성해 블록을 대체하지 못하도록 하는 것이 중요합니다. [코드 8.1]의 해시 함수는 충돌 공격을 막을 수 없습니다. 블록체인은 충돌 방지를 위한 해시 알고리즘을 사용합니다. 그 중 하나는 SHA-256으로 어떤 길이의 값을 입력하더라도 고정 길이가 256비트64바이트인 데이터를 반환하며 길이가 64자리인 16진수로 표시합니다.

만약 이 책의 본문 전체를 SHA-256 해시로 생성하더라도 64자리인 16진수인 값을 가집니다. SHA-256 해시는 이름에 내포되어 있듯 2의 256제곱만큼 경우의 수를 만들수 있습니다. 이는 전 세계 모래 알갱이 수보다 더 많은 숫자입니다.

TIP 위키피디아 SHA-256 알고리즘 문서 en.wikipedia.org/wiki/SHA-2 에서 자세한 내용을 읽어보세요.

SHA-256 해시 알고리즘은 리눅스 OS에서 shasum 유틸리티를, 윈도우에서는 certUtil 프로그램을 사용할 수 있습니다. 이외에 SHA-256 생성해주는 웹 사이트도 있습니다. 또는 Node.js에 crypto 라이브러리를 사용하거나 브라우저에서 crypto 객체를 사용할 수 있습니다.

아래는 맥 OS에서 **hello world** 문자열을 SHA-256 알고리즘으로 계산하는 방법입니다.

```
echo -n 'hello world' | shasum -a 256
```

생성된 해시값은 아래와 같습니다.

```
b94d27b9934d3e08a52e52d7da7dabfac484efe37a5380ee9088f7ace2efcde9
```

위의 명령을 여러 번 반복하더라도 항상 동일한 해시값을 얻습니다. 입력 문자열을 변경하면 완전히 다른 SHA-256 해시값이 생성됩니다. 함수형 프로그래밍에서는 해시 함수는 항상 주어진 입력에 대해 동일한 값을 반환하기 때문에 순수 함수라고 할 수 있습니다.

TIP 해시 알고리즘에 대해 관심있다면 General Purpose Hash Function Algorithms 글(partow.net/programming/hashfunctions)과 위키피디아 해시 함수 문서(en.wikipedia.org/wiki/Hash_function)를 참고하세요.

블록체인은 해시를 사용해 블록을 연결합니다. 다음 절에서 블록 내부에 대해 알아보겠습니다.

8.1.2 블록

블록체인에서 '블록'은 거래 데이터가 기록되는 장부와 같습니다. 블록체인의 각 블록에는 데이터뿐만 아니라 타임 스탬프, 자체 해시값 및 이전 블록의 해시값도 저장됩니다. 블록체인이 매우 간단하고 해킹하기 쉬운 경우 아래와 같은 절차대로 새 블록을 추가할 수 있습니다.

1. 가장 최근에 추가된 블록의 해시를 찾고 이전 블록의 참조로 저장합니다.
2. 새로 생성된 블록에 대한 해시값을 생성합니다.
3. 새로운 블록을 블록체인에 제출해 검증합니다.

블록체인이 생성된 후 체인에 추가된 최초 블록은 이전 블록의 해시값을 갖고 있지 않습니다. 이 첫 번째 블록을 제네시스 블록genesis block이라고 부릅니다.

[그림 8.4]는 각 블록마다 고유 인덱스, 타임 스탬프, 데이터 및 두 개의 해시값자체값 및 이전 블록값을 갖고 있습니다. 제네시스 블록은 이전 블록 해시값이 없으므로 빈 문자열을 가집니다. 데이터는 거래 내역을 "Joe paid Mary $20조가 메리에게 20달러를 송금함"이라고 표시합니다.

그림 8.4 블록체인 코드

> **TIP** 체인으로 연결된 데이터 구조는 연결 리스트(linked list)와 유사합니다. 연결 리스트는 이전 노드의 주소와 다음 노드의 주소를 표시한 포인터를 갖고 있으나, 블록체인과 같은 자료구조에서는 해시(hash) 자체가 각 노드를 연결하는 주소의 역할을 합니다.

예를 들어 누군가 내 블록 해시값이 "e68d27a..." 임을 알고 있으며, 조가 '메리에게 1000$ 송금'이라는 기록으로 변경하려 시도한다고 가정해봅시다. 거래 정보를 변경한 블록부터 그 이후 블록 내 해시 변경이 연쇄적으로 발생합니다. 때문에 데이터 손상 여부를 금방 확인할 수 있습니다. 또한 변경한 블록부터 그 이후 모든 블록에 대해 다시 순서대로 작업 증명 작업을 거쳐야 하는데, 이 때 많은 시간이 소요되고 새로운 블록들도 계속 추가되므로 완료된 거래 정보를 변경하기란 사실상 불가능합니다.

8.1.3 블록 채굴

광산에서 금을 캐듯이 블록체인에서 암호화폐가 발행되는 과정을 '채굴'이라 부릅니다. 모든 거래의 정확성을 확인하기 위해서는 누군가 이 계산을 수행하고 일정 기간마다 거래 승인을 해줘야 합니다. 이 복잡한 수학 문제를 해결하기 위해서는 막대한 시간과 컴퓨팅 파워가 필요합니다. 이 시스템을 유지하기 위해 채굴자는 대가로 블록체인대표적으로 비트코인을 받습니다. 새로운 블록은 다른 채굴자로부터 승인을 받아야 하기 하므로, 채굴자의 수가 많을수록 블록체인의 안전성도 높아집니다.

우리의 블록체인은 해시값이 **0000**으로 시작하는 블록만 추가할 수 있다고 해봅시다. 블록의 내용을 기반으로 해시값이 계산되며 처음부터 **0000**으로 시작하지 않습니다. 해시는 랜덤하게 생성되기 때문에 수없이 많은 연산을 반복해 정해진 목표값을 얻어야 합니다. 이와 같이 해시값을 찾는 것을 블록 채굴이라고 합니다.

블록체인에 추가된 새 블록은 전세계에 분산된 네트워크 내 모든 노드에 제공되고, 채굴자들은 유효한 해시값을 생성하기 위해 경쟁합니다. 이 값을 첫 번째로 찾아낸 채굴자에게 보상으로 비크코인 같은 암호화폐를 제공합니다.

새 블록4번을 블록체인에 추가한다고 해봅시다.

```
4
June 4 15:30
Simon refunded AI $200
```

새 블록을 추가하기 전에 위의 값을 하나의 문자열로 연결하고 다음 명령을 실행하여 SHA-256 해시를 생성합니다.

```
echo -n '4June 4 15:30Simon refunded AI $200' | shasum -a 256
```

아래와 같은 해시값이 생성됩니다.

```
d6f9255c5fc579594bef56403778d475ab441abbd56bff788d597ae1e8d4ad22
```

생성된 해시값이 **0000**으로 시작하지 않으므로 블록체인에서 거부합니다. **0000**으로 시작하는 해시값이 나오도록 수많은 연산을 반복해 채굴 작업을 수행해야 합니다. 여기서는 브루트 포스brute force를 사용합니다. 브루트 포스란 원하는 결과가 나올 때까지 계속해서 다른 값을 입력하는 기법입니다. 이번에는 원하는 해시값이 나올 때까지 문자열 끝에 숫자를 붙입니다. 숫자는 0부터 시작해 1,2,3,⋯ 순서로 1씩 반복해서 늘려 해시값이 **0000**으로 시작하게 될 때까지 올립니다.

그런 과정을 통해 **236499**라는 값을 찾았습니다. 이 값을 입력 문자열에 추가하고 해시를 다시 계산하겠습니다.

```
echo -n '4June 4 15:30Simon refunded AI $200236499' | shasum -a 256
```

이제 해시값은 **0000**으로 시작합니다.

```
0000696c2bde5add287a7b6ccf9a7e57c9d69dad8a6a93922b0451a5150e6696
```

완벽합니다! 해시값이 **0000**으로 시작하게 만드는 임시값을 찾았습니다. 그러나 문제는 이 숫자는 특정 입력 문자열과 함께 한 번만 사용할 수 있습니다. 입력 문자열을 변경하면 더 이상 해시값은 **0000**으로 시작하지 않습니다.

이 임시값 **236499**을 논스nonce라고 부릅니다. 즉 채굴자는 특정 조건에 만족하는 논스값을 찾아야 합니다. 논스를 블록 객체에 추가하고 채굴자가 새로운 블록의 값을 계산할 수 있게 할 수 있겠지요?

채굴자는 컴퓨터 자원을 소비하여 논스값을 계산하여 작업 증명Proof of Work, PoW을 얻습니다. 블록체인에 블록을 추가하기 위해서는 작업 증명이 필요합니다. 다음 절에서 블록체인을 개발하며 논스를 계산하는 프로그램을 작성하겠습니다. 먼저 블록 타입을 정의해보겠습니다.

코드 8.2 블록 타입 정의

```
interface Block {
  index: number;          •——— 순차적 블록번호
  timestamp: number;      •——— 새 블록이 블록체인에 추가된 날짜와 시간
  data: string;           •——— 한 번 이상의 거래에 대한 데이터
  nonce: number;          •——— 채굴자들이 알아내야 할 숫자
  hash: string;           •——— 이 블록의 해시
  previousBlockHash: string;  •——— 이전 블록의 해시값
}
```

타입스크립트 **interface**를 사용해 **Block** 타입을 선언했습니다. 다음 절에서 **interface**를 그대로 사용해야하는지 **class**로 변경해야 하는지 알아보겠습니다.

비트코인 채굴

앞서 블록체인에 새 블록을 추가하는 방법을 알아보았습니다. 이제 비트코인 채굴도 이와 같습니다. 조와 메리가 비트코인을 거래했다면, 이 거래 내역을 블록체인 원장에 추가해야 합니다. 거래 내역은 블록에 저장되고, 이 블록을 먼저 검증해야 합니다.

비트코인 유저는 누구나 채굴자가 되어 암호화된 블록의 해시 퍼즐을 먼저 맞출 수 있습니다. 비트코인 퍼즐에는 방금 살펴본 0이 네 개짜리인 퍼즐보다 더 많은 컴퓨터 자원이 필요할 겁니다.

시간이 지남에 따라 채굴자의 수가 점점 많아지는 반면 채굴 난이도가 똑같다면 채굴자는 빠른 속도로 암호화폐를 채굴할 수 있게 되고 해당 암호화폐의 희소성이 떨어지게 됩니다. 이를 방지하기 위해 연산의 난이도를 조정합니다. 이는 정해진 시간에 맞춰 일정 수의 블록이 생성될 수 있도록 하기 위한 조치로 약 10분의 시간이 걸리며 해시값의 앞 부분에는 15-20개의 0이 들어갑니다.

특정 거래예 : 조가 메리에게 비트코인 5개를 지불함의 퍼즐을 푼 첫 번째 채굴자예: 피터는 새 비트코인을 보상받습니다. 채굴자 피터는 비트코인 거래 수수료로 돈을 벌 수 있습니다. 만약 피터가 비트코인 숫자를 5에서 50개로 거래 내역을 수정했다면 어떻게 될까요? 조의 거래내역은 공개–개인 키 암호화를 사용해 디지털 서명이 되었기 때문에 데이터 위변조가 불가능합니다.

이전 절에서 블록 번호, 시간, 거래 내역 텍스트로 해시값을 얻었습니다. 비트코인은 한 블록 당 약 2,500개의 거래 내역을 저장합니다.

비트코인은 현금처럼 물건과 서비스를 구매하고 팔 수 있습니다. 그러나 신규 비트코인을 공급하는 유일한 방법은 비트코인 채굴 뿐입니다.

원장과 장부 조작

모든 비즈니스는 거래 장부를 갖고 있습니다. 과거에는 큰 거래 장부 책에 수기로 작성하고 구매, 판매 항목 등으로 분류했습니다. 지금은 거래 장부와 기록이 모두 전산화되었지만 매입, 매출, 지급, 수금의 거래 내역을 관리하는 거래 원장은 불변하는 원칙은 고수되고 있습니다. 우리는 블록체인을 원장으로 생각할 수 있습니다.

영어에서 '회계 장부를 조작한다'고 할 때 '장부를 요리한다cook the books'라는 표현을 사용합니다. 그러나 블록체인에서는 원장 내 데이터를 조작할 수 없습니다. 블록체인 노드 50% 이상이 승인해야지만 위변조할 수 있는 가능성이 조금이라도 생깁니다. 물론 이론적으로는 가능하나 실제 일어날 확률은 불가능에 가깝습니다.

8.1.4 해시와 논스를 사용한 미니 프로젝트

최신 브라우저는 Crypto 인터페이스를 지원합니다. 이는 현재 환경에서 사용 가능한 기본적인 암호화 기법으로 강력한 무작위 숫자 생성기나 암호화에 필요한 기본 엘리먼트에 접근할 수 있습니다. **crypto.subtle.digest()** API로 해시를 생성할 수 있습니다. 모질라 공식 문서 developer.mozilla.org/en-US/docs/Web/API/SubtleCrypto/digest에서 자세한 내용을 읽을 수 있습니다.

crypto API를 사용해 아래 세 가지 함수를 직접 작성해보길 바랍니다. 스스로 먼저 해결해보고 정답 코드를 확인해보길 바랍니다.

1. generateHash(input: string) 함수를 작성합니다. 문자열을 입력으로 받고 **crypto** API를 사용해 SHA-256 해시를 찾습니다.
2. calculateHashWithNonce(nonce: number) 함수를 작성합니다. 제공된 논스를 입력 문자열과 연결하고 generateHash() API를 호출합니다.
3. mine() 함수를 작성합니다 생성된 해시값이 0000으로 시작할 때까지 반복문 내에서 calculateHashWithNonce()을 호출합니다.

마지막으로 다음과 같이 생성된 해시값과 계산한 논스값을 출력해야 합니다.

> "Hash: 0000bfe6af4232f78b0c8eba37a6ba6c17b9b8671473b0b82305880be077edd9, nonce: 107105"

코드 8.3 미니 프로젝트 정답

```
import * as crypto from 'crypto';
let nonce = 0;

async function generateHash(input: string): Promise<string> {       •------ 주어진 입력값으로 SHA-256 해시를 생성합니다.
  const msgBuffer = new TextEncoder().encode(input);    •------ UTF-8로 변환합니다.
  const hashBuffer = await crypto.subtle.digest('SHA-256', msgBuffer);    •------ 메시지의 해시값을 구합니다.
  const hashArray = Array.from(new Uint8Array(hashBuffer));    •------ ArrayBuffer에서 Array로 변환합니다.
  const hashHex = hashArray.map(b => ('00' + b.toString(16)).slice(-2)).join('');    •------ 바이트를 16진수로 변환합니다.
  return hashHex;
}

async function calculateHashWithNonce(nonce: number): Promise<string> {    •---┐
  const data = 'Hello World' + nonce;                  논스를 문자열에 추가한 다음 해시를 계산하는 함수입니다.
  return generateHash(data);
}
async function mine(): Promise<void> {    •------ 논스를 만들어 0000로 시작하는 해시를 생성하는 함수입니다.
```

```
let hash: string;
do {
  hash = await calculateHashWithNonce(++nonce);  •········ 비동기 함수로 await 키워드를 사용합니다.
} while (hash.startsWith('0000') === false);
console.log(`Hash: ${hash}, nonce: ${nonce}`);
}
mine();
```

bit.ly/3e2TLZP에서 위 코드를 실행해봅시다. 몇 초만 기다리면 콘솔에 아래와 같은 메시지가 출력될 겁니다.

```
Hash: 0000bfe6af4232f78b0c8eba37a6ba6c17b9b8671473b0b82305880be077edd9, nonce: 107105
```

mine() 함수 내 숫자 0의 갯수를 4개를 5개로 바꾸면 계산은 몇 분 더 소요됩니다. 갯수를 10개로 늘리면 한 시간이 더 걸릴 것입니다.

논스를 구할 때까지 시간이 꽤 걸리지만 검증은 빠릅니다. 코드 8.3의 논스값이 **107105**인지 확인하려면, 맥 유저의 경우 **shasum** 명령어로 확인할 수 있습니다.

```
echo -n 'Hello World107105' | shasum -a 256
```

아래와 같은 해시값을 출력하는지 확인해보세요.

```
0000bfe6af4232f78b0c8eba37a6ba6c17b9b8671473b0b82305880be077edd9
```

코드 8.3의 **mine()** 함수에서 숫자 0을 0000으로 하드 코딩했습니다. 이 함수에 파라미터를 추가할 수 있습니다.

```
mine(difficulty: number): Promise<void>
```

difficulty는 난이도로 해시값 시작 부분의 **0** 개수를 나타나는데 사용할 수 있습니다. 난이도를 높이면 논스 계산 시간도 크게 늘어납니다.

다음 절에서는 지금까지 배운 타입스크립트를 사용해 간단한 블록체인 앱을 개발해보겠습니다.

8.2 블록체인 앱 개발

이번 절에서는 블록체인에 전반적인 내용을 충분히 이해했다고 전제하고 작업 증명이 없는 경우와 있는 경우, 두 가지 블록체인 앱을 함께 만들어보겠습니다.

첫 번째 앱은 블록체인을 생성하고 신규 블록을 추가하는 함수를 만들어 보겠습니다. 신규 블록을 추가하기 전, 신규 블록에 대한 SHA-256 해시^{알고리즘 사용 안 할}를 계산하고 이전 블록의 해시를 저장합니다. 인덱스, 타임스탬프 및 데이터를 블록에 추가합니다.

두 번째 앱은 무작위 해시를 가진 블록을 허용하지 않고, 0000으로 시작하는 해시를 생성하기 위해 논스를 계산합니다.

두 가지 앱 모두 Node.js 런타임을 사용해 콘솔에서 실행됩니다. crypto 모듈^{nodejs.org/api/crypto.html}을 사용해 SHA-256 해시를 생성합니다.

8.2.1 프로젝트 구조

제 2부의 각 프로젝트는 의존성이 포함된 package.json과 타입스크립트 컴파일러 옵션이 포함된 tsconfig.json가 있습니다. 프로젝트 소스 코드는 영진닷컴 홈페이지와 github.com/yfain/getts에서 확인할 수 있습니다.

영진닷컴 홈페이지에서 소스 코드를 다운 받고 비주얼 스튜디오 코드에서 [그림 8.5]와 같이 chapter8 폴더를 연 후, npm install 명령어를 실행하고 tsc 컴파일러로 변환합니다. 이 프로젝트는 두 개의 앱이 있으며 소스 코드는 src/bc101.ts 및 src/bc101_proof_of_work.ts 파일에 있습니다.

그림 8.5 ▷ 블록체인 프로젝트 구조

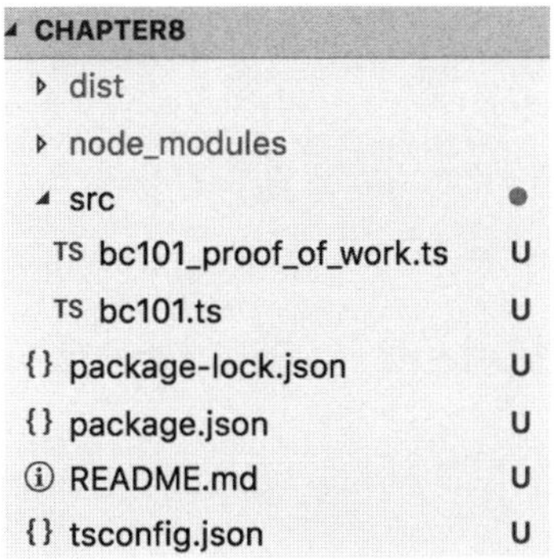

```
▲ CHAPTER8
  ▶ dist
  ▶ node_modules
  ▲ src                              ●
    TS bc101_proof_of_work.ts        U
    TS bc101.ts                      U
  {} package-lock.json               U
  {} package.json                    U
  ⓘ README.md                        U
  {} tsconfig.json                   U
```

tsc 컴파일러를 실행하면 자바스크립트 코드와 함께 dist 폴더가 생성됩니다. 프로젝트 루트 폴더에 npm install 명령어를 실행해 프로젝트 의존성을 설치합니다. [코드 8.4]에서 프로젝트 의존성을 확인할 수 있습니다.

코드 8.4 chapter8/package.json

```json
{
  "name": "TypeScript_Quickly_chapter7",
  "version": "1.0.0",
  "license": "MIT",
  "scripts": {
    "start": "serve",
    "tsc": "tsc"          ●──── 로컬에 설치된 tsc 컴파일러를 실행하는 npm 스크립트 명령어
  },
  "devDependencies": {
    "@types/node": "^10.17.52",    ●──── Node.js의 타입 정의 파일
    "typescript": "~3.0.0"    ●──── 타입스크립트 컴파일러
  }
}
```

tsc 컴파일러는 프로젝트 의존 라이브러리 중 하나로, **scripts** 내 tsc 명령어를 정의했습니다. **npm** 스크립트로 **npm** 명령을 재정의하거나 새로운 명령어를 정의할 수 있습니다. **npm run 명령어-이름** 으로 명령어를 실행할 수 있습니다. 아래 스크립트 명령어로 tsc 컴파일러를 실행해보겠습니다.

```
npm run tsc
```

콘솔에서 **tsc** 명령어를 실행하는 이유는 무엇일까요? **tsc** 컴파일러가 전역으로 설치되었다면 바로 **tsc** 명령어를 실행할 수 있습니다. 그러나 개발과 배포를 모두 해야하는 경우라면 그렇지 않습니다.

이 경우 패키지에 애플리케이션 코드와 빌드 유틸리티가 필요합니다. **npm run** 명령을 사용해 프로그램을 실행하면 **npm**은 node_modules/bin 디렉터리에서 프로그램을 찾습니다. **npm install** 명령어를 실행하면 **tsc** 컴파일러는 node_modules/bin에 로컬로 설치됩니다. 패키지에는 빌드에 필요한 도구가 함께 포함됩니다.

제 6장에서 타입 정의에 대해 배웠습니다. 자바스크립트 라이브러리는 별도로 타입 정의 라이브러리를 추가해 사용할 수 있습니다. 이 프로젝트에서는 Node.js API를 정의한 타입 정의 파일 *.d.ts을 사용합니다.

타입 정의 파일을 통해 API를 올바르게 사용하고 있는지 타입을 체크해줍니다. 예를 들어 함수 파라미터가 숫자 타입인데 문자열을 전달하더라도 자바스크립트 라이브러리는 타입 정의가 없기 때문에 타입 오류를 확인할 수 없습니다. 타입 정의 파일이 있으면 IDE 내 도움말과 자동 완성 기능을 사용할 수 있습니다. 아래 그림에서는 **crypto.**를 입력하면 나타나는 자동 완성 기능을 볼 수 있습니다. IDE는 crypto에서 지원하는 API 리스트를 보여줍니다.

crypto 모듈의 자동 완성 기능

```
              CipherCCMTypes
  construct  CipherGCM
    readonl  CipherGCMOptions
    readonl  CipherGCMTypes
    readonl  createCipher
    readonl  createCipheriv
  ) {        createCredentials
    this.ha  createDecipher
  }          createDecipheriv
             createDiffieHellman
  private c  createECDH
    const d  createHash  function createHash(a...
    crypto.
```

타입 정의 파일 **@types/node**를 설치하지 않으면 이 도움말이 표시되지 않습니다. npmjs.org 의 @type 조직은 유명 자바스크립트 라이브러리의 타입 정의 파일을 관리합니다.

실습 프로젝트에는 타입스크립트 컴파일러 옵션을 포함한 tsconfig.json 파일이 있습니다.

코드 8.5 chapter8/tsconfig.json

```
{
  "compilerOptions": {
    "module": "commonjs",    ●──── 자바스크립트 모듈을 생성하는 방법
    "outDir": "./dist",      ●──── 컴파일된 자바스크립트가 저장되는 디렉터리
    "target": "es2017",      ●──── ES2017 문법으로 컴파일
    "lib": [
      "es2017"               ●──── 프로젝트는 ES2017 API를 사용
    ]
  }
}
```

컴파일러 옵션 설정에 있어 **outDir**과 **target** 옵션은 필수지만, **module**과 **lib** 옵션은 선택입니다.

ES6 이전, 자바스크립트 개발자는 코드를 모듈로 분할하기 위해 다른 구문을 사용했습니다. 예를 들어, AMD 형식은 브라우저 기반 앱을 대상으로 CommonJS 형식은 Node.js 앱을 대상으로 사용되었습니다. ES6에서 **import**와 **export** 구문이 추가되면서 어떤 모듈이든지 가져올 수 있게 되었습니다.

우리는 ES6를 기반으로한 타입스크립트를 사용하며 **import** 구문으로 모듈을 가져옵니다. 아래와 같이 crypto 모듈을 가져와봅시다.

```
import * as crypto from 'crypto';
```

그러나 Node.js 런타임은 CommonJS 형식을 사용하므로 **require** 구문을 사용해야 합니다.

```
const crypto = require("crypto");
```

컴파일러 옵션을 **"module": "commonjs"**로 지정하여, **tsc**가 **import** 문을 **require()**로 바꾸도록 지시합니다. CommonJS 형식대로 **export** 키워드를 가진 모듈 멤버는 **module.exports = {…}** 구문에 추가됩니다.

타입스크립트는 브라우저 API와 자바스크립트 각 ES 버전을 지원합니다. 예를 들어 ES6에 추가된 **Promise** 비동기 API를 사용하려면 아래와 같이 컴파일러 옵션을 작성하고 이를 지원하는 브라우저를 실행해야 합니다.

```
{
  "compilerOptions": {
    "lib": [
      "ES6"
    ]
  }
}
```

그러나 **lib** 옵션은 타입 정의만을 포함할 뿐 실제 API구현을 제공하는 것은 아닙니다. 컴파일러에게 "코드에 Promise가 보이더라도 걱정하지 마. 내 런타임 자바스크립트 엔진은 기본적으로 이 API를 지원해."라고 말하는 것과 같습니다. 그러나 기본적으로 Promise를 지원하는 환경에서 코드를 실행하거나, 그렇지 않은 구형 브라우저의 경우 polyfill 라이브러리가 필요합니다.

TIP github.com/Microsoft/TypeScript/tree/master/lib에서 사용 가능한 라이브러리 목록을 확인하세요.

지금까지 프로젝트 구성파일을 확인해보았습니다. 다음으로 [그림 8.5]에 보이는 src 디렉터리 내 두 타입스크립트 코드를 살펴보겠습니다.

8.2.2 기본 블록체인 생성

chapter8/src/bc101.ts 파일은 첫 번째 버전의 블록체인 앱입니다. Block 클래스와 Blockchain 클래스와 더불어 Blockchain API를 사용해 세 개의 블록체인을 생성합니다. 이 장에서는 웹 브라우저가 아닌 노드 런타임에서 실행합니다. bc101.ts 파일을 열고 **Block** 클래스 부터 확인해보겠습니다.

Block 클래스는 프로퍼티 인덱스, 현재와 이전 블록의 해시, 타임스탬프, 날짜와 **crypto** 모듈로 SHA−256 알고리즘으로 해시를 구하는 메서드를 가집니다. **Block** 객체를 인스턴스화하는 동안 모든 프로퍼티 값을 기반으로 해시를 계산합니다.

코드 8.6 bc101.ts내 Block 클래스

```
class Block {
  readonly hash: string;   •—— 블록 해시값

  constructor (
    readonly index: number,   •—— 블록 인덱스는 순차적으로 매겨집니다.
    readonly previousHash: string,   •—— 이전 블록의 해시값
    readonly timestamp: number,   •—— 블록이 생성된 시간
    readonly data: string   •—— 앱 관련 데이터
  ) {
    this.hash = this.calculateHash();   •—— 생성된 블록 해시값을 계산합니다.
  }

  private calculateHash(): string {
    const data = this.index + this.previousHash + this.timestamp + this.data;
    return crypto
            .createHash('sha256')   •—— SHA-256 해시를 생성하기 위해 Hash의 인스턴스를 생성합니다.
            .update(data)   •—— 해시 객체 내 해시값을 계산하고 업데이트 합니다.
            .digest('hex');   •—— 해시값을 16진수로 변환합니다.
  }
};
```

클래스 Block 생성자는 calculateHash()를 호출합니다. 이 메서드는 블록 프로퍼티 index, previousHash, timestamp, data 값을 연결합니다. 이 문자열 값은 16진수인 해시를 계산하는 crypto 모듈 암호화에 제공됩니다. 해시는 새로 생성된 Block 객체의 hash 프로퍼티에 할당되고, 체인에 추가하기 위해 Blockchain 객체에 전달됩니다.

블록 거래 내역은 문자열 타입으로 data 객체에 저장됩니다. 실제로 data 프로퍼티는 데이터 구조를 설명하는 커스텀 타입이 있어야 합니다. 그러나 우리가 만드는 블록체인은 문자열 타입을 사용합니다.

이제 Blockchain 클래스를 생성하고 다음 세 가지 작업을 수행하는 addBlock() 메서드를 만들어보겠습니다.

1. Block 객체 인스턴스를 생성합니다.
2. 가장 최근 추가된 블럭의 해시값을 가져오고 신규 블럭의 previousHash 프로퍼티에 그 값을 저장합니다.
3. 배열에 신규 블록을 추가합니다.

Blockchain 객체가 초기화되면, 생성자는 이전 블록을 참조하지 않는 제네시스 블록을 생성합니다.

코드 8.7 Blockchain 클래스

```
class Blockchain {
  private readonly chain: Block[] = [];    •········ 블록체인을 저장합니다.
  private get latestBlock(): Block {   •········ 가장 최근에 추가된 블럭 정보를 가져옵니다.
    return this.chain[this.chain.length - 1];
  }
  constructor() {
    // Create the genesis block.
    this.chain.push(    •········ 제네시스 블록을 생성하고 체인에 추가합니다.
      new Block(0, '0', Date.now(),
      'Genesis block'));
  }
  addBlock(data: string): void {

    const block = new Block(    •········ 새 블록 인스턴스를 생성하고 각 프로퍼티를 추가합니다.
      this.latestBlock.index + 1,
      this.latestBlock.hash,
      Date.now(),
```

```
    data
  );
  this.chain.push(block);    •——— 배열에 블록을 추가합니다.
  }
}
```

다음으로 Blockchain.addBlock() 메서드를 호출해 블록 채굴을 시작해보겠습니다. 아래 코드는 Blockchain 인스턴스를 생성하고 addBlock() 메서드를 두 번 호출해 'First block'과 'Second block' 두 개의 블록을 추가합니다. Blockchain 생성자 내 제네시스 블록이 생성됩니다.

코드 8.8 ▶ 3개 블록을 생성

```
console.log('Creating the blockchain with the genesis block...');
const blockchain = new Blockchain();    •——— 새 블록체인을 생성합니다.

console.log('Mining block #1...');
blockchain.addBlock('First block');    •——— 첫 번째 블록을 추가합니다.

console.log('Mining block #2...');
blockchain.addBlock('Second block');    •——— 두 번째 블록을 추가합니다.

console.log(JSON.stringify(blockchain, null, 2));    •——— 블록체인 내용을 출력합니다.
```

bc101.ts 파일은 [코드 8.6–8.8] 코드로 구성되어 있습니다. 아래 명령어로 컴파일 후 **node** 명령어로 스크립트를 실행합니다.

```
npm run tsc
node dist/bc101.js
```

스크립트 bc101.js는 [코드 8.9]와 비슷한 블록체인 내용을 출력합니다. **chain** 배열은 세 블록을 가집니다.

코드 8.9 ▶ bc101.js 출력 결과

```
Creating the blockchain with the genesis block...
Mining block #1...
Mining block #2...
{
```

```
"chain": [
 {
  "index": 0,
  "previousHash": "0",
  "timestamp": 1613524441191,
  "data": "Genesis block",
  "hash": "321cc4c8bad1ea2845971da4fb1e7836635cf2a875c5b38bb2c81ea882612123"
 },
 {
  "index": 1,
  "previousHash": "321cc4c8bad1ea2845971da4fb1e7836635cf2a875c5b38bb2c81ea882612123",
  "timestamp": 1613524441191,
  "data": "First block",
  "hash": "9d17a89689f9631e7b86d980d602d292eaeabbf9bbf66f9f7b08415f336d030c"
 },
 {
  "index": 2,
  "previousHash": "9d17a89689f9631e7b86d980d602d292eaeabbf9bbf66f9f7b08415f336d030c",
  "timestamp": 1613524441191,
  "data": "Second block",
  "hash": "1041dc08d9b25cef5774b62c7cc61a71067fa8b1b6b1be5f10f0b32cda01ef6c"
 }
 ]
}
```

> **NOTE** bc101.js 스크립트를 실행하면 해시 생성에 타임 스탬프를 사용하기 때문에 [코드 8.9]와 동일한 해시값이 생성되지 않습니다.

제네시스 블록을 제외하고 각 블록의 **previousHash** 값은 이전 블록의 **hash**와 값이 같습니다. 해시 값을 빨리 구할 수 있지만 실제 블록체인에서는 CPU와 GPU를 사용해 알고리즘을 해결하므로 많은 리소스와 시간이 필요합니다. 블록 채굴 프로세스를 좀더 현실적으로 만들어보겠습니다.

8.2.3 작업증명과 블록체인 생성

블록체인 앱의 다음 버전인 bc101_proof_of_work.ts 파일을 보겠습니다. bc101.ts와 거의 동일하지만 블록 추가를 위한 작업 증명 부분이 추가되었습니다.

bc101_proof_of_work.ts 파일과 [코드 8.7]를 비교해보면 Blockchain 클래스는 동일하지만, Block 클래스에 코드가 추가되었습니다.

특히 Block 클래스에 nonce 프로퍼티가 존재하며, 이 값은 mine() 메서드에서 계산됩니다. nonce 는 블록의 다른 프로퍼티에 연결되어 5개의 0으로 시작하는 해시를 생성합니다.

정확한 논스를 계산하기까지 시간이 걸리며, 해시값이 00000으로 시작할 때까지 mine() 메서드는 calculateHash()를 여러 번 호출해 여러가지 논스를 생성합니다.

코드 8.10 ▶ bc101_proof_of_work.ts의 Block 클래스

```
class Block {
  readonly nonce: number;   •······· nonce 프로퍼티
  readonly hash: string;

  constructor (
    readonly index: number,
    readonly previousHash: string,
    readonly timestamp: number,
    readonly data: string
  ) {
    const { nonce, hash } = this.mine();   •······· 논스와 해시를 계산합니다.
    this.nonce = nonce;
    this.hash = hash;
  }

  private calculateHash(nonce: number): string {        논스는 해시 계산의 입력 일부입니다.
    const data = this.index + this.previousHash + this.timestamp + this.data + nonce;   •·······
    return crypto.createHash('sha256').update(data).digest('hex');
  }

  private mine(): { nonce: number, hash: string } {
    let hash: string;
    let nonce = 0;

    do {
      hash = this.calculateHash(++nonce);   •······· 브루트 포스를 시작합니다.
    } while (hash.startsWith('00000') === false);   •······· 해시 시작값이 00000이 될 때까지 반복문을 실행합니다.

    return { nonce, hash };
```

```
  }
};
```

calculateHash() 메서드는 이전 코드와 거의 같습니다. 해시 계산에 사용되는 입력 문자열을 추가한다는 점이 다릅니다. mine() 메서드는 00000으로 시작하는 해시값이 계산될 때까지 논스값을 0부터 차례대로 증가시키며 calculatedHash()를 호출합니다. 그리고 원하는 형태의 해시가 나오면 그때 대입된 논스값까지 함께 반환합니다.

mine()을 호출하는 코드를 다시 한번 봅시다.

```
const { nonce, hash } = this.mine();
```

자바스크립트 구조 해체 구문을 사용해 nonce와 hash 변수를 선언했습니다.

bc101.ts와 bc101_proof_of_work.ts 스크립트는 거의 동일하므로 Block 클래스만 살펴보았습니다. 아래 명령어를 실행해보세요.

```
node dist/bc101_proof_of_work.js
```

bc101.ts보다 시간이 꽤 걸릴 것입니다. 아래와 같은 결과가 출력되는지 확인해보세요.

> **코드 8.11** bc101_proof_of_work.ts 출력 결과

```
Creating the blockchain with the genesis block...
Mining block #1...
Mining block #2...
{
  "chain": [
    {
      "index": 0,
      "previousHash": "0",
      "timestamp": 1613524939392,
      "data": "Genesis block",
      "nonce": 1483352,
      "hash": "00000ab2fd88e42b31c026c64b1d41c92013140734d7c910bbdce7a7961b1b8f"
    },
    {
```

```
    "index": 1,
    "previousHash": "00000ab2fd88e42b31c026c64b1d41c92013140734d7c910bbdce7a7961b1b8f",
    "timestamp": 1613524942928,
    "data": "First block",
    "nonce": 568975,
    "hash": "00000c0a822adeb4bd078ef702441762acf91aa80d780853c3a9e3673ed8dbd8"
  },
  {
    "index": 2,
    "previousHash": "00000c0a822adeb4bd078ef702441762acf91aa80d780853c3a9e3673ed8dbd8",
    "timestamp": 1613524944396,
    "data": "Second block",
    "nonce": 3023081,
    "hash": "00000e77843248a95bc92b1f0dcff390500008c27f72dd3a858bbfeece60c4e0"
  }
 ]
}
```

다시 한번 설명하자면, chain 배열은 세 개의 블록을 저장하지만, 각 블록은 nonce 프로퍼티 값이 다르고 각 블록의 해시값은 00000으로 시작하며 이는 작업 증명으로 사용됩니다. 이렇게 블록 채굴 작업을 마쳤고, 알고리즘을 풀었습니다.

[코드 8.10]의 타입스크립트 문법을 다시 확인해봅시다. 6개의 클래스 프로퍼티는 각자 타입을 갖고 있고 as readonly 키워드를 사용합니다. nonce와 hash 프로퍼티는 명시적으로 선언되었으며, 생성가의 각 파라미터는 readonly 한정자를 사용함으로 4개의 프로퍼티가 추가로 생성되었습니다.

두 클래스 메서드 모두 명시적으로 파라미터 타입을 선언하고 결과값을 반환합니다. 메서드를 모두 private 접근 제한으로 선언하였으므로 클래스 내에서만 호출할 수 있습니다.

mine() 메서드의 결과값의 타입을 { nonce: number, hash: string }으로 선언했습니다. 이 타입은 한 번만 사용했으며 커스텀 타입을 사용하지 않았습니다.

요약

- 블록체인은 중앙권력에 의존하지 않고 거래를 처리하는 탈중앙화를 지향합니다.

- 블록체인의 각 블록은 고유 해시값과 이전 블록의 해시값을 갖고 있습니다.

- 새 블록을 추가하기 위해 각 노드에는 시스템이 요구하는 목표값을 획득하기 위한 수학 문제가 주어집니다. 각 노드에는 해시값을 계산한 보상이 주어집니다. 여기서 "노드"란 블록체인에 소속된 컴퓨터나 네트워크, 농장을 칭하는 말입니다.

- 암호학에서 딱 한 번 사용되는 숫자를 "논스"라고 부릅니다. 채굴자는 이 논스를 계산하기 위해 컴퓨터 자원을 활용합니다. 그 대가로 블록체인을 추가하는데 반드시 필요한 작업 증명을 얻게 됩니다.

- 이번 프로젝트에서는 블록체인 앞자리가 **00000**으로 시작하는 해시값을 찾기 위해 논스를 사용했습니다. 해시값을 찾아내기 위해서는 논스값을 조금씩 바꿔가면서 일일이 대입해 계산하는 시행착오를 거쳐야합니다. 이런 이유로 블록체인에 새로운 블록을 추가하는데에는 오랜 시간이 걸립니다. 논스값을 남들보다 먼저 찾아낸 사람에게는 보상이 주어집니다.

제 9 장

브라우저 기반 블록체인 노드 개발

이 장의 목표

- 블록체인 웹 클라이언트 개발
- 해시 생성 라이브러리 개발
- 브라우저 내 블록체인 웹 앱 실행과 타입스크립트 디버깅

제 8장에서는 콘솔에서 Node.js 앱을 실행해 블록체인 인스턴스를 생성했고 블록을 추가했습니다.

이번 장에서는 블록체인 웹 앱을 개발해봅시다. 웹 프레임워크 없이 간단한 UI를 만들어 보겠습니다. document.getElementById() 또는 addEventListener() 등 웹 API를 사용합니다.

각 블록은 여러 거래 내역 데이터를 저장합니다. 제 8장에서 사용한 거래 내역같은 단순한 문자열이 아니라 타입스크립트 커스텀 타입을 사용하겠습니다. 여러 거래 내역을 누적하고 블록체인에 추가할 블록을 생성합니다. 앞에서 블록 채굴 코드와 해시를 생성하는 라이브러리를 만들었으니 브라우저와 Node.js 환경에서 재사용할 수 있습니다.

이번 장에서는 1부에서 배웠던 타입스크립트와 자바스크립트 주요 문법들을 활용합니다.

- private, readonly 키워드
- 커스텀 타입 선언을 위한 타입스크립트 인터페이스와 클래스 사용
- 자바스크립트 스프레드 연산자를 사용한 객체 복제
- enum 키워드
- async, await, Promise

프로젝트 구조와 더불어 블록체인 웹 앱을 실행하는 방법에 대해 알아보겠습니다. 먼저 코드를 면밀히 살펴봅시다.

9.1 블록체인 앱 실행

이번 장에서는 블록체인 프로젝트 구조 및 구성에 대해 알아보겠습니다. 이후 명령어로 컴파일과 배포를 해보고, 유저가 웹 앱을 어떻게 사용하는지 알아보겠습니다.

9.1.1 프로젝트 구조

제 9장의 프로젝트 소스 코드는 영진닷컴 홈페이지나 github.com/yfain/getts/tree/master/chapter9에서 다운 받을 수 있습니다. 프로젝트 폴더 구조는 [그림 9.1]과 같습니다.

그림 9.1 블록체인 앱 프로젝트 구조

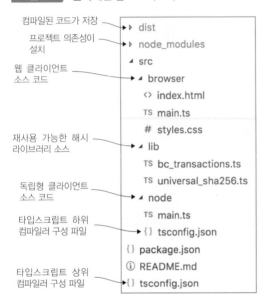

주요한 타입스크립트나 HTML, CSS 파일들은 src 디렉터리 내 browser, lib, node 서브 디렉터리에 있습니다. 블록체인 생성을 위한 주요 메커니즘은 디렉터리 lib에 구현되어 있으며, 웹 앱은 browser 디렉터리, Node.js 앱은 node 디렉터리에 각각 구현되어 있습니다. 각 서브 디렉터리에 포함된 내용은 아래와 같습니다.

- lib : 디렉터리는 블록체인 생성과 블록 채굴 작업을 수행합니다. 웹 브라우저와 Node.js 환경에서 해시를 생성하는 함수를 제공합니다.
- browser : 디렉터리는 블록체인 웹 앱 UI를 포함합니다. lib 내 함수를 사용합니다.
- node : 디렉터리는 데모 앱으로 lib 내 코드를 사용해 앱을 실행합니다.

package.json 파일에 [코드 9.1]과 같이 지금까지 보지 못했던 몇 가지 새 라이브러리가 개발 의존성으로 추가되었음을 확인할 수 있습니다. 이번 장에서 다룰 앱은 웹 앱이므로 프로젝트엔 웹 서버가 필요합니다. 그래서 npmjs.org에 올라와있는 "serve" 패키지를 사용하겠습니다. 배포를 위해서는 자바스크립트 파일 뿐만 아니라 HTML과 CSS 파일도 필요합니다. copyfiles 패키지는 HTML, CSS 및 자바스크립트 파일을 개발 디렉터리에서 배포 디렉터리인 dist로 복사하는 역할을 합니다.

명령어를 간소화 하기 위해 package.json 내 **npm scripts** 부분에 두 명령어를 추가했습니다. 제 8장에서는 npm 명령어만 사용했지만 이번 package.json 파일은 더 많은 명령어를 사용하고 있습니다.

코드 9.1 package.json

```
{
  "name": "TypeScript_Quickly_chapter9",
  "version": "1.0.0",
  "license": "MIT",
  "scripts": {
    "start": "serve",           •⸺ npm start로 웹 서버를 시작합니다.
    "compileDeploy": "tsc && npm run deploy",     •⸺ tsc와 deploy 명령어를 합친 명령어 입니다.
    "deploy": "copyfiles -f src/browser/*.html src/browser/*.css dist"     •⸺ HTML과 CSS 파일을 복사합니다.
  },
  "devDependencies": {
    "@types/node": "^10.14.21",
    "serve": "^10.1.2",     •⸺ serve 패키지는 개발 의존성에 설치됩니다.
    "copyfiles": "^2.1.1",     •⸺ copyfiles 패키지는 개발 의존성에 설치됩니다.
    "typescript": "~3.0.0"
  }
}
```

npm install 명령어를 실행하면 모든 프로젝트 의존성이 node_modules 디렉터리에 설치됩니다. serve 패키지와 copyfiles 패키지도 node_modules/.bin 안에 설치됩니다. 프로젝트 소스 코드는 src 디렉터리에 있으며 배포 코드는 dist 디렉터리에 저장됩니다.

다음으로 타입스크립트 컴파일러 구성 파일인 두 tsconfig.json을 살펴봅시다. 메인 tsconfig.json 파일은 프로젝트 루트 디렉터리에 위치해 있고, 프로젝트 간 컴파일러 옵션_{예: 컴파일 타겟 및 라이브러리}을 정의합니다. [코드 9.2]는 메인 tsconfig.json 입니다.

```
{
  "compilerOptions": {
    "sourceMap": true,      •──── 소스맵 파일을 생성합니다.
    "outDir": "./dist",     •──── 컴파일된 자바스크립트 코드는 dist 디렉터리에 저장됩니다.
    "target": "es5",
    "module": "es6",        •──── ES6 문법을 사용합니다.
    "lib": [
      "dom",                •──── 브라우저 DOM API 타입 정의를 사용합니다.
      "es2018"              •──── ES2018를 지원하는 타입 정의를 사용합니다.
    ]
  }
}
```

부록 A의 섹션 A.11에 설명한 바와 같이, 브라우저에서 실행되는 코드는 타입스크립트 컴파일러를 통해 자바스크립트 파일을 생성해야 합니다.

또한 변환된 자바스크립트 코드가 타입스크립트 코드의 어느 부분인지 알려주는 소스맵^{sourceMap} 파일도 생성해야 합니다. 소스맵은 브라우저가 자바스크립트를 실행하는 도중에도 타입스크립트 코드를 디버깅할 수 있게 도와줍니다. 디버깅하는 법은 9.5 절에서 자세히 알아보겠습니다. 웹 브라우저의 개발자 도구를 열고, 자바스크립트 파일과 소스맵 파일을 함께 불러오면 마치 타입스크립트 코드가 브라우저에서 실행되는 것처럼 타입스크립트 코드를 디버깅할 수 있습니다.

tsconfig.json 파일은 src/node 디렉터리에 있습니다. 이 파일은 **extends** 옵션을 사용해 프로젝트의 루트에 위치한 tsconfig.json의 모든 속성을 상속받습니다. tsc는 루트에 있는 기본 tsconfig.json 파일을 먼저 로드하고 그 이후 추가되거나 변경한 속성을 확인하기 위해 상속된 tsconfig.json 파일을 로드합니다.

```
{
  "extends": "../../tsconfig.json",   •──── 이 파일을 상속받습니다.
  "compilerOptions": {
    "module": "commonjs"
  }
}
```

이 파일은 extends 키워드로 프로젝트 루트에 있는 tsconfig.json 파일 내 모든 프로퍼티를 상속받습니다. tsconfig.json 내 module 프로퍼티는 es6값을 가져 최신 브라우저에서 실행 가능한 자바스크립트를 생성하도록 설정합니다. node 디렉터리 내 tsconfig.json 파일은 module 값을 commonjs로 변경합니다. 따라서 타입스크립트 컴파일러는 CommonJS 규칙에 따라 모듈 코드를 생성하게 됩니다.

> **TIP** tsconfig.json의 자세한 옵션 내용은 typescriptlang.org/docs/handbook/tsconfig-json.html 에서 확인할 수 있습니다.

9.1.2 앱 배포

웹 앱을 배포하기 위해서 dist 디렉터리에 컴파일된 타입스크립트 코드와 더불어 복사된 index.html과 style.css 파일도 있어야 됩니다.

9.1절에서 본 package.json 파일에는 start, compileDeploy, deploy 세 가지 명령어가 있습니다.

```
"scripts": {
    "start": "serve",          •——— 웹 서버를 실행합니다.
    "compileDeploy": "tsc && npm run deploy",    •——— tsc와 deploy 명령어를 실행합니다.
    "deploy": "copyfiles -f src/browser/*.html src/browser/*.css dist"    •┈┈┐
},
                        src/browser 디렉터리 내 HTML과 CSS 파일을 복사하고 dist 파일에 붙여넣습니다.
```

deploy 명령어로 src/browser 디렉터리 내 HTML과 CSS 파일을 복사하고 dist 디렉터리에 붙여넣습니다. compileDeploy는 tsc와 deploy 두 가지 명령어를 실행합니다. npm 스크립트에서 이중 앰퍼샌드&&는 명령어 시퀀스를 지정하는 데 사용됩니다. 아래 명령어를 실행해 타입스크립트 파일을 컴파일하고 index.html 및 styles.css를 dist 디렉터리에 복사해봅시다.

```
npm run compileDeploy
```

[그림 9.2]와 같이 파일이 생성되었는지 확인해보세요.

그림 9.2 웹 앱 배포 파일

```
dist
  ▲ browser
    JS main.js
    JS main.js.map
  ▲ lib
    JS bc_transactions.js
    JS bc_transactions.js.map
    JS universal_sha256.js
    JS universal_sha256.js.map
  ▲ node
    JS main.js
    JS main.js.map
<> index.html
# styles.css
```

> **NOTE** 실제 앱의 소스 코드에는 수백 개의 파일이 포함되어 있으며 웹 서버에 배포하기 전에 번들 도구를 사용하여 코드 용량을 줄이고 번들링합니다. 6.3에서 살펴본 웹팩(webpack.js.org/)은 가장 많이 사용되는 번들 도구 중 하나입니다.

이제 아래 명령어로 웹 서버를 실행해봅시다.

```
npm start
```

> **TIP** 사용 가능한 npm 스크립트 명령어는 제한적입니다. (docs.npmjs.com/misc/scripts 참고) start 역시 그 중 하나로 run 옵션을 사용하지 않아도 됩니다. 즉 npm run start 라고 입력하지 않아도 됩니다. 그러나 compileDeploy 명령어는 유저가 정의한 명령어이므로 명령어 앞에 run 키워드를 붙여야 합니다.

localhost:5000/에서 웹 서버가 실행됩니다. 콘솔에 다음과 같은 출력 메시지가 보이는지 확인해보세요.

그림 9.3 웹 서버 실행

```
Serving!

- Local:           http://localhost:5000
- On Your Network: http://10.0.0.6:5000

Copied local address to clipboard!
```

9.1.3 블록체인 웹 앱 작동

브라우저에서 localhost:5000/dist을 열면 웹 서버는 dist/index.html 페이지를 표시하고, index.html
는 CSS 파일과 자바스크립트 파일을 로드합니다. 몇 초 후에 제네시스 블록이 생성되며, [그림 9.4]
와 같이 블록체인 웹 앱 화면을 볼 수 있습니다.

그림 9.4 웹 서버 실행 화면

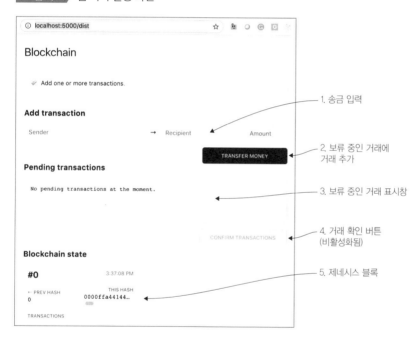

웹 페이지는 제네시스 블록으로 블록체인의 초기 상태를 보여줍니다. 그런 다음 유저는 거래를 추
가하고 각 거래 후 송금TRANSFER MONEY 버튼을 클릭하면 보류 중인 거래Pending transactions 필드에 추가
됩니다. 이후 거래 확인CONFIRM TRANSACTIONS 버튼이 활성화됩니다. 위 결과 화면은 [그림 9.5]와 같습
니다.

그림 9.5 거래 보류 화면

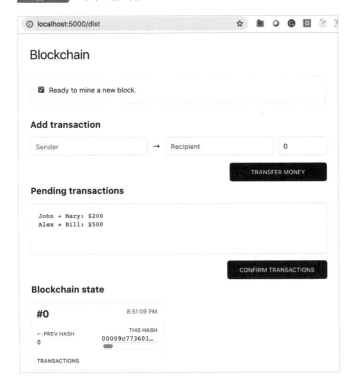

두 개의 보류 중인 거래 내역이 있으며 아직 블록체인에 새 블록을 만들거나 제출하지 않은 상태 입니다. 거래 확인CONFIRM TRANSACTIONS 버튼을 클릭해야 새 블록이 추가됩니다. [그림 9.6]은 거래 확인 버튼을 클릭 한 후 결과 화면입니다.

> **NOTE** 존(John)이 메리(Mary)에게 송금한 후에도, 잔액이 남아있다고 가정합니다. 실제 앱에서는 잔액을 먼저 확인하고 보류 중인 거래를 생성됩니다.

제 8장과 유사하게, 신규 블록 #1의 해시값은 0000으로 시작합니다. 블록에는 존과 메리 사이의 거래, 다른 하나는 알렉스와 빌 사이의 거래, 총 두 가지 거래 내역이 있습니다. 모든 거래 내역은 블록체인에 추가되었으며, 보류 중인 거래 내역에 더 이상 남아있지 않습니다.

그렇다면 왜 서로 관계 없는 거래 내역이 같은 블록에 있는걸까요? 그 이유는 블록체인에 신규 블록이 추가될 때까지 속도가 매우 느리기 때문에 매번 새로운 거래 내역이 등록될 때마다 블록을 만들기에는 더 많은 시간이 걸리기 때문입니다.

그림 9.6 블록체인에 새 블록을 추가

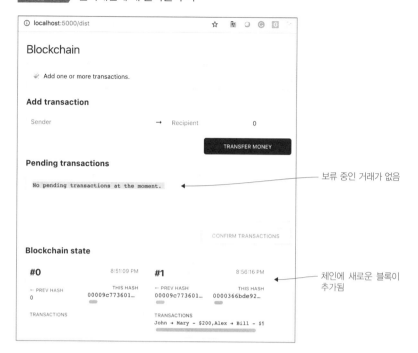

이 블록체인이 부동산 업체라고 생각해봅시다. 존은 메리로부터 아파트를 구매했고, 구매 증빙을 제공해야 합니다. 알렉스가 빌에게서 주택을 구매했다면 이 역시 다른 구매 내역입니다. 이들의 거래 내역은 현재 보류 중으로, 증명이 없는 상태 입니다. 거래 내역이 블록에 추가되고, 이 블록이 블록체인에 등록되면 거래 증명이 생성되어 최종 거래가 완료된 것으로 간주됩니다.

블록체인 앱 작동 방식에 대해 보았으니, 다음으로 UI을 살펴보겠습니다.

9.2 웹 클라이언트

브라우저 디렉터리에는 index.html, main.ts 및 styles.css의 세 파일이 있습니다. [코드 9.4]에서 index.html 파일을 먼저 보겠습니다.

코드 9.4 browser/index.html 웹 앱을 불러오는 스크립트

```
<!DOCTYPE html>
<html lang="en">
<head>
 <meta charset="UTF-8">
 <meta name="viewport" content="width=device-width, initial-scale=1.0">
 <title>Blockchain</title>
```

```
    <link rel="stylesheet" href="styles.css">  •┄┄┄ CSS 파일을 연결합니다.
    <script type="module" src="browser/main.js"></script>  •┄┄┄ 자바스크립트 파일을 연결합니다.
</head>
<body>
  <main>
    <h1>Blockchain</h1>

    <aside>
      <p id="status">⧗ Initializing the blockchain, creating the genesis block...</p>
    </aside>

    <section>  •┄┄┄ 거래 내역이 추가되는 부분입니다.
      <h2>Add transaction</h2>
      <form>
        <input  id="sender"   type="text"   autocomplete="off" disabled placeholder="Sender"><span>→
          </span>
        <input  id="recipient" type="text"   autocomplete="off" disabled placeholder="Recipient">
        <input  id="amount"    type="number" autocomplete="off" disabled placeholder="Amount">
        <button id="transfer"  type="button" class="ripple" disabled>TRANSFER MONEY</button>  •┄┄┄
      </form>                                                    거래 내역을 보류 중인 거래 내역에 추가합니다.
    </section>

    <section>  •┄┄┄ 보류 중인 거래 내역이 표시되는 부분입니다.
      <h2>Pending transactions</h2>
      <pre id="pending-transactions">No pending transactions at the moment.</pre>
      <button id="confirm" type="button" class="ripple" disabled>CONFIRM TRANSACTIONS</button>  •┄┄┄
      <div class="clear"></div>                                보류 중인 거래 내역으로 새 블록 채굴을 시작합니다.
    </section>

    <section>  •┄┄┄ 블록체인 현황 내역이 표시됩니다.
      <h2>Blockchain state</h2>
      <div class="wrapper">
        <div id="blocks"></div>
        <div id="overlay"></div>
      </div>
    </section>
  </main>
</body>
</html>
```

index.html 내 **\<head\>** 부분은 styles.css과 main.js을 불러옵니다. main.js는 main.ts를 컴파일한 파일입니다. main.ts는 프로젝트의 유일한 타입스크립트 파일이 아닙니다. 앱을 모듈화했기 때문에 [코드 9.5]와 같이 다른 자바스크립트 모듈인 lib/bc_transactions.ts 내 멤버를 가져올 수 있습니다.

> **NOTE** \<script\> 태그 내 type="module" 속성을 사용해 main.ts를 불러왔습니다. 부록 A.11에서 module 타입에 대해 더 자세히 알아보세요.

코드 9.5 browser/main.ts 첫 번째 부분

```
import { Blockchain, Block } from '../lib/bc_transactions.js';   •——— Block과 Blockchain 클래스를 가져옵니다.


enum Status {   •——— 앱의 상태를 선언합니다.
  Initialization = '⏳ Initializing the blockchain, creating the genesis block...',
  AddTransaction = '✉ Add one or more transactions.',
  ReadyToMine    = '✔ Ready to mine a new block.',
  MineInProgress = '⏳ Mining a new block...'
}


// HTML 엘리먼트를 선언합니다.


const amountEl   = document.getElementById('amount') as HTMLInputElement;
const blocksEl   = document.getElementById('blocks') as HTMLDivElement;
const confirmBtn = document.getElementById('confirm') as HTMLButtonElement;
const pendingTransactionsEl = document.getElementById('pending-transactions') as HTMLPreElement;
const recipientEl = document.getElementById('recipient') as HTMLInputElement;
const senderEl    = document.getElementById('sender') as HTMLInputElement;
const statusEl    = document.getElementById('status') as HTMLParagraphElement;
const transferBtn = document.getElementById('transfer') as HTMLButtonElement;
```

제 4장에서 열거형 enums 으로 이름이 있는 상수들을 정의할 수 있음을 배웠습니다. [코드 9.5]는 enum을 사용해 각 앱 상태를 Initialization 초기화, AddTransaction 거래 내역 추가, ReadyToMine 채굴 준비, MineInProgress 채굴 진행로 정의했습니다. statusEl은 상태 메시지가 표시되는 HTML 엘리먼트입니다.

> **NOTE** Status 내 각 메시지 앞의 기호는 이모지입니다. 이모지 입력 단축키는 맥 OS에서 CMD + CTRL + 스페이스 바이며, 윈도우 10에서는 윈도우 키와 마침표, 또는 윈도우 키와 세미콜론입니다.

[코드 9.5]의 나머지 부분은 유저가 입력한 값을 저장하거나 블록체인의 블록을 표시하는 HTML 엘리먼트가 정의되어 있습니다. 각 HTML 엘리먼트는 고유한 ID가 있으며 ([코드 9.4] 참조) **getElementById()** API를 사용하여 DOM 객체를 찾습니다.

[코드 9.6]의 **main()** 함수는 즉시 호출 함수 표현식IIFE, Immediately Invoked Function Expressions으로 **async - await** 키워드를 사용합니다부록 A.10.4 참고. 이 함수는 제네시스 블록을 생성하고, 보류 중인 거래 내역과 새로운 블록 채굴을 추가하는 버튼에 이벤트를 리스너를 할당합니다.

코드 9.6 browser/main.ts 두 번째 부분

```
(async function main(): Promise<void> {
  // Subscribe to events.
  transferBtn.addEventListener('click', addTransaction);      •┄┄┄┐
  confirmBtn.addEventListener('click', mineBlock);            •┄┄┄┘  버튼에 이벤트 리스너를 추가합니다.

  statusEl.textContent = Status.Initialization;    •┄┄┄ 열거형을 사용해 초기 상태 메시지를 표시합니다.

  const blockchain = new Blockchain();    •┄┄┄ 블록체인 인스턴스를 생성합니다.
  await blockchain.createGenesisBlock();    •┄┄┄ 제네시스 블록을 생성합니다.
  blocksEl.innerHTML = blockchain.chain.map((b, i) => generateBlockHtml(b, i)).join('');    •┄┄┐
                                                        렌더링된 블록을 표시하기 위해 HTML를 생성합니다.
  statusEl.textContent = Status.AddTransaction;
  toggleState(true, false);

  function addTransaction() {    •┄┄┄ 보류 중인 거래 내역을 추가합니다.
    blockchain.createTransaction({
      sender: senderEl.value,
      recipient: recipientEl.value,
      amount: parseInt(amountEl.value),
    });

    toggleState(false, false);
    pendingTransactionsEl.textContent = blockchain.pendingTransactions.map(t =>
      `${t.sender} → ${t.recipient}: $${t.amount}`).join('₩n');    •┄┄┄ 보류 중인 거래 내역을 문자열로 렌더링합니다.
    statusEl.textContent = Status.ReadyToMine;

    // Reset form's value.
    senderEl.value = '';      •┄┐
    recipientEl.value = '';       폼 양식의 값을 초기화합니다.
    amountEl.value = '0';      •┄┘
```

```
  }

  async function mineBlock() {    •········· 블록 채굴을 시작하고 웹 페이지에 렌더링합니다.
    statusEl.textContent = Status.MineInProgress;
    toggleState(true, true);
    await blockchain.minePendingTransactions();    •········· 신규 블록을 생성하고, 해시를 구한 다음, 블록체인에 추가합니다.

    pendingTransactionsEl.textContent = 'No pending transactions at the moment.';
    statusEl.textContent = Status.AddTransaction;
    blocksEl.innerHTML = blockchain.chain.map((b, i) => generateBlockHtml(b, i)).join('');    •·········┐
    toggleState(true, false);                                                새로 추가된 블록을 웹 페이지에 표시합니다.
  }
})();
```

[코드 9.6]의 Blockchain 클래스 내 chain 배열에 블록이 저장됩니다. minePendingTransactions()
메서드로 신규 블록을 추가합니다. CONFIRM TRANSACTIONS 거래 내역 확인 버튼을 클릭하면
채굴이 시작됩니다. blockchain.chain.map()으로 각 블록 내용을 HTML 엘리먼트 또는 텍스트로
만들어 웹 페이지에 표시합니다. [그림 9.7]은 이 모든 과정을 도식화 한 것입니다.

그림 9.7 블록체인 작동 흐름

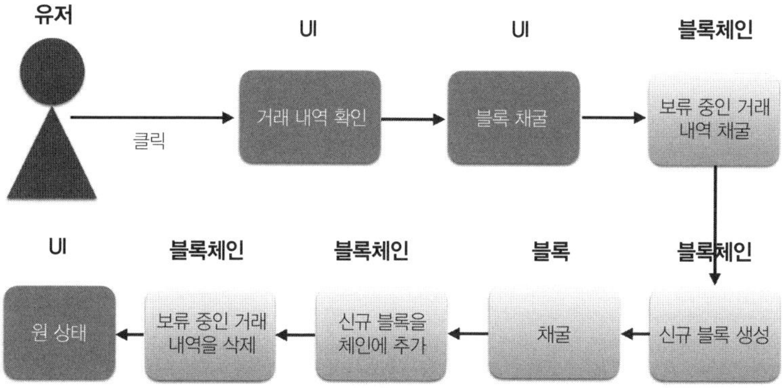

비동기 함수를 호출할 때 마다, HTML 엘리먼트 statusEl의 내용을 변경하여 유저에게 현재 상태를
알려줍니다. [코드 9.7]은 main.ts의 나머지 부분으로 toggleState()와 generateBlockHtml()의 두 메
서드가 있습니다.

```typescript
function toggleState(confirmation: boolean, transferForm: boolean): void {    ●······ 폼 작성 가능 여부 확인 버튼
  transferBtn.disabled = amountEl.disabled = senderEl.disabled = recipientEl.disabled = transferForm;
  confirmBtn.disabled = confirmation;
}


function generateBlockHtml(block: Block, index: number) {    ●······ 블록 HTML 생성
  return `
  <div class="block">
    <span class="block__index">#${index}</span>
    <span class="block__timestamp">${new Date(block.timestamp).toLocaleTimeString()}</span>
    <div class="prev-hash">
      <div class="hash-title">← PREV HASH</div>
      <div class="hash-value">${block.previousHash}</div>
    </div>
    <div class="this-hash">
      <div class="hash-title">THIS HASH</div>
      <div class="hash-value">${block.hash}</div>
    </div>
    <div class="block__transactions">
      <div class="hash-title">TRANSACTIONS</div>
      <pre class="transactions-value">${block.transactions.map(t => `${t.sender} → ${t.recipient} -
          $${t.amount}`)}</pre>
    </div>
  </div>
  `;
}
```

toggleState() 함수는 두 개의 **boolean** 파라미터를 가지고 있습니다. 첫 번째 파라미터는 폼 작성 가능/불가능을 제어합니다. 폼 입력 필드는 송신자Sender, 수신자Recipient, 금액Amount, 송금 버튼 TRANSFER MONEY이 있습니다. 두 번째 파라미터는 거래 내역 확인Confirm Transactions 버튼의 가능/불가능을 제어합니다.

generateBlockHtml() 함수는 [그림 9.6]과 같이 블록 정보가 포함된 **<div>**를 반환합니다. browser/ styles.css 에 정의된 CSS 클래스 셀렉터를 사용했습니다.

정리하면, browser/main.ts은 유저 인터렉션을 책임지며 다음을 수행합니다.

1. 모든 HTML 엘리먼트를 접근합니다.

2. 보류 중인 거래 내역을 추가하고 신규 블록을 추가하기 위해 버튼에 이벤트 리스너를 등록합니다.

3. 제네시스 블록 인스턴스를 생성합니다.

4. 보류 중인 거래 내역을 생성하는 메서드를 정의합니다.

5. 보류 중인 거래 내역을 가진 신규 블록을 채굴하는 메서드를 정의합니다.

6. 블록체인의 블록 내용을 렌더링하는 HTML을 생성하는 메서드를 정의합니다.

지금까지 브라우저 UI를 이해했습니다. 블록체인을 생성하고 블록 추가와 해시를 다루는 코드를 살펴보겠습니다.

9.3 블록 채굴

실습 프로젝트 내 lib 디렉터리는 다수 거래 내역을 가진 블록을 생성하는 작은 라이브러리입니다. 이 라이브러리는 블록체인 앱이 브라우저 또는 독립형 자바스크립트 엔진에서 실행되는지를 확인하며 SHA-256 해시 생성을 위한 API를 제공합니다.

이 라이브러리는 두 개의 파일로 구성됩니다.

- bc_transactions.ts 블록 생성을 구현
- universal_sha256.ts : 웹 브라우저인지 노드인지 환경을 확인하고 SHA-256 해시를 생성하는 **sha256()** 함수를 내보냅니다.

제 8장의 8.6절의 crypto API를 다시 보겠습니다. 아래 코드는 세 함수를 동기적으로 호출합니다.

```
crypto.createHash('sha256').update(data).digest('hex');
```

이제 Node.js와 브라우저에서 해시를 생성해봅시다. Node.js와 다르게 브라우저의 crypto API는 비동기이므로, 해시 생성 함수를 비동기 함수로 감싸야 합니다. 함수 **mine()**는 **async** 키워드를 사용하고 **Promise**를 반환합니다.

```
async mine(): Promise<void> {...}
```

기본적으로 단순히 함수에서 값을 반환하는 대신 **Promise**로 래핑하여 **mine()** 함수를 비동기식으로

만듭니다.

bc_transactions.ts 코드를 두 부분으로 나누어 살펴보겠습니다. [코드 9.8]은 SHA-256 생성 함수를 가져오고 **Transaction** 인터페이스와 **Block** 클래스를 선언합니다. 블록은 둘 이상의 거래 내역을 포함할 수 있고 **Transaction** 인터페이스는 거래 내역의 구조를 선언합니다.

코드 9.8 lib/bc_transactions.ts 첫 번째 부분

```
import { sha256 } from './universal_sha256.js';    ●········ 해시 생성 함수를 가져옵니다.

export interface Transaction {    ●········ 단일 거래 내역의 커스텀 타입
  readonly sender: string;
  readonly recipient: string;
  readonly amount: number;
}

export class Block {    ●········ 단일 블록의 커스텀 타입
  nonce: number = 0;
  hash: string;

  constructor (
    readonly previousHash: string,
    readonly timestamp: number,
    readonly transactions: Transaction[]    ●········ 블록의 인스턴스화 동안 거래 내역 배열을 전달합니다.
  ) {}

  async mine(): Promise<void> {    ●········ 블록을 채굴하는 비동기 함수
    do {    ●········ ]해시값을 찾기 위해 논스를 대입합니다.
      this.hash = await this.calculateHash(++this.nonce);
    } while (this.hash.startsWith('0000') === false);
  }

  private async calculateHash(nonce: number): Promise<string> {    ●········ 해시 생성을 위한 비동기 래퍼 함수입니다.
    const data = this.previousHash + this.timestamp + JSON.stringify(this.transactions) + nonce;
    return sha256(data);    ●········ crypto API를 사용하고 해시를 생성하는 함수를 호출합니다.
  }
}
```

유저는 송금 전송TRANSFER MONEY 버튼을 클릭해 거래를 전송하고, 거래 완료CONFIRM TRANSACTIONS 확인 버튼을 클릭하면 **Block** 인스턴스가 생성되고 생성자에 **Transaction** 배열이 전달됩니다.

제 2부에서 타입스크립트 클래스와 인터페이스를 사용해 커스텀 타입을 선언하는 방법을 배웠습니다. [코드 9.8]에서 Transaction 타입은 인터페이스이지만, Block 타입은 클래스임을 볼 수 있습니다. Block 타입을 인터페이스로 만들지 않은 이유는 블록은 생성자가 있으며 new 연산자를 통해서 인스턴스를 생성해야 하기 때문입니다.

Transaction 타입은 인터페이스로 개발 도중 타입 오류를 방지해줍니다. 다른 타입과 마찬가지로 타입은 자바스크립트로 컴파일 되지 않습니다.

우리가 만든 Transaction 타입은 간단하지만 실제 블록체인 앱은 더 많은 프로퍼티를 가집니다. 예를 들어, 부동산 구매같이 몇 회차에 걸쳐 대금을 지불해야 하는 다단계 프로세스예: 초기 보증금, 유치권 확인 대금, 재산 보험료 등의 경우, 블록체인 기술을 기반으로 부동산 거래 플랫폼은 부동산예: 주택, 토지, 아파트 및 거래 유형을 식별하기 위해 propertyID를 사용할 수 있습니다.

모든 거래에는 특정 블록체인의 비즈니스 영역을 설명하는 프로퍼티가 포함되어야 합니다. 항상 거래 유형이 있어야 합니다. 블록에는 블록체인 구현에 필요한 생성 날짜, 해시값, 이전 블록의 해시값 등 여러 프로퍼티가 있어야 합니다. 이외에 메서드를 포함할 수 있습니다. [코드 9.8]의 Block 클래스에는 mine() 및 calculateHash() 메서드가 있습니다.

> **NOTE** 제8장의 [코드 8.6]에서 문자열 타입인 data 프로퍼티를 가진 Block 클래스를 만들었습니다. 이번에는 데이터를 Transaction[] 타입으로 구조적으로 만듭니다. Block 클래스의 세 가지 프로퍼티가 생성자의 파라미터를 통해 암시적으로 선언되었음을 확인할 수 있습니다.

블록은 mine()과 calculateHash() 두 메서드가 있습니다. mine()은 논스값을 계속 증가시키고 0000으로 시작하는 해시값을 찾을 때까지 calculateHash() 함수를 호출합니다.

mine() 함수 시그니처는 Promise를 반환하는데 return 문은 어디에 있을까요? 사실 이 함수는 아무것도 반환하지 않습니다. 해시가 생성되면 반복문은 종료됩니다. 문제는 async 키워드로 표시된 모든 함수가 Promise를 반환해야한다는 것입니다. Promise는 제네릭 타입(제 4장에서 설명)이며 타입 파라미터와 함께 사용해야 합니다. Promise<void>를 사용해 빈 값을 반환하도록 지정하므로 return 문은 필요하지 않습니다.

외부에서 calculateHash() 메서드를 사용하는 것을 막기 위해 as private 접근 제한자로 선언했습니다. 이 함수는 문자열 입력으로 받고 해시를 생성하는 sha256() 함수를 호출합니다. JSON.stringify()으로 Transaction 타입의 배열을 string 타입으로 변환합니다. sha256() 함수는 universal_sha256.ts 파일에 구현되어 있습니다. 9.4절에서 자세히 알아보겠습니다.

> **NOTE** 간략하게 말하면, calculateHash() 함수는 여러 거래 내역을 문자열로 연결한 다음 해시를 계산합니다. 실제 블록 체인은 머클 트리(Merkle Tree) 알고리즘(en.wikipedia.org/wiki/Merkle_tree)을 사용하여 다중 거래 내역의 해시를 계산합니다. 머클 트리는 블록에 포함된 거래 내역을 나무 형태로 요약한 것입니다. 이 알고리즘을 사용하면 하나의 거래 내역을 조작하려고 하면 최종 해시를 다시 계산 확인하기 위해 모든 거래 내역을 순회할 필요가 없습니다.

[코드 9.8]의 첫 번째 행은 import 구문으로 lib 디렉터리에 위치한 ./universal_sha256.js 파일에서 sha256 함수를 가져왔습니다. 하지만 lib 디렉터리에는 .js 파일은 없고 .ts 파일만 있습니다. 타입스크립트 파일을 가져올 때는 확장자 .ts를 생략해야 합니다. 이렇게 해야 컴파일 이후 참조하는 외부 스크립트가 바뀌지 않습니다. sha256() 함수는 실행 환경에 따라 다른 함수를 호출하게 됩니다. 이에 대해서는 9.4절에서 universal_sha256.ts 파일의 코드를 자세히 살펴보겠습니다.

이번에는 bc_transactions.ts 파일 두 번째 부분인 Blockchain 클래스를 보겠습니다.

코드 9.9 lib/bc_transactions.ts 두 번째 부분

```
export class Blockchain {
  private readonly _chain: Block[] = [];
  private _pendingTransactions: Transaction[] = [];

  private get latestBlock(): Block {   •······ 가장 최근 추가된 블록을 가져오는 게터(getter) 함수
    return this._chain[this._chain.length - 1];
  }

  get chain(): Block[] {   •······ 모든 블록을 가져오는 게터(getter) 함수
    return [ ...this._chain ];
  }

  get pendingTransactions(): Transaction[] {   •······ 보류 중인 모든 거래 내역을 가져오는 게터(getter) 함수
    return [ ...this._pendingTransactions ];
  }

  async createGenesisBlock(): Promise<void> {   •······ 제네시스 블록 생성합니다.
    const genesisBlock = new Block('0', Date.now(), []);
    await genesisBlock.mine();   •······ 제네시스 블록을 위한 해시를 생성합니다.
    this._chain.push(genesisBlock);   •······ 블록체인에 제네시스 블록을 추가합니다.
  }
```

```
createTransaction(transaction: Transaction): void {    •┈┈┈ 보류 중인 거래 내역 추가합니다.
  this._pendingTransactions.push(transaction);
}

async minePendingTransactions(): Promise<void> {    •┈┈┈ 보류 중인 거래 내역을 블록으로 만든 후 블록체인에 추가합니다.
  const block = new Block(this.latestBlock.hash, Date.now(), this._pendingTransactions);    •┈┈┐
  await block.mine();    •┈┈┈ 블록체인에 신규 블록을 추가합니다.                            신규 블록에 대한 해시를 생성합니다.
  this._chain.push(block);
  this._pendingTransactions = [];
}
}
```

블록 하나를 발행하는데 시간이 꽤 걸립니다. 비트코인의 경우 10분에 한 블록이 추가되도록 설계되어 있습니다. 즉, 평균 10분의 연산이 필요합니다. 이는 두 번 이상의 거래를 하는 이중 지불 공격을 막기 위함입니다. 각 거래 내역마다 블록을 생성하게 되면 블록체인의 처리 속도가 매우 느려지기 때문에 블록 하나 당 여러 거래 내역이 포함됩니다. pendingTranscation 프로퍼티에 보류 중인 거래 내역을 누적하고, 이를 모두 저장한 블록을 생성했습니다. 비트코인은 블록 하나가 약 2,500건의 거래 내역을 갖고 있습니다.

이중 지불 공격

지갑에 1달러 지폐가 두 장있고, 2달러 짜리 커피 한 잔을 사러 카페에 들렀습니다. 계산하고 나면 남는 돈이 한 푼도 없습니다. 현장에서 다른 사람의 돈을 훔치거나 위조할 수도 없습니다.

그러나 디지털 화폐는 쉽게 위조와 복사가 가능합니다. 동일한 금액을 동시에 여러 사람에게 보낼 수 있습니다. 조는 하나 뿐인 비트코인을 메리에게 송금하면서 동시에 알렉스에게도 송금할 수 있습니다. 이와 같은 불법 거래를 이중 지불 공격이라고 부릅니다.

비트코인 블록체인에 신규 블록이 추가되는 도중 또 다른 블록이 추가된다면 이중 지불 공격이 발생할 수 있습니다. 이를 방지하기 위해 난이도가 높고 시간이 오래 걸리는 문제가 채굴자에게 주어지고 다수의 채굴자들이 거래를 검증하는 작업 증명 과정을 거칩니다.

[그림 9.5]와 같이 유저가 거래 내역을 추가할 때, 각 거래 내역은 createTransaction()을 호출하고 pendingTranscation 배열에 추가 됩니다. 신규 블록이 추가되면, minePendingTransactions()을 호출해 pendingTranscation 배열 내 모든 거래 내역을 삭제합니다.

클래스 변수 _pendingTransactions는 private 접근 제어자로 선언해 createTransaction() 메서드로만 수정 가능합니다. 또한 다음과 같은 보류 중인 거래 내역 배열을 반환하는 getter 함수가 있습니다.

```
get pendingTransactions(): Transaction[] {
    return [ ...this._pendingTransactions ];
}
```

이 메서드에서 자바스크립트 전개 연산자^{부록 A.17 참조}를 사용해 _pendingTransactions 배열의 복사본을 생성했습니다. 또한 Transaction 인터페이스의 각 프로퍼티는 readonly 이므로 배열을 수정하려고 하면 오류가 발생합니다. getter 함수는 brower/main.ts 에 사용되며, [코드 9.6]에서 볼 수 있듯 UI에서 보류 중인 거래 내역을 표시합니다. 이와 같은 방법으로 chain() getter 함수 역시 블록체인의 복사본을 반환합니다.

createGenesisBlock() 메서드를 호출해 제네시스 블록을 생성합니다.^{코드 9.6 참조} 제네시스 블록은 거래 내역이 없는 빈 배열이며 mine() 을 호출해 해시를 계산합니다. 블록을 채굴하는 데 시간이 걸리고 UI가 정지되지 않으므로 이 방법은 비동기 방식입니다. 채굴을 마친 블록만 블록체인에 추가되기 위해 mine() 메서드 앞에 await 키워드를 작성했습니다.

우리가 만드는 앱은 학습용이므로 실행할 때마다 블록체인이 제네시스 블록만 갖습니다. 유저가 보류 중인 거래 내역을 생성하고, CONFIRM TRANSACTIONS^{거래 내역 확인} 버튼을 클릭하면 mine-PendingTransactions() 메서드가 호출되어 새 Block 인스턴스가 생성되고, 해시를 계산한 다음, 블록체인에 추가되며, 성공적으로 등록을 마치면 _pendingTransactions 배열이 다시 초기화 됩니다.

> **✓ TIP** 새로운 블록을 생성한 채굴자에게 보상이 주어집니다. 제 10장에서 자세히 다룹니다.

블록 채굴 결과가 UI에서 렌더링되는 방식을 다시 이해하고 싶다면 [코드 9.6]의 mineBlock() 메서드를 다시 확인해보길 바랍니다.

Block 클래스 내 mine() 메서드를 호출해 제네시스 블록 또는 거래 내역을 포함한 블록을 채굴합니다. mine() 메서드는 반복문 안에서 calculateHash()를 호출합니다. calculateHash() 메서드는 sha256() 함수를 반환하며 다음 절에서 이 해시함수에 대해 더 자세히 살펴보겠습니다.

9.4 해시 생성을 위한 crypto API 사용

우리의 목표는 웹 앱과 독립형 앱을 모두 지원하는 블록체인을 만드는 것입니다. SHA-256 해시 생성을 위해 두 가지 다른 crypto API가 필요합니다.

- 웹 앱의 경우, 모든 브라우저에서 지원하는 crypto API를 사용합니다.
- 독립형 앱은 Node.js 런타임에서 실행 가능한 crypto npm 패키지를 사용합니다. 8.6절에서 사용한 패키지 입니다.

런타임 환경에 따라 API 사용을 결정하는 간단한 라이브러리를 만들어보겠습니다. [코드 9.10] lib/universal_sha256.ts 파일에는 **sha256_node()**, **sha256_browser()** 및 **sha256()**의 세 가지 함수가 있습니다. 맨 아래에 있는 **sha256()** 함수만 내보낸다는 사실에 주의하세요.

코드 9.10 lib/universal_sha256.ts

```
function sha256_node(data: string): Promise<string> {    •——— Node.js 런타임에서 사용되는 함수입니다.
  const crypto = require('crypto');
  return Promise.resolve(crypto.createHash('sha256').update(data).digest('hex'));    •┐
}                                                                                      │
                                                              SHA-256 해시를 생성합니다.

async function sha256_browser(data: string): Promise<string> {    •——— 웹 브라우저에서 사용되는 함수입니다.
  const msgUint8Array = new TextEncoder().encode(data);    •——— UTF-8 형식으로 문자열 인코딩합니다.
  const hashByteArray = await crypto.subtle.digest('SHA-256', msgUint8Array);
ArrayBuffer에서 Array로 변환합니다.                                데이터를 해시합니다.
 •const hashArray = Array.from(new Uint8Array(hashByteArray));
  const hashHex = hashArray.map(b => ('00' + b.toString(16)).slice(-2)).join('');    •┐
  return Promise.resolve(hashHex);                                                     │
}                                                              byte에서 16진수 문자열로 변환합니다.

                  런타임이 window 전역 변수의 존재를 확인하여 브라우저 환경인지를 확인합니다.
export const sha256 = typeof window === "undefined" ?    •┐
              sha256_node :    •——— Node.js를 위한 해시 함수를 내보냅니다
              sha256_browser;    •——— 브라우저를 위한 해시 함수를 내보냅니다
```

부록 A를 보면 ES6 문법인 **import** 및 **export** 구문에 대해 배울 수 있습니다. universal_sha256.ts 모듈은 **sha256_node()**와 **sha256_browser()** 함수를 선언하지만 내보내지 않습니다. 이들 함수는 모듈 안에서만 사용 가능합니다.

그에 반해 sha256() 함수만 다른 스크립트가 불러올 수 있습니다. 이 함수는 브라우저에서 실행되는지를 확인해 sha256_browser() 또는 sha256_node() 둘 중 하나를 내보냅니다. 브라우저와 독립형 모두 양쪽 모두 동일한 함수를 사용하지만 동적으로 모듈을 내보내게 됩니다.

8장에서 이미 Node.js의 crypto API를 다뤘습니다. 이번에는 **Promise**로 코드를 감쌌습니다.

```
Promise.resolve(crypto.createHash('sha256').update(data).digest('hex'));
```

sha256_node()와 sha256_browser() 함수도 마찬가지 입니다.

sha256_browser()는 브라우저에서 실행되며 비동기 crypto API를 사용합니다. crypto API 요구 사항에 따라 맨 처음 TextEncoder.encode()developer.mozilla.org/en-US/docs/Web/API/TextEncoder 참조 메서드로 문자열을 UTF-8로 인코딩하고 반환하며, 부호없는 8비트 정수로 구성된 자바스크립트 형식화 배열로 반환합니다. developer.mozilla.org/en-US/docs/Web/JavaScript/Typed_arrays

그 다음 crypto API는 배열과 같은 객체 형태로 해시를 생성합니다. 그런 다음 Array.from() 메서드로 실제 배열을 만듭니다. [그림 9.8]은 크롬 디버거 화면을 캡처한 것으로 변수 hashByteArray와 hashArray 값을 볼 수 있습니다. 변수 hashHex의 값을 계산하기 바로 직전 브레이크 포인트를 설정했습니다. 9.6절에서 브라우저 타입스크립트 코드를 디버깅하는 방법을 설명합니다.

마지막으로 구한 해시값을 16진수인 문자열 값으로 변환합니다.

```
const hashHex = hashArray.map(
        b => ('00' + b.toString(16)).slice(-2))
        .join('');
```

Array.map() 메서드로 hashArray의 각 요소를 16진수로 변환했습니다. 일부 16진수는 두 개가 아닌, 한 개의 문자로 표시됩니다. 0을 앞에 추가하기 위해 00과 16진수 값을 연결한 다음 slice(-2)으로 오른쪽의 두글자만 남깁니다. 16진수 값 a는 00a가 되었다가 0a가 됩니다.

256 ❷부 타입스크립트로 블록체인 앱 만들기

그림 9.8 디버거 내 hashByteArray 와 hashArray

```
▼ hashByteArray: ArrayBuffer(32)
  ▶ [[Int8Array]]: Int8Array(32) [-115, 59, -7, 33, -81, 116, 44, 110, -75, -109,
  ▶ [[Int16Array]]: Int16Array(16) [15245, 8697, 29871, 28204, -27723, 23200, -13
  ▶ [[Int32Array]]: Int32Array(8) [569981837, 1848407215, 1520473013, 1086638873,
  ▶ [[Uint8Array]]: Uint8Array(32) [141, 59, 249, 33, 175, 116, 44, 110, 181, 147
    byteLength: (...)
  ▶ __proto__: ArrayBuffer
▼ hashArray: Array(32)
    0: 141
    1: 59
    2: 249
    3: 33
    4: 175
    5: 116
    6: 44
    7: 110
    8: 181
    9: 147
```

원시 바이너리 데이터에 접근하기 위한 자바스크립트 형식화 배열입니다.

ArrayBuffer을 Array로 변환합니다.

이후 join() 메서드로 **hashArray**에서 **hashHex**로 변환된 모든 문자열을 하나로 연결합니다. [그림 9.9]는 **hashHex**의 결과를 보여줍니다.

그림 9.9 map()과 join() 적용

```
hashHex: "8d3bf921af742c6eb593a05a19cbc440a595a98ce34be5229a520a57ede9a8ea"
hashArray.map(b => ('00' + b.toString(16)).slice(-2)): Array(32)
  0: "8d"
  1: "3b"
  2: "f9"
  3: "21"
  4: "af"
  5: "74"
  6: "2c"
  7: "6e"
  8: "b5"
  9: "93"
  10: "a0"
  11: "5a"
  12: "19"
```

hasyArray의 각 요소는 hashHex 문자열로 변환됩니다.

sha256_browser() 함수 타입은 Promise인데, 실제로는 왜 문자열을 반환하는지 궁금할 것입니다. 이 함수는 **async** 키워드를 사용해 비동기로 선언했기 때문에 반환된 값을 **Promise**에 자동으로 래핑합니다.

지금까지 웹 클라이언트에서 lib 디렉터리 내 코드를 어떻게 사용하는지 알아보았습니다. 마지막으로 독립형 클라이언트에서 어떻게 사용하는지 살펴보겠습니다.

9.5 독립형 블록체인 클라이언트

이 프로젝트의 node 디렉터리에는 웹 UI 없이 블록체인을 생성하는 짧은 스크립트를 담고 있습니다. 하지만 여기서는 lib 디렉터리에 있는 코드를 재사용할 수 있다는 것을 확인하고 Node.js에서 앱을 실행할 때 그에 맞는 crypto API가 사용된다는 것을 확인하려 합니다. 다음 코드는 브라우저를 필요로 하지 않고 노드 런타임으로 실행되는 스크립트입니다. 첫 번째 줄은 특정 crypto API의 명세를 숨기고 있는 Blockchain 클래스를 불러옵니다.

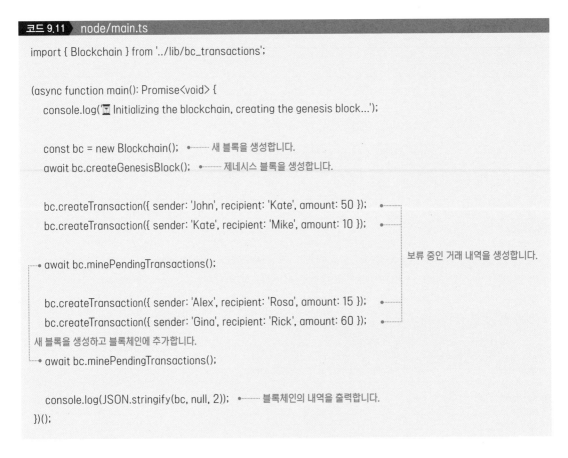

```
코드 9.11   node/main.ts

import { Blockchain } from '../lib/bc_transactions';

(async function main(): Promise<void> {
  console.log('⏳ Initializing the blockchain, creating the genesis block...');

  const bc = new Blockchain();        ●────── 새 블록을 생성합니다.
  await bc.createGenesisBlock();      ●────── 제네시스 블록을 생성합니다.

  bc.createTransaction({ sender: 'John', recipient: 'Kate', amount: 50 });   ●┐
  bc.createTransaction({ sender: 'Kate', recipient: 'Mike', amount: 10 });   ●┘
                                                                    보류 중인 거래 내역을 생성합니다.
  ┌─● await bc.minePendingTransactions();

  │   bc.createTransaction({ sender: 'Alex', recipient: 'Rosa', amount: 15 });  ●┐
  │   bc.createTransaction({ sender: 'Gina', recipient: 'Rick', amount: 60 });  ●┘
  │ 새 블록을 생성하고 블록체인에 추가합니다.
  └─● await bc.minePendingTransactions();

  console.log(JSON.stringify(bc, null, 2));   ●────── 블록체인의 내역을 출력합니다.
})();
```

프로그램을 시작하면 새로운 블록체인 생성이 진행 중이라는 메시지가 출력됩니다. 첫 번째 await는 제네시스 블록 생성이 완료될 때까지 기다립니다.

bc.createGenesisBlock() 앞에 await 키워드가 없으면 블록 생성을 마치기 전에 채굴이 진행되어 런타임 오류를 일으킵니다. 블록이 생성되면, 두 건의 보류 중인 거래 내역을 생성하고, 새 블록을 채굴합니다. 이후 두 건의 새로운 거래 내역을 생성하고 새 블록이 채굴될 때까지 기다립니다. 마지막으로 블록체인 내용을 출력합니다.

TIP Node.js 버전 8부터 async와 await 키워드를 지원합니다.

[그림 9.1]에서 보았듯이 src/node 디렉터리 내에도 tsconfig.json이 있습니다. 9.3절에서 설명한 내용입니다. 이 프로그램을 시작하려면 src/node로 들어가 tsc를 실행해 컴파일해야 합니다. tsconfig. json에 따라 컴파일된 코드는 dist 디렉터리에 저장됩니다.

TIP tsc 명령어 옵션 -p을 사용해 JSON 구성 파일 경로를 지정할 수 있습니다. 예를 들어, tsc -p src/node/tsconfig. json 명령을 실행하여 타입스크립트 코드를 컴파일 할 수 있습니다.

[코드 9.11]에서 컴파일된 자바스크립트 코드를 Node.js에서 실행해보겠습니다. src/node 디렉터리 경로에서 아래 명령어로 앱을 실행합니다.

```
node ../../dist/node/main.js
```

콘솔에 아래와 같이 출력되는지 확인해보세요.

코드 9.12 독립형 앱에서 블록체인 생성

```
⏳ Initializing the blockchain, creating the genesis block...
{
  "_chain": [
    {   •········ 제네시스 블록
      "previousHash": "0",
      "timestamp": 1613543164710,
      "transactions": [],
      "nonce": 17099,
      "hash": "000035cfdf235d3d4b9664ded267e812f373bc38fd82fa99bebb947246ce6300"
    },
    {   •········ 두 번째 블록
      "previousHash": "000035cfdf235d3d4b9664ded267e812f373bc38fd82fa99bebb947246ce6300",
      "timestamp": 1613543164982,
      "transactions": [
        {
          "sender": "John",
          "recipient": "Kate",
          "amount": 50
```

```
      },
      {
        "sender": "Kate",
        "recipient": "Mike",
        "amount": 10
      }
    ],
    "nonce": 62154,
    "hash": "00002a299a324aff382fb2ccf23fc6c8910ec0d887c6842a464eba6084723151"
  },
  {     •──── 세 번째 블록
    "previousHash": "00002a299a324aff382fb2ccf23fc6c8910ec0d887c6842a464eba6084723151",
    "timestamp": 1613543165834,
    "transactions": [
      {
        "sender": "Alex",
        "recipient": "Rosa",
        "amount": 15
      },
      {
        "sender": "Gina",
        "recipient": "Rick",
        "amount": 60
      }
    ],
    "nonce": 23000,
    "hash": "0000659077053c98defbc8b5494dc96ea81577e2b7ff19e2482439f0c029b5ef"
  }
],
"_pendingTransactions": []     •──── 보류 중인 거래 내역은 빈 배열입니다.
}
```

웹은 유저가 상호작용할 수 있는 UI가 있지만, 독립형 버전은 전체 프로세스가 한 번에 실행됩니다. 다음 절에서는 브라우저로 타입스크립트를 디버깅하는 방법에 대해 알아보겠습니다.

9.6 브라우저 내 타입스크립트 디버깅

타입스크립트로 코드를 작성한다는건 아주 즐거운 일입니다. 하지만 웹 브라우저는 이 언어를 이해할 수 없지요. 웹 브라우저는 타입스크립트가 아닌 자바스크립트 코드만 이해할 수 있습니다. 게다가, 자바스크립트 코드는 용량을 줄이는 등의 최적화와 압축을 거치고 나면 가독성이 떨어집니다. 때문에 브라우저에서 원래 타입스크립트 코드도 불러오는 방법이 필요했습니다.

이를 위해 실행 중인 코드와 원래 타입스크립트 코드와 연결해주는 소스맵 파일을 생성해야 합니다. 브라우저가 소스맵을 불러오면, 원본 소스 코드인 타입스크립트 코드를 디버깅할 수 있게 됩니다. [코드 9.2]의 tsconfig.json에서 컴파일러에게 [그림 9.2]와 같은 .js.map 확장자인 소스맵을 생성할 것을 지시했습니다.

브라우저가 자바스크립트 코드를 불러올 때, .js.map 확장자 파일이 있더라도 .js 확장자만 불러옵니다. 그러나 브라우저 개발자 도구를 열면, 브라우저는 소스맵 파일을 불러옵니다.

> **TIP** 브라우저가 소스맵 파일을 불러오지 못한다면, 개발자 도구 설정 화면에서 자바스크립트 소스맵 옵션이 선택되었는지 확인하세요.

[그림 9.10]은 실습 앱을 크롬에서 실행한 후, 개발자 도구 소스 탭을 클릭한 화면입니다. 화면은 세 부분으로 나누어져 있습니다.

그림 9.10 크롬 개발자 도구의 소스 패널

왼쪽 패널에서 프로젝트 소스 파일을 탐색하고 선택할 수 있습니다. [그림 9.10]은 universal_sha256. ts을 선택했습니다. 오른쪽 패널은 디버거debugger입니다.

왼쪽 코드 행 번호를 클릭해 브레이크 포인트를 설정하고 브라우저를 새로고침해봅시다. [그림 9.11]과 같이 브레이크 포인트에서 멈출 것입니다.

그림 9.11 설정된 브레이크 포인트에서 중단된 프로그램

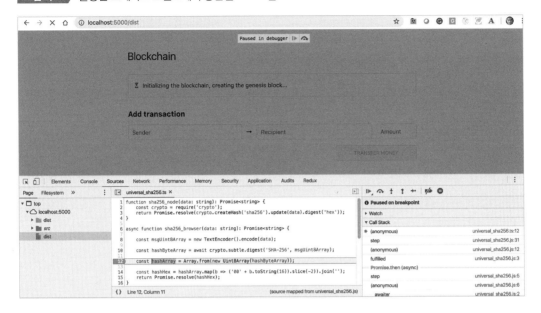

변수명 위에 마우스를 올리면 값을 확인할 수 있습니다. [그림 9.12]는 8행의 **msgUint8Array** 변수에 마우스를 올린 화면입니다.

그림 9.12 마우스를 올려 변수 값을 확인

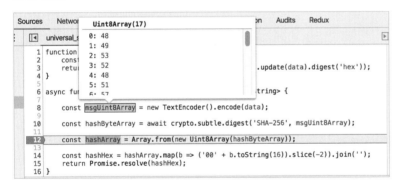

디버거 패널의 오른쪽에 있는 Watch에서 변수 값을 확인하거나 표현식을 추가할 수 있습니다. [그림 9.13]은 15행에 브레이크 포인트를 설정하고 멈춘 화면입니다. Watch에서 + 버튼을 클릭해 두 개의 변수와 한 개의 표현식을 추가했습니다.

그림 9.13 Watch 영역에서 변수 감시

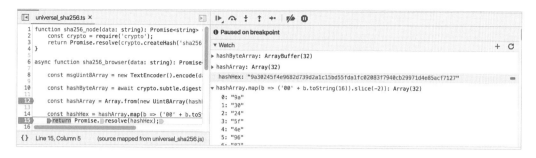

– 버튼을 클릭하면 입력했던 변수나 표현식을 삭제할 수 있습니다. [그림 9.13]의 hashHex 변수 바로 옆에 – 버튼이 있습니다.

크롬 브라우저는 다양한 디버거 옵션을 제공합니다. 영상 "크롬 개발자 도구 101 – 자바스크립트 디버깅youtu.be/H0XScE08hy8"을 시청해보세요. 소스맵을 사용하면 최적화, 최소화된 자바스크립트 코드에서도 타입스크립트를 디버깅 할 수 있습니다.

> **NOTE** IDE에서도 디버거를 지원합니다. 제 10장에서 VS 코드 디버거에 대해 다룹니다. 그러나 웹 앱의 경우 네트워크 요청, 애플리케이션 스토리지, 세션 스토리지 등 실행중인 컨텍스트를 확인해야하므로 브라우저에서 디버깅을 하는 것이 좋습니다.

요약

- 타입스크립트 앱은 다양한 파일들이 조합된 프로젝트입니다. 어떤 파일은 타입스크립트 컴파일러와 번들러를 위한 설정들을 담고 있고 어떤 파일은 소스코드를 담고 있습니다.

- 프로젝트의 소스코드를 다양한 디렉터리로 분리해둘 수 있습니다. 이번 장에서는 lib 디렉터리를 재사용한 웹 앱browser과 노드 런타임 앱node 두가지를 만들었습니다.

- npm 스크립트를 사용해 앱 배포를 위한 별도의 명령어를 만들 수 있습니다. 서버 실행을 비롯해 많은 작업이 가능합니다.

제 10 장

Node.js, 타입스크립트, 웹소켓을 사용한 클라이언트-서버 간 통신

이 장의 목표

- 블록체인 웹 앱 개발에 서버가 필요한 이유
- 가장 긴 체인 규칙
- 타입스크립트로 Node.js 웹소켓 서버 생성 방법
- 타입스크립트 인터페이스, 클래스 추상화, 접근 제한자, 열거형, 제네릭 실제 사용 방법

이전 장에서 채굴자는 작업 증명 과정을 통해 유효한 블록을 생성함을 배웠습니다. 채굴자가 한 명이라면 문제가 없지만, 실제 블록체인 채굴자 수는 어마어마하고 이로 인해 충돌이 발생할 수 있습니다.

이번 장에서는 타입스크립트로 웹소켓 프로토콜을 사용하는 서버를 만들고 메시지를 블록체인 노드에 전파해보겠습니다. 웹 클라이언트에서 서버로 요청을 보내는 실습도 포함됩니다. 이번 장에서 다루는 새로운 자바스크립트 패키지는 다음과 같습니다.

- ws : 웹소켓 프로토콜을 지원하는 Node.js 라이브러리
- express : HTTP를 지원하는 간결한 Node.js 프레임워크
- nodemon : 스크립트 파일 변경될 때마다 Node.js 앱을 시작하는 도구
- lit-html : 브라우저 DOM으로 렌더링하기 위한 자바스크립트 내 HTML 템플릿

10.4.2절에서 살펴보겠지만 이 패키지들은 package.json 내 의존성에 포함됩니다.

본격적으로 블록체인 앱 코드를 보기 전, 아래 주제를 살펴보겠습니다.

- 가장 긴 체인 규칙Longest Chain Rule
- 다수의 채굴자를 위한 블록체인 개발 방법

또한 개발 인프라와 관련한 주제도 배웁니다.

- 프로젝트 구조, 파일 구성, npm 스크립트
- 웹소켓WebSocket 프로토콜 : 알림 서버 구현 시 HTTP보다 웹소켓이 나은 이유는 무엇일까요? 이를 설명하기 위해 메시지를 웹 클라이언트에 푸시하는 간단한 웹소켓 서버를 만들어 볼 것 입니다.

먼저, 블록체인의 가장 긴 체인 규칙에 대해 알아보겠습니다.

10.1 가장 긴 체인 규칙

제 9장에서 유저가 거래 내역 확인 버튼을 클릭하면 새로운 블록이 생성되는 간단한 블록 채굴 시스템을 구현했습니다. 이번에는 난이도를 높여 이미 100개의 블록이 있고, 보류 중인 거래 내역이 있으며, 다수의 채굴자들이 거래 내역을 선택해 채굴을 시작하는 블록체인 앱을 만들어보겠습니다.

> **NOTE** 이 책에서 언급하는 블록 채굴은 분산 네트워크를 기반으로 합니다. 블록체인 노드는 병렬로 작동하므로 둘 이상의 노드가 다음 블록을 채굴했다고 주장할 경우 충돌 상황이 발생합니다. 이와 같은 갈등을 해결하기 위해 합의 메커니즘이 필요합니다.

서로 다른 지역에 살고 있는 채굴자 M1, M2, M3가 작업 증명을 통해 해시값을 찾고 생성된 블록 101을 블록체인에 추가한다고 가정해봅시다. 각 블록은 블록 101의 후보로 서로 다른 거래 내역을 가질 수 있습니다. [그림 10.1]에서 볼 수 있듯이 특정 시점에 3개의 블록 101이 동시에 생성되었습니다. 이와 같이 블록이 여러 갈래로 나뉘는 것을 '포크fork'라고 부릅니다. 체인 형성 역시 세 갈래로 나눠집니다. 이들 블록은 유효하지만 아직 선택되지는 않았습니다.

그림 10.1 포크된 블록체인

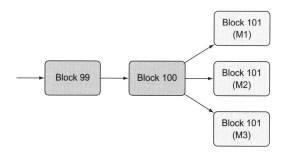

그렇다면 이 세 개 블록 중 어느 블록을 선택해야 할까요? 대부분의 블록체인에서는 '가장 긴 체인 규칙Longest Chain Rule'에 따라서 결정합니다. 하지만 블록체인은 살아서 자라나는 생명체와 같이 계속해서 새로운 노드를 추가합니다. 모든 채굴자가 채굴을 마무리 할 때쯤 각자의 체인 중 하나는 더 많은 블록을 추가하면서 가장 긴 체인을 형성하게 됩니다.

간단한 설명을 위해 채굴자 수를 세 명으로 간주했지만, 실제로는 수십만 명의 채굴자가 동시에 블록 102, 103 등을 채굴하고 있을 것입니다. 세 명의 채굴자 중 M2가 더 강력한 CPU를 가지고 있어 더 빨리 블록 101를 생성했습니다. [그림 10.2]와 같이 채굴자 M4는 이미 가장 긴 체인인 M2을 선택하고 블록 101 다음 블록인 102의 해시를 계산했다고 합시다.

그림 10.2 ▶ M2는 가장 체인을 가집니다.

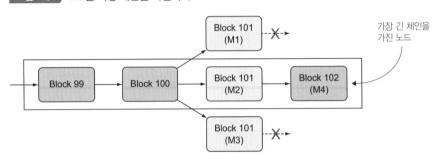

세 명의 채굴자가 블록 101을 채굴했지만 가장 긴 체인은 블록 102로 끝나는 M2의 체인이며 다른 모든 노드들은 M2의 체인을 적용하게 됩니다. 채굴자 M1과 M3가 생성한 블록은 폐기되며 거래는 보류 상태로 다시 배치되어 다른 채굴자가 선택할 수 있습니다.

블록 101을 채굴한 보상을 얻는 건 M2뿐입니다. M1과 M3는 자신만의 블록 101의 해시값을 계산하느라 전기만 낭비했죠. 채굴자 M4 역시 선택되지는 않았지만 해시가 유효했던 M2의 블록을 선택하는 리스크를 감수했습니다.

> **NOTE** 거래 내역이 유효한 블록에 포함되었다면, 다른 블록들이 삭제되는 동안 보류 중인 거래 내역으로 다시 배치되지 않습니다.

앞서 설명한 블록체인 코드에서 블록의 개수도 적고 가장 길이가 긴 체인은 다른 체인 보다 블록 하나가 더 많았습니다. 그러나 실제 블록체인은 수천 만개의 노드가 있고, 각 체인의 길이도 서로 다릅니다. 분산 네트워크인 블록체인은 여러 노드가 블록을 추가하므로 각 노드는 서로 다른 길이를 가진 체인을 가집니다. 블록이 많이 달린 체인을 만들수록 더 많은 시간이 걸립니다. 이런 이유로 블록체인은 가장 긴 체인이 가장 많은 작업 증명을 했다고 판단해 그 체인에 담겨있는 거래 내역을 신뢰합니다.

> **TIP** 이번 장 후반부에 가장 긴 체인 규칙을 실습해볼 것입니다. [그림 10.5]부터 [그림 10.8]은 가장 긴 체인 규칙을 요청하고 블록을 생성하는 동안 두 노드 간 통신을 보여줍니다.

이 가장 긴 체인 규칙이 이중 지출 문제나 다른 사기를 어떻게 방지하는지 알아보겠습니다. 존은 통장에 1000달러를 가지고 있습니다. 블록 99는 "존이 메리에게 $1000 송금"이라는 거래 내역을 갖고 있습니다. 어느 채굴자가 이 체인을 포크하고 블록 100에 "존이 알렉스에게 $1000 송금"이라는 거래 내역을 추가해 $1000를 두 번 송금한 것으로 사기 행각을 벌이려 합니다. [그림 10.3]은 이 채굴자가 이중 지불 공격하려는 시도를 보여줍니다.

그림 10.3 이중 공격 시도

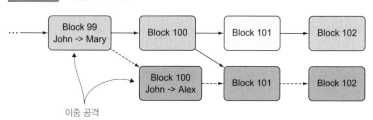

블록 해시값은 확인하기 쉽지만 연산 시간이 오래 걸립니다. 블록 101, 101, 102의 해시를 다시 계산해야 합니다. [그림 10.3]과 같이 채굴자들은 계속해서 새로운 블록^{블록 103, 104, 105…}을 채굴하고 체인에 추가합니다. 불법 채굴자가 모든 해시를 다시 계산해 단시간에 가장 길이가 긴 체인을 만들기란 불가능합니다. 결국은 가장 긴 체인이 경쟁에서 이깁니다. 다시 말해 기존 블록의 내용을 수정하기란 불가능합니다.

분산 시스템은 모든 노드가 발생한 유효 이벤트에 대해 합의를 얻기 위한 알고리즘을 사용합니다. 두 노드가 동시에 새 블록의 해시를 구한 경우 어떻게 해야할까요? 어느 블록을 추가하고 어느 노드에게 보상을 주어야 할까요? 블록체인은 구성원들 사이의 동의-합의에 걸쳐 의사를 결정합니다.

블록을 수정 또는 삭제 권한이 있는 중앙 관리자가 없기 때문에 모든 구성원들이 의사결정에 참여합니다. 이 때 모든 구성원들은 합의 프로토콜 규칙을 따라야 합니다. 본질적으로 합의 프로토콜은 단일 체인을 선택합니다. 블록체인 합의 알고리즘은 거래 내역과 블록의 유효성을 결정하는 것으로, 작업 증명과 가장 긴 체인 규칙이 이에 해당합니다.

다음으로 블록체인 노드 간 통신이 어떻게 발생하는지 알아보겠습니다.

10.2 블록체인 서버

지금까지 서버 없이 블록체인을 개발해보았습니다. 블록체인 서버는 블록을 생성, 검증 및 저장 등 기록을 중앙 집중적으로 관리하지 않습니다. 블록체인 서버는 분산 상태를 유지하며, 서버를 통해 해시 캐싱, 신규 거래 내역 브로드 캐스트, 가장 긴 체인 요청, 새로 생성된 블록 조회 등을 할 수 있습니다. 이번 절에서는 클라이언트와 서버 간 통신 프로세스를 살펴본 후, 서버 부분의 코드를 검토해보겠습니다.

> **TIP** 안톤 모이세예프가 WebRTC라 불리는 P2P 기술을 활용해 이번 블록체인 앱을 구현했습니다. github.com/antonmoiseev/blockchain-p2p에서 확인하고 직접 실험해보세요.

노드 M1은 블록 채굴 후, 서버에서 가장 긴 체인을 요청하고, 이 요청은 다른 모든 노드에도 전달됩니다. 각 노드는 체인^{블록 헤더만}으로 응답하고 서버는 이 응답을 M1에 전달합니다.

노드 M1는 가장 긴 체인을 수신하고 각 블록의 해시를 확인하여 유효성을 검증합니다. 그런 다음 새로 채굴된 블록^{M1 기준}을 가장 긴 체인에 추가하고 이 체인을 로컬에 저장합니다. 언젠가 누군가가 새로운 블록을 채굴하기 전 까지 M1의 노드는 가장 긴 체인을 가지므로 단일 진실 공급원^{single source of truth}이 됩니다.

M1가 "조가 메리에게 $1000를 송금"이라는 새로운 거래 내역을 생산하려 합니다. 각 거래 내역 마다 새로운 블록을 생성하는 것은 너무 느리고^{많은 해시를 계산해야 함} 비용^{전기 비용}도 비쌉니다. 일반적으로 하

나의 블록에는 여러 거래 내역이 포함되며 M1은 새로운 거래 내역을 나머지 블록체인 노드에게 전달할 수 있습니다. 노드 M2, M3 및 이후 노드들은 동일한 거래 내역을 수행합니다. 전파된 모든 거래 내역은 보류 중 상태이며 모든 노드는 10개의 거래 내역을 선택해 채굴을 시작할 수 있습니다.

> **TIP** 이번 장에서는 웹소켓을 사용하지만, 이를 대신해 서버리스 WebRTC를 사용할 수 있습니다. (en.wikipedia.org/wiki/WebRTC에서 WebRTC에 대해 읽어보세요.)

10.3 프로젝트 구조

이번 장의 블록체인 실습 앱은 서버와 클라이언트로 구분되며 모두 타입스크립트로 작성되었습니다. 프로젝트 폴더 구조와 앱 실행 방법을 먼저 알아보고 일부 코드를 통해 특정 타입스크립트 문법을 알아보겠습니다.

IDE에서 chapter10 디렉터리를 열고 터미널에 **npm install** 명령어로 의존성을 설치합니다. [그림 10.4]와 같은 프로젝트 폴더 구조인지 확인해보세요.

그림 10.4 프로젝트 구조

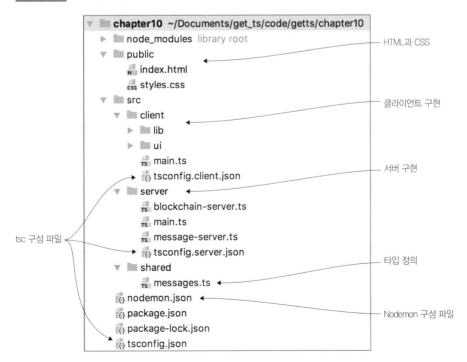

빌드 시 public 디렉터리가 생성되며 public/index.html는 client/main.ts를 컴파일한 자바스크립트 파일을 불러옵니다. 블록체인 노드를 위한 웹 클라이언트입니다.

server/main.ts은 추가 스크립트를 가져오고 웹소켓 및 블록체인 알림 서버를 시작합니다.

이번 프로젝트에는 세 개의 타입스크립트 컴파일러 구성 파일이 존재합니다. 루트 디렉터리에 있는 tsconfig.json 파일은 클라이언트와 서버 모두 공통된 컴파일러 옵션이 포함합니다. tsconfig.client.json 및 tsconfig.server.json 파일은 tsconfig.json을 확장하고 각각 클라이언트 및 서버에 고유한 컴파일러 옵션을 추가합니다. 다음 절에서 자세히 보겠습니다.

우리 서버는 Node.js 런타임에서 실행되며 컴파일된 코드는 build/server 디렉터리에 저장됩니다. 아래 명령어로 서버를 실행해봅시다.

```
node build/server/main.js
```

그러나 node는 실행 파일은 라이브 리로딩 기능을 지원하지 않기 때문에 타입스크립트 코드가 변경되고 컴파일되어도 다시 시작되지 않습니다. 이는 nodemon 패키지 nodemon.io를 사용해 해결할 수 있습니다. nodemon이 설치되었다면 **node** 대신 **nodemon** 명령어를 입력할 수 있습니다. 아래와 같이 Node.js 런타임을 시작할 수 있습니다.

```
nodemon build/server/main.js
```

만약 nodemon이 없다면 다음 명령어를 입력합니다.

```
npx nodemon build/server/main.js
```

다음 절에서 nodemon으로 서버를 만드는 과정 및 package.json에 알아보겠습니다.

10.4 프로젝트 환경 설정

이번 프로젝트에서는 설정을 위한 json 파일이 여러 개 있습니다.

10.4.1 타입스크립트 컴파일 구성

tsconfig.json 파일은 **extends** 키워드와 **config** 프로퍼티를 사용해 다른 파일에서 구성을 상속할 수

있습니다. 프로젝트에는 세 개의 설정 파일이 있습니다

- tsconfig.json : 클라이언트와 서버가 모두 사용하는 옵션을 저장합니다.
- tsconfig.client.json : 클라이언트를 위한 옵션을 저장합니다.
- tsconfig.server.json : 서버를 위한 옵션을 저장합니다.

이 세가지 파일을 하나씩 살펴보겠습니다. 먼저 [코드 10.1]의 tsconfig.json을 보겠습니다.

코드 10.1 tsconfig.json - 공통 tsc 옵션

```
{
  "compileOnSave": false,   •········ 타입스크립트를 수정할 때마다 자동 컴파일을 금지합니다.
  "compilerOptions": {
    "target": "es2017",   •········ es2017를 지원하는 문법으로 자바스크립트를 컴파일합니다.
    "sourceMap": true,   •········ 소스맵 파일을 생성합니다.
    "plugins": [
      {
        "name": "typescript-lit-html-plugin"
      }
    ]
  }
}
```

유저가 es2017를 지원하는 최신 브라우저를 사용한다고 간주하여 es2017를 컴파일 타겟으로 지정했습니다.

[코드 10.2]는 src/client 디렉터리에 있는 tsconfig.client.json 파일로 클라이언트 코드를 컴파일 합니다.

코드 10.2 tsconfig.client.json - 클라이언트용 tsc 옵션

```
{
  "extends": "../../tsconfig.json",   •········ 해당 파일 내 옵션을 상속받습니다.
  "compilerOptions": {
    "module": "ES6",   •········ 생성된 자바스크립트 코드에서 import/export 구문을 사용합니다.
    "outDir": "../../public",   •········ public 디렉터리에 컴파일된 코드가 저장됩니다.
    "inlineSources": true   •········ 원본 타입스크립트 코드와 소스맵을 한 파일로 만듭니다.
  }
}
```

소스맵으로 브라우저에서 타입스크립트 코드를 디버깅할 수 있습니다. 소스맵은 컴파일된 자바스크립트 코드가 타입스크립트 코드 내 어느 부분에 해당하는지 알려줍니다. 소스맵은 브라우저에서 실행 가능한 코드여야 하는데, 웹 서버에 자바스크립트와 타입스크립트를 함께 서버에 배포하거나, 또는 inlineSources 옵션을 사용해 소스맵 파일에 타입스크립트 코드를 넣을 수 있습니다.

> ✅ **TIP** 사용자들에게 앱 소스를 보여주고 싶지 않다면 프로덕션 단계에서 소스맵을 배포하지 않으면 됩니다.

[코드 10.3]은 src/server 디렉터리에 있는 tsconfig.client.json 파일로 서버 코드를 컴파일합니다.

코드 10.3 tsconfig.server.json - 서버를 위한 tsc 옵션

```
{
  "extends": "../../tsconfig.json",    •······ 해당 파일 내 옵션을 상속받습니다.
  "compilerOptions": {
    "module": "commonjs",    •······ import/export 구문을 commonJS 형식으로 변환합니다.
    "outDir": "../../build"    •······ 컴파일된 코드는 build 디렉터리에 저장됩니다.
  },
  "include": [
    "**/*.ts"    •······ 하위 디렉터리 내 모든 .ts 파일을 컴파일합니다.
  ]
}
```

> ✅ **TIP** 때로 IDE가 tsc 상속을 제대로 처리하지 못하는 경우도 있어 동일한 옵션을 반복해야 할 수도 있습니다.

타입스크립트 컴파일러에게 여러 구성 파일을 어느 것을 사용해야할지 알려줘야 합니다. **-p** 옵션으로 구성 파일의 경로를 지정할 수 있습니다. 먼저 tsconfig.client.json 파일을 지정하겠습니다.

```
tsc -p src/client/tsconfig.client.json
```

이번에는 tsconfig.server.json 파일을 지정하겠습니다.

```
tsc -p src/server/tsconfig.server.json
```

다음으로 프로젝트 의존성과 npm 커스텀 명령어를 보겠습니다.

10.4.2 package.json

[코드 10.4]는 package.json으로 **scripts** 항목에는 커스텀 **npm** 명령어가 있고, **dependencies** 항목에는 세 가지 패키지^{클라이언트와 서버에서 모두 사용}가 있습니다.

- ws : 웹소켓 프로토콜을 지원하는 Node.js 라이브러리.
- express : HTTP를 지원하는 간결한 Node.js 프레임워크
- lit−html : 브라우저 DOM으로 렌더링하기 위한 자바스크립트 내 HTML 템플릿

이 앱의 웹 부분에서는 자바스크립트 템플릿 라이브러리인 lit−html^{github.com/Polymer/lit-html 참조}을 사용합니다. typescript−lit−html−plugin 플러그인을 추가해 IDE 내 자동 완성^{IntelliSense}을 활성화합니다.

devDependencies는 개발 의존성으로 개발 단계에서 필요한 패키지만 포함합니다.

코드 10.4 package.json

```
{
  "name": "blockchain",
  "version": "1.0.0",
  "description": "Example application for the Manning's TypeScript Quickly book.",
  "repository": "https://github.com/farata",
  "license": "MIT",
  "scripts": {          ●┄┄┄┄ 커스텀 명령어
    "build:client": "tsc -p src/client/tsconfig.client.json",
    "build:server": "tsc -p src/server/tsconfig.server.json",
    "build": "concurrently npm:build:*",
    "start:tsc:client": "tsc -p src/client/tsconfig.client.json --watch",   ●┄┄┄┄ 와치 모드로 tsc 실행
    "start:server": "nodemon --inspect src/server/main.ts",
    "start": "concurrently npm:start:*",
    "now-start": "NODE_ENV=production node build/server/main.js"
  },
  "dependencies": {
    "express": "^4.16.3",    ●┄┄┄┄ Node.js 웹 프레임워크
```

```
    "lit-html": "^0.12.0",  •── 클라이언트를 위한 템플릿 라이브러리
    "ws": "^6.0.0"  •── Node.js 웹소켓 지원 패키지
  },
  "devDependencies": {
    "@types/express": "^4.17.2",  ┐
                                  ├── 타입 정의 파일
    "@types/ws": "^6.0.4",        ┘
    "concurrently": "^5.0.0",  •── 동시에 명령어를 실행하는 패키지
    "nodemon": "^2.0.1",  •── 소스 코드 변경 시 Node.js 런타임을 다시 로드하는 도구
    "ts-node": "^8.5.4",  •── tsc와 node를 단일 프로세스로 실행
    "typescript": "^3.7.3",
    "typescript-lit-html-plugin": "^0.9.0"  •── HTML태그 입력을 도와주는 IntelliSense 도구
  }
}
```

ts-node는 단일 프로세스를 실행합니다. 노드가 시작되면, **require.extensions** 메커니즘을 사용하여 커스텀 익스텐션/로드 페어를 등록합니다. **require()** 호출 시 파일 확장자가 .ts로 해석되면 노드는 별도의 tsc 프로세스를 시작하지 않고, tsc API를 사용하여 타입스크립트를 자바스크립트로 즉시 변환하는 유저 정의 로더를 호출합니다.

start:client 명령어는 watch 모드에서 tsc를 실행합니다. 타입스크립트 코드를 수정하고 저장하자마자 클라이언트에서 다시 컴파일됩니다. 그렇다면 서버 코드를 다시 컴파일하면 어떻게 될까요?

10.4.3 nodemon 구성

서버에서도 watch 모드에서 tsc 컴파일러를 시작할 수 있으며 타입스크립트 코드를 수정하면 자바스크립트 코드가 재생성됩니다. 그러나 서버에서 변경된 자바스크립트 코드를 사용하려면 Node.js 런타임을 다시 시작해야합니다. **nodemon**을 도입해 Node.js 프로세스를 다시 시작하고 지정된 디렉터리에서 자바스크립트 파일을 모니터링할 수 있습니다. package.json에는 다음 명령이 포함되어 있습니다. [코드 10.4]참조

```
"start:server": "nodemon --inspect src/server/main.ts"
```

> **TIP** --inspect 옵션을 사용하면 크롬 개발자 도구에서 코드를 디버깅할 수 있습니다. (nodejs.org/en/docs/guides/debugging-getting-started 참조) nodemon은 --inspect 옵션을 Node.js에 전달하므로 위의 코드는 디버깅 모드에서 시작됩니다.

start:server 명령어는 nodemon이 main.ts 파일을 실행할 것을 요청합니다. nodemon은 프로젝트 디렉터리 내 nodemon.json 파일에 있는 옵션을 사용합니다. [코드 10.5]의 nodemon.json 내 구성 옵션을 보겠습니다.

코드 10.5 nodemon.json

```
{
  "exec": "node -r ts-node/register/transpile-only",    ●······· 노드를 실행합니다.
  "watch": [ "src/server/**/*.ts" ]    ●······· server 하위 디렉터리 내 .ts 확장자 파일을 모니터링합니다.
}
```

exec 명령어로 Node.js 실행 옵션을 지정했습니다. -r 옵션은 --require 단축키로 실행 전 모듈을 먼저 로딩합니다. transpile-only 모듈은 타입 검사 없이 타입스크립트를 자바스크립트 코드로 컴파일하는 모듈로 ts-node 패키지가 transpile-only 모듈을 미리 로딩하도록 요청합니다. 이 모듈은 Node.js가 로드한 모든 .ts 파일을 대상으로 컴파일러를 자동으로 실행합니다.

transpile-only 모듈을 프리로딩하면, 서버에 별도로 tsc 프로세스를 시작할 필요가 없습니다. 모든 타입스크립트 파일이 로드되고 단일 Node.js 프로세스에서 자동으로 변환됩니다.

> **NOTE** ts-node 패키지를 다른 방법으로 사용할 수 있습니다. 타입스크립트 파일과 Node.js를 함께 실행할 수 있습니다. (예: ts-node myScript.ts) 자세한 내용은 www.npmjs.com/package/ts-node를 참고하세요.

지금까지 전반적인 블록체인 앱 구성에 대해 살펴보았습니다. 다음으로 실제 어떻게 작동되는지 확인해보겠습니다.

10.4.4 블록체인 앱 실행

이번 장에서는 블록체인 노드를 구현하는 두 개의 클라이언트와 서버를 실행하는 방법을 보겠습니다. 먼저 package.json 파일 내 **scripts** 부분을 자세히 살펴 보겠습니다.

코드 10.6 package.json 내 scripts 부분

```
"scripts": {
  "build:client": "tsc -p src/client/tsconfig.client.json",    ●······· 클라이언트 코드 컴파일
  "build:server": "tsc -p src/server/tsconfig.server.json",    ●······· 서버 코드 컴파일
  "build": "concurrently npm:build:*",    ●······· npm:build로 모든 명령어를 동시에 실행합니다.
  "start:tsc:client": "tsc -p src/client/tsconfig.client.json --watch",    ●······· watch 모드인 클라이언트 코드에서 tsc를 시작합니다.
```

```
  "start:server": "nodemon --inspect src/server/main.ts",   •——— nodemon으로 서버를 시작합니다.
  "start": "concurrently npm:start:*",   •——— npm:start로 시작하는 모든 명령을 동시에 실행합니다.
  "now-start": "NODE_ENV=production node build/server/main.js"
},
```

첫 번째와 두 번째 **build** 명령어는 클라이언트와 서버 각각 tsc 컴파일러를 실행합니다. 클라이언트와 서버 타입스크립트 코드를 자바스크립트 코드로 변환하며, 컴파일 작업은 병렬적으로 수행됩니다. 세 번째 명령어는 concurrently 패키지를 사용해 여러 명령어를 동시에 실행합니다.

start:tsc:client 명령어는 **watch** 모드에서 클라이언트 코드를 컴파일하고, **start:server** 명령어는 nodemon으로 서버를 실행합니다. **start** 명령어는 **start:tsc:client**와 **start:server**을 동시에 실행합니다.

'**&**앰퍼샌드, ampersand' 기호를 사용해 여러 npm 명령어를 사용할 수 있습니다. 아래 [코드 10.7]은 **first**와 **second** 두 명령어를 정의하고, **npm start** 명령어로 이를 동시에 실행합니다. '**&**' 기호는 동시에 시작하라는 뜻입니다.

코드 10.7 앰퍼샌드 연산자로 동시에 명령어를 실행

```
"scripts": {
  "first": "sleep 2; echo First",   •——— 2초 동안 정지 후 First를 출력합니다.
  "second": "sleep 1; echo Second",   •——— 1초 정지 후 Second를 출력합니다.
  "start": "npm run first & npm run second"   •——— first와 second 명령어를 동시에 실행합니다.
},
```

start 명령어를 실행하면 **Second**를 출력한 후, **First**를 출력합니다. **&**을 **&&**으로 바꾸면 **First**를 먼저 출력하고 다음 **Second**를 순차적으로 출력합니다. concurrently 패키지를 사용하면 각 동시 프로세스마다 모든 메시지를 명확하게 분리할 수 있다는 장점이 있습니다.

윈도우 환경에서는 & 하나를 써도 npm 명령이 동시에 실행되지 않습니다. 동시에 사용하고 싶다면 npm-run-all 패키지|www.npmjs.com/package/npm-run-all가 필요합니다.

윈도우에서는 [코드 10.7]의 코드는 이렇게 작성할 수 있습니다.

```
"scripts": {
    "first": "timeout /T 2 > nul && echo First",        •····· 윈도우의 timeout은 유닉스의 sleep와 같습니다.
    "second": "timeout /T 1 > nul && echo Second",   •···┘
    "start": "run-p first second"        •······· run-p 명령어는 npm-run-all 패키지와 함께 설치 됩니다.
}
```

sleep 대신 timeout 과 /T 파라미터를 사용하면 프로세스가 일정 시간동안 비활성화됩니다. 실행하는 동안 timeout 명령어는 얼마나 기다려야 하는지 출력합니다. 이 메시지를 보고 싶지 않다면 timeout의 출력을 nul로 넘겨버릴 수 있습니다.

run-p는 npm-run-all을 설치하면 함께 설치되는 명령어입니다. 특정 이름을 가진 npm 스크립트들을 동시에 실행합니다.

블록체인 앱을 실행하려면 터미널에서 **npm start**를 실행합니다. [코드 10.8]은 npm 명령어 start를 실행한 후 콘솔에 출력되는 메시지를 보여줍니다. 각 메시지 첫 대괄호([ ])는 실행된 명령어의 이름 (start:tsc:client와 start:server)을 보여줍니다.

코드 10.8 > 블록체인 앱 시작

```
10:22:56 PM - Starting compilation in watch mode...
[start:tsc:client]    •······· start:tsc:client 실행 결과
[start:server] [nodemon] 2.0.1
[start:server] [nodemon] to restart at any time, enter `rs`
[start:server] [nodemon] watching dir(s): src/server/**/*.ts
[start:server] [nodemon] watching extensions: ts,json
[start:server] [nodemon] starting `node -r ts-node/register/transpile-only --inspect src/server/main.ts`
[start:server] Debugger listening on ws://127.0.0.1:9229/a205e546-57ed-4e3c-a5af-efe92a23a693 •·····
[start:server] For help, see: https://nodejs.org/en/docs/inspector   •········ start:server 실행 결과
[start:server] Listening on https://localhost:3000   •····· 포트 3000에서 서버를 실행합니다.
[start:tsc:client]                                        Node.js 디버거를 포트
[start:tsc:client] 10:24:10 PM - Found 0 errors. Watching for file changes.    9220에서 실행합니다.
```

Node.js 디버거 URL은 ws://127.0.0 입니다. ws키워드는 웹소켓 프로토콜을 사용해 개발자 도구가 디버거에 연결 됨을 나타냅니다. Node.js 디버거가 실행 중이면 크롬 개발자 도구 툴 바에 초록색 육각형이 표시됩니다. 파울 아이리시가 쓴 '크롬 개발자 도구에서 Node.js 디버깅하기' 글(bit.ly/2Qxp7hq)을 읽어보세요. medium.com/@paul_irish/debugging-node-js-nightlies-with-chrome-devtools-7c4a1b95ae27

서버가 실행되면 localhost:3000으로 접속합니다. 몇 초 후 제네시스 블록이 생성되고 [그림 10.5]와 같은 화면을 볼 수 있습니다.

그림 10.5 블록체인 앱 클라이언트 초기 화면

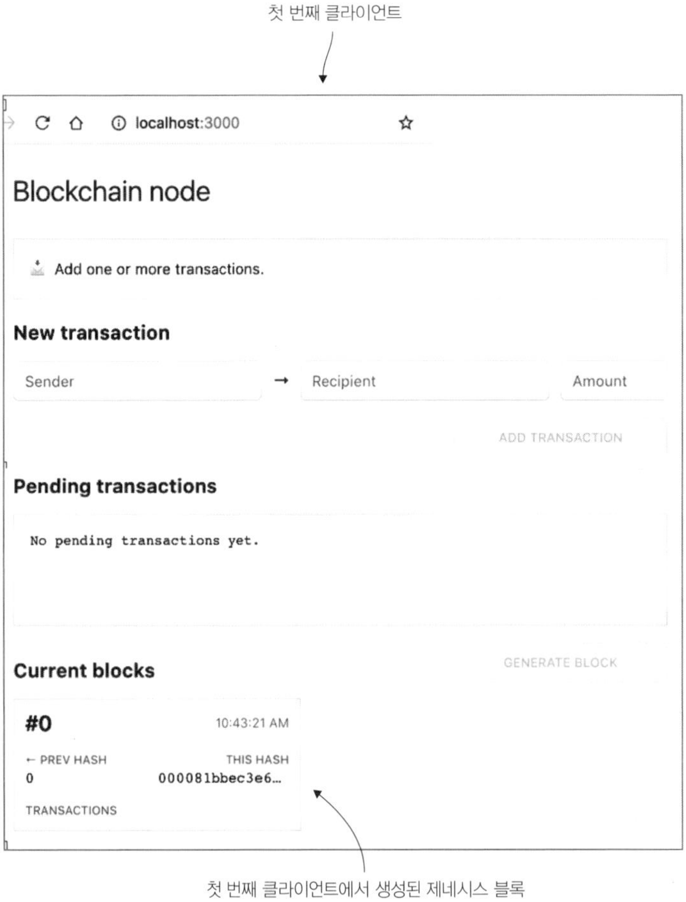

첫 번째 클라이언트

첫 번째 클라이언트에서 생성된 제네시스 블록

클라이언트가 웹소켓 서버를 통해 서로 통신하는 방법을 설명한 후, 10.6절에서 상황을 구체적으로 설명하겠습니다. 이 시점에서 블록을 생성하기 전, 클라이언트는 서버에 가장 긴 체인을 요청한다고 알고 있으면 됩니다. localhost:3000에서 별도의 브라우저 창을 열어 두 번째 클라이언트를 시작하면 [그림 10.6]과 같은 화면이 보일 것입니다.

그림 10.6 첫 번째와 두 번째 블록체인 클라이언트 화면

제네시스 블록

첫 번째 클라이언트가 보류 중인 거래내역을 추가해 블록 채굴을 시작하고, 다른 노드도 채굴을 시작해봅시다. 블록체인에 이미 제네시스 블록이 있으며, 서버는 모든 클라이언트에[그림 10.6]의 두 번째 화면 이를 전송합니다. 모든 클라이언트는 첫 번째 클라이언트가 채굴한 블록을 보고 있습니다. 이후 [그림 10.7]에서 볼 수 있듯이 첫 번째 클라이언트가 두 번째 거래 내역에 들어갑니다. 신규 블록 생성을 요청하기 전 입니다.

그림 10.7 두 클라이언트 모두 보류 중인 거래내역을 생성했습니다.

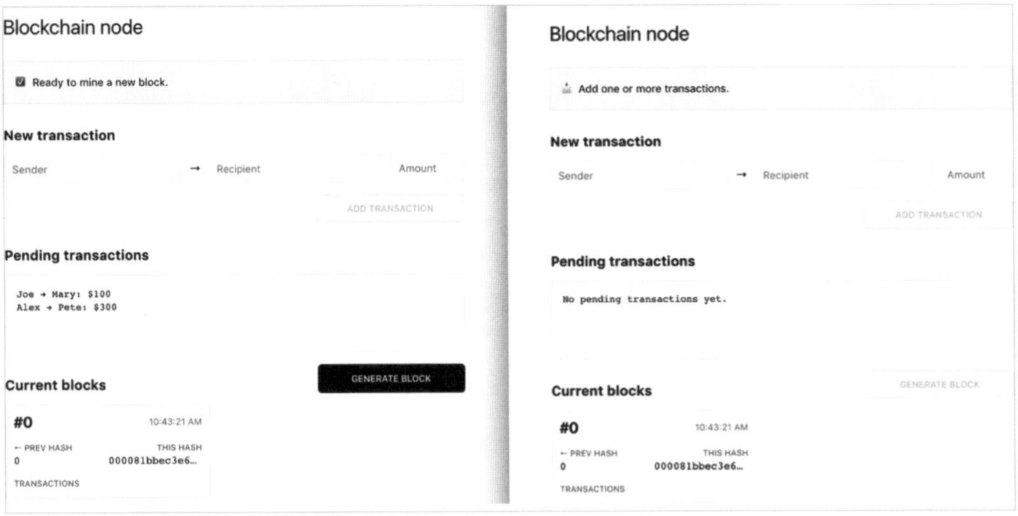

> **NOTE** 클라이언트가 보류 중인 거래 내역을 추가하는 동안, 다른 클라이언트와의 통신이 없으며, 메시지 서버는 사용되지 않습니다.

첫 번째 클라이언트는 블록 생성GENERATE BLOCK버튼을 클릭해 채굴을 실행해봅시다. 첫 번째 클라이언트는 블록 내용 내 메시지를 서버에 전송하여 첫 번째 클라이언트가 해당 블록 채굴을 시작했음을 알립니다. 서버가 연결된 모든 노드에게 이 메시지를 전송하고, 다른 노드 역시 동일한 블록을 채굴합니다.

가장 빨리 작업을 마친 클라이언트의 블록이 블록체인에 추가되고, 다른 클라이언트에게 이를 알려 해당 블록을 자신의 블록체인 버전에 추가합니다. 블록이 승인된 후, 모든 클라이언트는 [그림 10.8] 과 같은 블록을 갖게 됩니다.

그림 10.8 각 클라이언트는 동일한 블록을 추가합니다.

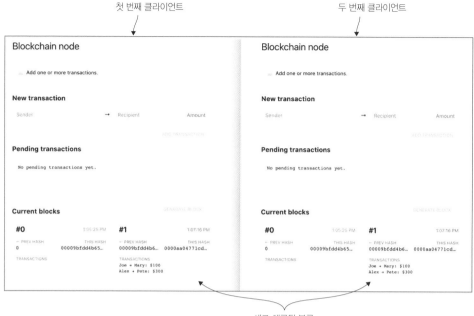

10.6절에서 블록을 채굴 할 때 소켓을 통해 전달되는 메시지에 설명할 것입니다. 다중 노드 네트워크에서의 채굴 과정은 무슨 일이 일어나는지 볼 수 없는 블랙박스와 같지 않습니다. [그림 10.9]는 두 개의 노드 M1과 M2가 메시지를 교환하는 과정을 도식화했습니다.

이 그림 속 블록체인에서 유저는 M2 노드로 작업합니다. 보류 중인 거래내역을 생성하면 다른 노드로 메시지가 전파되지 않습니다. 노드 M2는 '새 블록을 요청합니다'라는 메시지를 보내고 M2는 채굴을 시작합니다. 서버는 이 메시지를 다른 노드예:M1로 알리고 다른 노드는 더 빠른 블록을 생성하기 위해 M2와 경쟁합니다.

M2 노드가 가장 빨리 블록을 생성했으며 서버는 블록체인 전체로 이 메시지를 발표합니다. 이에 M1 노드는 M2가 생성을 블록을 추가합니다. 이후, M1이 이전에 시작한 채굴을 마칩니다. 그러나 이미 M2가 생성한 블록이 승인되고 블록체인에 추가되었기에 가장 긴 체인이 바뀌어, M1이 새로 생성한 블록은 블록체인에 추가할 수 없습니다. 정리하면 M1과 M2 사이의 합의를 거쳐 M2의 블록이 승인된 것입니다. 이렇게 새 블록이 UI에 렌더링됩니다.

그림 10.9 두개의 노드가 존재하는 블록체인의 채굴 과정

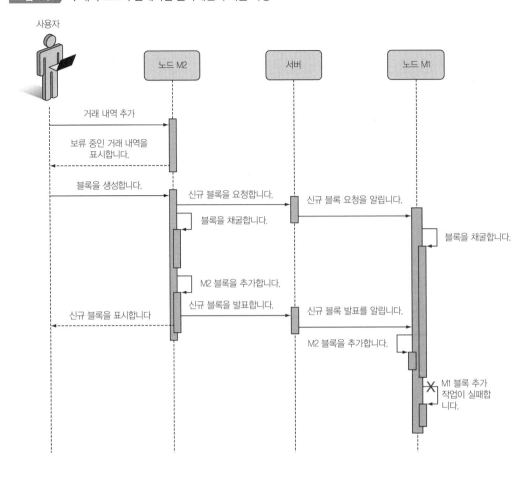

새로운 블록의 추가를 실패하는 경우에 관한 코드는 후에 살펴보겠습니다.

NOTE 우리가 만드는 블록체인 앱은 UI와 블록 생성을 같은 웹 앱에서 만들지만, 실제 블록체인 애플리케이션은 거래 내역 추가와 블록 채굴 등 모든 동작마다 별도의 앱으로 구분되어 개발됩니다.

이번 절에서는 어떻게 앱이 작동하는지 살펴봤으니, 이번에는 웹소켓을 기반으로 클라이언트–서버 간 통신에 대해 배워보겠습니다. 이미 웹소켓에 대한 개념을 잘 알고 있다면 다음 10.5절을 넘어가도 좋습니다.

10.5 웹소켓

이번 블록체인 앱은 웹소켓 프로토콜en.wikipedia.org/wiki/WebSocket을 통해 푸시 알림을 구현합니다. 그래서 이번에는 모든 모던 웹 브라우저와 대부분의 웹서버가 지원하는 웹소켓에 대해 간단한 설명을 하려합니다.

웹소켓은 클라이언트와 서버 사이에 지속적인 완전 양방향 연결 스트림을 만들어 주는 기술로 최신 웹 브라우저 및 Node.js, .Net, 자바, 파이썬 웹서버가 지원합니다. HTTP 통신은 클라이언트가 요청시 서버가 응답하는 단방향적 통신이지만, 웹소켓 통신은 클라이언트와 서버가 실시간으로 양방향 통신을 하는 방식입니다. 웹소켓은 실시간 채팅과 같이 즉각적으로 정보를 주고 받는 경우에 사용합니다.

- 실시간 트레이딩, 경매 정보, 스포츠 알림
- 웹을 통한 의료 기기 제어
- 채팅 애플리케이션
- 멀티 플레이어 온라인 게임
- 실시간 업데이트되는 동영상, 소셜 미디어 등
- 블록체인

위 서비스들이 가진 공통점은 중요한 이벤트가 발생하면 유저에게 즉시 알람을 보내는 서버가 있다는 것입니다. 유저가 새로운 데이터를 서버에 요청하는 경우와 다릅니다. 예를 들어, 증권 거래소에서 주식 거래 발생 시 모든 유저에게 알림을 보냅니다. 혹은 블록체인에서 한 노드가 다른 노드들을 대상으로 알림을 보낼 수도 있습니다. 웹소켓의 서버는 클라이언트에서 요청하지 않아도 알림을 보낼 수 있다는 걸 이해하는 것이 중요합니다.

우리가 만드는 블록체인앱의 서버는 별도의 요청을 받지 않고 알림을 푸시합니다. 예를 들어 채굴자 M1이 블록 채굴을 시작 또는 종료한 상태임을 다른 노드도 알아야 합니다. M1는 새 블록을 알리는 메시지를 웹소켓 서버로 보내고, 이 메시지는 다른 노드로 즉시 푸시됩니다.

10.5.1 HTTP와 웹소켓 프로토콜의 차이

요청-응답 기반인 HTTP 프로토콜은 클라이언트가 요청을 보낸 뒤, 서버에서 응답이 올 때까지 기다립니다. 요청과 응답 모두 동일한 브라우저 서버를 사용하며 요청이 종료된 후 응답을 받습니다. 외나무다리를 생각해봅시다. 건너려는 사람이 양쪽 위치 모두에 있다면 순서를 기다려 차례로 건너야 할 것입니다. 클라이언트쪽에서 출발한 사람이 다리를 다 건너야 서버 쪽에 있는 사람이 건널 수 있죠. 이런 형식의 통신을 반이중 통신half-duplex이라고 합니다.

한편, 웹소켓 프로토콜은 데이터가 양쪽에서 동시에 끊임없이 이동할 수 있습니다. 같은 연결을 통해 어디서든 데이터 전송이 가능한 전이중 통신full-duplex입니다. 이차선 도로를 떠올리면 쉽습니다. 웹소켓 연결은 계속해서 유지되며 서버와 클라이언트 간 상호 작용시 대기 시간이 단축됩니다.

매 초마다 최신 주가를 기록하는 웹 앱이 있다고 해봅시다. 일반적인 HTTP 요청/응답 시 HTTP 헤더에 정보를 추가해 전송합니다. HTTP를 사용할 경우 매 초마다 약 300바이트짜리 요청을 보내고 다시 300바이트짜리 응답을 전달받아야 합니다.

그러나 웹소켓은 전송 용량이 몇 바이트도 되지 않으며, 매초마다 새로운 주가 정보를 받기 위해 요청을 보낼 필요도 없습니다. 주가에 변동이 발생하지 않는 경우도 있으니 서버는 주가가 변경될 때만 새 값을 클라이언트로 푸시합니다.

모든 웹 브라우저는 WebSocket 객체를 지원합니다. 모질라의 웹소켓 문서 참조 - mzl.la/3dodovm 먼저, 브라우저가 서버와 HTTP 연결을 설정하고 앱에서 웹소켓 연결을 지원하는 서버의 URL 정보를 명시하며 연결을 변경해달라 요청합니다. 이후 HTTP 없이 통신이 진행됩니다. 웹소켓은 "http" 대신 "ws"를 사용합니다. 예: ws://localhost:8085 보안 서버 또한, "https" 대신 "wss"를 사용합니다.

웹소켓 프로토콜은 이벤트 및 콜백을 기반으로 합니다. 브라우저 앱과 서버 연결을 설정하면 connection 이벤트가 수신되고 앱은 이벤트를 처리하기 위해 콜백을 호출합니다. 서버가 데이터를 처리하려면 해당 콜백을 제공하는 message 이벤트가 필요합니다. 콜백은 연결이 종료될 경우 close 이벤트를, 에러가 발생할 경우 error 이벤트를 WebSocket 객체로 전달하여 앱이 즉각적으로 대응할 수 있도록 합니다.

서버 측에서도 유사한 이벤트를 처리해야 합니다. WebSocket 마다 이벤트 이름이 다를 것입니다. 이번 프로젝트는 Node.js 런타임에서 WebSocket 서버를 사용합니다.

10.5.2 서버에서 클라이언트로 데이터 푸시

웹소켓을 사용한 간단한 코드를 구현해봅시다. 클라이언트가 소켓에 연결되자마자 서버는 데이터를 클라이언트로 푸시합니다. 서버가 통신을 시작하며 클라이언트는 데이터 요청을 보내지 않습니다.

웹소켓을 사용하기 위해서는 [코드 10.4] pacakage.json에 적혀있듯 npm에서 제공되는 웹소켓 패키지 ws를 사용합니다. @types/ws 타입 정의를 설치해야 ws API를 사용할 때 타입스크립트가 오류를 경고하지 않습니다.

클라이언트가 소켓에 연결되면 "This message was pushed by the WebSocket server웹소켓 서버가 푸시한 메시지입니다"라는 화면에 메시지가 표시되도록 만들어봅시다. 클라이언트가 서버에 아무 요청도 보내지 않고 데이터를 받아오도록 하는 겁니다.

이를 위해 두 개의 서버가 필요합니다. HTTP 서버Express 프레임워크로 구현는 포트 8000에서 실행되며 초기 HTML 페이지를 브라우저로 전송합니다. 페이지가 로드되면 포트 8085에서 실행되는 웹소켓 서버에 즉시 연결됩니다. 연결이 설정되자마자 서버는 해당 메시지를 푸시합니다. 이 코드는 server/simple-websocket-server.ts에서 볼 수 있습니다.

코드 10.9 ▶ simple-websocket-server.ts

```
import * as express from "express";
import * as path from "path";
import {Server} from "ws";        ●┄┄┄┄ ws 모듈의 Server을 사용해 웹소켓 서버를 인스턴스를 만듭니다.


const app = express();     ●┄┄┄┄ Express 프레임워크의 인스턴스를 만듭니다.


// HTTP Server                                      HTTP 클라이언트 루트 경로와 연결되면,
app.get('/', (req, res) =>                           HTTP 서버가 HTML 파일을 보냅니다.
    res.sendFile(path.join(__dirname, <../../public/simple-websocket-client.html>)));   ●┄┄┄┘


const httpServer = app.listen(8000, 'localhost', () => {   ●┄┄┄┄ 포트 8000에서 HTTP 서버를 시작합니다.
    console.log(<HTTP server is listening on localhost:8000>);
});


// WebSocket Server
const wsServer = new Server({port:8085});   ●┄┄┄┄ 포트 8085에서 웹소켓을 시작합니다.
console.log('WebSocket server is listening on localhost:8085');   ●┄┄┄┄ 클라이언트에서 연결 이벤트를 듣습니다.

wsServer.on('connection',
    wsClient => {                                    새로 연결된 클라이언트에 메시지를 푸시합니다.
        wsClient.send(<This message was pushed by the WebSocket server>);   ●┄┄┄┘

        wsClient.onerror = (error) =>   ●┄┄┄┄ 연결 오류를 처리합니다.
            console.log(`The server received: ${error[<code>]}`);
    }
);
```

> **NOTE** 같은 포트 번호에서 두 개의 서버 인스턴스를 시작할 수 있습니다. [코드 10.13]에서 확인할 수 있습니다. 지금은 편의상 HTTP와 웹소켓 서버를 각각 다른 포트를 사용합니다.

Node.js 경로 문제 해결

app.use()는 HTTP 요청^{GET, POST 등} URL를 코드나 파일 내의 특정 위치로 연결시킵니다.^{이번 코드에서는 GET이지만 POST나 다른 요청이 될 수 있습니다.} 아래 코드를 보겠습니다.

```
app.get('/', (req, res) =>   •——— 서버가 기본 URL과 함께 HTTP GET을 수신합니다.
  res.sendFile(   •——— HTTP response 객체를 통해 파일을 클라이언트로 다시 보냅니다.
    path.join(__dirname, '../../public/simple-websocket-client.html')));   •———
                                                              HTML 파일의 절대 경로 위치입니다.
```

path.join() 메서드는 Node.js 환경 변수 _dirname을 시작점으로 사용하여 절대 경로를 빌드합니다. _dirname은 메인 모듈인 디렉터리 이름을 표시합니다. 아래 명령어로 서버를 실행해봅시다.

```
node build/server/simple-websocket-server.js
```

이 경우 __dirname의 값은 build/server 입니다. simple-websocket-client.html 파일이 위치한 곳에 도달하기 위해 두 번 거슬러 올라가야 합니다.

```
path.join(__dirname,'../../simple-websocket-client.html')
```

완전한 크로스 플랫폼으로 만들려면 슬래시/는 사용하지 않는 것이 좋습니다.

```
path.join(__dirname,'..','..',simple-websocket-client.html')
```

클라이언트는 포트 8085를 통해 웹소켓 서버에 연결되는 즉시 서버에서 연결 이벤트를 내보내고, 특정 클라이언트의 정보를 전달받습니다. 서버는 **send()** 메서드로 클라이언트에 메시지를 보내며, 동일한 소켓에 또 다른 클라이언트가 연결되면, 동일한 메시지를 송신합니다.

> **NOTE** 새 클라이언트가 서버에 연결되는 즉시, wsServer.clients에 추가됩니다. wsServer.clients.forEach (client ? client.send('…'));와 같이 연결된 모든 클라이언트에게 메시지를 전파할 수 있습니다.

server/simple—websocket—client.html은 브라우저 WebSocket 객체를 사용하는 HTML/자바스크립트 클라이언트입니다.

> **코드 10.10** simple-websocket-client.html

```html
<!DOCTYPE html>
<html>
<head>
  <meta charset="UTF-8">
</head>
<body>
<span id="messageGoesHere"></span>

<script type="text/javascript">
    const ws = new WebSocket("ws://localhost:8085");  •········ 웹소켓 연결

    const mySpan = document.getElementById("messageGoesHere");  •········ 메시지를 표시할 DOM 엘리먼트를 선택합니다.

    ws.onmessage = function(event) {  •········ 메시지를 처리하는 콜백 함수입니다.
      mySpan.textContent=event.data;  •········ <span>에 메시지를 표시합니다.
    };

    ws.onerror = function(event){  •········ 오류 발생 시, 브라우저 콘솔에 오류를 출력합니다.
      ws.close();
      console.log(`Error ${event}`);
    }
</script>
</body>
</html>
```

브라우저가 simple—websocket—client.html을 실행할 때, 웹소켓 서버는 ws://localhost:8085에 연결되며 프로토콜을 HTTP에서 웹소켓으로 업그레이드 합니다. 프로토콜은 http가 아닌 ws임을 기억하세요.

이제 npm install을 실행한 후 아래 명령어로 앱을 실행해봅시다.

```
npm run build:server
```

모든 타입스크립트 파일은 자바스크립트 코드로 컴파일되어 build/server에 저장됩니다. 아래 명령

어로 웹소켓 서버를 실행합니다.

```
node build/server/simple-websocket-server.js
```

콘솔에 다음 메시지가 출력될 것입니다.

```
WebSocket server is listening on localhost:8085
HTTP server is listening on localhost:8000
```

크롬 브라우저를 열고 localhost:8000에 접속해 개발자 도구를 열어보세요. [그림 10.10]의 왼쪽 상단과 같은 메시지가 표시되는지 확인해보세요. 네트워크 탭을 클릭하면 왼쪽 하단에 두 가지 요청으로 localhost가 실행 중임을 알 수 있습니다. 첫 번째 요청은 HTTP를 통해 simple-websocket-client.html를 로드하는 것이며, 두 번째 요청은 소켓이 포트 8085를 연결하는 것입니다.

그림 10.10 소켓에서 메시지 수신

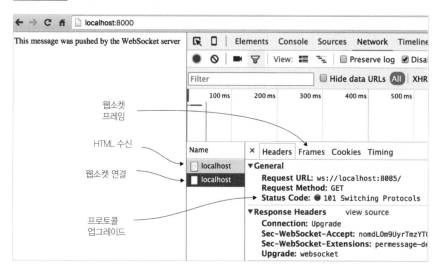

이 코드에서 HTTP 프로토콜은 HTML 파일을 처음 로드할 때만 사용됩니다. 그런 다음 클라이언트는 웹 페이지에서 웹소켓상태코드 101으로 프로토콜 업그레이드를 요청하면, 웹 페이지는 HTTP를 사용하지 않습니다.

프레임 탭을 클릭하면 [그림 10.11]과 같이 서버에서 소켓 연결을 통해 도착한 메시지인 "This message was pushed by the WebSocket server웹소켓에서 푸시한 메시지입니다."가 표시됩니다.

그림 10.11 프레임 콘텐츠 모니터링

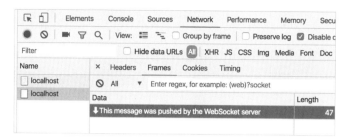

프레임 탭 내 아래 방향 화살표↓는 들어오는 메시지를 의미합니다. 반대로 윗 방향 화살표↑는 클라이언트가 보낸 메시지를 의미합니다.

클라이언트에서 서버로 메시지를 보내려면 아래 명령어처럼 브라우저의 **WebSocket** 객체에서 **send()** 메서드를 실행하면 됩니다.

```
ws.send("Hello from the client");
```

메시지를 보내기 전, 항상 소켓이 연결되어 있는지 확인해야 합니다. 읽기 전용 프로퍼티인 **WebSocket.readyState**로 연결의 현재 상태를 반환합니다.

표 10.1 WebSocket.readyState 값

Value	State	Description
0	CONNECTING	소켓이 생성되었으며, 아직 연결이 되지 않았습니다.
1	OPEN	연결 중이며 통신할 준비가 되었습니다.
2	CLOSING	연결이 종료되는 중
3	CLOSED	연결이 종료되어 다시 연결할 수 없습니다.

[코드 10.17] 내 메시지 서버 처리 부분에서 **readyState** 프로퍼티를 사용합니다.

> **TIP** [표 10.1]를 보면 타입스크립트 열거형을 사용할 수도 있겠다는 생각이 들지 않나요?

다음 절에서 웹소켓 서버 내 블록 채굴 구현 방법에 대해 알아보겠습니다.

10.6 알림

이번 절에서는 서버와 클라이언트가 어떻게 통신하는지 코드를 보며 살펴보겠습니다. 이전 절에서 살펴본 두 클라이언트의 통신을 다시 확인해보겠습니다. 이번에는 크롬 개발자 도구를 열어 클라이언트와 서버 간 웹소켓 연결 시 메시지를 모니터링하겠습니다.

npm start 명령어로 서버를 실행하고, 브라우저에서 localhost:3000에 접속합니다. 크롬 개발자 도구를 열고 네트워크 > WS을 열면 [그림 10.12]와 같은 화면이 나옵니다. 왼쪽 하단에 "localhost"를 클릭하면 소켓에서 보낸 메시지를 볼 수 있습니다. 클라이언트는 서버에 연결되고 가장 긴 체인을 찾기 위해 GET_LONGEST_TYPE_REQUEST 타입 메시지를 서버에 전송합니다.

그림 10.12 › 첫 번째 클라이언트를 연결

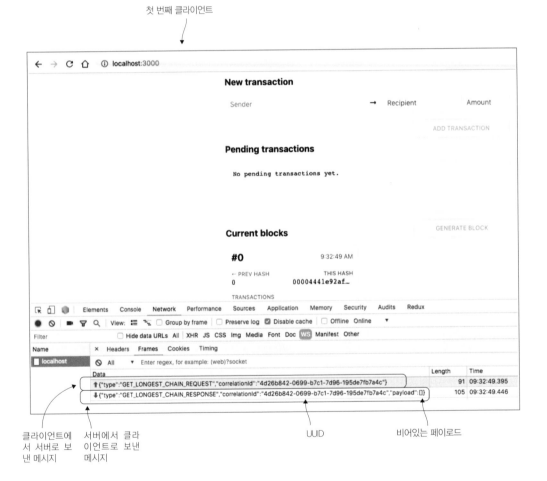

이 클라이언트는 첫 번째 클라이언트로, 블록체인이 존재하지 않고 아직 다른 노드도 없기 때문에 GET_LONGEST_TYPE_RESPONSE 메시지와 함께 빈 페이로드payload를 받습니다. 다른 노드가 있다면, 서버는 다른 노드로 요청을 전파하고 이들의 응답을 받은 후, 원래 노드 요청자에게 전달합니다.

[코드 10.11]은 shared/message.ts 파일로 메시지 타입을 정의한 파일입니다. type, interface, enum 을 사용해 커스텀 타입을 정의했습니다.

코드 10.11 shared/message.ts - 메시지 타입 정의

```typescript
export type UUID = string;    // ──── UUID 타입 정의

export interface Message {    // ──── Message 타입 정의
  correlationId: UUID;
  type: string;
  payload?: any;    // ──── payload는 옵션
}

export enum MessageTypes {    // ──── 메시지를 열거형으로 정의
  GetLongestChainRequest  = 'GET_LONGEST_CHAIN_REQUEST',
  GetLongestChainResponse = 'GET_LONGEST_CHAIN_RESPONSE',
  NewBlockRequest         = 'NEW_BLOCK_REQUEST',
  NewBlockAnnouncement    = 'NEW_BLOCK_ANNOUNCEMENT'
}
```

메시지는 비동기로 전송되고, 발신 및 도착 메시지가 일치하도록 correlationId 프로퍼티를 추가했습니다. 클라이언트는 고유한 ID를 포함해 GET_LONGEST_CHAIN_REQUEST 메시지를 서버에 전송합니다. 얼마 후 서버는 GET_LONGEST_CHAIN_RESPONSE 메시지를 보냅니다. 발신 및 수신 메시지 ID를 서로 비교해 일치하는 요청 및 응답을 찾을 수 있습니다. UUID범용 고유 식별자, Universally Unique Identifiers를 correlationId의 값으로 사용합니다.

UUID 생성

RFC 4122www.ietf.org/rfc/rfc4122.txt 명세는 UUIDUniversal Unique Identifier를 다음과 같이 정의합니다. "UUID란 시간과 공간 전체를 고려할 때 고유한 식별자입니다. UUID는 고정된 사이즈와 시간 정보를 내장하고 있으므로 겹치는 경우는 없습니다. 사용하는 특정 알고리즘에 따라 서기 34000년까지 고유성을 보장합니다."

UUID 형식은 8-4-4-4-12 형식"xxxxxxxx-xxxx-xxxx-xxxx-xxxxxxxxxxxx"으로 작성된 ASCII 문자열입니다. 메시지의 코드는 [그림 10.12]에서 확인할 수 있습니다. 스택오버플로우 답변 코드를 참고해 작성되었습니다.

stackoverflow.com/questions/105034/create-guid-uuid-in-javascript

이번 앱에서는 모든 요청은 클라이언트가 생성해 UUID는 클라이언트 코드에서 작성합니다. uuid() 함수는 client/lib/cryptography.ts에서 확인할 수 있습니다.

UUID는 문자열 타입이므로 Message.correlation의 타입은 string으로 명시했습니다. 코드 가독성을 높이기 위해 type 키워드로 UUID 타입을 먼저 선언한 다음, correlationID 타입에 선언했습니다.

클라이언트블록체인 노드가 채굴을 시작하면, NEW_BLOCK_REQUEST 메시지를 동시에 다른 노드에게 전파합니다. 채굴을 끝낸 노드는 NEW_BLOCK_ANNOUNCEMENT 메시지를 다른 노드에게 전달하고 해당 블록은 블록체인에 추가됩니다.

10.6.1 서버 코드

[코드 10.12]의 server/main.ts 파일은 서버 코드로 Express 프레임워크를 불러와 HTTP 엔드포인트를 구성하고, 배포 단계에서 클라이언트 코드가 저장되는 디렉터리를 정의되어 있습니다. Node.js의 http 객체 및 ws 패키지의 WebSocket 객체를 사용합니다. HTTP를 지원하는 httpServer 서버, 웹소켓 프로토콜을 지원하는 wsServer 서버 모두 같은 포트 번호를 사용합니다.

코드 10.12 server/main.ts

```
import * as express from 'express';
import * as http from 'http';
import * as path from 'path';
import * as WebSocket from 'ws';  •——— WebSocket 객체를 가져오기
import { BlockchainServer } from './blockchain-server';  •——— BlockchainServer 클래스를 가져오기

                                                    클라이언트가 사용하는 node_modules 위치
const PORT = 3000;
const app = express();  •——— Express 초기화
app.use('/', express.static(path.join(__dirname, '../../public')));  •——— 클라이언트 코드 위치
app.use('/node_modules', express.static(path.join(__dirname, '../../node_modules')));
```

```
const httpServer: http.Server = app.listen(PORT, () => {
  if (process.env.NODE_ENV !== 'production') {
    console.log(`Listening on https://localhost:${PORT}`);
  }
}); •———— HTTP 서버 시작


const wsServer = new WebSocket.Server({ server: httpServer }); •———— 웹서버 시작
new BlockchainServer(wsServer); •———— 블록체인 알람 서버 시작
```

app.use()로 시작하는 코드 행은 클라이언트의 URL을 서버의 특정 리소스에 맵핑합니다. 앞서 "Node.js 경로 문제 해결"에서 설명한 부분입니다.

 TIP '..', '..', 'public'은 유닉스 환경에서는 '../../public'로, 윈도우 환경에서는 '..₩..₩public'로 해석됩니다.

WebSocket.Server를 인스턴스화하는 동안 기존 HTTP 서버의 인스턴스를 전달합니다. 이를 통해 동일한 포트에서 HTTP 및 웹소켓 서버 모두 실행할 수 있습니다. 마지막으로 웹소켓을 사용하는 타입스크립트 클래스인 BlockchainServer를 인스턴스화합니다. BlockchainServer 클래스는 웹소켓 통신과 관련된 모든 작업을 캡슐화하는 MessageServer의 서브 클래스로 이후에 자세히 살펴보도록 하겠습니다. 이제 [코드 10.13]의 blockchain-server.ts 첫 번째 코드 부분부터 보겠습니다.

코드 10.13 server/blockchain-server.ts 첫 번째 부분

```
import * as WebSocket from 'ws';
import { Message, MessageTypes, UUID } from '../shared/messages';
import { MessageServer } from './message-server';


type Replies = Map<WebSocket, Message>; •———— 블록체인 노드에서 응답합니다.
                                                         MessageServer를 확장한 클래스입니다.

export class BlockchainServer extends MessageServer<Message> { •————
  private readonly receivedMessagesAwaitingResponse = new Map<UUID, WebSocket>(); •————
                                                         응답을 대기 중인 클라이언트 메시지입니다.
  private readonly sentMessagesAwaitingReply = new Map<UUID, Replies>();
    // 클라이언트의 응답을 누적합니다.
                                                         메시지 타입별 핸들러입니다.

  protected handleMessage(sender: WebSocket, message: Message): void { •————
    switch (message.type) { •———— 메시지 타입에 따라 핸들러를 호출합니다.
```

```
      case MessageTypes.GetLongestChainRequest :
        return this.handleGetLongestChainRequest(sender, message);
      case MessageTypes.GetLongestChainResponse:
        return this.handleGetLongestChainResponse(sender, message);
      case MessageTypes.NewBlockRequest        :
        return this.handleAddTransactionsRequest(sender, message);
      case MessageTypes.NewBlockAnnouncement   :
        return this.handleNewBlockAnnouncement(sender, message);
      default: {
        console.log(`Received message of unknown type: "${message.type}"`);
      }
    }
  }

  private handleGetLongestChainRequest(requestor: WebSocket, message: Message): void {
    // 네트워크에 다른 노드가 있는 경우 해당 체인을 요청합니다.
    // 그렇지 않으면 빈 배열을 요청자에게 전달합니다.
```
correlationID를 키로 사용해 클라이언트 요청을 저장합니다.
```
    if (this.clientIsNotAlone) {
      this.receivedMessagesAwaitingResponse.set(message.correlationId, requestor); •
      this.sentMessagesAwaitingReply.set(message.correlationId, new Map());  •
      // Map은 클라이언트에서 받은 응답을 누적합니다.
      this.broadcastExcept(requestor, message);  •······ 메시지를 다른 노드로 전송합니다.
    } else {
      this.replyTo(requestor, {
```
클라이언트 응답을 축적합니다.
```
        type: MessageTypes.GetLongestChainResponse,
        correlationId: message.correlationId,
        payload: []  •········ 단일 노드 블록체인에서 가장 긴 체인이 없습니다.
      });
    }
  }
```

handleMessage() 메서드는 클라이언트에서 받은 메시지의 디스패처(Dispatcher) 역할을 합니다. switch 구문은 받은 메시지에 해당하는 함수를 호출합니다. 이 메서드는 슈퍼 클래스 Message-Server 내 abstract로 키워드와 함께 추상 메서드로 선언되었습니다. 뒷 부분에서 좀 더 자세히 살펴보겠습니다.

예를 들어 클라이언트가 GetLongestChainRequest 메시지를 보내면 handleGetLongestChainRequest() 메서드가 호출됩니다. correlationID를 키로 사용하여 요청(WebSocket 객체를 참조)을 맵에

저장합니다. 그 다음, 이 메서드는 가장 긴 체인을 요청하는 다른 노드에게 해당 메시지를 전송합니다. handleGetLongestChainRequest() 메서드는 블록체인에 단 하나의 노드만 있는 경우에만 빈 페이로드로 오브젝트를 반환합니다.

> **NOTE** handleMessage() 메서드 시그니처에는 void 키워드가 포함되어 있고 값을 반환하지 않음에도 본문에 return을 사용한 이유는 무엇일까요? 자바스크립트 switch 문은 case 절 이후에 break 키워드가 있어야 정확하게 동작할 수 있습니다. break 키워드가 없으면, 두 번째 case 절 이후에 나오는 모든 실행문이 모두 실행됩니다. break 대신 return 문을 사용하면 실수로 코드가 잘못 전달되는 일을 막을 수 있습니다.

[코드 10.14]는 blockchain-server.ts의 두 번째 부분으로 다른 노드들로부터 응답 받은 가장 긴 체인을 처리합니다.

코드 10.14 server/blockchain-server.ts 두 번째 부분

가장 긴 체인을 요청한 클라이언트 찾습니다.

```
private handleGetLongestChainResponse(sender: WebSocket, message: Message): void {
  if (this.receivedMessagesAwaitingResponse.has(message.correlationId)) {
    const requestor = this.receivedMessagesAwaitingResponse.get(message.correlationId);
```

클라이언트 소켓 객체에 대한 참조를 가져옵니다

```
    if (this.everyoneReplied(sender, message)) {
      const allReplies = this.sentMessagesAwaitingReply.get(message.correlationId).values();
      const longestChain = Array.from(allReplies).reduce(this.selectTheLongestChain);
      this.replyTo(requestor, longestChain);     가장 긴 체인을 요청한 클라이언트에게 전파합니다.
    }
  }
}
```

가장 긴 체인을 찾습니다.

```
private handleAddTransactionsRequest(requestor: WebSocket, message: Message): void {
  this.broadcastExcept(requestor, message);
}

private handleNewBlockAnnouncement(requestor: WebSocket, message: Message): void {
  this.broadcastExcept(requestor, message);
}

// 참고 : 서버가 가장 긴 체인을 요청한 후, 추가 또는 제거된 클라이언트가 없다고 가정하고 구현했습니다.
//   서버가 요청을 받지 않는 클라이언트의 응답을 기다릴 수 있도록 구현할 수 있습니다.
```

```
    private everyoneReplied(sender: WebSocket, message: Message): boolean {     •┈┈┈┈┐
        const repliedClients = this.sentMessagesAwaitingReply             모든 노드가 요청에 응답했는지 확인합니다.
            .get(message.correlationId)
            .set(sender, message);

        const awaitingForClients = Array.from(this.clients).filter(c => !repliedClients.has(c));

        return awaitingForClients.length === 1;     •┈┈┈┈ 체인을 요청한 클라이언트가 하나만 남았습니다.
    }

    private selectTheLongestChain(currentlyLongest: Message,     •┈┈┈┈ 가장 긴 체인을 선택하는 메서드입니다.
                    current: Message, index: number) {
        return index > 0 && current.payload.length > currentlyLongest.payload.length ? current :
            currentlyLongest;
    }

    private get clientIsNotAlone(): boolean {
        return this.clients.size > 1;     •┈┈┈┈ 블록체인 내 노드가 한 개 이상인지를 확인합니다.
    }
}
```

노드가 GetLongestChainResponse 메시지를 보내면, 서버는 correlationID로 가장 긴 체인을 요청한 클라이언트를 찾습니다. 모든 노드가 응답하면 handleGetLongestChainResponse() 메서드는 allReplies를 배열로 바꾸고 reduce()를 사용해 가장 긴 체인을 찾습니다. 그런 다음 replyTo() 메서드로 응답을 클라이언트 요청자에게 다시 보냅니다.

웹소켓 프로토콜을 지원하고 replyTo() 또는 broadcastExcept()와 같은 메서드를 정의하는 코드를 보겠습니다. [코드 10.15] 및 [코드 10.16]은 추상 서브 클래스 MessageServer에 해당합니다.

코드 10.15 server/message-server.ts 첫 부분

```
import * as WebSocket from 'ws';

export abstract class MessageServer<T> {
  constructor(private readonly wsServer: WebSocket.Server) {
    this.wsServer.on('connection', this.subscribeToMessages);     •┈┈┈┈ 새로 연결된 클라이언트의 메시지를 구독합니다.
    this.wsServer.on('error', this.cleanupDeadClients);     •┈┈┈┈ 연결이 끊긴 클라이언트를 제거합니다.
  }
                                            BlockchainServer 클래스에서 구현된 메서드입니다.
                                                                        ┆
  protected abstract handleMessage(sender: WebSocket, message: T): void;     •┈┈┈┈┘
```

```
protected readonly subscribeToMessages = (ws: WebSocket): void => {
  ws.on('message', (data: WebSocket.Data) => {   •⸺ 클라이언트의 메시지가 도착했습니다
    if (typeof data === 'string') {
      this.handleMessage(ws, JSON.parse(data));   •⸺ 전달 받은 메시지를 처리합니다.
    } else {
      console.log('Received data of unsupported type.');
    }
  });
};


private readonly cleanupDeadClients = (): void => {   •⸺ 연결이 끊긴 클라이언트를 제거합니다.
  this.wsServer.clients.forEach(client => {
    if (this.isDead(client)) {
      this.wsServer.clients.delete(client);
    }
  });
};
```

MessageServer 클래스는 **abstract** 키워드와 함께 추상 클래스로 선언되었습니다. 제 1부에서 **abstract**에 대해 배웠습니다. ^{제 3장 3.1.5절 참고}

```
export abstract class MessageServer<T>
```

추상 클래스를 인스턴스화 할 수는 없지만, 서브 클래스 내 추상 멤버의 작동 방식을 구현해야 합니다. 서브 클래스 **BlockchainServer**에서 유일한 추상 멤버인 **handleMessage()** 메서드를 구현했습니다. **handleMessage()**, **broadcastExcept()**, **replyTo()** 메서드는 제네릭 타입 T(제 4장 4.2절 참고)를 파라미터 타입으로 사용합니다. [코드 10.12]에서 볼 수 있듯이 **Message** 타입을 제네릭 **T**로 변경했습니다만, 경우에 따라 타입이 변경될 수 있습니다.

handleMessage() 메서드를 **abstract**로 선언함으로써, **MessageServer**의 모든 서브 클래스는 메서드 시그니처에 따라 자유롭게 구현할 수 있습니다.

```
protected abstract handleMessage(sender: WebSocket, message: T): void;
```

이미 추상 클래스에서 위 메서드 시그니처를 선언했기 때문에, **handleMessage()** 메서드를 호출하

는 방법을 쉽게 확인할 수 있습니다. subscribeToMessages() 메서드에서 아래와 같이 handleMessage() 메서드를 호출합니다.

```
this.handleMessage(ws, JSON.parse(data));
```

엄밀히 말하면 추상 메서드를 호출할 수 없지만, 런타임 동안 this 키워드는 BlockchainServer 클래스의 인스턴스를 참조하며 handleMessage 메서드가 더 이상 추상되지 않습니다. [코드 10.16]은 MessageServer의 두 번째 부분으로 브로드캐스팅과 클라이언트에 응답하는 메서드가 구현되었습니다.

코드 10.16 server/message-server.ts 두 번째 부분

```
protected broadcastExcept(currentClient: WebSocket, message: Readonly<T>): void {     ●----
  this.wsServer.clients.forEach(client => {                                  다른 노드에게 전파합니다
    if (this.isAlive(client) && client !== currentClient) {
      client.send(JSON.stringify(message));
    }
  });
}

protected replyTo(client: WebSocket, message: Readonly<T>): void {   ●------- 단일 노드에 메시지를 전달합니다.
  client.send(JSON.stringify(message));
}

protected get clients(): Set<WebSocket> {
  return this.wsServer.clients;
}

private isAlive(client: WebSocket): boolean {
  return !this.isDead(client);
}

private isDead(client: WebSocket): boolean {   ●------- 특정 클라이언트가 연결되어있는지를 확인합니다.
  return (
    client.readyState === WebSocket.CLOSING ||
    client.readyState === WebSocket.CLOSED
  );
}
}
```

앞서 본 [코드 10.12] server.main.ts의 맨 마지막 코드에서 웹소켓 서버 인스턴스를 Blockchain-Server 생성자로 전달했습니다. 이 객체는 clients 프로퍼티를 가지며, 활성화 중인 웹소켓 클라이언트를 보관합니다. 메시지를 다른 클라이언트에 전파해야 할 때, broadcastExcept() 메서드에서 clients를 반복합니다. 연결이 중단된 클라이언트를 삭제할 때도, cleanupDeadClients() 메서드에서 clients 프로퍼티를 사용합니다.

broadcastExcept()와 replyTo() 메서드 시그니처는 Readonly<T> 타입 파라미터를 가집니다. 타입 파라미터는 제 5장 5.2절에서 설명했습니다. 타입 T를 가지며 모든 프로퍼티는 as readonly 키워드를 가집니다. 이로써 실수로 메서드 내 전달된 값이 변경되지 않게 막을 수 있습니다. '조건부 및 맵타입'에서 보다 자세한 코드를 확인할 수 있습니다.

[그림 10.13]에 표시된 작동방식을 보겠습니다. 제네시스 블록만 있는 상태에서, 두 번째 클라이언트가 블록체인에 접속하고 웹소켓 서버에 가장 긴 체인을 요청하는 메시지를 보냅니다. 이해를 돕기 위해 각 단계마다 번호를 붙였습니다.

그림 10.13 두 번째 클라이언트 연결

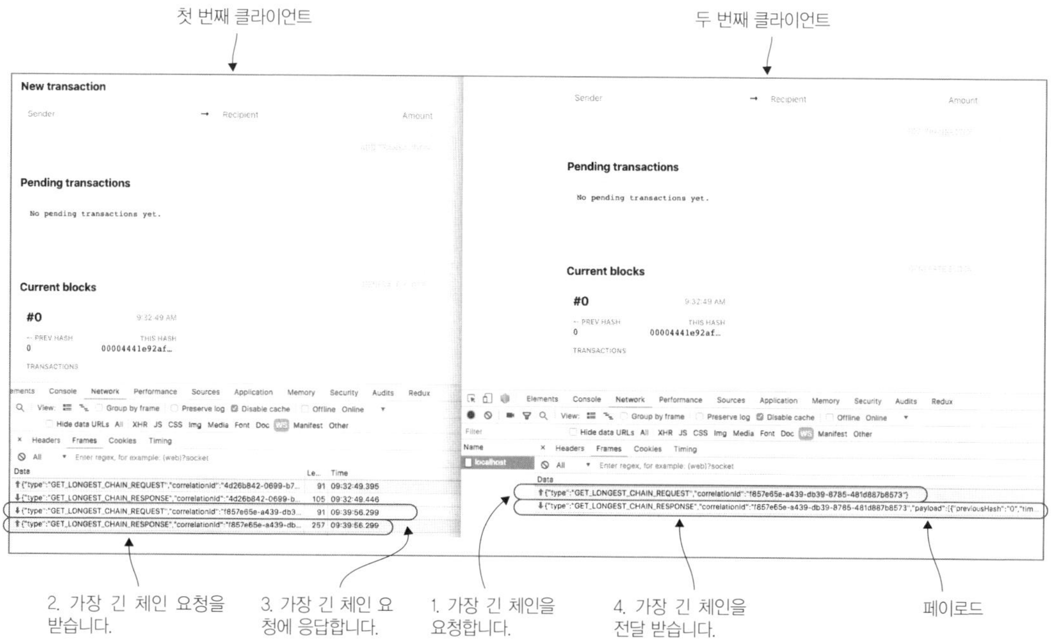

2. 가장 긴 체인 요청을 받습니다.
3. 가장 긴 체인 요청에 응답합니다.
1. 가장 긴 체인을 요청합니다.
4. 가장 긴 체인을 전달 받습니다.
페이로드

1. 두 번째 클라이언트오른쪽는 가장 긴 체인을 요청하는 메시징 서버와 연결됩니다. 서버는 이 메시지를 다른 클라이언트에 전파합니다.

2. 첫 번째 클라이언트왼쪽는 요청을 받습니다. 클라이언트는 단일 제네시스 블록으로 최초의 가장 긴 체인을 가진 블록입니다.

3. 첫 번째 클라이언트왼쪽는 메시지 페이로드에서 가장 긴 체인을 응답하고 메시지를 다시 보냅니다.

4. 두 번째 클라이언트오른쪽는 메시지 페이로드에서 가장 긴 체인을 받았습니다.

위 예시에서는 클라이언트를 두 개만 사용했지만, 웹소켓 서버는 연결된 모든 클라이언트에 이 메시지를 전파하고, 모든 클라이언트가 응답합니다.

이 후, 왼쪽 클라이언트는 [그림 10.14]와 같이 두 개의 보류 중인 거래내역을 생성했습니다. 로컬 이벤트이며 웹소켓 서버로 전송된 메시지는 없습니다.

그림 10.14 추가된 거래 내역은 메시지를 보내지 않습니다.

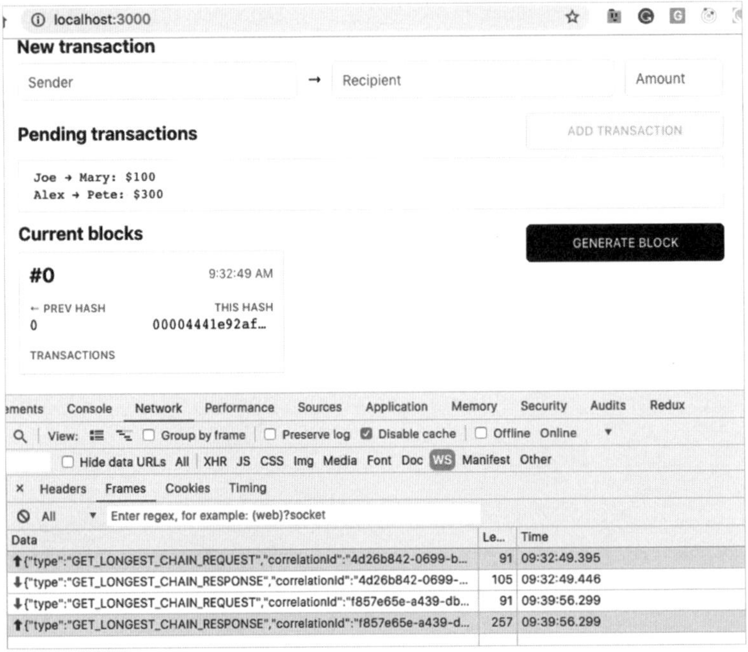

이제 왼쪽 클라이언트가 블록 생성GENERATE BLOCK 버튼을 클릭해 블록 채굴이 시작하고 다른 노드들도 동일한 작업을 수행하도록 요청합니다. NEW_BLOCK_REQUEST은 채굴 작업에 초대하는 메시지입니다. 얼마 후, 왼쪽 클라이언트가 가장 빨리 채굴에 성공했습니다. 왼쪽 클라이언트는 새 블록 후보가 있다는 NEW_BLOCK_ANNOUNCEMENT 메시지를 보냅니다. [그림 10.15]는 새로운 블록 채굴과 관련된 메시지와 NEW_BLOCK_ANNOUNCEMENT 메시지의 내용을 보여줍니다.

그림 10.15 신규 블록 메시징

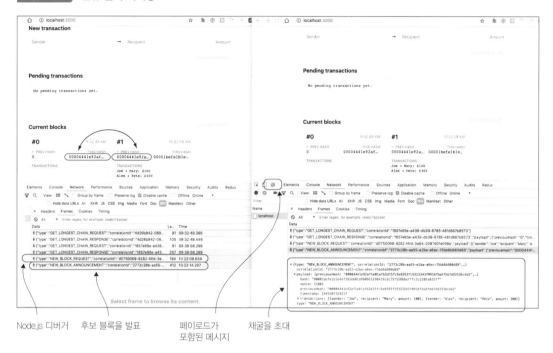

Node.js 디버거   후보 블록을 발표   페이로드가   채굴을 초대
                                포함된 메시지

두 클라이언트 모두 동일한 블록 #0과 #1를 가지고 있습니다. 블록 #0 해시값과 블록 #1의 전 해시값은 같습니다. [코드 10.17]은 NEW_BLOCK_ANNOUNCEMENT 본문 내용을 보여줍니다. 가독성을 위해 해시값은 생략했습니다.

코드 10.17 새 블록을 포함한 메시지

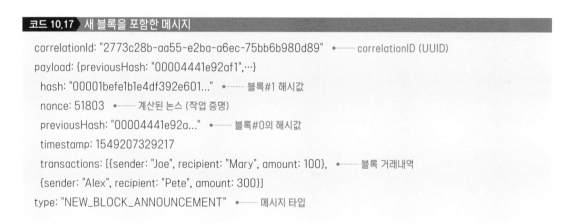

```
correlationId: "2773c28b-aa55-e2ba-a6ec-75bb6b980d89"   •········ correlationID (UUID)
payload: {previousHash: "00004441e92af1",···}
  hash: "00001befe1b1e4df392e601..."   •········ 블록#1 해시값
  nonce: 51803   •········ 계산된 논스 (작업 증명)
  previousHash: "00004441e92a..."   •········ 블록#0의 해시값
  timestamp: 1549207329217
  transactions: [{sender: "Joe", recipient: "Mary", amount: 100},   •········ 블록 거래내역
  {sender: "Alex", recipient: "Pete", amount: 300}]
type: "NEW_BLOCK_ANNOUNCEMENT"   •········ 메시지 타입
```

[코드 10.12]로 돌아가 메시지에 사용된 커스텀 테이터 타입 정의를 확인하세요.

브라우저에서 Node.js 디버깅

이번 장에서는 Node.js를 실행할 때 **--inspect** 옵션을 사용했습니다. 해당 옵션을 사용한 채로 크롬 개발자 도구를 열면 [그림 10.15]와 같이 탭 왼쪽에 녹색 팔각형 아이콘이 표시됩니다. 이 아이콘을 클릭하면 Node.js 개발자 도구가 실행됩니다.

[코드 10.8]을 따라 서버 시작 후 출력 메시지를 확인했습니다. Node.js는 포트 9292을 통해 개발자 도구와 연결됩니다. 처음 개발자 도구를 열면 Connection 탭이 보입니다. Sources 탭을 클릭해 디버깅하려는 타입스크립트 코드를 찾고 브레이크 포인트를 설정합니다. 아래 그림은 blockchain—server.ts 파일의 9행에서 브레이크 포인트를 설정했습니다.

Sources 탭 선택

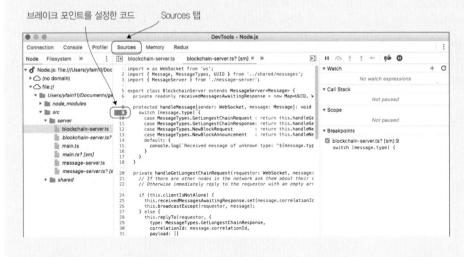

클라이언트가 서버에 메시지를 보내는 순간에 브레이크 포인트를 설정해보겠습니다. 클라이언트가 "Alice Julie $ 200" 거래내역을 생성하고 GENERATE BLOCK 버튼을 클릭하면, 다음과 같은 화면이 보입니다.

크롬 브라우저에서 Node.js 디버깅

브레이크 포인트를 설정한 코드   message 객체 모니터링

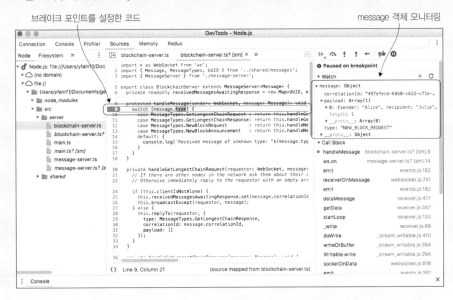

9행에서 실행이 멈췄습니다. 오른쪽 상단 패널에서 **message** 변수를 디버깅하거나 모니터링 할 수 있습니다. Node.js 코드에도 크롬 개발자 도구의 모든 디버거 기능을 사용할 수 있습니다.

그렇다면 생성된 새 블록 정보가 담긴 메시지는 누가 보낸 걸까요? 바로 웹 클라이언트가 보낸 것입니다. 계속해서 웹 클라이언트 코드를 살펴보겠습니다.

10.6.2 클라이언트 코드

지금까지 블록체인 내 노드를 편의상 클라이언트라 칭했습니다. 이번 절부터 말하는 클라이언트는 웹과 서버의 통신을 담당하는 역할을 의미합니다. 우리 프로젝트에서 노드는 웹 앱 내에서 구현되었지만, 실제 블록체인 서비스에서는 블록 채굴하는 노드와 유저가 거래를 추가할 수 있는 UI는 각 모듈앱으로 분리되어 있을 것입니다.

> **NOTE** 이번 장의 주제는 메시징 서버입니다. 코드 한 줄 한 줄 세세히 살펴보는 대신, 중요한 부분을 중심으로 설명합니다.

웹 브라우저 내 실행되는 코드는 src/client 에 저장됩니다. HTML 렌더링을 위해 lit-html^{www.npmjs.}

com/package/lit-html을 사용했습니다. lit-html 라이브러리는 자바스크립트 함수와 HTML을 함께 사용한 태그 템플릿^{tagged template}입니다. 부록 A.3.1에서 자세히 설명합니다.

lit-html은 HTML 마크업이 있는 문자열을 브라우저 DOM 노드로 바꾸고 데이터가 변경 될 때 다시 렌더링합니다. [코드 10.18]은 lit-html 공식 문서에 있는 코드입니다. ${name} 표현식을 정의하고, Steve를 전달하면 <div>Hello Steve</div>가 렌더링 됩니다. 변수 name 값이 Kevin으로 변경되면 <div> 내 이름값도 변경됩니다.

코드 10.18 lit-html 라이브러리가 HTML을 렌더링하는 방법

```
import {html, render} from 'lit-html';  •──── lit-html 라이브러리에서 html, render 함수를 가져옵니다.

const helloTemplate = (name) => html`<div>Hello ${name}!</div>`;  •──── 태그 템플릿을 선언합니다.
render(helloTemplate('Steve'), document.body);  •──── <div>Hello Steve</div>가 렌더링됩니다.
render(helloTemplate('Kevin'), document.body);  •──── Steve에서 Kevin으로 이름이 바뀝니다.
```

NOTE lit-html는 HTML을 구문 분석하고 DOM 노드를 한 번 빌드 한 후, 변경된 변수만 다시 렌더링합니다. 리액트와 같이 가상 DOM을 생성하지 않으며, 앵귤러와 같은 변화 감지기(change detector)를 사용하지 않습니다. 변수 값만 업데이트할 뿐입니다.

---

client/ui 디렉터리에는 html 파일이 없습니다. 대신 [코드 10.18]과 같이 render() 함수를 사용합니다. 리액트 또는 앵귤러에 익숙하다면, 클래스 컴포넌트의 render() 메서드를 떠올렸을 것입니다. lit-html의 html은 주요 API로 모든 render() 함수가 사용합니다.

[코드 10.19]는 ui/pending-transactions-panel.ts 파일로 PendingTransactionsPanel 클래스는 render() 함수를 이용해 보류 중인 거래내역을 렌더링합니다.

코드 10.19 pending-transaction-panel.ts

```
import { html, TemplateResult } from '../../../node_modules/lit-html/lit-html.js';
import { BlockchainNode } from '../lib/blockchain-node.js';
import { Callback, formatTransactions, Renderable, UI } from './common.js';

export class PendingTransactionsPanel implements Renderable<Readonly<BlockchainNode>> {
  constructor(readonly requestRendering: Callback) {}  •──── 생성자에 콜백 함수를 전달합니다.
```

---

304 ②부 타입스크립트로 블록체인 앱 만들기

```
render(node: Readonly<BlockchainNode>): TemplateResult {
  const shouldDisableGenerate = node.noPendingTransactions || node.isMining;
  const formattedTransactions = node.hasPendingTransactions
    ? formatTransactions(node.pendingTransactions)
    : 'No pending transactions yet.';


  return html`
    <h2>Pending transactions</h2>
    <pre class="pending-transactions__list">${formattedTransactions}</pre>
    <div class="pending-transactions__form">${UI.button('GENERATE BLOCK', shouldDisableGenerate)}
      </form>
    <div class="clear"></div>
  `;
  }
}
```

⟶ blockchain-node.ts 에서 render() 함수의 파라미터 타입을 정의했습니다.

⟵ lit-html은 태그 템플릿 html이 필요합니다.

PendingTransactionsPanel 클래스는 Renderable 인터페이스를 구현합니다. Renderable 타입은 re-questRendering 프로퍼티와 render()를 가지며, common.ts 파일에 정의되어 있습니다.

코드 10.20 ui/common.ts

```
// 다른 타입 정의도 있습니다.
export type Callback = () => void;   ⟵ 콜백 함수의 커스텀 타입을 정의

export interface Renderable<T> {   ⟵ 제네릭 인터페이스를 정의
  requestRendering: Callback;   ⟵ 콜백 함수
  render(data: T): TemplateResult;   ⟵ lit-html을 사용한 HTML을 렌더링하는 함수
}
```

클라이언트 코드 내 많은 render() 함수가 있습니다. 자바스크립트 변수 값을 HTML 템플릿에 주입하고 변수가 변경될 때마다 UI도 변경됩니다. Application 클래스는 최상위 클래스로 Renderable 인터페이스를 구현합니다. client/main.ts는 Application 클래스의 인스턴스를 생성하고 render() 함수를 호출하는 콜백 함수를 전달합니다.

코드 10.21 ui/main.ts

```
import { render } from '../../node_modules/lit-html/lit-html.js';
import { Application } from './ui/application.js';


let renderingIsInProgress = false;   ⟵ 이중 렌더링을 막는 변수입니다.
```

```
let application = new Application(async () => {      •······· 애플리케이션 인스턴스에 콜백을 전달합니다.

  if (!renderingIsInProgress) {
    renderingIsInProgress = true;
    await 0;
    renderingIsInProgress = false;
    render(application.render(), document.body);      •······· render() 함수를 호출합니다.
  }
});
```

> **TIP** render() 함수의 파라미터는 document.body 이지만, lit-html 라이브러리는 변경된 값만 업데이트할 뿐 전체
> 페이지를 다시 렌더링하지 않습니다.

Application 클래스가 인스턴스화되면 콜백 함수(생성자의 파라미터는 requestRendering)를 받습니다. this.requestRendering()은 이 콜백 함수를 호출합니다. Application 클래스를 두 부분으로 나누어 살펴보겠습니다.

코드 10.22 ui/application.ts 첫 부분

```
export class Application implements Renderable<void> {
  private readonly node: BlockchainNode;
  private readonly server: WebsocketController;      •······· 웹소켓 통신을 담당하는 객체입니다.

  // UI 컴포넌트:                                              각 UI 컴포넌트마다 콜백을 전달합니다.
  private readonly transactionForm = new TransactionForm(this.requestRendering);      •┐
  private readonly pendingTransactionsPanel = new PendingTransactionsPanel(this.requestRendering);
  private readonly blocksPanel = new BlocksPanel(this.requestRendering);      •┘

  constructor(readonly requestRendering: Callback) {      •······· 콜백 레퍼런스는 requestRendering 프로퍼티에 저장됩니다.
    this.server = new WebsocketController(this.handleServerMessages);      •······· 웹소켓 서버로 연결합니다.
    this.node = new BlockchainNode();      •······· 모든 블록체인/노드 생성 로직이 포함됩니다.

    this.requestRendering();
    this.initializeBlockchain();      •······· 블록체인을 초기화합니다.
  }

  private async initializeBlockchain() {
    const blocks = await this.server.requestLongestChain();      •······· 모든 노드로부터 가장 긴 체인을 요청합니다.
```

```
  if (blocks.length > 0) {
    this.node.initializeWith(blocks);
  } else {
    await this.node.initializeWithGenesisBlock();
  }


  this.requestRendering();
}


render(): TemplateResult {  ●········ UI 컴포넌트를 렌더링하는 메서드 입니다.
  return html`
    <main>
      <h1>Blockchain node</h1>
      <aside>${this.statusLine}</aside>
      <section>${this.transactionForm.render(this.node)}</section>
      <section>
        <form @submit="${this.generateBlock}">
          ${this.pendingTransactionsPanel.render(this.node)}       자식 컴포넌트를 다시 렌더링합니다.
        </form>
      </section>
      <section>${this.blocksPanel.render(this.node.chain)}</section>
    </main>
  `;
}
```

최초 렌더링은 생성자 내 **this.requestRendering()**가 호출하여 시작됩니다. 몇 초 후 두 번째 렌더링은 initializeBlockchain() 메서드에서 수행됩니다. 자식 UI 컴포넌트는 콜백 requestRendering에 대한 참조를 가져오고, UI를 업데이트할지를 결정합니다. 최초 렌더링 이후에 initializeBlockchain() 메서드가 호출되며, 이 메서드는 웹소켓 서버에 가장 긴 체인을 요청합니다. 전체 노드가 첫 번째이자 유일한 노드가 아니라면, 가장 큰 체인이 반환되고 블록 패널에 렌더링됩니다. 그렇지 않으면 제네시스 블록이 생성되고 렌더링됩니다. requestLongestChain()와 initializeWithGenesisBlock()는 비동기 작업을 수행하며, **await** 키워드로 비동기 작업이 완료될 때까지 기다립니다.

[코드 10.12]는 application.ts 내 두 가지 메서드가 있습니다. **handleServerMessages()** 메서드는 클라이언트에서 메시지를 보낼 때 웹소켓 서버를 호출합니다. **switch** 문을 사용하여 메시지 유형에 따른 핸들러를 호출합니다. 가장 긴 체인을 보내달라는 요청에는 **handleGetLongestChainRequest()** 메서드가 호출됩니다.

웹소켓 서버에서 전달받은 메시지를 처리합니다.

```
private readonly handleServerMessages = (message: Message) => {
  switch (message.type) {    ●········· 메시지 타입에 따른 핸들러를 디스패치합니다.
    case MessageTypes.GetLongestChainRequest: return this.handleGetLongestChainRequest(message);
    case MessageTypes.NewBlockRequest : return this.handleNewBlockRequest(message);
    case MessageTypes.NewBlockAnnouncement : return this.handleNewBlockAnnouncement(message);
    default: {
      console.log(`Received message of unknown type: "${message.type}"`);
    }
  }
}

private handleGetLongestChainRequest(message: Message): void {    ●········· 노드는 자기 체인을 서버로 보냅니다.
  this.server.send({
    type: MessageTypes.GetLongestChainResponse,
    correlationId: message.correlationId,
    payload: this.node.chain
  });
}
```

조건부 타입과 맵 타입 코드

제 5장에서 조건부 타입과 맵 타입을 배웠습니다. 이번에는 블록체인에서 어떻게 사용하는지 알아보겠습니다. client/lib/blockchain—node.ts 전체 코드를 보진 않겠습니다. 타입스크립트 공식 문서 내 맵 타입 Pick^{bit.ly/2ZtZG1B}에 대해 읽어보세요.

타입스크립트 버전 3.5 이전까지는 Omit 타입이 존재하지 않아 직접 커스텀 타입을 선언해야 했습니다. 하지만 이해를 돕기 위해 커스텀으로 Omit을 선언하는 코드를 살펴보겠습니다. 커스텀 타입 Omit, WithoutHash, NotMinedBlock을 보겠습니다.

```
export interface Block {    ●········· 블록 타입 선언
  readonly hash: string;
  readonly nonce: number;
  readonly previousHash: string;
  readonly timestamp: number;
  readonly transactions: Transaction[];
}
```

```
export type Omit<T, K> = Pick<T, Exclude<keyof T, K>>;   •——— Pick을 사용한 헬퍼 타입
export type WithoutHash<T> = Omit<T, 'hash'>;   •——— Block 타입에서 해시를 제외
export type NotMinedBlock = Omit<Block, 'hash' | 'nonce'>;   •——— Block 타입에서 해시와 논스를 제외
```

아래 **Omit** 타입은 타입 T의 프로퍼티 중 **hash**를 제외한 모든 프로퍼티를 갖는 타입을 선언하도록 해줍니다.

```
type WithoutHash<T> = Omit<T, 'hash'>;
```

블록 해시 생성 과정 동안 **hash** 프로퍼티가 없는 **WithoutHash<Block>** 타입을 사용할 수 있습니다. 이 뿐 아니라 아래와 같이 여러 프로퍼티를 제외할 수 있습니다.

```
type NotMinedBlock = Omit<Block, 'hash' | 'nonce'>;
```

NotMinedBlock 타입은 아래와 같이 사용할 수 있습니다.

```
let myBlock: NotMinedBlock;
myBlock = {
  previousHash: '123',
  transactions: ["Mary paid Pete $100"]
};
```

NotMinedBlock 타입은 **Block** 타입에서 **hash**와 **nonce** 프로퍼티를 제외시킨 타입입니다. 누군가 새로운 **readonly** 프로퍼티를 **Block** 인터페이스에 추가한다면, 변수 **myBlock**가 새로 추가된 프로퍼티를 초기화 해야 한다는 오류를 일으키지 않습니다. 이 경우, 자바스크립트에서는 런타임 오류가 발생합니다.

타입스크립트는 맵 타입 **Pick**과 **Exclude**를 지원해 기존에 존재하는 타입에서 일부 프로퍼티를 제외해 새로운 타입을 정의할 수 있도록 해줍니다. **Exclude**는 특정 프로퍼티를 제외한 나머지를 나열하고 **Pick**은 요청한 프로퍼티들로 새로운 타입을 만듭니다. 아래는 제네릭 타입인 **Omit**를 선언한 부분으로 타입 T에서 **hash**를 제외한 모든 프로퍼티를 갖습니다. 키 **K**를 가지며, T의 프로퍼티 중 **K**와 일치하는 것들을 제외시킵니다.

```
type Omit<T, K> = Pick<T, Exclude<keyof T, K>>;
```

제네릭 타입 **Omit**은 모든 타입의 **T**를 사용할 수 있고, **keyof T**는 타입 프로퍼티 목록을 반환합니다. 예를 들어, 타입 **T**에 **Block** 타입을 제공하면, **keyof T**는 **Block** 타입 내 정의된 프로퍼티 목록을 표시합니다. **Exclude <keyof T, K>**를 사용하면 목록에서 일부 프로퍼티를 제거할 수 있고, **Pick**은 새로운 프로퍼티 목록에서 새 타입을 만듭니다.

[코드 10.22]와 [코드 10.23]은 WebsocketController 클래스를 통해 웹소켓 서버와 통신하는 부분으로 생성자를 통해 메시지 처리를 위한 콜백을 받습니다. 유저가 블록 생성^{GENERATE BLOCK} 버튼을 클릭하면 아래와 같은 순서로 작업이 진행됩니다.

1. 웹소켓 서버를 통해 GET_LONGEST_CHAIN_REQUEST 메시지가 다른 노드에게 전파됩니다.
2. 웹소켓 서버를 통해 NEW_BLOCK_REQUEST 메시지가 다른 노드에게 전파됩니다.
3. 블록 채굴을 시작합니다.
4. 다른 노드로 부터 GET_LONGEST_CHAIN_RESPONSE 메시지를 모두 전달받습니다.
5. NEW_BLOCK_ANNOUNCEMENT 메시지를 다른 노드에게 전파하고 블록 후보를 로컬에 저장합니다.

[코드 10.22]의 **render()** 메서드는 아래와 같이 폼 엘리먼트를 가집니다.

```
<form @submit="${this.generateBlock}">
    ${this.pendingTransactionsPanel.render(this.node)}
</form>
```

PendingTransactionsPanel 클래스에서 보류 중인 거래내역과 블록 생성 버튼을 구현했습니다. lit-html의 @submit 지시자를 사용했고, 유저가 블록 생성 버튼을 클릭하면 generateBlock() 비동기 메서드가 호출됩니다.

코드 10.24 ▶ Application 클래스의 generateBlock() 메서드

```
private readonly generateBlock = async (event: Event): Promise<void> => {
    event.preventDefault();  •········ 페이지 새로고침을 방지합니다.
                                                        노드가 채굴을 시작했음을 다른 노드에게 알립니다.

    this.server.requestNewBlock(this.node.pendingTransactions);  •·······┐
    const miningProcessIsDone = this.node.mineBlockWith(this.node.pendingTransactions);  •·······┐
                                                        블록 채굴을 시작합니다.

    this.requestRendering();  •········ UI를 업데이트 합니다.
```

```
const newBlock = await miningProcessIsDone;    •⸺ 채굴 완료가 될 때까지 기다립니다.
this.addBlock(newBlock);    •⸺ 블록체인에 새 블록을 추가합니다.
};
```

블록 채굴의 시작을 알릴 때, 보류 중인 거래내역 목록 this.node.pendingTransactions 을 전달합니다. 따라서 다른 노드도 채굴 경쟁에 참여할 수 있고 더 빨리 블록을 채굴할 수 있게 됩니다.

신규 블록이 거절되는 경우

Application.addBlock() 메서드는 BlockchainNode 클래스에 있는 addBlock() 메서드를 호출합니다. 제 8장과 9장에서 블록 채굴 과정을 설명했지만, 새 블록 추가를 거절하는 경우를 어떻게 되는지 알아보겠습니다.

```
const previousBlockIndex = this._chain.findIndex(b => b.hash === newBlock.previousHash);
if (previousBlockIndex < 0) {    •⸺ 신규 블록은 이전 해시값을 갖고 있는 경우
  throw new Error(`${errorMessagePrefix} - there is no block in the chain with the specified previous
hash "${newBlock.previousHash.substr(0, 8)}".`);
}
const tail = this._chain.slice(previousBlockIndex + 1);
if (tail.length >= 1) {    •⸺ 체인은 한 개 이상의 블록을 갖고 있는 경우
  throw new Error(`${errorMessagePrefix} - the longer tail of the current node takes precedence
over the new block.`);
}
```

이 코드는 [그림 10.10]의 오른쪽 하단에 표시된 블록 추가 실패에 해당합니다. 먼저 새 블록의 이전 해시값 previousHash 값이 블록체인에도 존재하는지를 확인합니다. 가장 마지막 블록은 이전 해시값을 갖고 있지 않습니다.

두 번째 if 조건문 previousHash를 포함하는 블록 뒤에 하나 이상의 블록이 있는지 확인합니다. 적어도 하나의 새로운 블록이 이미 체인에 추가되었음을 의미합니다. 예 : 다른 노드에서 수신 이 경우 가장 긴 체인이 우선 시되고 새로 생성된 블록은 거부됩니다.

웹소켓 통신 부분의 코드를 검토해보겠습니다. addBlock() 메서드 내 아래와 같은 코드가 있습니다.

```
this.server.announceNewBlock(block);
```

이 메서드는 웹소켓 서버에 등록할 블록 후보가 있음을 알립니다. Application 클래스의 handleServerMessages() 메서드는 서버에서 전달받은 메시지를 처리합니다. client/ib/websocket-controller.ts 파일에 PromiseExecutor 인터페이스와 WebsocketController 클래스가 선언되어 있습니다.

Application 클래스는 서버와의 모든 통신을 담당하는 WebsocketController 인스턴스를 생성합니다. 클라이언트가 서버에 메시지를 보낼 때 send() 또는 requestLongestChain() 메서드를 사용합니다. 반대로 서버가 클라이언트로 메시지를 전달할 때도 있습니다. 때문에 콜백 메서드를 WebsocketController의 생성자에게 전달했습니다.

코드 10.25 WebsocketController 클래스 첫 부분

```
export class WebsocketController {
  private websocket: Promise<WebSocket>;                                    응답을 기다리는 WebSocket 클라이언트 맵
  private readonly messagesAwaitingReply = new Map<UUID, PromiseExecutor<Message>>(); •······

  constructor(private readonly messagesCallback: (messages: Message) => void) {  •······
    this.websocket = this.connect();  •······ WebServer에 연결합니다.                    생성자에게 콜백 전달합니다
  }

  private connect(): Promise<WebSocket> {
    return new Promise((resolve, reject) => {
      const ws = new WebSocket(this.url);
      ws.addEventListener('open', () => resolve(ws));         •······
      ws.addEventListener('error', err => reject(err));       •······ WebSocket 메시지에 콜백 할당합니다.
      ws.addEventListener('message', this.onMessageReceived); •······
    });
  }

  private readonly onMessageReceived = (event: MessageEvent) => {  •······ 받은 메시지를 처리합니다.
    const message = JSON.parse(event.data) as Message;

    if (this.messagesAwaitingReply.has(message.correlationId)) {
      this.messagesAwaitingReply.get(message.correlationId).resolve(message);
      this.messagesAwaitingReply.delete(message.correlationId);
    } else {
      this.messagesCallback(message); // 서버에서 받은 예기치 못한 메시지
    }
  }
}
```

```
async send(message: Partial<Message>, awaitForReply: boolean = false): Promise<Message> {
  return new Promise<Message>(async (resolve, reject) => {
    if (awaitForReply) {
      this.messagesAwaitingReply.set(message.correlationId, { resolve, reject });  •┄┄┐
    }                                                                              응답이 필요한 메시지 저장합니다.
    this.websocket.then(
      ws => ws.send(JSON.stringify(message)),
      () => this.messagesAwaitingReply.delete(message.correlationId)
    );
  });
}
```

> **✓ TIP** Partial 타입은 5장에서 다뤘습니다.

connect() 메서드는 서버를 연결하고 웹소켓 메시지를 구독합니다. 모든 이벤트 핸들러 전체가 Promise로 래핑되었습니다. Promise가 반환되면 웹소켓 연결이 설정되고 모든 핸들러가 할당되었는지 확인할 수 있습니다. 비동기 함수와 함께 async − await 키워드를 사용할 수 있다는 것도 장점입니다.

onMessageReceived() 메서드는 서버에서 오는 메시지를 처리하는 메시지 라우터와 같습니다. 메시지를 역직렬화deserialize하고 correlationID를 확인합니다. 수신 메시지가 다른 메시지에 대한 응답이라면 다음 코드는 true를 반환합니다.

```
messagesAwaitingReply.has(message.correlationId)
```

클라이언트가 메시지를 보낼 때마다 PromiseExecutor에 맵핑된 correlationID에 대한 참조가 messagesAwaitingReply에 저장됩니다. PromiseExecutor는 응답을 기다리는 클라이언트를 알고 있습니다.

코드 10.26 PromiseExecutor 인터페이스

```
interface PromiseExecutor<T> {  •┄┄ 이 타입은 tsc가 내부적으로 Promise를 초기화하기 위해 사용됩니다.
  resolve: (value?: T | PromiseLike<T>) => void;  •┄┄ resolve() 메서드 시그니처를 강화합니다.
  reject: (reason?: any) => void;  •┄┄ reject() 메서드 시그니처를 강화합니다.
}
```

Promise를 구성하기 위해, PromiseExecutor 인터페이스^{lib.ES6.promise.d.ts의 선언 참조}는 PromiseLike 타입을 사용합니다. 타입스크립트에는 "Like"^{예 : ArrayLike}로 끝나는 타입이 많습니다. 이 타입에는 원래 타입보다 적은 수의 프로퍼티를 가진 하위 타입이 정의되어 있습니다. Promise는 생성자 시그니처가 서로 다릅니다. 예를 들어 then()은 쓰지만 catch()를 사용하지 않는 경우도 있습니다. 즉 Promise-Like란 tsc에게 "자세한 구현 내용은 모르겠지만, 사용은 가능합니다."라고 전달합니다.

클라이언트가 응답에 필요한 메시지를 보내면, [코드 10.25]에 표시된 set()메서드를 사용합니다. 이 메서드는 correlationID와 PromiseExecutor 타입 객체를 사용해 클라이언트의 메시지에 대한 참조를 저장합니다.

```
this.messagesAwaitingReply.set(message.correlationId, { resolve, reject });
```

응답은 비동기적이며 도착 시기를 알 수 없습니다. 이 경우 자바스크립트 호출자는 resolve와 reject 콜백을 받는 Promise를 생성할 수 있습니다. (부록 A.10.2 참고) 따라서 set() 메서드는 메시지를 보내는 코드를 Promise로 래핑하고 resolve와 reject을 포함하는 객체의 참조를 messagesAwaitingReply에 correlationID와 함께 저장합니다.

회신이 필요한 메시지가 도착하면, 이 메시지가 도착했음을 알려야 합니다. Promise 생성자는 resolve 및 reject라는 두 매개변수를 가진 콜백을 가지고 있습니다. 콜백 내에서 어떤 작업^{예: 비동기 작}업을 수행하는 경우 모든 것이 순조롭게 작동하면 resolve가 호출되고 그렇지 않으면 reject가 호출하도록 만들 수 있습니다. 따라서 PromiseExecutor 객체는 resolve와 reject 두 프로퍼티를 가집니다. 즉 PromiseExecutor는 두 가지 콜백을 위한 컨테이너와 같습니다.

PromiseExecutor 인터페이스는 맵 messagesAwaitingReply에 저장한 객체 타입만을 정의했습니다. 응답이 도착하면 onMessageReceived() 메서드는 correlationID로 PromiseExecutor 객체를 찾고, resolve()를 호출하고, 맵에서 해당 메시지를 삭제합니다.

```
this.messagesAwaitingReply.get(message.correlationId).resolve(message);
this.messagesAwaitingReply.delete(message.correlationId);
```

이제 set() 메서드가 어떻게 동작하는지 이해했을 것입니다. [코드 10.27]은 클라이언트가 가장 긴 체인을 요청하는 부분입니다.

```
async requestLongestChain(): Promise<Block[]> {
  const reply = await this.send(   •——— send() 메서드를 호출하고 응답을 기다립니다.
  {   •——— 첫 번째 파라미터는 메시지 객체입니다.
    type: MessageTypes.GetLongestChainRequest,
    correlationId: uuid()
  }, true);   •——— true는 메시지를 기다리는 중을 의미합니다.
  return reply.payload;   •——— 응답받은 페이로드를 반환합니다.
}
```

WebsocketController 클래스에는 타입별 메시지를 처리하는 메서드가 있으며 requestLongest-Chain()과 유사하게 구현되었습니다.

npm install 명령어를 실행하고 이후 npm start를 실행해 애플리케이션의 동작을 확인하세요. 브라우저를 여러 개 열어 블록을 채굴해보세요.

요약

- 블록체인은 같은 거래에 대한 정보를 담고 있는 블록을 다양한 노드가 채굴할 수 있습니다. 가장 긴 체인 규칙은 노드들 중에서 어떤 것이 이겼는지 합의하는데 사용됩니다.

- 타입스크립트로 클라이언트와 서버의 코드를 작성할 때는 노드 프로젝트를 두 개 만들어야 합니다. 프로젝트는 각자 package.json 파일과 설정 스크립트를 가지고 있습니다.

- 클라이언트와 서버 사이에서 데이터 교환이 이루어지도록 연결하고 싶다면 웹소켓 프로토콜을 사용하는 게 좋습니다. HTTP는 요청을 기반으로 작동하지만 웹소켓은 요청이 필요없어 서버에서 클라이언트로 데이터를 전송할 때 좋습니다.

- Node.js를 비롯하여 대부분의 백엔드는 웹소켓 프로토콜을 지원합니다. 타입스크립트에서도 Node.js 서버를 구현할 수 있습니다.

제 11 장

타입스크립트 기반 앵귤러 애플리케이션 개발

이 장의 목표

- 앵귤러 프레임워크 기초
- 타입스크립트로 작성한 앵귤러 애플리케이션 개발 및 배포
- 앵귤러의 의존성 주입 방식

2014년 10월, 구글에서는 타입스크립트를 확장해 '앳스크립트^{AtScript}'라는 새 언어를 만들어 새로 개발될 앵귤러2의 공식 개발 언어로 선정하려 했습니다. 특히, 개발중이었던 앳스크립트는 타입스크립트가 지원하지 않는 데코레이터를 지원했습니다.

그러던 중 구글측에서 타입스크립트팀에 데코레이터 지원을 추가할 의향이 있는지 물었고 이를 마이크로소프트가 수용하며 앳스크립트에서 지원할 기능 대부분을 타입스크립트가 지원하게 되었고, 앵귤러2는 타입스크립트로 개발되게 되었습니다.

오늘날 대부분 앵귤러 개발자들은 타입스크립트를 사용하고 있고 그 덕에 타입스크립트가 유명해졌습니다.

이번 장은 타입스크립트로 앵귤러 앱 개발을 해봅니다. 먼저 앵귤러 웹 프레임워크에 대해 간단히 알아봅시다. 다음장에서는 앵귤러를 사용해 만든 블록체인 앱을 살펴볼 겁니다.

오늘날 웹 기술은 앵귤러, 리액트가 주도하고 있고 뷰도 최근 큰 주목을 받고 있습니다. 앵귤러는 프레임워크이고 리액트는 브라우저 DOM을 렌더링하는 라이브러리입니다. 제 13장에서 타입스크립트와 리액트 개발에 대해 다루고, 제 14장에서 리액트 기반 블록체인 앱을 개발해보겠습니다. 제 15장에서 뷰 프레임워크의 기초를 다루고, 제 16장에서 뷰 기반 블록체인 앱을 개발해보겠습니다.

> **NOTE** 이 책에 타입스크립트와 앵귤러 개발에 대한 모든 내용을 담고 있지 않습니다. 앵귤러에 관심이 있다면 <타입스크립트로 배우는 앵귤러 프레임워크>(루비페이퍼, 2017)을 참고하세요.

프레임워크와 라이브러리의 가장 큰 차이점은 프레임워크는 이미 정해진 사용방법이 있는 반면, 라이브러리는 자유롭게 기능을 구성할 수 있다는 점입니다. 앵귤러 프레임워크는 웹 개발에 필요한 모든 기능을 갖춘 그야말로 완전한 프레임워크입니다. 앵귤러가 지원하는 기능은 아래와 같습니다.

- 의존성 주입
- 앵귤러 Material UI 컴포넌트
- 네비게이션을 위한 라우터
- HTTP 서버 통신 모듈
- 배포 시 지연 로딩lazy loading을 위한 모듈 분할
- 강력한 폼 지원
- 데이터 스트림을 처리하기 위한 RxJS 라이브러리
- 라이브 로딩을 위한 개발 웹서버
- 배포 최적화 및 번들링을 위한 빌드 도구
- 앱, 라이브러리 또는 컴포넌트 등을 간편하게 스캐폴딩할 수 있는 커맨드라인 인터페이스

이제 간단한 기능을 갖춘 앵귤러 앱을 만들어보겠습니다.

11.1 앵귤러 CLI로 앱 생성 및 실행

CLI란 Command Line Interface커맨드 라인 인터페이스의 약자로, 앵귤러 CLI는 1분 안에 앵귤러 프로젝트를 생성하고 구성할 수 있게 해줍니다. 먼저, 아래 명령어로 앵귤러 CLI를 설치합니다.

```
npm install @angular/cli -g
```

설치가 완료되면 앵귤러 CLI 명령어인 **ng**을 사용할 수 있습니다. 이 명령어로 새 프로젝트, 애플리케이션, 라이브러리, 컴포넌트, 서비스 등을 생성 할 수 있습니다. 자세한 내용은 angular.io/cli에서 확인하세요. **ng help 명령어**를 입력하면 명령어에 대한 도움말을 볼 수 있습니다.

 NOTE 이 장에서는 앵귤러 CLI 7.3 버전을 사용합니다. ng version을 명령어로 버전을 확인해보세요.

이 장에서는 앵귤러 CLI로 네 가지 미니 프로젝트를 실습해봅니다. 첫 번째로 새 프로젝트인 hello-word를 만들어 보겠습니다. **ng new** 명령어 옆에 프로젝트 이름을 작성하고 **--minimal** 플래그를 추

가해 경량화 버전의 프로젝트를 생성해 봅시다.

```
ng new hello-world --minimal
```

이후 [그림 11.1]과 같이 몇 가지 질문이 나타납니다. "Would you like to add Angular routing?앵글러 라
우팅을 추가하시겠습니까?"란 질문에는 N으로 답하세요. "Which stylesheet format would you like to use?어떤 포
맷의 스타일시트를 사용할 건가요?"라는 질문에는 엔터키를 눌러 기본 포맷인 CSS를 선택합니다. 몇 초 후, hello-
world 디렉터리가 생성되고 package.json 등 필요한 모든 파일이 목록이 콘솔에 표시됩니다. 몇 초
후 필요한 모든 의존성이 설치됩니다.

그림 11.1 프로젝트 생성

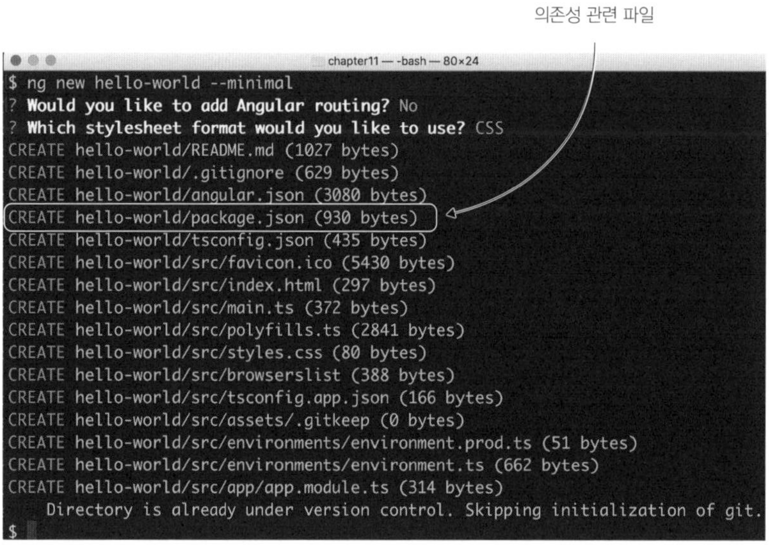

의존성 관련 파일

터미널 창에서 생성된 hello-world 디렉터리로 들어가 **ng serve -o** 명령어로 서버를 실행하세요.
(**-o** 플래그는 기본 호스트와 포트 번호를 사용한다는 의미입니다.)

```
cd hello-world
ng serve -o
```

ng serve -o 명령어를 실행하면 앱 번들링이 시작되고, 웹 서버가 실행되며, localhost:4200가 자동
으로 열립니다. **ng serve**명령어는 웹팩을 사용해 앱을 번들링하고 웹팩 개발 서버로 서빙합니다. **ng
serve -o** 를 실행하면 [그림 11.2]와 같은 출력 결과를 볼 수 있습니다.

그림 11.2 앱 번들 생성

```
$ cd hello-world
$ ng serve -o
** Angular Live Development Server is listening on localhost:4200, open your browser on h
ttp://localhost:4200/ **
                                                              u Date: 201
9-04-10T10:35:12.530Z
Hash: 617767a50a6f77b8c833
Time: 7615ms
chunk {es2015-polyfills} es2015-polyfills.js, es2015-polyfills.js.map (es2015-polyfills)
284 kB [initial] [rendered]
chunk {main} main.js, main.js.map (main) 9.11 kB [initial] [rendered]
chunk {polyfills} polyfills.js, polyfills.js.map (polyfills) 236 kB [initial] [rendered]
chunk {runtime} runtime.js, runtime.js.map (runtime) 6.08 kB [entry] [rendered]
chunk {styles} styles.js, styles.js.map (styles) 16.3 kB [initial] [rendered]
chunk {vendor} vendor.js, vendor.js.map (vendor) 3.52 MB [initial] [rendered]
 ⎣wdm⎦: Compiled successfully.
```

앱 번들

앵귤러 코드를 포함한 번들

제 6장에서 웹팩 번들과 소스맵 파일에 대해 배웠습니다. 앱 코드는 main.js에 있고, 앵귤러 프레임워크 코드는 vendor.js에 있습니다. ng serve가 최적화없이 메모리에 번들을 빌드했기 때문에 vendor.js 사이즈가 3.52MB가 된 것이니 걱정하지 않아도 됩니다. 배포 시 ng serve --prod을 실행하면 총 크기가 100KB를 약간 넘는 번들이 생성됩니다.

축하합니다! [그림 11.3]과 같은 첫 번째 앵귤러 앱이 보일 것입니다.

그림 11.3 실행 중인 hello-world 앱

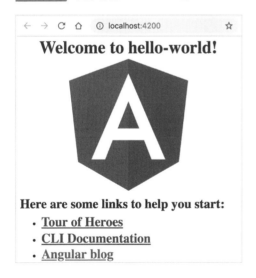

프로젝트 폴더를 열어보면 타입스크립트 코드, tsconfig.json, UI를 렌더링하는 HTML 파일, package.json, 사전 구성된 번들러 및 기타 파일이 포함되어 있습니다. 앵귤러 환경 설정을 학습하지 않아도 단 일 분만에 앱을 생성할 수 있으니 참 편리합니다. 하지만 나만의 앱을 개발하려면 환경 설정 구성 방법은 물론 프레임워크에 대해 지속적으로 공부해야 합니다.

터미널에서 Ctrl + C를 누르면 실행 중인 hello-world가 종료됩니다. 이제 VS 코드에서 프로젝트 디렉터리를 열어보겠습니다.

11.2 생성된 앱 살펴보기

[그림 11.4]는 VS 코드의 왼쪽 패널의 스크린샷입니다.

그림 11.4 hello-world 프로젝트 구조

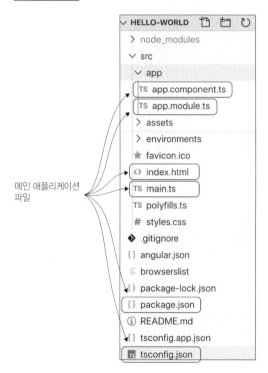

메인 애플리케이션 파일

모든 파일은 앵귤러 CLI로 생성되었습니다. [그림 11.4]의 빨간색 화살표는 앵귤러 앱에서 가장 중요한 역할을 하는 파일입니다. 이 파일들을 각각 살펴보도록 하겠습니다.

src 폴더에 소스 코드가 있으며, 각각 한 개의 컴포넌트 app.component.ts와 모듈 app.modules.ts이 있습니다. [코드 11.1]에서 app.component.ts 파일을 먼저 살펴보겠습니다.

코드 11.1 app.component.ts

```
import { Component } from '@angular/core';  •······ Component 데코레이터를 불러옵니다.
```

```
@Component({  •── 앵귤러는 @Component 데코레이터로 컴포넌트를 명시합니다.
  selector: 'app-root',  •── 다른 템플릿에서 <app-root>로 이 컴포넌트를 사용할 수 있습니다.
  template: `  •── 컴포넌트 UI 템플릿
    <!-아래 내용은 교체될 수 있습니다 .-->
    <div style="text-align:center">
      <h1>
        Welcome to {{title}}!  •── 클래스 프로퍼티 title 값을 바인딩 합니다.
      </h1>
      <img width="300" src="data:image/svg+xml;base64,…">
    </div>
    <h2>Here are some links to help you start: </h2>
    <!--  ul 태그를 생략했습니다. -->
  `,
  styles: []  •── 이 곳에 CSS를 정의합니다.
})
export class AppComponent {  •── 데코레이션된 컴포넌트 클래스
  title = 'hello-world';  •── 클래스 프로퍼티 title을 선언하고 초기화 합니다.
}
```

> **NOTE** 중요한 코드를 강조하기 위해 [그림 11.3]에 표시된 HTML 부분 내 링크를 생략했습니다.

앵귤러 컴포넌트는 @Component()로 데코레이션된 클래스입니다. 제 5장의 5.1절에 데코레이터를 다뤘습니다. 모든 UI 컴포넌트는 @Component() 데코레이터로 감싸고, 객체에 selector, template, style 프로퍼티를 정의했습니다.

selector 프로퍼티는 컴포넌트를 포함한 HTML 파일에서 사용하는 값을 가집니다. [코드11.1]에서 CLI는 app 컴포넌트의 셀렉터를 app-root로 생성했습니다. index.html 파일을 열면 <body> 본문에 <app-root> 태그가 있습니다.

```
<body>
  <app-root></app-root>
</body>
```

모든 UI 컴포넌트는 @Component() 데코레이터의 template 프로퍼티 안에 위치합니다. HTML 코드는 한 줄이 아닌 여러 줄로 가독성있게 작성하는 것이 좋습니다.

[코드 11.1]에서 **Welcome to {{title}}**! 부분을 보겠습니다. 이중 중괄호는 문자열 보간^{String interpolation}으로 쉽고 편리하게 형식화된 문자열을 만들 수 있습니다. 문자열 값을 바인딩^{Binding}하는 방법입니다. 여기서 바인딩이란 타입스크립트 클래스 멤버의 값과 UI를 동기화하는 것을 말합니다. 그렇다면 title 값은 어디서 올까요? AppComponent 클래스의 프로퍼티에서 옵니다.

AppComponent 클래스의 프로퍼티 title 값은 hello-world입니다. [그림 11.2]에서 "Welcome to hello-world!"라고 렌더링 된 부분입니다. title 값을 수정하면 UI도 업데이트 됩니다.

> ✅ **TIP** 이중 중괄호({{}})는 변수의 값을 문자열에 바인딩하는 데 사용됩니다. 대괄호([])는 프로퍼티를 바인딩하는데 사용됩니다. (예 : <CustomerComponent [name] = lastName>) 변수 lastName 값을 CustomerComponent의 name 프로퍼티에 바인딩합니다. [코드 11.26]과 [코드 11.32]를 참고하세요.

[코드 11.1]에서 **styles** 프로퍼티는 빈 배열입니다. 이 프로퍼티에 CSS 스타일을 인라인으로 추가하거나, **styleUrls** 프로퍼티를 추가해 CSS 파일 지정할 수 있습니다. ^{예: styleUrls: [app.component.css]}

컴포넌트 클래스를 선언으로 끝나는 것은 아닙니다. 앱은 여러 개의 모듈을 가지고 있기 때문이지요. 앵귤러 모듈은 @NgModule() 데코레이터로 타입스크립트 클래스를 데코레이션합니다. 모듈은 여러 컴포넌트, 서비스, 기타 모듈로 구성되어 있습니다. 일반적으로 클래스 부분의 코드는 비워두고, 모듈 멤버들은 데코레이터 프로퍼티에 지정합니다. [코드 11.2]에서 app.module.ts 파일을 보겠습니다.

코드 11.2 src/app/app.module.ts

```
import { BrowserModule } from '@angular/platform-browser';
import { NgModule } from '@angular/core';   •──── @NgModule() 데코레이터를 구현합니다.

import { AppComponent } from './app.component';   •──── 하나의 컴포넌트만 가집니다.
                                                          웹 앱의 경우 BrowserModule를
                                                          반드시 가져와야 합니다.
@NgModule({   •──── @NgModule() 데코레이터를 적용합니다.
  declarations: [
    AppComponent   •──── 모듈에 포함되는 모든 컴포넌트를 선언합니다.
  ],
  imports: [
    BrowserModule   •──── 필요한 모듈을 가져옵니다.
  ],
  providers: [],   •──── 앵귤러 서비스를 위한 프로바이더를 선언합니다.
  bootstrap: [AppComponent]   •──── 루트 컴포넌트를 지정합니다.
```

```
})
export class AppModule { }
```

@NgModule() 데코레이터 내 앱에 필요한 모든 컴포넌트와 모듈을 정의합니다. 지금은 declarations 프로퍼티에 한 개의 컴포넌트만 있지만, 아래와 같이 여러 컴포넌트를 지정할 수 있습니다.

```
declarations: [ AppComponent, CustomerComponent, OrderComponent ]
```

사용할 클래스, 인터페이스, 변수, 함수 이름을 import문으로 가져와야 합니다. [코드 11.1]에서 export 키워드를 보았나요? export 문이 없으면 AppComponnet를 내보낼 수 없기 때문에 app.module.ts 파일은 물론 다른 파일에서 사용할 수 없게 됩니다.

import 프로퍼티는 필요한 모듈을 나열하는 곳입니다. 앵귤러 자체는 모듈로 나뉘어져 있으며 실제 앱도 모듈화됩니다. [코드 11.1]의 import 프로퍼티는 BrowserModule 만 있으며 브라우저에서 실행되는 앱이라면 루트 모듈에 반드시 있어야 합니다. [코드 11.3]은 import 프로퍼티에 사용할 수 있는 모듈을 코드를 보여줍니다.

코드 11.3 다른 모듈 불러오기

```
imports: [ BrowserModule,        •·········· 웹 앱을 위한 앵귤러 모듈
           HttpClientModule,     •·········· HTTP 호출 생성을 위한 앵귤러 모듈
           FormsModule,          •·········· Form을 지원하는 앵귤러 모듈
           ShippingModule,       •·········· 배송 기능을 구현하는 애플리케이션 모듈
           BillingModule ]       •·········· 결제 기능을 구현하는 애플리케이션 모듈
```

> **NOTE** 먼저 구현된 모듈을 가져온 후, @NgModule() 데코레이터의 import 프로퍼티 내 모듈을 지정하는 것을 잊지 마세요.

다음 절에서 서비스와 의존성 주입, 모듈의 **providers** 프로퍼티에 나열되는 서비스 프로바이더에 대해서 알아볼 것입니다.

bootstrap 프로퍼티는 애플리케이션을 부트스트래핑할 때 어떤 컴포넌트를 사용할 것인지 배열로 선언한 컴포넌트 정보로 최상위 컴포넌트입니다. 루트 컴포넌트는 자식 컴포넌트를 사용하며, 자식

컴포넌트는 또 다른 자식 컴포넌트를 가집니다. [코드 11.2] 모듈은 declaration과 bootstrap 프로퍼티에 하나의 컴포넌트를 가집니다. 여러 개의 컴포넌트가 declaration에 정의되어있어도, 단 한 개의 컴포넌트만 bootstrap에 지정되어 있어야 합니다.

[코드 11.1]에서 AppComponent로 모듈을 부트스트랩하는 코드는 어디에 있을까요? 바로 CLI에서 생성한 파일 main.ts에 있습니다.

```
코드 11.4  src/main.ts

import { enableProdMode } from '@angular/core';
import { platformBrowserDynamic } from '@angular/platform-browser-dynamic';

import { AppModule } from './app/app.module';
import { environment } from './environments/environment';

if (environment.production) {    •······· 환경 변수가 프로덕션인지를 확인합니다.
  enableProdMode();
}

platformBrowserDynamic()    •······· app의 시작점을 생성합니다.
  .bootstrapModule(AppModule)    •······· 루트 모듈을 부트스트래핑합니다.
  .catch(err => console.error(err));    •······· 오류 발생 시 감지하고 이를 출력합니다.
```

첫째, main.ts의 코드는 환경 변수 environment.production의 불리언 값을 확인하기 위해 environment 디렉터리 내 파일 중 하나를 읽습니다. 이 변수는 UI 변경 사항을 확인하기 위해 앵귤러 변경 감지기Change Detection가 앱 컴포넌트 트리를 전달하는 횟수에 영향을 미칩니다. 변경 감지기는 UI에 바인딩 된 모든 변수를 모니터링하고 렌더링 엔진에 업데이트할 대상을 알려줍니다.

둘째, platformBrowserDynamic() API는 웹 앱의 시작점인 플랫폼(platform)을 생성합니다. 그런 다음 모듈을 부트스트랩하여 모듈을 렌더링하는 데 필요한 루트 및 모든 자식 컴포넌트를 로드합니다. 또한 import 프로퍼티에 나열된 다른 모듈을 렌더링하고, 인젝터를 만듭니다. 인젝터는 데코레이터 @NgModule()의 provider 프로퍼티에 나열된 서비스를 주입합니다.

이제 타입스크립트 코드를 살펴보았고 번들을 만들었습니다. [그림 11.4]의 src/index.html는 번들을 사용할까요? 아닙니다. 아래 [코드 11.5] index.html를 보았듯이 루트 컴포넌트의 셀렉터만을 포함합니다.

코드 11.5 src/index.html

```html
<!doctype html>
<html lang="en">
<head>
  <meta charset="utf-8">
  <title>HelloWorld</title>
  <base href="/">

  <meta name="viewport" content="width=device-width, initial-scale=1">
  <link rel="icon" type="image/x-icon" href="favicon.ico">
</head>
<body>
  <app-root></app-root>    •········· 루트 컴포넌트
</body>
</html>
```

이 파일에는 [그림 11.2]에 표시된 자바스크립트 파일을 로드하는 **〈script〉** 태그가 없습니다. 그러나 **ng serve** 명령어로 앱을 실행하면, 앵귤러가 HTML 파일에 **〈script〉** 태그를 추가합니다. [그림 11.5]와 같이 크롬 개발자 도구에서 확인할 수 있습니다.

그림 11.5 런타임 중 HTML 문서는 〈script〉 태그를 가집니다.

> **NOTE** ng serve 빌드 명령어로 개발 프로세스 속도를 높이기 위해 메모리에 번들을 빌드합니다. ng build 명령어를 실행하면 dist 디렉터리 내 index.html 파일 및 모든 번들이 생성됩니다.

> **TIP** CLI가 생성한 파일인 angular.json은 모든 프로젝트 구성 파일로 출력 디렉터리와 기타 여러 기본 옵션을 변경할 수 있습니다.

지금까지 CLI 명령어인 **ng new hello-world --minimal**로 프로젝트를 생성하고 전체 구조를 살펴보 았습니다. **--minimal** 플래그 없이 명령어를 실행하면 CLI는 유닛 테스트, 엔드 투 엔드 테스트를 위 한 보일러플레이트 코드를 생성합니다. 많은 컴포넌트, 서비스가 필요한 복잡한 앱을 개발할 경우 에 적합합니다. 다음 절에서 앵귤러 서비스에 대해 알보겠습니다.

11.3 앵귤러 서비스와 의존성 주입

UI 컴포넌트가 클래스 컴포넌트인 경우, 서비스는 앱의 비즈니스 로직을 구현하는 클래스입니다. 운송 비용을 계산하는 서비스를 만들어 봅시다. 다른 서비스는 서버와의 모든 HTTP 통신을 캡슐화 할 수 있습니다. 모든 서비스의 공통점은 UI가 없다는 것입니다. 앵귤러는 서비스를 인스턴스화하 여 애플리케이션의 컴포넌트 또는 다른 서비스에 주입합니다.

> **의존성 주입**
>
> 파라미터가 객체인 함수는 먼저 객체를 초기화하고 함수에 전달해야 합니다. 물류 센터 내 제품 운송 내 역을 확인하는 애플리케이션을 만든다고 가정해봅시다. 아래는 코드는 제품 객체를 만들고 운송 기록을 저장하는 함수를 호출합니다.
>
> ```
> var product = new Product();
> createShipment(product);
> ```
>
> createShipment() 함수는 Product 객체의 인스턴스 존재에 따라 좌우됩니다. 즉 createShipment() 함 수는 Product을 의존성으로 가지며, Product 객체를 생성하지 않습니다. 따라서 먼저 객체를 생성하고 함수의 파라미터로 전달해야 합니다. 이와 같이 내부가 아닌 외부에서 객체를 생성해서 넣어주는 것을 의 존성 주입Dependency injection이라고 부릅니다.
>
> Product 객체 생성과 사용은 분리되어 있으나, 같은 코드에 있으므로 물리적으로 분리된 디커플링decou- pling 상태는 아닙니다. 만약 Product 객체를 MockProduct로 변경한다면 코드를 수정해야 합니다.
>
> createShipment() 함수는 세 가지 의존성(제품, 운송 회사, 서비스 센터)을 가지며, 각 의존성마다 또 다 른 의존성을 가진다고 가정해봅시다. createShipment() 함수 본문에서 객체를 생성하는 대신, 먼저 의존 성의 인스턴스를 생성하도록 요청하면 어떨까요?
>
> 객체 A가 토큰 B꾸ⁱ ᴵᴰ로 식별된 객체에 의존하는 경우, 객체 A는 B가 가리키는 객체를 인스턴스화하기 위 해 new 연산자를 명시적으로 사용하지 않습니다. 대신 운영 환경에서 주입된 토큰 B를 가집니다.

객체 A는 "B라는 객체가 필요합니다. 누군가 제게 주실래요?"라고 말합니다. 객체 A는 특정 객체예: Product를 요청하지 않고, 토큰 B에 주입해야 할 일을 프레임워크에 위임합니다. 객체 A는 인스턴스 생성을 제어하지 않고, 프레임워크가 이 프로세스를 처리합니다. 이와 같은 디자인 패턴을 제어 반전IoC, Inversion of Control이라고 합니다. 프레임워크에게 '지금 필요한 개체를 인스턴스화하여 나에게 전달해주세요'라고 말하는 것과 같습니다.

앵귤러는 단위 테스트에서도 의존성 주입을 사용합니다. 아래 그림과 같이 앵귤러는 테스트 스크립트에 주입할 오브젝트가상 데이터, 가상 서비스를 쉽게 구성할 수 있습니다.

단위 테스트에 가상 서비스 주입

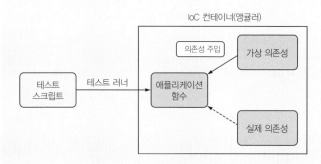

앵귤러는 의존성 주입 패턴을 사용하므로 객체를 쉽게 바꿀 수 있습니다.

앵귤러 CLI에 hello-world 프로젝트 내 **ProductService** 클래스를 생성하도록 요청해봅시다. CLI 명령어인 **ng generate**은 서비스, 컴포넌트, 모듈을 생성합니다. 서비스를 생성하는 명령어는, **ng generate service 서비스이름**짧게는 ng g s 서비스이름입니다. 아래 명령어를 실행해 src/app 디렉터리 내 product.service.ts를 생성해봅시다.

```
ng generate service product --skip-tests
```

NOTE ng generate 명령어에 제공되는 모든 옵션과 파라미터를 확인하려면 터미널에서 ng --help generate를 입력하세요.

--skip-tests를 입력하지 않으면, 테스트 보일러플레이트 코드를 생성합니다. [코드 11.6]은 생성된 product.service.ts 파일 본문입니다.

```
import { Injectable } from '@angular/core';

@Injectable({   •⎯⎯ 데코레이터는 클래스를 주입 가능함으로 표시합니다.
  providedIn: 'root'  •⎯⎯ root 모듈의 모든 멤버가 서비스 인스턴스를 사용할 수 있어야 합니다.
})
export class ProductService {

  constructor() { }
}
```

데코레이터 @Injectable()은 앵귤러에게 필요한 추가 메타데이터를 생성하도록 지시합니다. pro-videdIn 프로퍼티는 서비스를 사용할 곳을 지정합니다. root 값은 앱 레벨에서 서비스를 제공하며, 싱글톤이어야 한다는 것을 말합니다. 즉 다른 컴포넌트와 서비스는 ProductService 객체의 인스턴스를 사용합니다. 만약 앱이 여러 모듈로 구성되어 있다면, 특정 모듈에만 서비스를 사용하도록 제한할 수 있습니다. 예: providedIn: ShippingModule

providedIn 프로퍼티 대신 @NgMoudle 내 providers을 사용할 수 있습니다.

```
@NgModule({
  ...
  providers: [ProductService]
})
```

ProductService 클래스를 사용해 제품 정보를 가져오는 ProductComponent 컴포넌트가 있다고 가정해보겠습니다. 의존성 주입없이, ProductComponent는 ProductService 클래스 초기화 방법을 알고 있어야 합니다. new 연산자를 사용하거나, 싱글톤 객체에서 getInstance()를 호출하거나, createProductService() 함수를 호출하는 등 여러 방법이 있을 것입니다. 그러나 ProductService를 다른 서비스로 바꾸려면 ProductComponent 코드를 변경해야 하기 때문에, ProductComponent는 ProductService는 의존할 수 밖에 없습니다.

다른 애플리케이션에서 ProductComponent을 재사용하고자 한다면, productService = new AnotherProductService()로 코드를 수정해야 합니다.

의존성 주입을 사용하면 애플리케이션 컴포넌트와 서비스 사이 간 의존성을 만들지 않으므로 컴포넌트와 서비스를 분리 할 수 있습니다.

앵귤러는 의존성 주입시, 임의의 키인 토큰token을 사용해 주입될 객체를 나타냅니다. 프로바이더 Provider를 지정하여 토큰을 의존성 주입 값에 맵핑합니다. 프로바이더는 타켓 컴포넌트 또는 서비스에 주입하기 위한 객체 인스턴스를 만드는 방법을 제시해 줍니다.

싱글톤 클래스 서비스가 필요한 경우 모듈 선언 부분에서 프로바이더를 지정할 수 있지만 [코드 11.7]과 같이 ProductComponent가 ProductService를 주입한다면 컴포넌트 레벨에서 프로바이더를 지정할 수 있습니다.

앵귤러는 생성자의 파라미터에 사용되는 모든 클래스를 인스턴스화하고 주입합니다. @Component() 데코레이터에서 프로바이더를 선언한 경우, 컴포넌트는 자체 서비스 인스턴스를 가져오며, 컴포넌트가 파괴되자마자 서비스 인스턴스도 파괴됩니다.

코드 11.7 ProductService를 ProductComponent로 주입

```
@Component({
    providers: [ProductService]   •------ 토큰 ProductService를 프로바이더로 지정합니다.
})
class ProductComponent {
    product: Product;
    constructor(productService: ProductService) {   •------ ProductService 토큰으로 표시되는 객체를 주입합니다.
        this.product = productService.getProduct();   •------
    }                        서비스 내부에 getProduct()가 존재한다고 가정하고 주입된 객체의 AP를 사용합니다.
}
```

토큰 이름이 주입되는 객체 타입과 일치하기 때문에 [ProductService]로 축약했습니다. 앵귤러에게 동일한 이름의 클래스를 인스턴스화하여 ProductService 토큰을 제공하도록 지시합니다. 물론 자세하게 providers:[{provide: ProductService, useClass: ProductService}] 라고 지정할 수 있습니다. "ProductService 토큰을 사용하는 생성자가 클래스가 있으면 ProductService 클래스의 인스턴스를 주입하세요." 라고 앵귤러에게 지시하는 것입니다.

ProductComponent는 ProductService 타입의 구체적인 구현 내용을 알 필요가 없습니다. 프로바이더에 지정된 객체를 그저 사용할 뿐입니다. ProductService 객체에 대한 참조는 생성자 파라미터를 통해 삽입되므로 ProductComponent에서 ProductService를 명시적으로 인스턴스화 할 필요가 없습니다. 앵귤러에서 생성한 ProductService 인스턴스에서 getProduct() 서비스 메서드를 호출하면 됩니다. 앵귤러가 부린 마법이지요.

다른 ProductService 타입 구현(예: AnotherProductService)을 사용하면서 ProductComponent를 재사용하는 경우, providers: [{provide: ProductService, useClass: AnotherProductService}] 와 같이 수정합니다. 앵귤러는 AnotherProductService를 인스턴스화하고, ProductComponent는 수정이 필요없는 ProductService를 사용합니다. 이와 같이 의존성 주입은 Product Component의 재사용성을 높이면서 ProductService과의 결합을 제거해줍니다.

11.4 ProductService 주입

이번 장의 실습 프로젝트 디렉터리는 di-products으로 ProductService를 ProductComponent에 어떻게 주입하고 사용하는지를 설명합니다. [코드 11.8]은 ProductService 부분입니다.

코드 11.8 di-products/product.service.ts

```
import { Injectable } from '@angular/core';
import { Product } from './product';
@Injectable({
    providedIn: 'root'   •······ ProductService의 싱글톤 인스턴스를 생성합니다.
})
export class ProductService {
    getProduct(): Product {   •······ 하드코딩된 데이터 값을 반환합니다.
        return {
            id: 0,
            title: "iPhone XI",
            price: 1049.99,
            description: "The latest iPhone"
        };
    }
}
```

[코드 11.9]의 서비스의 **getProduct()** 메서드는 **Product** 타입인 하드코딩된 데이터를 반환합니다. 실제 서비스되는 애플리케이션이라면 서버에 HTTP 요청을 보내 데이터를 받을 것입니다.

코드 11.9 product.ts

```
export interface Product {
    id: number,
    title: string,
    price: number,
```

```
    description: string
}
```

getProduct()의 타입 Product은 인터페이스로 선언했더라도 변환된 자바스크립트에는 타입 정의 부분이 없습니다. 만약 Product 타입을 클래스로 선언하면 자바스크립트 코드가 생성됩니다. 따라서 커스텀 타입을 선언하는 경우 가능한 클래스 대신 인터페이스를 사용하는 것이 좋습니다.

다음으로 아래 CLI 명령어를 실행하여 product 컴포넌트를 생성해보겠습니다.

```
ng generate component product --t --s --skip-tests
```

--t 옵션은 컴포넌트 템플릿에 별도의 html 파일을 생성하지 않음을 의미합니다. --s 옵션은 CSS 파일 대신 인라인 스타일을 사용하기 위한 것입니다. --skip-tests는 보일러플레이트 단위 테스트 코드 파일을 생성하지 않습니다. [코드 11.10]은 템플릿을 추가하고 ProductService를 주입한 ProductComponent입니다.

코드 11.10 product.component.ts

```
import {Component} from '@angular/core';
import {ProductService} from "../product.service";
import {Product} from "../product";

@Component({
  selector: 'di-product-page',
  template: `<div>
  <h1>Product Details</h1>
  <h2>Title: {{product.title}}</h2>      ●········· UI에 title를 바인딩합니다.
  <h2>Description: {{product.description}}</h2>   ●········· UI에 description를 바인딩합니다.
  <h2>Price: ₩${{product.price}}</h2>   ●········· UI에 price 바인딩
</div>`
})

export class ProductComponent {
  product: Product;   ●········· 해당 객체의 프로퍼티가 UI에 바인딩됩니다.

  constructor( productService: ProductService) {   ●········· ProductService 주입

    this.product = productService.getProduct();   ●········· ProductService API 사용
```

```
  }
}
```

앵귤러가 ProductComponent를 초기화할 때, getProduct() 메서드를 즉시 호출해 ProductService
를 주입합니다. product 프로퍼티 값이 채워지고 바인딩을 사용해 UI가 업데이트 됩니다.

최대한 가장 간단한 코드로 설명하고자 컴포넌트 생성자에서 바로 getProduct()를 호출했습니다.
실제 프로젝트에서는 앵귤러의 ngOnInit() 콜백을 사용합니다.

마지막으로 [코드 11.11]과 같이 AppComponent는 셀렉터를 사용해 ProductComponent를 자식으로
갖습니다.

코드 11.11 app.component.ts

```
import { Component } from '@angular/core';

@Component({
  selector: 'app-root',
  template: `<h1> Basic Dependency Injection Sample</h1>
        <di-product-page></di-product-page>`  •······· ProductComponent를 템플릿에 추가합니다.
})
export class AppComponent {}
```

ng serve -o 명령어를 실행하면 번들이 빌드된 후 개발 서버를 실행하면 [그림 11.6]과 같은 브라우
저가 렌더링이 됩니다.

그림 11.6 제품 데이터가 렌더링

 NOTE @Componet() 데코레이터에 styles 프로퍼티를 추가해 원하는 CSS 스타일을 고쳐보세요.

상태 관리는 웹 개발시 매우 중요한 주제입니다. 특히 의존성 주입은 상태 관리를 위해 많이 사용됩니다.

웹 앱에서 컴포넌트는 다른 컴포넌트에서 사용되는 특정 변수의 값을 변경할 수 있습니다. 유저 작업이나 새로운 서버 생성 데이터의 결과로 수행할 수 있습니다. 예를 들어 페이스북에 탑 툴바에 읽지 않는 메시지가 세 개가 있다고 생각해봅시다. 숫자 3 표시를 클릭하면 메신저^{다른 컴포넌트}가 열리고 세 가지 메시지가 표시됩니다.

유저 세션 동안 툴바와 메신저 컴포넌트는 메시지 개수를 저장하고 있습니다. 이와 같이 어느 앱이든지 앱 상태 관리가 매우 중요합니다.

앵귤러 주입 가능한 서비스^{RxJS와 결합}는 상태 관리를 바로 구현할 수 있습니다. 서비스 AppState를 생성하고, @NgModule() 데코레이터 내 프로바이더를 선언하면, 앵귤러는 싱글톤 AppState를 생성합니다. 앱 상태를 컴포넌트와 서비스에 주입할 수 있습니다.

AppState 서비스는 messageCounter 프로퍼티를 가지며, MessagerComponent는 새 메시지가 도착하면 messageCounter 값을 증가시킵니다. 따라서 ToobarComponent는 AppState.messageCounter 값을 가져와서 UI에 렌더링합니다. 이런 식으로 AppState는 앱 상태 값을 저장하고 제공할 때 단일 진실 공급원^{single source of truth}이 됩니다. 또한 컴포넌트가 메시지 카운터를 업데이트하면 AppState는 새 상태가 필요한 컴포넌트에 이 값을 전송할 수 있습니다.

일부 개발자들은 앵귤러의 의존성 주입 서비스로 상태 관리하는 대신 NGRX, NGXS 등 라이브러리를 선호합니다. 그러나 라이브러리 도입 시, 많은 양의 코드를 추가로 작성할 수 있기 때문에, 상태 관리 구현 전에 도입 여부에 대해 심사 숙고해야 합니다. 상태 관리가 잘못 구현되면 버그가 발생됨은 물론 유지 보수도 어렵습니다.

11.5 타입스크립트 추상화 프로그래밍

제 3장의 3.2.3절에서 인터페이스^{추상화}를 배웠습니다. 앵귤러 의존성 주입은 주입 가능한 객체를 교체할 수 있습니다. 따라서 인터페이스를 선언하고 프로바이더로 지정할 수 있수 있습니다. 의존성 주입부분은 constructor(productService: ProductService)과 같이 작성하고, 인터페이스를 구현하고, 프로바이더 선언 시 전환할 수 있는 클래스를 작성할 수 있을 것입니다.

자바, C# 등 객체 지향 프로그래밍 언어라면 가능합니다. 그러나 타입스크립트는 자바스크립트 코드로 변환 시, 인터페이스가 제거된다는 문제가 있습니다. 즉, ProductService를 인터페이스로 선언하면, constructor(productService: ProductService) 생성자는 constructor(productService)로 변환되므로 앵귤러는 **ProductService**가 어떤 것인지 전혀 알수 없습니다.

타입스크립트는 추상 클래스를 제공합니다. 추상 클래스는 일부 메서드를 구현 또는 구현을 생략을 할 수 있습니다. ^{제 3장 3.1.5절 참고} 이후 추상 클래스를 확장하는 클래스를 구현해야 합니다. [코드 11.12]에서는 추상 클래스와 그 자식 클래스를 보겠습니다.

코드 11.12 추상 클래스 및 두 자식 클래스

```
export abstract class ProductService {      •—— 추상 클래스 선언
   abstract getProduct(): Product;      •—— 추상 메서드 선언
}
export class MockProductService extends ProductService {   •—— 첫 번째 추상 클래스 구현
   getProduct(): Product {
      return new Product('Samsung Galaxy S10');
   }
}
export class RealProductService extends ProductService {   •—— 두 번째 추상클래스 구현
   getProduct(): Product {
      return new Product('iPhone XII');
   }
}
```

생성자에서 추상 클래스의 이름을 사용할 수 있으며, 자바스크립트 코드 생성 시 앵귤러는 프로바이더 선언을 기반으로 특정 클래스를 사용합니다. [코드 11.12]와 같이 전 **ProductService**, **MockProductService** 및 **RealProductService** 클래스가 선언되었습니다.

코드 11.13 프로바이더로 추상 클래스 사용

```
// app.module.ts 부분
@NgModule({
   providers: [{ provide: ProductService, useClass: RealProductService }],   •—— 구체 타입을 추상 토큰에 맵핑
   ...
   })
export class AppModule { }
// product.component.ts 부분
@Component({ ...})
export class ProductComponent {
   constructor(productService: ProductService) {... };   •—— 의존성 주입 지점에서 추상 토큰 사용
}
```

여기서는 프로바이더를 선언하고 생성자의 파라미터에 ProductService 추상화를 사용합니다. [코드 11.8]에서는 특정 기능을 구현한 경우와 다릅니다. 서비스 내 구현을 다른 구현으로 전환하기로 결정한 경우, 프로바이더가 교체됩니다.

추상 클래스를 사용하지 않으면 ProductService 및 MockProductService 클래스를 선언할 때 동일한 getProducts()를 가져야 합니다. 타입스크립트에서 추상 클래스 접근법을 사용하는 경우, 추상 메서드 중 하나의 구현을 놓치더라도 컴파일러 오류가 발생합니다.

> **✓ TIP** 다양한 클래스가 같은 API를 사용하도록 하는 의존성 주입을 하는 방법도 존재합니다. class MockProductService implements ProductService 클래스는 다른 클래스를 사용할 수 있습니다. 이렇게 하면 MockProductService 클래스가 ProductService 클래스가 가진 퍼블릭 메서드를 모두 이용할 수 있고 의존성 주입을 할 수 있습니다.

11.6 HTTP 요청

이번 절에서는 앵귤러 애플리케이션은 HTTP를 지원하는 모든 웹 서버와 통신할 수 있습니다. 이번 절에서는 다음 장에서 배울 블록체인 코드를 이해하기 위해 HTTP 요청을 보내는 방법을 알아보겠습니다.

웹 브라우저는 HTTP 요청을 비동기적으로 실행하며, UI는 계속 동작 가능합니다. 서버에서 HTTP 요청이 처리되는 동안 유저는 작업을 수행할 수 있습니다. 앵귤러는 비동기 HTTP를 RxJS 라이브러리에서 제공하는 observable 객체를 사용해 구현합니다.

HTTP 통신이 필요한 경우, @NgModule() 데코레이터의 import 부분에 HttpClientModule를 추가해야 합니다. 의존성 서비스인 HttpClient의 get(), post(), put(), delete() 등 메서드를 사용할 수 있습니다. 각 요청은 Observable 객체를 반환합니다.

클라이언트-서버 통신 관점에서, Observable은 서버가 웹 앱에 푸시할 수 있는 일종의 데이터 스트림으로 생각할 수 있습니다. 웹소켓 통신^{서버는 열린 소켓을 통해 데이터를 스트림으로 계속 푸시합니다.} 개념을 떠올리면 더 이해하기 쉬울 것입니다. HTTP 요청 시 반환 되는 결과값은 하나의 데이터 스트림이라 볼 수 있습니다.

> **✓ TIP** 저자 블로그에서 RxJS와 옵저버 스크림에 관한 연재 글을 읽어보세요. yakovfain.com/2018/03/24/rxjs-essentials-part-8-pipeable-operators

웹 클라이언트가 ID가 123인 제품을 검색하기 위해 서버의 엔드포인트 **/product/123**에 요청하는 방법을 살펴 보겠습니다. [코드 11.14]는 **HttpClient** 서비스의 **get()** 메서드에 문자열인 URL을 전달해 호출합니다.

코드 11.14   HTTP GET 요청하기

```
interface Product {  •——— Product 타입을 정의합니다.
  id: number,
  title: string
}
  ...
class ProductService {
  constructor(private httpClient: HttpClient) { }  •——— HttpClient 서비스를 주입합니다.
  ngOnInit() {  •——— 앵귤러가  이 콜백 메서드는 Angular에 의해 호출됩니다.
    this.httpClient.get<Product>('/product/123')  •——— get() 요청을 선언합니다.
      .subscribe(
        data => console.log(`id: ${data.id} title: ${data.title}`),  •——— get() 결과를 구독합니다.
        (err: HttpErrorResponse) => console.log(`Got error: ${err}`)  •——— 오류 발생 시, 오류 메시지를 출력합니다.
      );
  }
}
```

HttpClient 서비스는 **private** 접근 제어자로 생성자에 주입됩니다. 앵귤러는 **httpClient**를 Product-Service 객체 프로퍼티로 만듭니다. **ngOnInit()** 메서드 안에 HTTP 요청을 합니다. 컴포넌트는 인스턴스화되고 모든 프로퍼티가 초기화 될 때, 앵귤러는 이 메서드를 호출합니다.

get() 메서드 내 localhost:8000/product/123 와 같이 전체 URL을 정의하지 않았습니다. 동일한 서버에 요청한다면 URL을 생략할 수 있습니다. **get\<Product\>()**는 HTTP 응답 본문의 데이터 타입을 명시하기 위해 **\<Product\>** 타입 단언^{as Product와 동일}을 사용했습니다. 이 타입 단언은 정적 타입 분석기에 "서버에서 받은 데이터 타입을 유추하기 어려우니 도와줄게"라고 말하는 것과 같습니다.

응답 결과는 항상 **subscribe()** 메서드를 가진 RxJS **Observable** 객체를 반환합니다. 두 개의 콜백을 파라미터로 지정했습니다.

- 첫 번째 콜백은 데이터를 수신합니다. 브라우저 콘솔에 받은 데이터 결과를 출력합니다.
- 오류 반환 시, 두 번째 콜백이 호출됩니다.

post(), **put()**, **delete()** 메서드 역시 **get()** 메서드와 비슷하게, 호출 후 결과를 구독합니다.

기본적으로 **HttpClient**는 JSON 형식 데이터를 받는다고 가정하고, 데이터는 자동으로 자바스크립트 객체로 변환합니다. JSON 형식이 아닌 데이터일 경우, **responseType** 옵션을 사용합니다. [코드 11.15]는 반환된 데이터가 텍스트인 경우입니다.

코드 11.15 반환된 데이터 타입을 문자열 타입으로 명시

```
let someData: string;    •········· 응답 본문 타입을 문자열로 명시합니다.
this.httpClient
    .get<string>('/my_data_file.txt', { responseType: 'text' })
    .subscribe(
        data => someData = data,    •········· 받은 데이터를 변수로 할당합니다.
        (err: HttpErrorResponse) => console.log(`Got error: ${err}`)    •········· 오류 발생 시, 오류 메시지를 출력합니다.
    );
```

다음으로 **HttpClient**를 사용해 JSON파일에서 데이터를 읽는 방법을 알아보겠습니다. 이번 장에서는 HttpClient.get() 메서드를 설명하기 위해, JSON 형식인 제품 데이터를 사용합니다. 프로젝트 내 data 디렉터리에 [코드 11.16]과 같은 product.json 파일이 있습니다.

코드 11.16 data/products.json

```
[
    { "id": 0, "title": "First Product", "price": 24.99 },
    { "id": 1, "title": "Second Product", "price": 64.99 },
    { "id": 2, "title": "Third Product", "price": 74.99}
]
```

이제 data 디렉터리는 프로젝트 어셋products.json 파일을 포함하며 프로젝트 번들에 포함시키기 위해, [코드 11.17]과 같이 angular.json 내 **asset** 프로퍼티에 디렉터리 경로를 추가합니다.

코드 11.17 angular.json의 일부

```
"assets": [
    "src/favicon.ico",    •┐
    "src/assets",    •┘    앵글러 CLI에서 생성된 기본 어셋입니다.
```

```
    "src/data"  •········ 프로젝트에 추가한 어셋 디렉터리입니다.
  ]
```

실제 운영되는 서비스라면 서버의 URL을 지정하겠지만, 본 실습에서는 로컬 파일인 data/products.
json을 사용하므로 해당 경로로 URL을 지정했습니다. 이제 [그림 11.7]과 같이 제품 데이터가 표시
될 것입니다.

그림 11.7 prodcut.json 본문을 렌더링

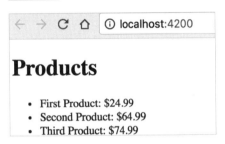

이로써 ApplicationComponent 컴포넌트는 HttpClient.get() 메서드로 HTTP GET 요청을 보냅니
다. [코드 11.18]과 같이 제품 데이터의 구조를 정의하는 인터페이스 선언하겠습니다.

코드 11.18 src/product.ts

```
export interface Product {
  id: string;
  title: string;
  price: number;
}
```

[코드 11.19]는 app.component.ts 파일로 HttpClients 응답을 더 간단하게 구독하도록 구현해보겠습
니다. 이번에는 subscribe() 대신 aysnc 비동기 파이프라인을 사용하겠습니다.

> **NOTE** 앵귤러 파이프는 컴포넌트의 템플릿에 사용할 수있는 특수 변환기 함수로 '|' 표시와 함께 파이프 이름을 사용합
> 니다. 예를 들어, 통화 기호를 나타내는 currency 파이프는 숫자를 통화로 변환합니다. (예 : 123.5521 | currency는 $
> 123.55로 렌더링됩니다. 기본 통화 기호는 달러입니다.)

```
import {HttpClient} from '@angular/common/http';
import {Observable} from 'rxjs';    •········ RxJS 라이브러리에서 Observable을 가져옵니다.
import {Component, OnInit} from "@angular/core";
import {Product} from "./product";

@Component({
  selector: 'app-root',
  template: `<h1>Products</h1>          반복문으로 products 내 엘레먼트를 렌더링하고 이를
  <ul>                                  async 파이프라인을 사용해 자동 구독합니다.
    <li *ngFor="let product of products$ | async">   •·······┘
      {{product.title }}: {{product.price | currency}}   •········ 제품 이름과 통화 표시로 바뀐 가격을 표시합니다.
    </li>
  </ul>
  `})
export class AppComponent implements OnInit{
  products$: Observable<Product[]>;   •········ products 타입을 Observable 타입으로 선언합니다.

  constructor(private httpClient: HttpClient) {}   •········ HttpClient 서비스에 주입합니다.

  ngOnInit() {
    this.products$ = this.httpClient.get<Product[]>('/data/products.json');   •·······┐
  }                                                                                    │
}                                 HTTP GET 요청 내 예상된 데이터 타입을 정의합니다.
```

get()에 의해 반환된 **observable**은 템플릿에서 비동기 **async** 파이프로 비동기 값의 랩핑 해제가 일어납니다. 아래 코드에 의해 각 제품 이름과 가격이 렌더링됩니다.

```
<li * ngFor="let product of products$ | async" >
  {{ product.title }}: { { product.price | currency } }
</li>
```

*ngFor은 앵귤러 구조 지시자로 **observable**인 **products$** 내 모든 아이템을 **<li>** 태그와 함께 반복합니다. 각 컴포넌트는 제품 이름과 가격을 보여줍니다. **products$** 끝의 달러 기호는 **observable**인 변수를 나타내는 네이밍 컨벤션입니다.

이제 **npm install**을 실행해 의존성을 설치한 후, 아래 명령어로 앱을 실행해봅시다.

```
ng serve -o
```

11.7 폼

HTML은 입력된 값 유효성 확인, 데이터를 서버로 보내기 등 기본적인 폼 작성을 위한 기능을 제공합니다. 그러나 입력된 데이터를 프로그래밍적으로 처리하거나, 커스터마이징된 유효성 룰을 적용하거나, 입력된 데이터 형식을 바꾸거나, 서버에 보낼 특정 데이터를 선택하는 등 복잡한 기능을 구현하기엔 기본적인 HTML 폼만으로 어렵습니다.

앵귤러는 폼을 위한 템플릿 기반template-driven 및 반응형reactive 기반의 두 가지 API를 제공합니다. 템플릿 기반 API는 지시자를 사용해, 폼을 컴포넌트의 템플릿 내 완전히 프로그래밍 될 수 있고, 모델 객체는 앵귤러에 의해 암시적으로 생성됩니다. HTML 구문으로 폼을 정의하기 때문에 단순한 폼일 경우 적합합니다.

- 반응형 기반 API : 타입스크립트 코드 내 모델 객체를 명시적으로 생성한 다음, 특수 지시자를 사용해 HTML 템플릿 엘리먼트를 해당 모델의 프로퍼티에 연결합니다. FormControl, FormGroup 및 FormArray 클래스를 사용하여 명시적으로 폼 모델 객체를 생성할 수 있습니다. 간단한 폼일 경우에도 적합합니다. 이번 절에서는 반응형 API를 사용한 폼에 대해 알아보겠습니다. 실습 블록체인 앱에서도 이를 사용합니다.
- 반응형 API : [코드 11.20]과 같이 @angular/forms에서 ReactiveFormsModue를 가져오고 @NgModule()의 import 목록에 ReactiveFormsModule을 추가해야 합니다.

코드 11.20 반응형 폼을 위해 ReactiveFormsModule을 추가

```
import { ReactiveFormsModule } from '@angular/forms';
@NgModule({
  ...
  imports: [
    ...
    ReactiveFormsModule  •······ 반응형 폼을 지원하는 모듈을 가져옵니다.
  ],
  ...
})
```

다음으로 폼 모델 생성 방법에 대해 알아보겠습니다. 폼 모델은 폼 데이터 구조로 FormControl, FormGroup과 FormArray 클래스로 구성할 수 있습니다. [코드 11.21]은 FormGroup 클래스 타입 프로퍼티를 선언하고, FromControl의 인스턴스를 가진 새 객체를 초기화합니다.

```
코드 11.21  폼 모델 객체 생성

myFormModel: FormGroup;
constructor() {
  this.myFormModel = new FormGroup({   •······ 폼 모델 인스턴스를 생성합니다.
    username: new FormControl(''),   •──┐
    ssn: new FormControl('')         •──┴── 폼 모델에 폼 컨트롤을 추가합니다.
  });
}
```

FormControl은 하나가 <input> 엘리먼트와 동일한 최소한의 폼 단위이지만, 달력, 슬라이더와 같은 복잡한 UI 컴포넌트도 만들 수 있습니다. FormControl 인스턴스는 HTML 엘리먼트의 현재 값, 유효성 상태, 수정 여부를 저장합니다. 이제 첫 번째 파라미터에 초깃값을 전달해 폼 컨트롤을 생성해봅시다.

```
city = new FormControl('New York');
```

FormControl 또는 전체 폼에 유효성 검사를 위해 내장 또는 커스텀 밸리데이터validator를 추가할 수 있습니다. [코드 11.22]는 앵귤러가 내장하고 있는 밸리데이터 두 개를 추가했습니다.

```
코드 11.22  FormControl에 밸리테이터 추가

city = new FormControl('New York',   •······ New York 초기값을 가진 fromControl을 생성합니다.
         [Validators.required,   •······ 필수 항목인 required 밸리데이터를 추가합니다.
          Validators.minLength(2)]);   •······ 문자열 최소 길이가 2인 minLength 밸리데이터를 추가합니다.
```

FormGroup은 FormControl 객체의 집합으로 전체 폼 또는 폼 일부를 나타냅니다. FormGroup은 그룹에있는 각 FormControl의 값과 유효성을 집계합니다. 그룹 내 FormControl 중에 하나라도 유효하지 않으면, 전체 폼 그룹은 유효하지 않습니다.

바로 주입 가능한 서비스 FormBuilder를 사용하면 폼 모델을 생성할 수 있습니다. FormBuilder의 API는 더 간결하며 [코드 11.21]에 나와있는 객체의 반복 인스턴스화를 방지합니다. [코드 11.23]에서 앵귤러는 양식 모델을 선언하는 데 사용할 FormBuilder 객체를 삽입합니다.

코드 11.23 FormBuilder로 formModel 생성

```
constructor(fb: FormBuilder) {      • ——— FormBuilder 서비스를 주입합니다.
  this.myFormModel = fb.group({      • ——— FormBuilder.group()은 구성 객체를 FromGroup을 생성합니다.
    username: [''],    • ——— 각 FromControl 마다 초기 컨트롤 값과 밸리데이터가 포함된 배열을 사용해 초기화합니다.
    ssn: [''],
    passwordsGroup: fb.group({    • ——— FromGroup과 같이 FormBuilder은 중첩된 그룹을 생성할 수 있습니다.
      password: [''],
      pconfirm': ['']
    })
  });
}
```

FromBuilder.group() 메서드의 마지막 파라미터는 추가 구성 사항의 파라미터를 가진 객체입니다. 필요한 경우, 그룹 수준의 밸리데이터를 지정할 수 있습니다.

반면 반응형 방식은 컴포넌트 템플릿에 지시자를 사용합니다. [코드 11.24]에서 볼 수 있듯 지시자들은 모두 **form**으로 시작합니다.

코드 11.24 HTML ⟨form⟩에 FormGroup을 바인딩

```
@Component({
  selector: 'app-root',
  template: `
  <form [formGroup]="myFormModel">    • ——— 폼 모델의 인스턴스를 <form>의 formGroup 지시자에 바인딩합니다.
  </form>
  `
})
class AppComponent {
  myFormModel = new FormGroup({    • ——— 폼 모델의 인스턴스를 생성합니다.
    username: new FormControl(''),
    ssn: new FormControl('')
  });
}
```

반응형 지시자 **formGroup**과 **formControl**은 ⟨**form**⟩과 ⟨**input**⟩ 같은 DOM 엘리먼트를 대괄호와 함께 프로퍼티 바인딩을 사용해 모델 객체예: myFormModel에 바인딩합니다.

```
<form [formGroup]="myFormModel">
    ...
</form>
```

formGroupName, formControlName, formArrayName은 DOM 엘리먼트를 타입스크립트 모델의
프로퍼티로 연결하는 지시자입니다. 이들은 formGroup 지시자로 표시된 HTML 엘리먼트 내부에서
만 사용 가능합니다.

formGroup 지시자는 전체 폼을 나타내는 FormGroup 클래스의 인스턴스를 DOM 엘리먼트인
<form>에 바인딩합니다. formGroup은 컴포넌트 템플릿이고, FormGroup는 컴포넌트의 인스턴스
에 해당합니다. formGroup을 생성해야 먼저 컴포넌트 코드 내부에 FormGroup 인스턴스를 생성해
야 합니다.

formControlName은 formGroup 지시자 스코프 내에서 사용되어야 합니다. 각 FormControl 인스턴
스를 DOM 엘리먼트에 연결시킵니다. 이전 절에서 dataRange 모델의 코드에 코드를 계속 추가해
보겠습니다. 컴포넌트와 폼 모델은 동일합니다. [코드 11.25]와 같이 formControlName 지시자를 사
용해 HTML 엘리먼트를 추가하면 됩니다.

코드 11.25 완성된 form 템플릿 코드

```
<form[formGroup]="myFormModel">
  <div formGroupName="dateRange">
    <input type="date" formControlName="from">  •········ from은 dataRange 내 프로퍼티 이름입니다.
    <input type="date" formControlName="to">  •········ to은 dataRange 내 프로퍼티 이름입니다.
  </div>
</form>
```

formGroupName 지시자와 같이 FormControl 이름을 지정하여 DOM 엘리먼트에 연결합니다. 여기
서 FormControl 이름은 모델을 정의할 때 선택한 이름입니다.

FormGroup으로 폼 모델을 생성하지 않고 유효성Validate과 같은 Form API 기능을 사용하고자 할
때, 개별 FormControl 또는 싱글-컨트롤 폼과 함께 formControl 지시문을 사용합니다. Observable
타입으로 유저가 폼 컨트롤에 문자를 입력할 때마다 FormControl.valueChanges 프로퍼티를 통해
데이터를 받을 수 있습니다. [코드 11.26]은 유저가 입력한 도시의 날씨를 찾고 그 결과를 콘솔에 출
력합니다.

코드 11.26 FormControl

```
@Component({
  ...
  template: `<input type="text" [formControl]="weatherControl">`   ●······ formControl에 프로퍼티를 바인딩합니다.
})
                                          form 모델을 정의하는 대신 FormControl 단일 인스턴스를 생성합니다.
class FormComponent {
  weatherControl: FormControl = new FormControl();   ●······┘
  constructor() {
    this.weatherControl.valueChanges   ●······ valueChanges 옵저버블을 사용해 입력된 값을 얻습니다.
      .pipe(
        switchMap(city => this.getWeather(city))   ●······ RxJS 오퍼레이터를 사용해 getWeather()로
      )                                                     반환된 다른 옵저버블로 바꿉니다.
      .subscribe(weather => console.log(weather));   ●······┐
  }                           valueChanges를 구독하고 옵저버블로 부터 받은 날씨를 출력합니다.
}
```

RxJS에는 subscribe() 메서드에 제공되기 전에 옵저버블이 생성한 데이터 항목에 사용할 수 있는 수십 개의 연산자가 있습니다. getWeather() 메서드는 날씨 서버에 HTTP를 요청하고 옵저버블을 반환합니다. switchMap 연산자는 옵저버블 valueChanges에서 데이터를 가져와 getWeather()로 전달하고 옵저버블을 반환합니다.

제 12장에서 블록체인 거래내역을 폼으로 관리하기 위해 AppComponent 클래스에서 반응형 폼 API 사용합니다.

```
this.transactionForm = fb.group({
  sender: ['', Validators.required],
  recipient: ['', Validators.required],
  amount: ['', Validators.required]
});
```

위 코드는 세 가지 입력 컨트롤 sender, recipient, amount과 함께 폼을 렌더링 합니다. 각 컨트롤은 초기값은 빈 문자열이며 밸리데이터는 Validator.required를 가집니다.

11.8 라우터 기초

싱글 페이지 애플리케이션SPA, Single Page Application는 웹 페이지를 새로고침하지 않고 일부분만 업데이트합니다. 애플리케이션에 네비게이션을 추가해 유저의 액션에 따라 페이지 내 콘텐츠 영역다른 말로 라우터 아울렛router outlet라고 불림을 변경해보겠습니다. 앵귤러 라우터는 전체 페이지 새로고침없이 네비게이션을 구성하고 구현할 수 있습니다.

SPA 페이지는 내부에서 일부 영역은 그대로 유지한 채, 사용자의 액션과 이벤트에 따라 다른 컴포넌트를 렌더링합니다. [그림 11.8]의 웹 페이지는 최상단에 네비게이션 바, 왼쪽에는 검색 패널, 푸터로 구성되어 있습니다. <router-outlet>은 매번 한 개의 다른 컴포넌트가 렌더링됩니다.

그림 11.8 ▶ router-outlet 영역

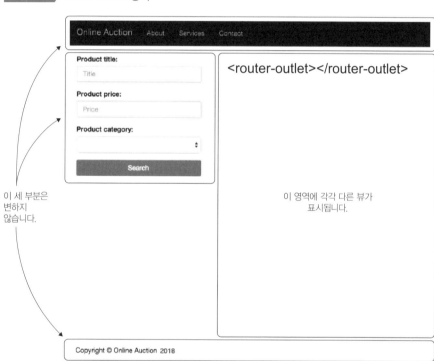

최초 렌더링 시, <router-outlet>은 HomeComponent를 렌더링하고, 유저가 특정 링크를 클릭하면 라우터는 ProductComponent를 보여줍니다.

모든 애플리케이션은 하나의 라우터 객체를 가지며 네비게이션을 만들려면 라우터를 먼저 구성해야 합니다. 앵귤러는 Router, Route, Routes, ActivatedRoute 등 네비게이션을 지원하는 많은 클래스를 제공합니다. [코드 11.27]를 보면 라우터는 Routes 타입은 객체 배열로 구성되어 있음을 알 수 있습니다.

코드 11.27 간단한 라우터 구성

```
const routes: Routes = [
  {path: '', component: HomeComponent},   ← 경로인 path가 비어있으면 기본적으로 HomeComponent가 렌더링됩니다.
  {path: 'product', component: ProductDetailComponent}   ← URL에 product가 포함된 경우 ProductDetailComponent를 렌더링합니다.
];
```

경로 구성은 모듈 수준에서 수행되므로 앱 모듈에 @NgModule() 데코레이터의 경로를 알려줘야 합니다. 루트 모듈에 경로를 선언하는 경우, [코드 11.28]과 같이 forRoot() 메서드를 사용합니다.

코드 11.28 루트 모듈에 경로에 대해 알리기

```
import { BrowserModule } from '@angular/platform-browser';
import { RouterModule } from '@angular/router';
...
@NgModule({
  imports: [BrowserModule,
    RouterModule.forRoot(routes)],   ← 앱 루트 모듈에 루트 모듈과 서비스를 생성합니다.
  ...
})
```

router 디렉터리 내 앱을 살펴보겠습니다. ng new router --minimal 명령을 사용해 새 앱을 생성했습니다. "Would you like to add Angular routing?앵귤러 라우팅을 추가하시겠습니까?"라는 메시지가 표시되면 "Yes예" 옵션을 선택하면 CLI에서 app-routing.module.ts 파일을 생성합니다.

AppComponent에는 페이지 상단에 Home, Product 두 링크가 있습니다. 유저가 애플리케이션은 응용 프로그램은 유저가 클릭하는 링크에 따라 HomeComponent 또는 ProductDetailComponent를 렌더링합니다. HomeComponent는 "Home Component" 텍스트를 렌더링하고 ProductDetailComponent는 "Product Detail Component"를 렌더링합니다. 처음 화면은 [그림 11.10]과 같이 HomeComponent가 표시됩니다.

그림 11.9 HomeComponent를 렌더링

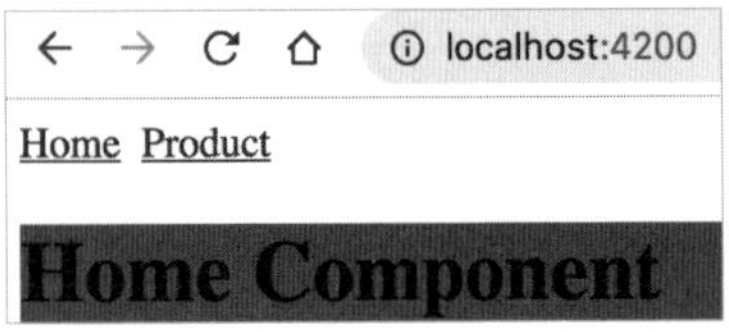

그림 11.10 ProductDetailComponent 렌더링

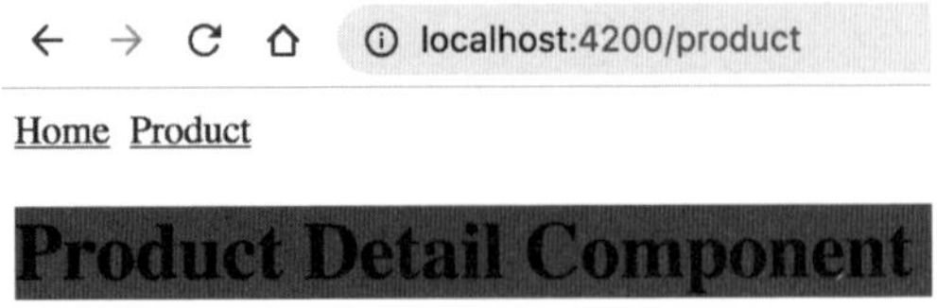

Product 링크를 클릭하면, 라우터는 ProductDetailComponent를 렌더링합니다. [그림 11.9]와 [그림 11.10]에서 URL 경로를 확인해보세요.

이번에 다룰 실습 앱은 라우터 개념을 배우기 위한 목적으로, [코드 11.29]와 [코드 11.30]의 각 컴포넌트는 아주 단순하게 만들었습니다.

코드 11.29 home.components.ts

```
import {Component} from '@angular/core';

@Component({
  selector: 'home',
  template: '<h1 class="home">Home Component</h1>',
  styles: ['.home {background: red}']     •········· 빨간색 배경의 컴포넌트가 렌더링됩니다.
})
export class HomeComponent {}
```

ProductDetailComponent 코드는 HomeComponent 코드와 배경색만 다를뿐 거의 비슷합니다.

코드 11.30 product-detail.component.ts

```
import {Component, OnDestroy} from '@angular/core';

@Component({
  selector: 'product',
  template: '<h1 class="product">Product Detail Component</h1>',
  styles: ['.product {background: cyan}']     •········· 하늘색 배경의 컴포넌트가 렌더링됩니다.
})
export class ProductDetailComponent{

}
```

CLI는 app-routing.module.ts 파일에서 라우팅을 위해 별도의 모듈을 생성합니다. 루트 모듈은 [코드 11.31]에 있는 RouterModule을 가져옵니다. 경로별 컴포넌트를 지정한 routes 구성 객체를 forRoot() 메서드에 전달합니다. 여기서 Routes 인터페이스에는 path와 component가 정의되어 있습니다.

```
코드 11.31  app-routing.module.ts

import { NgModule } from '@angular/core';
import { Routes, RouterModule } from '@angular/router';
import { HomeComponent } from './home.component';
import { ProductDetailComponent } from './product-detail.component';

const routes: Routes = [          HomeComponent는 빈 문자열이 입력되면 렌더링되는 기본 경로입니다.
  { path: '', component: HomeComponent },
  { path: 'product', component: ProductDetailComponent }    URL 경로에 product가 있는 경우, 라우터 아웃렛에서
];                                                          ProductDetailComponent를 렌더링합니다.

@NgModule({
  imports: [RouterModule.forRoot(routes)],    RouterModule 내 routers를 사용 가능하게 만듭니다.
  exports: [RouterModule]    구성된 RouterModule을 루트 모듈에서 가져올 수 있도록 내보냅니다.
})
export class AppRoutingModule { }
```

다음으로 [코드 11.32]에 표시된 대로 Home과 Product Detail 화면을 이동하는 링크를 포함한 루트
컴포넌트를 작성하겠습니다.

```
코드 11.32  app.component.ts

import {Component} from '@angular/core';
@Component({
  selector: 'app-root',
  template: `
    <a [routerLink]="['/']">Home</a>     빈 경로의 routerLink를 바인딩한 링크를 생성합니다.
    <a [routerLink]="['/product']">Product</a>    path/product routerLink 바인딩한 링크를 생성합니다.
    <router-outlet></router-outlet>
                        <router-outlet>은 페이지 내 특정 영역을 지정해
})                      라우터에 따라 각 컴포넌트가 렌더링됩니다.
export class AppComponent {}
```

routerLink를 감싼 대괄호는 프로퍼티 바인딩을 나타내며, 오른쪽의 괄호(예 : ['/'])는 배열을 나타
냅니다. 두 번째 앵커 태그의 **routerLink** 프로퍼티는 **/product** 경로로 구성된 컴포넌트에 바인딩됩
니다.

경로는 네비게이션 중에 전달되는 파라미터를 포함할 수 있으므로 배열로 전달합니다. 예를 들어,
['/ product', 123]은 라우터에게 ID가 123인 제품에 대한 정보를 렌더링할 컴포넌트로 이동하도록

지시합니다. 해당 경로와 일치하는 컴포넌트는 앵커 태그 아래에 있는 〈router-outlet〉 영역에 렌더링됩니다.

[코드 11.13]과 같이 모듈 수준에서 수행되므로 라우터 구성하는 컴포넌트는 없습니다.

```
코드 11.33  app.module.ts
...
@NgModule({
  declarations: [
    AppComponent, HomeComponent, ProductDetailComponent  •······· 모듈에 속하는 컴포넌트를 선언합니다.
  ],
  imports: [
    BrowserModule,
    AppRoutingModule  •······· 미리 구성된 루트를 가진 모듈을 가져옵니다.
  ],
  bootstrap: [AppComponent]
})
export class AppModule { }
```

이번 절에서 앱을 실행하기 위해, route 디렉터리에서 npm install 명령어를 실행해 의존성을 설치한 후, ng serve -o 명령어로 서버를 실행한 다음 브라우저에서 localhost:4200를 엽니다. [그림 11.8]과 같은 화면이 보일 것입니다.

지금까지 간단한 앵귤러 라우터 구성 방법에 대해 알아보았습니다. 이외에 더 다양한 라우터 기능이 있습니다.

- 이동 중 파라미터 전달
- 부모 컴포넌트의 파라미터 변경을 구독
- 사용자에 권한에 따라 라우트 접근 가능 여부를 제어하는 비즈니스 로직 구현
- 이동 중 모듈의 지연 로딩
- 컴포넌트 내 하나 이상의 라우터 아울렛을 정의

앵귤러는 단일 페이지 앱 개발을 위한 매우 튼튼한 솔루션을 제공하며, 라우터는 클라이언트 사이드 네비게이션 내 주요 역할을 수행합니다.

지금까지 앵귤러 프레임워크 기초적인 부분을 배웠습니다. 아직 앵귤러 전문가가 아닐지라도 12장에서 다룰 블록체인 클라이언트 내용과 코드를 이해할 수 있을 것입니다.

요약

- 앵귤러는 단일 페이지 앱을 만드는데 필요한 모든 것을 갖춘 프레임워크입니다. 라우터나 의존성 주입, 폼 등 다양한 기능들을 지원합니다.

- 앵귤러 CLI를 사용하면 첫 앵귤러 앱을 1분만에 만들 수 있습니다. 바로 앱을 시작할 수 있습니다.

- 앵귤러는 타입스크립트 데코레이터를 사용합니다. 컴포넌트 선언, 주입 가능한 서비스 선언, 입출력 프로퍼티 선언 등에 유용하기 때문입니다.

- 앵귤러 CLI는 최적화되지 않은 개발용 빌드와 최적화된 배포용 빌드를 지원하는 빌드툴을 제공합니다.

- 앵귤러는 타입스크립트로 개발되었습니다. 그렇기 때문에 앵귤러로 웹 앱을 만들 때도 역시 타입스크립트를 사용하는 것이 좋습니다.

제 **12** 장

앵귤러 블록체인 클라이언트 개발

이번 장에서는 새로운 앵귤러 블록체인 앱의 클라이언트 부분을 살펴보겠습니다. 이번 프로젝트는 client와 server 두 디렉터리로 구분됩니다. 앞의 제 10장에서 클라이언트와 서버는 동일한 프로젝트로 구성되었으나, 이번 장부터는 각 디렉터리는 개별 프로젝트로 각각의 package.json 파일을 가집니다. 일반적으로 프론트엔드와 백엔드는 별도의 프로젝트로 다른 프로젝트로 개발됩니다.

메시징 서버 및 블록체인 기능 구현 코드 부분은 제 10장과 같으나, 앵귤러 내 프론트엔드 부분은 다릅니다. 이제 이 앱이 어떻게 작동하는지 살펴 보겠습니다.

 TIP 제 10장에서 블록체인 클라이언트 및 메시징 서버 기능 부분을 다시 읽어보세요.

12.1 앵귤러 블록체인 앱

서버를 실행하려면 콘솔에서 server 디렉터리를 열고 **npm install** 명령어로 의존성을 설치한 다음 **npm start** 명령어를 실행합니다. 브라우저에서 localhost:3000를 열고 메시지를 확인해보세요. 클라이언트를 시작하는 동안 서버가 계속 실행 중이어야 합니다.

앵귤러 클라이언트를 실행하려면 콘솔에서 client 디렉터리를 열고 **npm install** 명령어로 앵귤러와 의존성을 설치한 다음 **npm start** 명령어를 실행합니다. 클라이언트의 package.json 내 **start** 명령어는 ng serve 명령어를 가집니다. 이전 장에서와 동일한 방법으로 번들을 빌드합니다. 브라우저에서 localhost:4200을 열어보세요.

현 시점에서 [그림 12.1]과 같이 앵귤러 CLI로 설치된 개발 서버와 Node.js에서 실행되는 WebSocket 메시징 서버가 실행 중입니다.

그림 12.1 하나의 앱에서 두 개의 서버가 실행

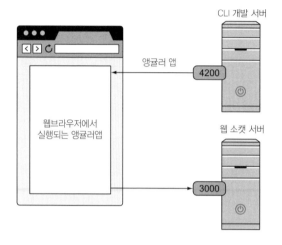

웹소켓 서버 대신 HTTP 서버를 실행하는 경우, 동일 출처 정책same-origin policy으로 인한 제한이 발생하므로 이를 해결하기 위해 프록시를 구성해야 합니다. angular.io/guide/build#proxying-to-a-backend-server에서 백엔드 서버 프록시에 대한 자세한 내용을 확인할 수 있습니다.

> **NOTE** 실습 앱을 프로덕션으로 배포하는 경우, 블록체인 클라이언트 번들을 호스팅 할 웹소켓이 필요하며, 동일한 포트에서 웹소켓 서버도 실행해야 합니다. ng build --prod 명령어를 실행해 배포를 위해 최적화된 번들을 빌드 할 수 있습니다. 다음 링크 angular.io/guide/deployment 에서 앵귤러 배포 과정에 대한 자세한 내용을 확인할 수 있습니다.

제네시스 블록이 생성된 다음 [그림 12.2]와 같은 화면이 보일 것입니다.

그림 12.2 블록체인 클라이언트 클라이언트 실행

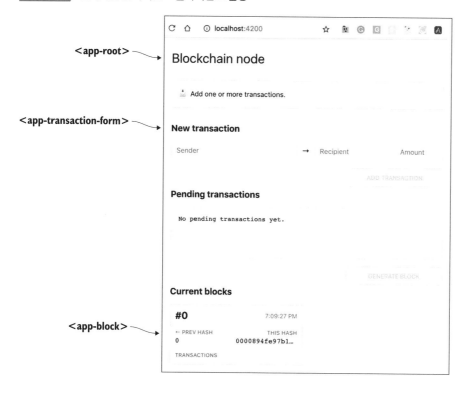

이 앱은 세가지 컴포넌트로 구성되어 있습니다.

- AppComponent : 최상위 컴포넌트이며, 셀렉터는 **app-root** 입니다.
- TransactionFormComponent : 거래내역을 렌더링하는 컴포넌트로, 셀렉터는 **app-transaction-form** 입니다. 폼 컴포넌트로 세 가지 입력 필드와 ADD TRANSACTION^{거래내역 추가} 버튼으로 구성되어 있습니다.
- BlockComponent : 블록 데이터를 렌더링하는 컴포넌트이며 셀렉터는 **app-block** 입니다.

[그림 12.3]은 앵귤러 프로젝트 구조로 블록체인 클라이언트 소스 코드에 해당하는 디렉터리는 src/app에 위치합니다

그림 12.3 ▶ 앵귤러 프로젝트 구조

BlockComponent 컴포넌트는 block 디렉터리에 있습니다. TransactionFormComponent 파일
은 transaction-form에 있습니다. shared 디렉터리에는 재사용 가능한 서비스 BlockchainNode
Service, CryptoService, WebsocketService가 있습니다.

12.2 AppComponent 리뷰

제 8, 9, 10장에서 이미 블록체인 주요 기능을 살펴보았기 때문에 이 부분은 생략하고, 앵귤러 코드
부분만 살펴보겠습니다. 루트 컴포넌트는 app.component.html 및 app.component.ts 두 파일에 있습
니다. [코드 12.1]은 최상위 템플릿을 보여줍니다.

코드 12.1 ▶ AppComponent 템플릿: app.component.html

```html
<main>
  <h1>Blockchain node</h1>
  <aside><p>{{ statusLine }}</p></aside>
  <section>
    <app-transaction-form></app-transaction-form>  ●┈┈┈ 거래내역이 들어갈 자식 컴포넌트
  </section>
  <section>
```

```
    <h2>Pending transactions</h2>
    <pre class="pending-transactions__list">{{ formattedTransactions }}</pre>
    <div class="pending-transactions__form">
      <button type="button"
          class="ripple"
          (click)="generateBlock()"  •········ 블록 생성 버튼에 클릭 이벤트 핸들러 추가
          [disabled]="node.noPendingTransactions || node.isMining">  •········ 버튼에 disabled 프로퍼티 바인딩
        GENERATE BLOCK
      </button>
    </div>
    <div class="clear"></div>
  </section>
  <section>
    <h2>Current blocks</h2>
    <div class="blocks">
      <div class="blocks__ribbon">
        <app-block  •········ 블록 렌더링을 위한 자식 컴포넌트
          *ngFor="let blk of node.chain; let i = index"  •········ 체인 내 기존 블록이 있는지를 반복해서 확인
            [block]="blk"  •········ 블록 프로퍼티를 블록 컴포넌트 엘리먼트 속성에 바인딩
            [index]="i">  •········ 반복자의 색인(index)을 블록 컴포넌트의 입력 프로퍼티에 바인딩
        </app-block>
      </div>
      <div class="blocks__overlay"></div>
    </div>
  </section>
</main>
```

템플릿에서 세 가지 데이터 바인딩을 사용합니다.

- GENERATE BLOCK^{블록 생성} 버튼의 disable 프로퍼티는 오른쪽 표현식 값에 따라 true 또는 false입니다.
- <app-block> 컴포넌트의 block 프로퍼티는 지시자 ngFor가 배열 node.chain을 통해 반복될 때 현재 blk에 값을 가져옵니다. node.chain은 [코드 12.2], [코드 12.3], [코드 12.4]에 있는 AppComponent 프로퍼티입니다.
- <app-block> 컴포넌트의 index 프로퍼티는 반복문 지시자인 ngFor에서 제공하는 변수 index 에서 값을 가져옵니다.

(click) = "generateBlock()"은 클릭 이벤트를 위한 이벤트 핸들러입니다. 앵귤러에서는 괄호를 사용해 이벤트 핸들러를 지정합니다.

[코드 12.1] 내 템플릿은 타입스크립트 클래스 **AppComponent**의 데코레이터 **@Component()**에 포함되어 있습니다. 아래 [코드 12.2]에서 **AppComponent** 첫 번째 부분을 살펴봅시다.

코드 12.2 app.component.ts 첫 부분

```
import { Component } from '@angular/core';
import { Message, MessageTypes } from './shared/messages';
import { Block, BlockchainNodeService, formatTransactions, Transaction, WebsocketService }
from './shared/services';    ●········ import 문에서 (파일이 아닌) 디렉터리를 사용합니다.


@Component({
 selector: 'app-root',
 templateUrl: './app.component.html',
})
export class AppComponent {
 constructor(
   private readonly server: WebsocketService,
   readonly node: BlockchainNodeService                    서비스를 주입합니다.
 ) {                                                                          서비스 메시지를 구독합니다.
   this.server.messageReceived.subscribe(message => this.handleServerMessages(message));  ●·······┘
   this.initializeBlockchain();   ●········ 블록체인 인스턴스를 생성합니다.
 }


 private async initializeBlockchain() {
   const blocks = await this.server.requestLongestChain();
   if (blocks.length > 0) {
     this.node.initializeWith(blocks);
   } else {
     await this.node.initializeWithGenesisBlock();
   }
 }
```

[코드 12.1]에서 **AppComponent** 컴포넌트 템플릿을 다시 보겠습니다. 유저가 GENERATE BLOCK[블록 생성] 버튼을 클릭하면, 타입스크립트 **AppComponent generateBlock()** 메서드가 호출됩니다. [코드 12.3]에서 **AppComponent** 클래스의 일부 메서드를 보겠습니다.

코드 12.3 app.component.ts 두 번째 부분

```
get statusLine(): string {
  return (
    this.node.chainIsEmpty              ? '⬛ Initializing the blockchain...' :
```

```
      this.node.isMining                          ? '⏳ Mining a new block...' :
      this.node.noPendingTransactions ? '✉ Add one or more transactions.' :
                                         '✔ Ready to mine a new block.'
  );
}


get formattedTransactions() {
  return this.node.hasPendingTransactions
    ? formatTransactions(this.node.pendingTransactions)
    : 'No pending transactions yet.';
}




async generateBlock(): Promise<void> {     •········· 버튼을 위한 클릭 이벤트 핸들러
  // 네트워크 내 모든 노드에게 거래내역이 블록 체인에 추가되어야 함을 알립니다.
  // 모든 노드는 제공된 거래 내역에 가장 빨리 새 블록을 생성하려고 합니다.
  this.server.requestNewBlock(this.node.pendingTransactions);
  const miningProcessIsDone = this.node.mineBlockWith(this.node.pendingTransactions);

  const newBlock = await miningProcessIsDone;
  this.addBlock(newBlock);
};


private async addBlock(block: Block, notifyOthers = true): Promise<void> {   •········· 블록체인에 새 블록을 추가
  // addBlock() 메서드는 블록을 체인에 추가할 수 없는 경우 거부된 promise를 반환합니다.
  // 따라서 try / catch 구문으로 addBlock() 호출을 래핑합니다.
  try {
    await this.node.addBlock(block);
    if (notifyOthers) {    •········· 블록체인이 새 블록 추가를 수락하는 경우
      this.server.announceNewBlock(block);
    }
  } catch (error) {    •········· 블록체인이 새 블록 추가를 거부하는 경우
    console.log(error.message);
  }
}
```

await 키워드가 붙은 모든 함수는 비동기로 실행되지만 async - await 키워드를 사용하면 동기로
실행되는 것처럼 보여줍니다.

[코드 12.4]는 app.components.ts의 세 번째 부분으로 웹소켓을 통해 푸시된 서버 메시지를 처리하는 AppComponent 클래스 메서드가 있습니다. 이 메서드는 가장 긴 체인 요청과 새로운 블록 요청을 처리합니다. 이 기능은 제 10장에서 설명했습니다.

코드 12.4 app.component.ts 세 번째 부분

```
handleServerMessages(message: Message) {
  switch (message.type) {  ●┈┈┈┈ 웹소켓 서버 메시지를 다룹니다.
    case MessageTypes.GetLongestChainRequest: return this.handleGetLongestChainRequest(message);
    case MessageTypes.NewBlockRequest        : return this.handleNewBlockRequest(message);
    case MessageTypes.NewBlockAnnouncement  : return this.handleNewBlockAnnouncement(message);
    default: {
      console.log(`Received message of unknown type: "${message.type}"`);
    }
  }
}

private handleGetLongestChainRequest(message: Message): void {  ●┈┈┈┈ 가장 긴 체인 요청을 다룹니다.
  this.server.send({
```

```
      type: MessageTypes.GetLongestChainResponse,
      correlationId: message.correlationId,
      payload: this.node.chain
    });
  }

  private async handleNewBlockRequest(message: Message): Promise<void> {
    const transactions = message.payload as Transaction[];
    const newBlock = await this.node.mineBlockWith(transactions);
    this.addBlock(newBlock);
  }
                                                          신규 블록이 생성되었음을 알립니다.
  private async handleNewBlockAnnouncement(message: Message): Promise<void> {  •┄┄┄┄┄┘
    const newBlock = message.payload as Block;
    this.addBlock(newBlock, false);
  }
}
```

[코드 12.1] 내 **AppComponent** 템플릿 코드 부분을 다시 확인해보세요. 다음 절에서 자식 컴포넌트인 **<app-transaction-form>**을 살펴보겠습니다.

12.3 TransactionFormComponent 컴포넌트

AppComponent 템플릿은 TransactionFormComponent와 BlockComponent 두 자식 컴포넌트를 가집니다. [코드 12.5]와 같이 TransactionFormComponent 템플릿은 세 개의 입력 필드와 ADD TRANSACTION 버튼으로 구성되어 있습니다. 일반 HTML 태그 **<form>**에 **[formGroup]** = **"transactionForm"** 지시자를 추가해 앵귤러에서 제공하는 반응형 폼 API를 활성화했습니다.

코드 12.5 transaction-form.component.html

```
<h2>New transaction</h2>
<form class="add-transaction-form"
    [formGroup]="transactionForm"    •┄┄┄┄ 클래스 속성 transactionForm을 앵귤러 formGroup 지시자에 바인딩합니다.
    (ngSubmit)="enqueueTransaction()">    •┄┄┄┄ 폼 제출하기 버튼을 클릭하면 enqueueTransaction() 메서드가 호출됩니다.
  <input type="text"
    name="sender"
    autocomplete="off"
    placeholder="Sender"
```

```
        formControlName="sender">

<span class="hidden-xs">→</span>

<input type="text"
    name="recipient"
    autocomplete="off"
    placeholder="Recipient"                        폼 모델에 상응하는 프로퍼티 이름입니다.
    formControlName="recipient">

<input type="number"
    name="amount"
    autocomplete="off"
    placeholder="Amount"
    formControlName="amount">

<button type="submit"                                            프로퍼티 바인딩을 사용해 제출
    class="ripple"                                               버튼을 조건부로 비활성화합니다.
    [disabled]="transactionForm.invalid || node.isMining">ADD TRANSACTION</button>
</form>
```

제 11장의 11.7절에서 앵귤러 반응형 폼에 대해 간략히 설명했고, [코드 12.5]에서 실제 API 사용 방법을 살펴보았습니다. BlockComponent 클래스로 정의된 transactionForm 모델 객체를 formGroup 속성에 바인딩합니다. 폼 컨트롤은 각자 formControlName 속성을 갖고 있으며, 각 프로퍼티 이름은 transactionForm 객체 내 프로퍼티와 동일합니다. [코드 12.6]은 TransactionFormComponent 부분입니다.

코드 12.6 transaction-form.component.ts

```
import { Component } from '@angular/core';
import { FormBuilder, FormGroup, Validators } from '@angular/forms';
import { BlockchainNodeService } from '../shared/services';

@Component({
  selector: 'app-transaction-form',
  templateUrl: './transaction-form.component.html'
})
export class TransactionFormComponent {
  readonly transactionForm: FormGroup;
```

```
constructor(readonly node: BlockchainNodeService, fb: FormBuilder) {    ●┄┄┄ 서비스를 주입합니다.
  this.transactionForm = fb.group({    ●┄┄┄ 모델 객체 transactionForm를 선언합니다.
    sender   : ['', Validators.required],
    recipient: ['', Validators.required],          각 폼 컨트롤마다 유효성 검사(validator)가
    amount   : ['', Validators.required]           필요하며 초기값은 빈 문자열입니다.
  });
}

enqueueTransaction() {    ●┄┄┄ 새 거래내역이 배열에 추가될 때 호출됩니다.
  if (this.transactionForm.valid) {
    this.node.addTransaction(this.transactionForm.value);
    this.transactionForm.reset();
  }
 }
}
```

[코드 12.1]에서 AppComponent 컴포넌트의 템플릿 코드 부분을 보면, *ngFor 반복문으로 자식 컴포넌트 〈app-block〉을 렌더링합니다. 다음 절에서 이 부분을 살펴보겠습니다.

12.4 BlockComponent

BlockComponent는 하나의 블록을 렌더링합니다. [코드 12.7]에서 템플릿 코드는 〈div〉 및 〈span〉 태그를 사용하며, 중괄호와 함께 Block 프로퍼티 값을 표시합니다.

코드 12.7 block.component.html

```html
<div class="block">
 <div class="block__header">
  <span class="block__index">#{{ index }}</span>     ●
  <span class="block__timestamp">{{ block.timestamp | date:'mediumTime' }}</span>  ●
 </div>
 <div class="block__hashes">
  <div class="block__hash">
   <div class="block__label">← PREV HASH</div>                              템플릿에 Block
   <div class="block__hash-value">{{ block.previousHash }}</div>  ●          프로퍼티 값을 넣
  </div>                                                                     습니다.
  <div class="block__hash">
   <div class="block__label">THIS HASH</div>
   <div class="block__hash-value">{{ block.hash }}</div>  ●
```

```
      </div>
    </div>
    <div>
      <div class="block__label">TRANSACTIONS</div>
      <pre class="block__transactions">{{ formattedTransactions }}</pre>   ●······ 포맷된 거래내역 값을 넣습니다.
    </div>
  </div>
```

템플릿 코드에 date 파이프를 사용했습니다. [그림 12.4]에 볼 수 있듯이 block.timestamp | date : 'mediumTime'는 h:mm:ss a와 같은 형식으로 날짜를 렌더링합니다. 앵귤러 공식 문서 내 DatePipe 페이지angular.io/api/common/DatePipe에서 date 파이프에 대해 자세히 알 수 있습니다.

그림 12.4 렌더링 된 Block 컴포넌트

```
#1                               1:26:27 PM

← PREV HASH              THIS HASH
0000734b922d…    00005b1692f26…

TRANSACTIONS
John → Mary: $100
Alex → Nina: $400
```

[코드 12.8]의 클래스 BlockComponent는 부모 컴포넌트에서 받은 값을 표시합니다.

코드 12.8 block.component.ts

```
import { Component, Input } from '@angular/core';
import { Block, formatTransactions } from '../shared/services';

@Component({
  selector: 'app-block',
  templateUrl: './block.component.html'
})
export class BlockComponent {
  @Input() index: number;   ●······ input 프로퍼티는 부모 컴포넌트로부터 받은 index 값을 가집니다.
  @Input() block: Block;   ●······ input 프로퍼티는 부모 컴포넌트로부터 받은 Block 타입을 가집니다.

  get formattedTransactions(): string {
    return formatTransactions(this.block.transactions);
  }                                      blockchain-node.service.ts 내 함수를 사용해
}                                        거래내역을 포맷팅합니다.
```

[코드 12.1]를 다시 보겠습니다. 부모 컴포넌트 내 템플릿은 *ngFor 지시자를 사용해 블록체인의 모든 블록을 반복하고 각 BlockComponent 인스턴스에 데이터를 전달합니다.

app.component.html 부분

```
<app-block *ngFor="let blk of node.chain; let i = index"
       [block]="blk"
       [index]="i">
</app-block>
```

블록 객체^{blk}와 현재 인덱스ⁱ 인스턴스는 @Input() 프로퍼티가 바인딩된 BlockComponent로 전달됩니다. [그림 12.4]와 같이 block와 index 값을 표시됩니다.

모든 앵귤러 컴포넌트는 @Input() 데코레이터로 명시된 프로퍼티를 사용해 부모로부터 데이터를 받을 수 있습니다. BlockComponent는 두 가지 프로퍼티를 가지고 있습니다. [코드 12.9]는 혼란스러울 수 있으니, 블록 한 개를 표시하는 부모가 있다고 가정하겠습니다. [코드 12.10]은 부모 컴포넌트가 어떻게 BlockComponent에 데이터를 전달하는지를 보여줍니다.

자식 컴포넌트로 데이터를 전달하는 부모 컴포넌트

```
@Component({
   selector: 'app-parent',
   template: `Meet my child
   <app-block
       [block]="blk"          ●──── 자식 컴포넌트의 block 프로퍼티에 값을 바인딩 합니다.
       [index]="blockNumber">  ●──── 1자식 컴포넌트의 index 프로퍼티에 123 값을 바인딩 합니다.
   </app-block>
   `
})
export class ParentComponent {
   blk: Block = ●
     {
        hash: "00005b1692f26",
        nonce: 2634,
        previousHash: "0000734b922d",       부모 컴포넌트 ParentComponent 내 값을
        timestamp: 25342683;                초기화합니다.
        transactions: ["John to Mary $100",
           "Alex to Nina $400"];
     };
   blockNumber: 123; ●
}
```

12.5 서비스

제 10장에서 new 키워드를 사용해 WebsocketController 클래스를 인스턴스화 했습니다. 이번 장에서는 앵귤러로 클래스를 인스턴스화하고 서비스에 래딩됩니다. 서비스를 담당하는 코드는 shared/services 디렉터리에 있으며 [코드 12.11]은 웹소켓 서버와의 모든 통신을 담당하는 WebsocketService 코드 일부분입니다.

코드 12.11 websocket.service.ts 코드 일부분

```
interface PromiseExecutor<T> {    ●······· PromiseExecutor는 응답을 기다리는 클라이언트가 어떤 것인지 알고 있습니다.
  resolve: (value?: T | PromiseLike<T>) => void;
  reject: (reason?: any) => void;
}


@Injectable({
  providedIn: 'root'    ●······· 이 서비스는 모든 컴포넌트 및 다른 서비스에 사용할 수 있는 싱글톤 입니다.
})
export class WebsocketService {
  private websocket: Promise<WebSocket>;
  private readonly messagesAwaitingReply = new Map<UUID, PromiseExecutor<Message>>();
  private readonly _messageReceived = new Subject<Message>();    ●······· RxJS Subject의 인스턴스를 작성합니다.

  get messageReceived(): Observable<Message> {
    return this._messageReceived.asObservable();    ●······· Subject의 옵저버블 부분을 가져옵니다.
  }

  // In Chapter 10 WebsocketController was instantiated with `new` keyword manually.
  // In Angular all services instantiated for us by Injector automatically.
  constructor(private readonly crypto: CryptoService) {
    this.websocket = this.connect();    ●······· 웹소켓 서버에 연결합니다.
  }

  private get url(): string {
    const protocol = window.location.protocol === 'https:' ? 'wss' : 'ws';
    const hostname = environment.wsHostname;    ●······· 환경 변수에서 서버 URL을 가져옵니다.
    return `${protocol}://${hostname}`;
```

```
  }

  private connect(): Promise<WebSocket> {
    return new Promise((resolve, reject) => {
      const ws = new WebSocket(this.url);
      ws.addEventListener('open', () => resolve(ws));
      ws.addEventListener('error', err => reject(err));
      ws.addEventListener('message', this.onMessageReceived);
    });
  }
```

TIP 제 10장의 [코드 10.26]에서 PromiseExecutor 타입에 대해 설명했습니다.

WebsocketService 객체는 AppComponent에 주입되어[코드 12.2] 참고 서버에서 오는 메시지를 구독하고 처리하거나 가장 긴 체인을 요청하거나 새 블록을 전송하는 등 서버로 메시지를 보낼 수 있습니다. WebsocketService 서비스는 환경 변수 environment.wsHostname에서 웹소켓 서버의 URL을 가져옵니다. 환경변수는 environment 디렉터리 내 각 파일에 정의되어 있습니다. 클라이언트는 environment.ts 파일 내 환경 설정을 사용해 개발 모드[ng serve]를 시작합니다.

코드 12.12 environments/environment.ts

```
export const environment = {
  production: false,    •┄┄┄┄ 코드는 dev 모드에서 실행된다.
  wsHostname: 'localhost:3000'    •┄┄┄┄ 개발용 WebSocket 서버의 URL
};
```

calcTax( ) 함수 고치기

calcTax( ) 함수의 첫 번째 파라미터인 state는 NY와 NJ의 두 가지 경우만 처리합니다. 여기에 없는 주를 파라미터로 추가하면 undefined를 반환합니다. [코드 2.5]에서 타입스크립트 컴파일러는 결과값이 undefined가 될 수 있다는 경고 메시지를 표시하지 않습니다. 아래와 같이 타입스크립트 구문을 추가해 결과 값이 number 또는 undefined 타입으로 반환될 수 있음을 경고할 수 있습니다.

```
function calcTax(state: string, income: number, dependents: number) : number | undefined
```

RxJS 라이브러리는 다양한 데이터 스트림 처리 방법을 제공합니다. Observable 객체 인스턴스가 있는 경우, subscribe()를 호출해 데이터로 수행할 작업을 알고 있는 Observer 인스턴스를 사용할 수 있습니다. Observable이 새로운 데이터를 방출 할 때마다 Observer가 이를 처리합니다.

RxJS Subject는 Observable과 Observer를 캡슐화합니다. [그림 12.15]에서 볼 수 있듯이 한 개의 Subject 는 여러 개의 옵저버를 가질 수 있고 각각의 Subject는 한 개의 구독^{subscriber}을 가집니다.

RxJS Subject를 사용한 전송

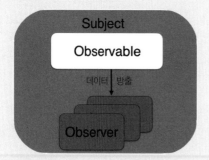

Subject를 사용해 모든 구독에게 데이터를 전송하기 위해, Subject의 next(someData) 메서드를 호출합니다. 데이터를 구독하려면, Subject에서 subscribe()를 호출합니다. 아래 코드는 Subject 메서드와 두 개의 구독을 가지고 있습니다. 마지막 줄 코드는 123을 방출하고, 각 구독은 이 값을 가지게 됩니다.

```
const mySubject = new Subject();  •──── Subject를 생성합니다.
...
const subscription1 = mySubject.subscribe(...);  •──── 첫 번째 구독을 생성합니다.
const subscription2 = mySubject.subscribe(...);  •──── 두 번째 구독을 생성합니다.
...
mySubject.next(123);  •──── 123을 모든 구독에게 전송합니다.
```

특정 subject를 구독만 할 수 있도록 ^{방출할수없음} 만들려면 [코드 12.11]의 getter 메시지에 표시된대로 asObservable() 메서드를 사용해 옵저버블이 가능한 부분을 지정합니다.

ng serve --prod로 클라이언트를 시작하거나 ng build --prod로 파일을 빌드하는 경우, environment.prod.ts 파일 내 wsHostname 값을 사용합니다.

shared/services 디렉터리는 아래 파일을 가집니다.

- blockchain−node.service.ts : 블록을 생성하는 코드를 가지고 있습니다. 제 10장에서 blockchain−node.ts 파일에서 이 기능을 구현했습니다. blockchain−node.ts에서 확인할 수 있습니다.

- crypto.service.ts 파일은 해시값을 계산하는 **sha256()** 메서드를 가집니다.

NOTE 향후 앵귤러로 개발하고 싶다면, nest.js (github.com/nestjs 참고) 서버 사이드 프레임워크도 배우길 바랍니다. Node.js에서 실행되며 구문이 앵귤러와 비슷하여 앵귤러 개발자라면 친숙할 것입니다. Nest.js는 타입스크립트를 지원합니다. CLI 도구와 함께 서버 측 타입스크립트에서 관계형 데이터베이스를 만들 수 있는 TypeORM 모듈도 제공합니다.

요약

- 개발 모드에서는 두 개의 서버에서 작동하는 앵귤러 앱을 실행합니다. 데이터를 전송하는 서버와 웹 앱이 돌아가는 서버입니다. 후자는 앵귤러 프레임워크로 만들어집니다.

- 모든 서버통신은 컴포넌트에 주입된 서비스를 통해 이루어집니다. 우리의 블록체인 클라이언트에서는 웹 클라이언트가 타입스크립트 클래스 **WebSocketService**를 사용해 웹소켓 서버와 통신합니다.

- RxJS 클래스 **Subject**는 데이터를 방출하는 능력이 있어 블록체인 앱에서 많은 블록체인 노드로 메시지를 전송하는데 이용합니다

제13장

타입스크립트 리액트 개발

이 장의 목표

- 리액트 기초
- 리액트 컴포넌트에서 props와 state를 사용
- 여러 리액트 컴포넌트 간 통신 방법

2013년 페이스북 엔지니어 조던 워크가 창안한 리액트^{React.js} 라이브러리는 지금까지 1500여명 이상 기여했으며, 깃허브 별 갯수는 16만 개가 넘는 성공적인 오픈 소스 라이브러리입니다. 2019년 실시된 스택오버플로우 개발자 조사에 따르면, 가장 유명한 자바스크립트 라이브러리로 제이쿼리 다음으로 리액트가 순위에 올랐습니다. 이번 장에서는 타입스크립트를 사용한 리액트 웹 앱 개발을 실습해보겠습니다. 리액트는 프레임워크가 아닌 브라우저 내 뷰^{MVC 디자인 패턴에서 V에 해당}를 렌더링하는 역할을 하는 라이브러리입니다.

리액트는 컴포넌트를 주로 다루며, 웹 애플리케이션 UI는 부모−자식 관계의 컴포넌트로 구성됩니다. 만약 앵귤러는 전체 웹 페이지의 루트 요소를 엘리먼트하거나, 다른 프레임워크 또는 순수한 자바스크립트로 다른 페이지를 만들더라도, 리액트는 더 작은 엘리먼트^{예: ⟨div⟩}를 다룰 수 있습니다.

자바스크립트 또는 타입스크립트로 리액트 앱을 개발할 수 있으며, 바벨과 웹팩^{제 6장 참고}로 배포할 수 있습니다. 먼저 리액트와 자바스크립트를 사용해 간단한 Hello World 앱을 만들어 보겠습니다. 13.2절부터 타입스크립트를 사용합니다.

13.1 리액트로 간단한 웹 페이지 생성

이번 절에서는 리액트와 자바스크립트로 간단한 웹 페이지를 만들어 보겠습니다. 각 페이지는 "Hello World"라는 문장을 렌더링합니다. 첫 번째 버전은 순수한 리액트만으로, 두 번째 버전은 바벨을 추가하겠습니다.

실제 리액트 애플리케이션은 의존성, 빌드 도구와 프로세스 등 여러 개발 환경 세팅 과정이 필요합니다. 이 과정을 생략하고 단순한 HTML 파일에 리액트 라이브러리를 CDN으로 로드하겠습니다. 첫 번째 버전은 [코드 13.1]에서 볼 수 있는 hello-world-simplest/index.html 파일입니다.

코드 13.1 `hello-world-simplest/index.html`

```
<!DOCTYPE html>
  <head>
    <meta charset="utf-8">                                               CDN으로 React 패키지를 로드합니다.
    <script crossorigin src="https://unpkg.com/react@16/umd/react.development.js"></script>  •----
    <script crossorigin src="https://unpkg.com/react-dom@16/umd/react-dom.development.js">
    </script>   •------- CDM으로 ReactDOM 패키지를 로드합니다.
  </head>
  <body>
    <div id="root"></div>  •------- <div> DOM에 'root' ID를 추가합니다.
    <script >
      const element = React.createElement('h1',   •------- createElement 함수를 사용해 <h1>를 생성합니다.
                        null,  •----- <h1>에 props를 전달하지 않습니다.
                        'Hello World');  •----- <h1>의 텍스트입니다.
      ReactDOM.render(element,
              document.getElementById('root')  •------- <div> 내부에 <h1>를 렌더링합니다.
      );
    </script>

  </body>
</html>
```

React.createElement() 메서드는 React API로 페이지 콘텐츠를 선언하고, ReactDOM.render() 메서드는 ReactDOM API로 브라우저 DOM을 렌더링 합니다. 두 패키지를 통해 페이지 내 <head> 섹션이 로드됩니다.

리액트에서 UI 엘리먼트들은 리액트 컴포넌트 트리(단일 루트 엘리먼트)로 표시되며, 리액트는 ID가 root 인 <div> 엘리먼트에 이를 렌더링합니다. 위 코드에서 React.createElement() 메서드로 컴포넌트를 만들고, React.render() 메서드로 ID가 root인 엘리먼트를 찾고 내부에 이를 렌더링했습니다.

> **TIP** Hello World 엘리먼트 부분에 오른쪽 버튼을 클릭해 크롬 개발자 도구를 열고, <div> 안에 <h1> 가 표시되는지 확인해보세요.

createElement() 메서드는 HTML 엘리먼트 이름, props^{엘리먼트로 전달되는 데이터로 변경할 수 없음}, content 세 가지 파라미터를 가집니다. 이 경우, props를 제공할 필요가 없기 때문에 **null**을 전달했습니다. 13.6 절에서 props에 대해 자세히 설명합니다. H1는 "Hello World"라고 표시되며 **createElement()** 메서드로 생성된 자식 엘리먼트^{예를 들면 ui}들를 가질 수 있습니다.

브라우저에서 index.html 파일을 열면, [그림 13.1]과 같이 Hello World라는 텍스트가 렌더링됩니다.

그림 13.1 hello-world-simplest/index.html 렌더링

웹 페이지 내 DOM 엘리먼트가 하나라면 **createElement()** 메서드를 사용해도 괜찮지만, 수 십 개의 엘리먼트가 있는 경우 적합하지 않습니다. 리액트는 자바스크립트 코드에 UI 마크업을 포함하는데, 자바스크립트 코드는 HTML 같이 보이지만, JSX 구문입니다. [코드 13.2]에서 **createElement()** 대신 JSX^{const myElement에 해당}를 사용한 경우 Hello World 페이지가 어떻게 표시되는지 살펴 보겠습니다.

코드 13.2 hello-world-simplest/index_jsx.html

```
<!DOCTYPE html>
  <head>
    <meta charset="utf-8">
    <script crossorigin src="https://unpkg.com/react@16/umd/react.development.js"></script>
    <script crossorigin src="https://unpkg.com/react-dom@16/umd/react-dom.development.js">
      </script>    •──── CDN으로 바벨을 추가합니다.

    <script src="https://unpkg.com/babel-standalone/babel.min.js"></script>
  </head>
  <body>
    <div id="root"></div>
    <script type="text/babel">    •──── text/babel 타입을 지정합니다.
      const myElement = <h1>Hello World</h1>;    •──── 변수에 JSX를 할당합니다.

      ReactDOM.render(    •──── <div>에 myElement 렌더링을 초기화합니다.
        myElement,
        document.getElementById('root')
      );
```

```
        console.log(myElement);  ●········ 자바스크립트 객채가 렌더링되었는지를 확인합니다.
      </script>

    </body>
</html>
```

코드는 다르지만 [그림 13.1]과 동일한 내용이 렌더링됩니다. 자바스크립트 코드에 `<h1>Hello World!</h1>` 문자열이 있지만, 실제로는 JSX입니다. 브라우저는 이 문자열을 파싱할 수 없기 때문에 JSX를 바닐라 자바스크립트 코드로 변환해주는 도구가 필요합니다. 바로 바벨이 그 역할을 하는 것이죠!

[코드 13.2] 내 `<head>` 부분에 바벨 라이브러리를 로드하는 `<script>` 태그가 추가되었습니다. 스크립트 타입 또한 **text/babel**로 변경해, 바벨에게 `<script>` 태그 내 콘텐츠를 자바스크립트 코드로 변환하도록 지시합니다.

[그림 13.2]는 브라우저 콘솔입니다. 바벨은 JSX 값을 `<div>`에 렌더링된 자바스크립트 객체로 변환하며, 콘솔에 객체 내용이 출력됩니다.

그림 13.2 ▶ 렌더링된 자바스크립트 객체

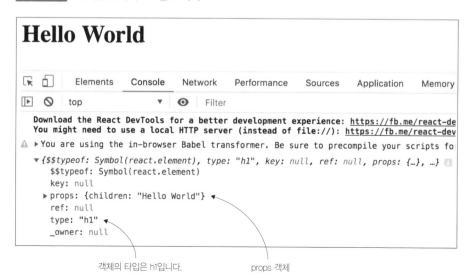

객체의 타입은 h1입니다.   props 객체

지금까지 리액트로 아주 기초적인 웹 페이지를 렌더링하는 방법을 살펴보았습니다. 이제 노드 기반 프로젝트로 넘어가 컴포넌트 기반 앱을 만들어 보겠습니다. 리액트 개발자들이 사용하는 도구도 알아봅시다.

13.2 create-react-app으로 프로젝트 생성하기

트랜스파일러와 번들러가 포함된 리액트 앱을 생성하려면 구성 파일을 추가하는 복잡한 과정이 필요합니다. create-react-app CLIwww.npmjs.com/package/create-react-app를 사용하면 이 과정을 자동화할 수 있습니다. 이 도구는 바벨 및 웹팩을 관리하는 모든 구성 파일을 생성하므로 도구 구성에 시간을 투자하는 대신 오롯이 앱 개발에만 집중할 수 있습니다. 아래 명령어로 **create-react-app** 패키지를 전역으로 설치합니다.

```
npm install create-react-app -g
```

이제 자바스크립트 또는 타입스크립트 버전의 앱을 생성할 수 있습니다. 아래 **create-react-app** 명령어 뒤에 앱 이름과 **--typescript** 옵션을 추가해 타입스크립트 앱을 생성해보겠습니다.

```
create-react-app hello-world --typescript
```

몇 분 후에, hello-world 디렉터리가 생성되고 프로젝트 의존성도 설치됩니다. 아래 목록은 리액트 관련 패키지 입니다.

- react : 유저 인터페이스를 생성하는 라이브러리
- react-dom : DOM 엘리먼트를 다루는 리액트 패키지
- react-scripts : create-react-app 에 사용하는 스크립트 및 구성으로 2.1 버전 이상에서 타입 스크립트를 지원합니다.

이외에도 CLI은 웹팩, 바벨, 타입스크립트, 타입정의 파일 등 의존성 파일이 설치합니다. 생성된 웹 앱을 실행하려면 hello-world 디렉터리에 들어가 **npm start**를 실행합니다. 이때 명령어는 **react-scripts start**를 실행합니다. 웹팩은 앱을 번들링하고 [그림 13.3]과 같이 webpack-dev-server은 localhost:3000에서 앱을 실행합니다.

그림 13.3 hello-world 앱을 실행

> ✅ **TIP** 번들링을 위해 웹팩은 node_modules/react-scripts/config 디렉터리 내 webpack.config.js 파일을 사용합니다.

create-react-app의 장점은 자동으로 코드를 다시 컴파일하고, 번들을 다시 빌드하고, UI를 다시 렌더링한다는 것입니다. Webpack Dev Server에서 제공하는 기능입니다. 앱 UI는 타입스크립트 메인 파일인 src/App.tsx 파일을 편집하도록 지시합니다. VS 코드에서 프로젝트 디렉터리를 열면 [그림 13.4]와 같이 보일 것입니다.

src 디렉터리 내 소스 코드가 있으며, public 디렉터리 내 어셋은 번들링되지 않습니다. public 디렉터리 내 파일은 배포하기 전에 전 처리할 필요가 없는 이미지 등에 적합합니다. 예를 들어, 수천 장 이미지를 이미지 경로를 동적으로 참조해야 하는 경우, public 디렉터리에 위치할 수 있습니다.

index.html 파일 내 `<div id="root"></div>` 엘리먼트는 생성된 리액트 앱이 컨테이너처럼 들어갑니다.

그림 13.4 생성된 파일 및 디렉터리

`<script>` 태그로 리액트 라이브러리를 로드하지 않습니다. 앱 번들 프로세스 중에 추가됩니다.

프로젝트 내 일부 파일 확장자는 .tsx입니다. 자바스크립트로 코드를 작성한다면 CLI는 확장자가 .jsx인 파일을 생성합니다.

JSX와 TSX

JSX 명세서facebook.github.io/jsx에는 "JSX는 정의된 시맨틱없이 ECMA스크립트를 위한 XML과 유사한 구문을 가진 확장판"이라고 정의합니다.

JSX는 JavaScript XML의 약자로, 자바스크립트 코드에 입력할 수 있는 XML 태그입니다. 이 태그들은 파싱된 후 브라우저가 렌더링할때 사용할 수 있는 일반 HTML 태그로 변환됩니다. 리액트에는 이런 JSX를 변환할 수 있는 파서가 포함되어있습니다. 제 6장에서 설명한 바벨의 REPLbable.io/repl을 사용해 간단한 JSX를 입력해보았습니다. 결과는 아래 스크린샷에서 확인할 수 있습니다.

왼쪽 패널에 react 프리셋을 선택한 후 에디터에 샘플 코드를 입력했습니다. 이 프리셋 설정은 각 JSX 태그를 React.createElement() 메서드 호출로 바꿈을 의미합니다. 샘플 코드는 드롭다운 UI로 세 개의 메뉴를 렌더링합니다. 오른쪽 에디터에서 JSX가 자바스크립트로 파싱된 결과를 볼 수 있습니다.

바벨에서 JSX를 파싱

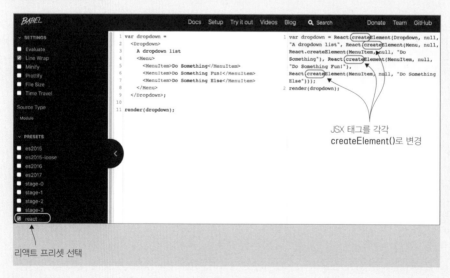

모든 리액트 앱은 한 개 이상의 컴포넌트, 즉 상위 컴포넌트인 루트 컴포넌트root component를 가지며, 생성된 앱는 **App** 루트 컴포넌트를 가집니다. **App** 함수 컴포넌트가 있는 파일의 확장자는 .tsx로, 타입스크립트 컴파일러에 JSX 구문이 포함되어 있음을 알려줍니다. 그러나 .tsx 확장자만 있으면 tsc가 이를 처리하지 못하므로 **jsx** 컴파일러 옵션을 추가하여 JSX를 활성화 해야 합니다. tsconfig.json 파일을 열면 아래 코드가 있습니다.

```
"jsx": "preserve"
```

jsx 옵션은 방출emit 단계에만 유효하며, 타입 검사는 영향을 받지 않습니다. **preserve** 옵션은 다른 프로세스예 : 바벨 등에서도 파싱이 필요하기 때문에 확장명을 .jsx로 변경하여 JSX 부분을 출력 파일에 복사하도록 tsc에 지시합니다. react 옵션으로 바꾸면 tsc는 스크린샷과 같이 JSX 태그를 **React.createElement()** 호출로 바꿉니다.

리액트 컴포넌트는 함수 또는 클래스로 선언합니다. [코드 13.3]은 함수 컴포넌트로 함수와 같이 컴포넌트를 정의합니다. 타입은 생략했습니다

코드 13.3 함수 컴포넌트

```
const MyComponent = (props) => {   •········ 컴포넌트에 전달할 props를 사용합니다.
  return (   •········ 컴포넌트 JSX를 반환합니다.
    <div>...</div>
  )
  // 코드 생략
}

export default MyComponent;
```

클래스 컴포넌트로 만들 경우 [코드 13.4]와 같이 **React.Component** 서브 클래스로 구현합니다.

코드 13.4 클래스 컴포넌트

```
class MyComponent extends React.Component {   •········ React.Component에서 상속 받는 컴포넌트입니다.
  render() {   •········ 리액트가 render() 메서드를 호출합니다.
    return (   •········ 렌더링 시 JSX를 반환합니다,
      <div>...</div>
    );
  }
```

```
    // 코드 생략
  }
  export default MyComponent;
```

함수 컴포넌트는 바로 JSX를 반환하고, 클래스 컴포넌트는 **render()** 메서드로 JSX를 반환합니다. 함수 컴포넌트는 클래스 컴포넌트보다 아래와 같은 장점이 있으므로 앞으로 함수 컴포넌트를 사용하도록 하겠습니다.

- 함수 컴포넌트는 상속이 필요하지 않기 때문에 코드 작성이 간단합니다.
- 함수형 컴포넌트는 바벨로 컴파일하면 더 적은 코드를 생성하며, 코드 압축과정에서도 사용하지 않은 코드를 더 잘 쉽게 찾고 변수명을 더 짧게 만들 수 있습니다. 클래스 컴포넌트는 공통 API로 분류되어 이름을 바꿀 수 없지만, 함수형 컴포넌트는 모든 변수를 함수의 로컬 변수로 판단하기 때문입니다.
- this 참조가 필요 없습니다.
- 클래스 컴포넌트보다 테스트가 용이합니다. 어서션^{assertion}에서 반환되는 JSX를 맵핑만 하면 됩니다.

> **NOTE** 리액트 16.8 버전 이하라면 클래스 컴포넌트를 사용해야 합니다. 해당 버전에서는 클래스 컴포넌트만 state와 라이프사이클 메서드를 지원합니다.

--typescript 옵션과 함께 create-react-app으로 새로운 앱을 생성했다면, App.tsx 파일은 [코드 13.5]에서처럼 함수 컴포넌트^{예: React.FC}를 가집니다.

코드 13.5 App.tsx 파일

```
import React from 'react';  •········ 리액트 라이브러리를 불러옵니다.
import logo from './logo.svg';
import './App.css';
const App: React.FC = () => {  •········ 함수 컴포넌트
  return (  •········ JSX 표현식으로 컴포넌트 템플릿을 반환합니다. (문자열이 아님)
    <div className="App">  •·····································
      <header className="App-header">
        <img src={logo} className="App-logo" alt="logo" />      JSX는 자바스크립트 키워드 class와의
        <p>                                                     충돌을 피하기 위해, CSS 셀렉터 클래스
            Edit <code>src/App.tsx</code> and save to reload.   대신 className을 사용합니다.
        </p>
```

```
            <a
              className="App-link"
              href="https://reactjs.org"
              target="_blank"
              rel="noopener noreferrer"
            >
              Learn React
            </a>
          </header>
        </div>
      );
    }
    export default App;   •········· 컴포넌트 선언을 내보내기 하여 다른 모듈에 재사용할 수 있습니다.
```

> **NOTE** 현재 사용 중인 create-react-app 버전은 3.0입니다. 이전 버전을 사용하면 클래스 컴포넌트 App을 생성합니다.

생성된 App 함수는 마크업템플릿으로 [그림 13.3]에서 본 컴포넌트 UI를 렌더링합니다. 빌드 고정동안, 바벨은 가상 DOM^{13.5 절에서 설명} 및 브라우저 DOM을 업데이트하는 <div> 컨테이너를 사용해 순수한 자바스크립트 객체인 JSX.element로 변환합니다. App 컴포넌트에는 상태가 없습니다. 다음 절에서 컴포넌트 상태 관리에 대해 알아보겠습니다.

13.3 컴포넌트 상태 관리

컴포넌트 상태는 컴포넌트가 렌더링해야하는 데이터를 가진 데이터 저장소와 같은 개념입니다. 컴포넌트 state 내 데이터는 컴포넌트가 다시 렌더링되어도 유지됩니다. 예를 들어 유저가 버튼을 클릭하거나 텍스트를 입력하여 컴포넌트 상태가 변경되면, 리액트는 컴포넌트 UI를 업데이트 합니다. 검색 컴포넌트라면, 검색어와 최근 검색 결과를 저장할 것입니다.

> **NOTE** 컴포넌트 상태란 독립적인 각 컴포넌트 상태를 의미하지만, 애플리케이션 상태는 여러 컴포넌트, 함수, 클래스로부터 받는 앱 데이터를 저장합니다.

그렇다면 어떻게 컴포넌트 상태를 정의하고 업데이트를 할수 있을까요? 가장 처음에 컴포넌트를 어디에 생성했는지에 따라 좌우됩니다. 클래스 컴포넌트와 함수 컴포넌트는 상태를 다루는 방법이 다르다는 것을 아마 눈치챘을 것입니다. 먼저 클래스 컴포넌트의 상태관리에 대해 알아보고, 이후에 함수 컴포넌트로 넘어가겠습니다.

13.3.1 클래스 컴포넌트의 상태 관리

클래스 컴포넌트에서 상태를 나타내는 타입을 정의하고, 타입 객체를 생성 및 초기화한 후, this.setState() 메서드를 호출해 상태를 업데이트 합니다.

유저 이름과 이미지를 보여주는 클래스 컴포넌트를 만들어보겠습니다. 이미지는 Lorem Picsum이라는 서비스에서 무작위로 고정된 크기의 이미지를 가져옵니다. 예를 들어, picsum.photos/600/150이란 URL은 가로 600px 세로 150px 픽셀의 이미지를 보여줄 것입니다. [코드 13.6]의 클래스 컴포넌트는 두 가지 상태 객체를 가집니다.

코드 13.6 상태를 가진 app 컴포넌트

```
export interface State {  •········ 컴포넌트의 타입을 정의합니다.
  userName: string;
  imageUrl: string;
}

export default class App extends Component {

  state: State = {userName: 'John',  •········ State 객체를 초기화 합니다.
  imageUrl: 'https://picsum.photos/600/150'};

  styles = {margin: 40};

  handleClick = () => {
   this.setState({userName: "Mary"});
  }
  render() {
   return (
    <div style ={this.styles}>
      <h1>{this.state.userName}</h1>  •········ userName을 렌더링합니다.
      <button onClick={this.handleClick}>CHANGE TO MARY</button><br/>
      <img src={this.state.imageUrl}/>  •········ imageUrl를 렌더링합니다.
    </div>
   );
```

```
  }
 }
```

render() 메서드를 보면, John이란 이름과 이미지를 렌더링함을 알 수 있을 것입니다. {this.state. userName}과 같이 중괄호 안에 상태 프로퍼티 값을 추가했습니다.

클래스 컴포넌트는 state 프로퍼티와 setState() 메서드를 가진 Component 컴포넌트에서 상속받습니다 setState() 메서드로 아래와 같이 state 프로퍼티 값을 변경합니다.

```
this.setState({userName: "Mary"});
```

setState()는 state를 변경한 뒤 리액트에 UI 업데이트가 필요하다고 알려 업데이트를 발생하도록 합니다. this.state.userName = 'Mary' 같은 방식으로 직접 state를 변경할 경우 리액트는 UI 업데이트를 실행하는 render()를 따로 호출하지 않습니다. 앞서 말했듯 state 프로퍼티는 Component에서 선언됩니다.

13.2절에서는 함수 컴포넌트의 장점에 대해 설명했습니다. 앞으로는 클래스 컴포넌트를 사용하지 않고, 리액트 16.8에서 도입된 hooks와 더불어 함수 컴포넌트를 사용하겠습니다.

13.3.2 함수 컴포넌트 내 상태 관리를 위한 Hooks 사용

일반적으로 훅을 사용하면 클래스를 작성하거나 래퍼를 만들거나 상속을 사용할 필요없이 함수 컴포넌트에 동작을 추가할 수 있습니다. 함수 컴포넌트에 "함수를 유지하면서 기능을 추가하고 싶습니다"라고 말하는 것과 같습니다.

훅은 use라는 단어로 시작합니다. 바벨은 use를 감지해 일반 함수와 훅을 구별합니다. 예를 들어, useState()는 컴포넌트의 상태를 관리하며, useEffect()는 부가 동작(예: 예를 들어 서버에서 데이터를 가져오는 경우)을 추가하는데 사용됩니다. 이번 절에서는 useState()에 대해 자세히 알아보겠습니다. 이전 절의 코드와 동일하게 유저 이름과 이미지 URL를 표시하는 컴포넌트이지만 함수 컴포넌트로 만들어보겠습니다.

useState() 훅은 기본값 또는 복잡한 객체를 생성하고 함수 컴포넌트 호출 사이에 이를 보존할 수 있습니다. 아래 코드는 useState()를 사용해 유저 이름과 상태를 정의합니다.

```
const [userName, setUserName] = useState('John');
```

useState() 함수는 현재 상태 값과 업데이트할 함수를 반환합니다. ECMA스크립트 6에 도입된 구조 해체 구문이 기억나나요? 그렇지 않다면 부록 A 내 A.8.2절을 읽어보세요. 위 코드는 useState() 훅의 초기값은 John이며 배열을 반환합니다. 구조 해체 구문을 사용해 userName과 setUserName 두 변수를 지정했습니다. 아래와 같이 userName값을 John에서 Mary로 업데이트해 UI를 변경할 수 있습니다.

```
setUserName('Mary');
```

> **✅ TIP** 사용 중인 IDE에 useState() 위에 CMD+클릭 또는 Ctrl+클릭하여 함수 타입 정의를 확인하면 "returns a stateful value and a function to update it. (상태 값과 상태를 업데이트를 하는 함수를 반환합니다)"라는 메시지를 볼 수 있습니다. useState() 함수는 리액트 내부에 컴포넌트 상태를 저장하기 때문에 순수 함수가 아닙니다. 사이드 이펙트를 가진 함수입니다.

[코드 13.7]의 함수 컴포넌트는 userName과 imageUrl 상태를 가지며 JSX를 사용해 값을 표시합니다.

코드 13.7 상태 저장을 위해 원시타입을 사용하는 함수 컴포넌트

```
import React, { useState } from 'react';  •······· useState 훅을 가져옵니다.
const App: React.FC = () => {
  const [userName, setUserName] = useState('John');  •······· userName state를 정의합니다.
  const [imageUrl, setImageUrl] = useState('https://picsum.photos/600/150');  •·······┐
  return (                                                      imageUrl state를 정의합니다.
    <div>
      <h1>{userName}</h1>  •······· userName 값을 렌더링합니다.
      <img src={imageUrl} alt="" />  •······· imageUrl 값을 렌더링 합니다.
    </div>
  );
}

export default App;
```

[코드 13.7]의 두 상태 값을 userName과 imageUrl 프로퍼티를 가진 객체로 선언해보겠습니다. [코드 13.8]은 State 인터페이스를 선언하며 State 객체 타입을 가진 useState() 훅을 사용합니다.

```
import React, { useState } from 'react';
interface State {  •———— 컴포넌트 상태 타입을 정의합니다.
  userName: string;
  imageUrl: string;
}

const App: React.FC = () => {
  const [state, setState] = useState<State>({  •———— 상태 객체를 정의 및 초기화합니다.
    userName: 'John',
    imageUrl: 'https://picsum.photos/600/150'
  });
  return (
    <div>
      <h1>{state.userName}</h1>  •———— userName 상태 프로퍼티 값을 렌더링합니다.
      <img src={state.imageUrl} alt="" />  •———— imageUrl 상태 프로퍼티 값을 렌더링 합니다.
    </div>
  );
}
export default App;
```

useState()는 제네릭 함수로 호출 시, State 타입을 전달합니다.

실습 프로젝트 코드는 hello-world 디렉터리에 있습니다. npm start 명령어를 실행하고 브라우저에서 [그림 13.5]와 같이 보이는지 확인해보세요.

그림 13.5 ▶ 유저 이름과 이미지를 렌더링

유저 이름과 이미지가 왼쪽 가장자리에 치우쳐 보기가 좋지 않습니다. CSS로 스타일을 변경해보겠습니다. [코드 13.5]는 app.css 파일에 정의된 클래스를 컴포넌트의 className 속성에 적용했습니다. 자바스크립트 class 키워드와의 충돌을 피하기 위해 class를 사용하지 않고 className을 사용합니다. [코드 13.9]는 스타일이 있는 자바스크립트 객체를 선언하고 JSX에서 사용하여 여백margin을 추가합니다. myStyles 변수를 추가했습니다.

코드 13.9 ▶ 스타일 추가

```
const App: React.FC = () => {
  const [state, setState] = useState<State>({
    userName: 'John',
    imageUrl: 'https://picsum.photos/600/150'
  });
  const myStyles = { margin: 40 };  ●······· 스타일 선언
  return (
    <div style={myStyles}>  ●······· 스타일 적용
      <h1>{state.userName}</h1>
      <img src={state.imageUrl} alt="" />
    </div>
  );
```

style 프로퍼티는 CSS 속성 유효성을 위해 타입을 적용했습니다. 일반적인 HTML이 아닌 JSX를 사용하면, HTML과 CSS를 타입 정의 파일을 통해 타입을 적용할 수 있다는 장점이 있습니다.

이제 [그림 13.6]과 같이 margin에 40px값이 적용되었음을 볼 수 있을 것입니다.

그림 13.6 ▶ 여백 적용

첫 번째 리액트 앱이 완성되었습니다! 함수 컴포넌트 내 상태 값을 객체로 만들고 JSX로 렌더링했습니다. 다음 절에서는 좀더 많은 기능을 추가한 리액트 앱을 만들어 보겠습니다.

13.4 날씨 정보 애플리케이션 개발

이번 절에서는 특정 도시의 날씨 정보를 보여주는 애플리케이션을 개발해보겠습니다.

1. App 컴포넌트에 도시 이름을 입력할 수 있는 HTML 폼을 만듭니다.
2. 날씨 서버에서 실제 날씨 정보를 가져올 코드를 추가합니다.
3. App 컴포넌트의 자식 컴포넌트인 WeatherInfo 컴포넌트를 생성합니다. App 컴포넌트에서 날씨 데이터를 받은 후 WeatherInfo 컴포넌트로 전달해 날씨를 표시합니다.

전 세계 각국 도시의 날씨 정보 API를 제공하는 openweathermap.org 에서 실제 날씨 데이터를 가져오겠습니다. 반환되는 데이터는 JSON 형식입니다. 예를 들어, 현재 런던의 섭씨 기온을 가져오려면 요청하는 URL은 https://api.openweathermap.org/data/2.5/find?q=London&units=metric&appid=12345 과 같습니다.

서비스 크리에이터는 애플리케이션 ID를 필요로 합니다. 따라서 URL 내 12345를 APPID로 바꿉니다.

이 절의 프로젝트 소스 코드는 weather 디렉터리에 있습니다. 샘플 코드에는 처음에 다음 명령으로 생성된 weather 디렉터리에 날씨 앱이 포함되어 있습니다. 아래 명령어로 보일러플레이트 코드를 생성했습니다.

```
create-react-app weather --typescript
```

그런 다음 app.tsx 내 간단한 HTML 폼을 만들어 유저가 도시 이름을 입력하도록 만들고 해당 도시의 날씨 가져 오기 버튼을 만들었습니다. 입력된 도시는 컴포넌트 상태이며, 유저가 입력한 도시 이름을 입력하면 상태를 업데이트 합니다.

13.4.1 App 컴포넌트에 상태 훅 추가하기

앞서 만든 App 컴포넌트는 아래와 같이 useState() 훅을 사용해 상태를 정의했습니다.

```
const [city, setCity] = useState('');
```

이제 setCity() 함수를 사용해 city 변수를 업데이트를 할 수 있습니다. useState()로 변수 city를 빈 문자열로 초기화 했습니다. 따라서 타입스크립트는 변수 타입을 문자열로 추론합니다. [코드 13.10]

의 App 컴포넌트는 상태가 선언되어 있으며, JSX 내부에 폼 양식을 가집니다. 이벤트 핸들러인 handleChange()는 유저가 입력 필드에 문자를 입력하거나, 값이 업데이트될 때마다 호출됩니다.

```
코드 13.10  날씨 앱 - App.tsx

import React, { useState, ChangeEvent } from 'react';
const App: React.FC = () => {
    const [city, setCity] = useState('');   •――― 상태 city 를 선언
    const handleChange = (event: ChangeEvent<HTMLInputElement>) => {   •― 입력 필드 이벤트를 다루는 함수를 선언
        setCity(event.target.value);   •―― setCity()를 호출해 상태 값을 업데이트
    }
    return (
      <div>
        <form>
          <input type="text" placeholder="Enter city"
            onChange={handleChange} />   •――― onChange에 핸들러 할당
          <button type="submit">Get weather</button>
          <h2>City: {city}</h2>   •――― 현재 상태 값을 표시
        </form>
      </div>
    );
}
export default App;
```

입력 필드인 input에 이벤트 핸들러 onChange = {handleChange}를 정의했습니다. 여기서 바로 handleClick()을 호출하지 않고, 함수 이름을 전달했습니다. 리액트의 onChange 이벤트는 onInput 과 같이 동작하며 입력 필드의 내용이 변경되는 즉시 실행됩니다. 유저가 입력 필드 값을 변경할 때 마다 handleChange() 함수가 호출되며 컴포넌트 상태가 업데이트 되고 UI가 업데이트 됩니다.

> **TIP** 어떤 JSX 엘리먼트에 어떤 종류의 리액트 이벤트를 사용할 수 있는지 설명하는 문서는 존재하지 않습니다. 이 벤트 핸들러 함수에 event: any를 인자로 사용하지 않기 위해선 node_modules/@types/react 디렉터리의 index. d.ts 파일을 열어 "Event Handler Types"을 검색합니다. 이렇게 하면 onChange 이벤트에 맞는 타입은 제네릭 Chan-geEvent<T>임을 알 수 있습니다.

상태 업데이트를 이해하기 위해 상태의 현재 값을 표현하는 코드, <h2>Entered city: {city}</h2> 를 작성했습니다. 도시의 현재값을 재렌더링해 <h2>의 코드 속의 값이 바로 바뀌도록 만들기 위 해 제이쿼리 같은 코드를 작성할 필요가 없었다는 사실을 기억해 두시길 바랍니다. setCity(event.

target.value)의 호출은 리액트가 DOM에서 해당하는 노드를 업데이트하도록 만듭니다.

함수형 컴포넌트의 상태를 업데이트하려면 useState() 훅에서 반환하는 setXXX() 함수를 사용합니다. setXXX()를 호출해 리액트에 UI업데이트가 필요함을 알립니다. 상태를 직접 값을 대입해버리는 경우예 : city = "London" 리액트는 UI를 업데이트하지 않습니다. 리액트는 가상 DOM과 브라우저의 DOM을 조정하기 전에 일괄적으로 UI를 업데이트할 수 있습니다. [그림 13.7]은 사용자가 입력 필드에 Londo를 입력 한 후 찍은 스크린샷입니다.

그림 13.7 사용자가 Londo를 입력한 화면

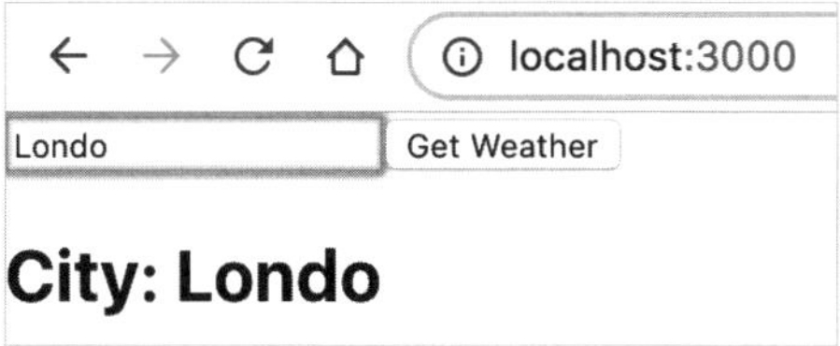

TIP 리액트가 DOM에서 <h2> 노드만 업데이트하는지 확인하려면 크롬 개발자 도구를 실행한 다음 Elements 탭에 열고 앱을 실행합니다. (npm start 사용). <h2>의 내용이 보이도록 DOM 트리를 확장하고 입력 필드에 입력을 시작합니다. 브라우저는 <h2>의 내용만 변경하고 다른 모든 엘리먼트는 그대로 유지합니다.

리덕스와 app 상태 관리

함수형 컴포넌트에서 useState() 훅혹은 클래스 기반 컴포넌트에서의 setState() 메서드은 컴포넌트의 내부 데이터를 저장하고 UI와 데이터를 동기화 하는데 사용합니다. 하지만 앱 전체 안에서 다양한 컴포넌트가 데이터나 현재 UI의 상태에: 사용자가 Y컴포넌트의 X를 선택를 저장하고 유지해야할 때도 있습니다. 리액트 앱에서 가장 유명한 상태 관리 자바스크립트 라이브러리는 리덕스Redux입니다.다른 유명한 라이브러리로는 MobX도 있습니다. 리덕스는 다음과 같은 세 가지 원칙을 따릅니다.

- 진실성을 유지하는 단일 저장소 – 앱의 상태를 저장하는 데이터 저장소를 하나만 갖습니다.
- 상태는 읽기 전용으로만 사용 – 액션이 실행되면 현재 상태를 복제하고 복제된 객체를 액션에 따라 업데이트하는 리듀서가 필요합니다.
- 상태 변경은 순수 함수로 작성한다 – 리듀서 함수는 액션과 현재 상태 객체를 받아 새 상태를 반환합니다.

리덕스의 데이터 흐름은 일방향적입니다.

1. app 컴포넌트는 저장소에서 액션을 전달한다.

2. (순수함수인) 리듀서는 현재 상태 객체를 받아 복제해 업데이트하고 반환한다.

3. app 컴포넌트는 저장소를 구독하고 새로운 상태 객체를 받아 UI를 그에 맞춰 업데이트한다.

리덕스의 일방향적 데이터 흐름

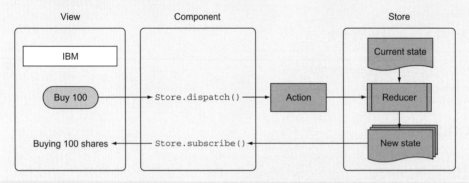

사용자가 버튼을 클릭해 IBM 주식 100주를 산다고 해봅시다. 클릭 핸들러 함수는 **dispatch()** 메서드를 호출합니다. **dispatch()**는 앱에 사용자가 IBM 주식을 사려한다고 알려주는 자바스크립트 객체인 액션을 내보냅니다. 타입 속성 외에도 액션 객체는 앱 상태에 저장할 다른 데이터를 속성으로 가질 수 있습니다.

```
{
  type: 'BUY_STOCK',  •········ 액션의 형식
  stock: {symbol: 'IBM', quantity: 100}  •········ 액션의 페이로드
}
```

이 객체는 액션을 설명하고 페이로드를 제공하지만 상태가 어떻게 변할지 알지 못합니다. 이는 리듀서의 역할입니다. 앱의 상태가 어떻게 바뀔지 알려주는 이 순수함수는 현재 상태는 전혀 바꾸지 않고 새로운 버전의 상태를 만들어 새 참조를 반환합니다. 위 그림에서 볼 수 있듯이 컴포넌트는 상태 변화를 지켜보다가 그에 맞춰 UI를 업데이트합니다.

리듀서 함수는 외부 서비스 작업이 필요한 로직을 구현하지 않습니다. 리듀서는 그저 앱의 상태를 액션을 기반으로 업데이트해 반환할 뿐입니다. 페이로드가 있다면 이도 함께 반환합니다. 앱 로직을 구현하려면 리듀서 밖의 환경과 상호작용이 필요한데 이는 부작용을 일으킵니다. 자세한 내용은 리덕스 공식 문서 github.com/reduxjs/redux/tree/master/docs를 참고하세요

컴포넌트의 상태를 변경하는건 컴포넌트의 내부 함수입니다. 하지만 컴포넌트가 외부 데이터를 이용해야 할 때도 있습니다. 바로 이때 useEffect() 훅이 사용됩니다.

13.4.2 useEffect를 이용한 날씨 정보 받아오기

지금까지 **App** 컴포넌트의 상태에 도시·이름을 저장하는 법을 배웠습니다. 다만 우리의 목표는 외부 서버에서 해당 도시의 날씨 정보 데이터를 받아오는 것입니다. 함수형 프로그래밍의 용어를 사용하자면 부작용이 존재하는 함수를 작성해야합니다. 순수 함수와는 다르게 부작용이 존재하는 함수는 외부 데이터를 사용하고 같은 인자를 넣더라도 실행할 때마다 함수의 결과가 달라질 수 있습니다.

리액트의 함수형 컴포넌트에서 **useEffect()** 훅을 사용해 부작용이 있는 기능을 만들어볼 겁니다. 기본적으로 리액트는 DOM 렌더링 이후 **useEffect()**로 콜백 함수를 전달합니다. 먼저 [코드 13.10]의 코드에 아래 함수를 추가하겠습니다.

```
useEffect(() => console.log("useEffect() was invoked"));
```

브라우저 콘솔을 열고 앱을 실행하면 입력창에 글자를 쓰고 UI가 변경될 때마다 콘솔에는 "useEffect() was invoked^{useEffect() 실행됨}"이란 메시지가 출력될 겁니다. 모든 리액트 컴포넌트는 라이프사이클 이벤트를 따르므로 컴포넌트가 DOM에 추가되거나 재렌더링된 이후에 코드를 실행하고 싶다면 **useEffect()** 훅을 사용하는게 좋습니다. 만약 첫 렌더링 이후 **useEffect()**가 단 한 번만 실행되길 바란다면 두번째 인자로 빈 배열을 넘기면 됩니다.

```
useEffect(() => console.log("useEffect() was invoked"), []);
```

앞선 코드는 렌더링이 끝난 이후 딱 한 번 실행됩니다. 초기 데이터를 로드하기에 좋습니다. 여러분이 런던에 살고 있어 앱을 처음 실행하자마자 런던 날씨를 볼 수 있도록 초기 도시 상태를 "London"으로 설정해 보겠습니다.

```
const [city, setCity] = useState('London');
```

이제 특정 도시의 데이터를 받아오도록 함수를 작성해야합니다. 먼저 URL의 고정 부분을 작성합니다. **12345** 부분은 여러분의 APPID로 작성하세요.

```
const baseUrl = 'https://api.openweathermap.org/data/2.5/weather?q=';
const suffix = "&units=imperial&appid=12345";
```

고정 부분 사이로 도시 이름을 작성합니다. 그렇게 완성되는 전체 URL은 아래와 같은 구조를 갖습니다.

```
baseUrl + 'London' + suffix
```

AJAX 요청을 하기 위해 브라우저의 Fetch API^{참조 : 모질라 공식 문서 mzl.la/3066zqJ}를 사용하겠습니다. fetch() 함수는 프로미스를 반환합니다. 여기서 async와 await 키워드를 사용해 getWeather() 메서드를 만들겠습니다. async와 await 키워드는 부록 A.10.4 참고하세요.

코드 13.11 getWeather()

```
const getWeather = async (city: string) => {    •⸺⸺ 날씨 서버에 async 호출
  const response = await fetch(baseUrl + city + suffix);
  const jsonWeather = await response.json();    •⸺⸺ 리스폰스를 JSON 형태로 변환
  console.log(jsonWeather);    •⸺⸺ 콘솔에 JSON 출력
}
```

 NOTE async와 await를 사용해 비동기 코드를 작성합니다. 이 대신 .then()을 사용할 수 있습니다.

표준 브라우저의 fetch() 메서드를 사용하면 데이터 획득 과정은 두 단계입니다. 먼저 리스폰스를 받고 json() 함수를 호출해 리스폰스 객체에서 실제 데이터를 받습니다.

TIP 자바스크립트 개발자들은 서드파티 라이브러리를 이용해 HTTP 요청을 사용하기도 합니다. 가장 유명한 프로미스 기반 라이브러리는 Axios(www.npmjs.com/package/axios)입니다.

이제 이 함수를 useEffect()에 사용할 수 있습니다.

```
useEffect( () => getWeather(city), []);
```

useEffect()를 사용해 특정 상태 변수가 변경될 때만 함수를 실행하도록 하고 싶다면 해당 상태 변수에 훅을 연결할 수도 있습니다. 예를 들어 도시가 바뀔때만 useEffect()가 실행되어야 한다고 합시다.

```
useEffect(() => console.log("useEffect() was invoked"), ["city"]);
```

아래 코드는 지금까지 내용을 적용한 코드입니다.

코드 13.12 useEffect()를 이용한 런던 날씨 받아오기

```
import React, { useState, useEffect, ChangeEvent } from 'react';
const baseUrl = 'https://api.openweathermap.org/data/2.5/weather?q=';
const suffix = "&units=imperial&appid=12345";
const App: React.FC = () => {
   const [city, setCity] = useState('London');
   const getWeather = async (city: string) => {   •⸺ 특정한 도시의 날씨를 비동기적으로 받아옵니다.
      const response = await fetch(baseUrl + city + suffix);
      const jsonWeather = await response.json();
      console.log(jsonWeather);
   }
   useEffect({ () => getWeather(city) }, []);   •⸺ 빈 배열은 훅을 한번만 호출한다는 의미입니다.
const handleChange = (event: ChangeEvent<HTMLInputElement>) => {
   setCity(event.target.value);   •⸺ 상태를 업데이트 합니다.
}
return (
   <div>
      <form>
         <input type="text" placeholder="Enter city"
            onInput={handleChange} />
         <button type="submit">Get Weather</button>
         <h2>City: {city}</h2>
      </form>
   </div>
);
}
export default App;
```

useEffect()의 두번째 인자는 빈 배열로 **getWeather()**는 **App** 컴포넌트가 처음으로 렌더링될때 단 한번만 실행됩니다.

브라우저 콘솔을 열고 이 앱을 실행하면 아래 그림과 같이 전달받은 런던 날씨 정보의 JSON을 출력합니다.

그림 13.8 콘솔에 출력되는 런던 날씨

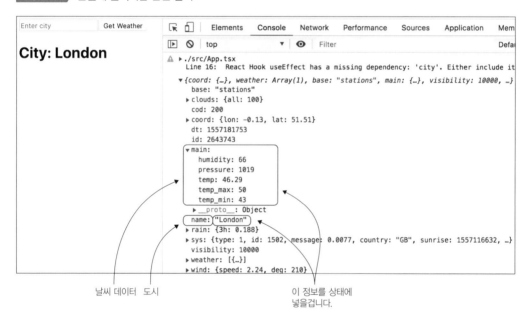

기본 도시에 관한 초기 데이터 획득은 완료되었습니다. 전달받은 데이터를 컴포넌트의 상태에 저장하는 것도 좋은 아이디어 같습니다. 이제 새로운 타입인 **Weather**를 작성해 이름과 주요 속성들을 저장해봅시다.

코드 13.13 weather.ts

```
export interface Weather {
  city: string;    // 그림 13.8의 name이 들어갈 자리
```

```
  humidity: number;
  pressure: number;
  temp: number;                  그림 13.8의 main 프로퍼티의
                                 값들이 들어갈 자리
  temp_max: number;
  temp_min: number;
}
```

App 컴포넌트에서 **weather**라는 상태 변수를 추가해 함수가 업데이트하도록 만들겠습니다.

```
const [weather, setWeather] = useState<Weather | null>(null);
```

useState() 혹은 타입 안정성을 위해 제네릭을 사용해야한다는 사실을 기억해둡시다.

이제 **getWeather()** 함수를 업데이트해 전달받은 날씨와 도시 이름을 컴포넌트의 상태에 저장하겠습니다.

코드 13.14 getWeather()

```
async function getWeather(location: string) {
  const response = await fetch(baseUrl + location + suffix);
  if (response.status === 200) {
    const jsonWeather = await response.json();
    const cityTemp: Weather = jsonWeather.main;  •········ main 프로퍼티의 내용을 저장합니다.
    cityTemp.city = jsonWeather.name;  •········ 도시 이름을 저장합니다.
    setWeather(cityTemp);  •········ 컴포넌트의 상태에 날씨를 저장합니다.
  } else {
    setWeather(null);  •········ 날씨 호출이 실패한 경우
  }
}
```

이 코드는 **jsonWeather.main** 객체를 받고 **jsonWeather.name**에서 이름을 받아와 **weather** 상태 변수에 저장합니다.

getWeather() 함수는 useEffect() 혹에 의해 실행되어 초기에 런던 날씨를 받아왔습니다. 다음은 사용자가 다른 도시를 입력하고 Get Weather버튼을 클릭했을때 **getWeather()**가 실행되도록 만들겠습니다. [코드 13.12]에서 보았듯이 버튼은 폼의 일부로 **<form>** 태그에 이벤트 핸들러를 추가하겠습니다. **handleSubmit()** 함수와 초기 JSX는 아래와 같습니다.

```
const handleSubmit = (event: FormEvent) => {    •──── Submit 버튼을 누르면 FormEvent가 호출됨
  event.preventDefault();    •──── 폼의 Submit 버튼의 기본 동작을 차단.
  getWeather(city);    •──── 입력한 도시에 대한 getWeather() 호출
};
return (
  <div>
    <form onSubmit={handleSubmit}>    •──── 폼에 이벤트핸들러 연결
      <input type="text" placeholder="Enter city" onInput={handleChange} />
      <button type="submit">Get Weather</button>
      <h2>City: {city}</h2>
      {weather && <h2>Temperature: {weather.temp}F</h2>}    •──── 전달받은 기온 출력
    </form>
  </div>
);
```

리액트에서 이벤트 핸들러는 브라우저의 기본 이벤트의 발전된 버전인 SyntheticEvent 인스턴스를 받습니다. 리액트 공식 문서 내 이벤트^{reactjs.org/docs/events.html}에서 자세한 내용을 확인하세요. SyntheticEvent는 브라우저의 **preventDefault()**를 비롯한 네이티브 이벤트와 같은 인터페이스를 가지고 있지만 브라우저마다 다르게 작동되는 네이티브 이벤트와는 다르게 모든 브라우저에서 똑같이 작동합니다.

getWeather(city)의 파라미터 값을 제공하기 위해 UI에서 **<input>**에 대한 레퍼런스를 찾을 필요가 없습니다. 컴포넌트의 **city** 상태는 사용자가 도시의 이름을 입력할 때 업데이트 되어 이미 해당 값을 가지고 있습니다. [그림 13.9]는 사용자가 Miami를 입력하고 Get Weather 버튼을 누른 스크린샷입니다.

그림 13.9 ▶ 매우 더운 마이애미 날씨

City: Miami

Temperature: 57.6

> **NOTE** 타입스크립트로 배우는 앵귤러 프레임워크 (루비페이퍼, 2017)에서 이 날씨 서비스를 이용했습니다. 앵귤러로 만든 해당 앱은 다음 링크에서 확인할 수 있습니다. (bit.ly/3rgcx3O)

만일 사용자가 openweathermap.org에서 지원하지 않는 도시의 이름을 입력하면 어떻게 될까요? 서버는 **404**를 반환하므로 우리는 그에 맞는 오류 처리과정을 추가해야 합니다. 일단 잘못된 온도를

표시하지 않도록 아래와 같은 코드를 추가했습니다.

```
{ weather && <h2>Temperature: {weather.temp}F</h2> }
```

다음 버전에서는 타입 가드를 만들어 해당 도시의 날씨를 받아올 수 있었는지 확인하겠습니다.

이제 심호흡을 하고 지금까지 날씨 앱을 만든 과정을 돌아보도록 하겠습니다.

1. openweathermap.org에 APPID 신청합니다.
2. 새 앱을 생성 후 JSX 를 간단한 <form>으로 변경합니다.
3. useState() 훅을 사용해 city 상태를 선언합니다.
4. 입력창이 변경될때마다 city를 업데이트하는 handleChange() 함수 추가합니다.
5. 앱이 시작하면 코드를 실행하는 useEffect() 훅을 추가합니다.
6. fetch() API로 런던 날씨를 받아오는 getWeather() 함수를 useEffect()가 실행하도록 설정합니다.
7. 전달받은 객체에서 온도와 습도를 저장하는 weather 상태를 선언합니다.
8. 사용자가 도시 이름을 입력하고 Get Weather버튼을 클릭할 때 getWeather()를 실행하는 handleSubmit() 이벤트 핸들러 추가합니다.
9. weather 상태에 받아온 날씨 정보를 저장하도록 getWeather() 함수를 변경합니다.
10. 웹 페이지에 전달받은 온도를 표시합니다.

모든 앱의 원리를 App 컴포넌트 하나에 몰아놓을 필요는 없습니다. 지금부터는 별개의 컴포넌트를 만들어 날씨 데이터를 표시하도록 해보겠습니다.

13.4.3 props 사용하기

리액트 앱은 컴포넌트로 이루어진 트리라고 생각할 수 있습니다. 우리가 할 일은 컴포넌트가 각자 컨테이너가 될지 프레젠테이션이 될지 결정하는 것입니다. 컨테이너 컴포넌트는 애플리케이션의 로직을 담고 있으며 외부 데이터 제공자와 통신하여 자식 컴포넌트로 데이터를 전달합니다. 일반적으로 컨테이너 컴포넌트는 상태를 갖고 마크업은 거의 가지고 있지 않습니다.

프레젠테이션 컴포넌트는 부모에게서 데이터를 받아 표시만 합니다. 보통 프레젠테이션 컴포넌트는 상태가 없고 마크업을 주로 가집니다. 프레젠테이션 컴포넌트는 자바스크립트 객체 props를 사용해 표시할 데이터를 전달받습니다.

TIP 14.4절에서 블록체인 앱의 리액트 버전 UI 컴포넌트를 다룹니다. 컨테이너 컴포넌트 하나 안에 프레젠테이션 컴포넌트 세 개가 들어있습니다

TIP 앱 전체의 상태를 관리하기 위한 리덕스 같은 라이브러리를 사용한다면 컨테이너 컴포넌트만이 해당 라이브러리와 통신합니다.

지금 날씨 앱은 App 컴포넌트가 컨테이너 컴포넌트의 역할을 해 외부 서버에서 날씨 데이터를 받아오고 있습니다. 거기에 [그림 13.9]처럼 전달받은 온도를 표시하는 것도 App 컴포넌트가 하고 있습니다. 이 날씨 표시 기능은 별도의 프레젠테이션 컴포넌트를 만들어 넘겨줘야 합니다. 이 컴포넌트 이름을 WeatherInfo라고 부르고, 이 컴포넌트를 통해 많은 수의 컴포넌트로 구성된 앱에서 부모 컴포넌트가 자식 컴포넌트로 데이터를 전달할 수 있을지 살펴보겠습니다. 게다가 별도의 WeatherInfo 컴포넌트가 props로 전달받은 데이터를 어떻게 표시하는지 이해한다면 이 컴포넌트를 재사용할 수 있습니다.

부모인 App 컴포넌트는 자식인 WeatherInfo 컴포넌트를 담고 있어 부모는 외부에서 받아온 날씨 데이터를 자식에게 전달합니다. 리액트 컴포넌트로 데이터를 전달하는 건 HTML 엘리먼트로 데이터를 전달하는 것과 마찬가지입니다.

이제 props의 역할을 살펴보겠습니다. 모든 JSX는 전달받는 데이터에 따라 다르게 표시됩니다. 예를 들어 비활성화된 빨간색 버튼은 JSX로 이렇게 표현합니다.

```
<button className="red" disabled />
```

이 코드는 리액트에 버튼 엘리먼트를 만들고 이를 className과 disabled 속성이라는 특정한 값을 전달합니다. 리액트는 createElement()를 실행해 해당 JSX를 변경합니다.

```
React.createElement("button", {
  className: "red",
  disabled: true,
});
```

그 뒤 해당 코드는 자바스크립트 객체를 만듭니다.

```
{
  "type": "button",
  "props": { "className": "red", "disabled": true }
}
```

이렇게 props는 리액트 엘리먼트에 전달될 데이터를 갖고 있습니다. 리액트는 props를 사용해 부모 컴포넌트와 자식 컴포넌트 사이에 데이터를 교환합니다. 앞선 버튼 역시 부모로 볼 수 있습니다.

여러분이 커스텀으로 **Order** 컴포넌트를 만들어 부모의 JSX에 넣었다고 생각해봅시다. 여기도 props를 사용해 데이터를 전달할 수 있습니다. 예를 들어 **Order** 컴포넌트는 **operation, product, price** 같은 props를 받을 수 있습니다.

```
<Order operation="buy" product="Bicycle" price={187.50} />
```

이와 비슷하게 이번에는 **App** 컴포넌트의 JSX에 **WeatherInfo**를 넣어보겠습니다. 앞서 조회가 불가능한 도시의 날씨를 렌더링하지 못하도록 직접 정의한 타입가드를 넣어야 합니다. [코드 13.16]에서 **App** 컴포넌트에 **has**라는 타입가드를 선언해 사용하겠습니다.

코드 13.16 타입 가드 has 추가

```
const has = (value: any): value is boolean => !!value;    •──── 타입가드 has 선언
...
return (
  <>    •──── 빈 JSX 태그를 컨테이너로 사용합니다.
  <form onSubmit={handleSubmit}>
    <input type="text" placeholder="Enter city" onInput={handleChange} />
    <button type="submit">Get Weather</button>
  </form>
  {has(weather) ? (    •──── 타입가드 has를 적용합니다
    <WeatherInfo weather={weather} />    •──── weather를 WeatherInfo로 전달해 렌더링합니다.
  ) : (
    <h2>No weather available</h2>    •──── WeatherInfo 대신 메시지를 렌더링합니다.
  )}
  </>    •──── 빈 JSX 태그를 닫습니다.
);
```

이렇게 App 컴포넌트는 폼과 날씨 데이터를 표시할 WeatherInfo 컴포넌트를 갖습니다. 모든 JSX 태그는 하나의 컨테이너 안에 묶여있습니다. 앞서 **<div>**를 부모 태그로 사용했습니다. [코드 13.16] 에서는 빈 태그 **<>**를 사용해 DOM에 별도의 노드를 추가하지 않는 특별 태그 컨테이너인 **<React. Fragment>**를 불러왔습니다.

2.3절에서는 타입스크립트의 사용자 정의 타입가드에 대해 설명했습니다. [코드 13.16]에서는 타입 명제의 결과를 반환하는 **has** 타입가드 함수를 선언했습니다.

```
const has = (value: any): value is boolean => !!value;
```

이 함수는 어떤 타입의 값이건 받아 진실성을 확인하기 위해 **!!** 연산자를 적용합니다. 표현식 **has(weather)**는 날씨 정보를 받아왔는지 확인할 것이며 받아진 날씨 정보는 **weather** props를 사용 해 **WeatherInfo** 컴포넌트로 전달됩니다.

```
<WeatherInfo weather={weather} />
```

날씨 데이터를 받아와 렌더링하는 **WeatherInfo**가 어떻게 만들어지는지 살펴보도록 하겠습니다. VS 코드에서 새로운 weather-info.tsx 파일을 만들어 안에 **WeatherInfo** 컴포넌트를 선언합니다. App의 함수 컴포넌트에서 **WeatherInfo**를 만들기 위해 화살표 함수 표시법을 사용했지만 이번에는 컴포넌 트가 명시적 props를 지원합니다. **FC** 위로 마우스를 올리면 그 정의를 확인할 수 있습니다.

그림 13.10 기본 파라미터를 갖는 제네릭 타입

기본 파라미터를 갖는 제네릭 타입

```
import * as React from 'react':
                    type React.FC<P = {}> = React.FunctionComponent<P>
const WeatherInfo: React.FC = (props) => {
    return (
      <div>

      </div>
    );
}
```

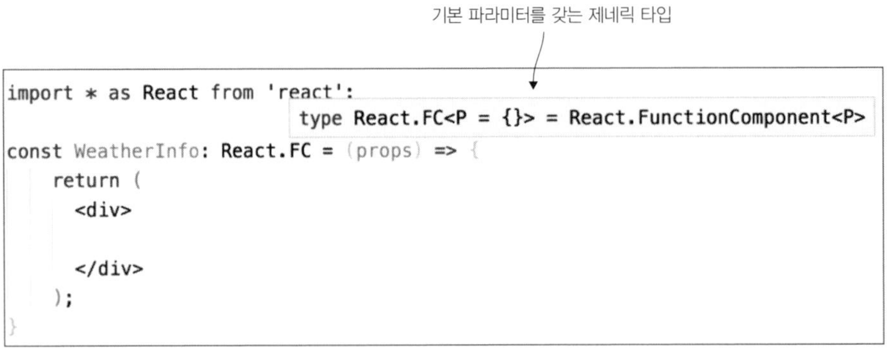

React.FC는 타입 파라미터 P를 받는 제네릭 타입입니다. 왜 타입스크립트 컴파일러는 제네릭 표기법과 고정 타입을 사용하지 않은 App 컴포넌트를 문제 삼지 않았을까요? P={} 코드에 비밀이 있습니다. 기본 값에 대한 제네릭 타입을 선언하는 방법이기 때문입니다. 4.2.2의 '제네릭타입의 기본값' 참고 이에 따라 App 컴포넌트는 props를 사용하지 않았고 리액트는 기본적으로 props가 빈 객체라 생각했습니다.

각 컴포넌트는 props라는 프로퍼티를 갖습니다. props는 앱에 특정한 속성을 갖는 임의의 자바스크립트 객체일 수 있습니다. 하지만 타입스크립트 제네릭이 컴포넌트에 Weather를 포함한 props란 사실을 알려줍니다.

코드 13.17 WeatherInfo.tsx

```
import * as React from "react";
import { Weather } from "./weather";
const WeatherInfo: React.FC<{ weather: Weather }> = ({ weather }) => {
  const { city, humidity, pressure, temp, temp_max, temp_min } = weather;
  return (
   <div>
    <h2>City: {city}</h2>
    <h2>Temperature: {temp}</h2>
    <h2>Max temperature: {temp_max}</h2>
    <h2>Min temperature: {temp_min}</h2>
    <h2>Humidity: {humidity}</h2>
    <h2>Pressure: {pressure}</h2>
   </div>
  );
};
export default WeatherInfo;
```

WeatherInfo 컴포넌트는 <P>라는 파라미터를 갖는 제네릭 함수입니다. 이 함수의 인자로 {weather: Weather}를 사용했습니다. 데이터를 렌더링하기 위해 우리는 . 연산자를 사용해 weather.city 형식으로 weather 오브젝트의 프로퍼티에 하나씩 접근했습니다. 이보다 더 빠른 방법은 구조 분해를 사용해 프로퍼티를 로컬 변수로 추출해내는 것입니다. 구조 분해는 부록 A.8에서 다룹니다.

```
const {city, humidity, pressure, temp, temp_max, temp_min} = weather;
```

모든 변수는 <h2>City: {city}</h2>처럼 이 컴포넌트가 반환한 JSX로 사용할 수 있습니다.

자식 컴포넌트로 마크업 전달하기

props는 자식 컴포넌트로 데이터를 전달할 때만 사용하는 게 아니라 JSX 코드를 전달할 때도 사용합니다. 아래 코드처럼 JSX 코드를 컴포넌트 태그 사이에 넣어두면 이 내용도 **props.children** 프로퍼티에 저장되어 필요할 때 렌더링이 가능해집니다.

```
<WeatherInfo weather = {weather} >
  <strong>Hello from the parent!</strong>  •──── 이 마크업을 WeatherInfo로 보냅니다.
</WeatherInfo>
```

이렇게 **App** 컴포넌트는 HTML 엘리먼트 Hello from the parent!을 WeatherInfo 컴포넌트로 전달합니다. 같은 방식으로 다른 모든 리액트 컴포넌트를 전달할 수 있습니다.

WeatherInfo 컴포넌트에는 **Weather** 객체 뿐만 아니라 **props.children**을 받겠다는 선언이 들어가야야합니다. 코드 13.17 참고

```
const WeatherInfo: React.FC<{weather: Weather} >= ({ weather, children }) =>...
```

이 코드는 리액트에 "**weather** 프로퍼티 객체를 **React.FC** 컴포넌트로 넘겨줄텐데 이때 **children** 프로퍼티도 같이 사용할거야." 라는 의미입니다. 로컬 **children** 변수는 부모에게서 받은 마크업을 가지고 있어 날씨 데이터와 함께 렌더링됩니다.

```
return (
  <div>
    {children}  •──── {children} 표현식을 넣으면 WeatherInfo 컴포넌트는 다음과 같이 렌더링됩니다.
    <h2>City: {city}</h2>
    <h2>Temperature: {temp}</h2>
    {/* The rest of the JSX is omitted */}
  </div>
);
```

props.children에서 받은 내용을 표시

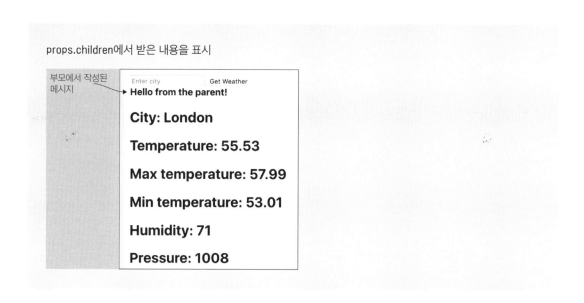

각 컴포넌트의 props와 상태를 시각적으로 확인할 수 있습니다. 리액트 앱을 실행한 후, 크롬 확장 프로그램인 React Developer Tools리액트 개발자 도구를 설치하여 크롬 개발자 도구를 열면 React 탭이 보입니다. 이 탭의 왼쪽에서는 렌더링된 엘리먼트를 확인할 수 있고 오른쪽에서는 모든 컴포넌트의 props와 상태를 확인할 수 있습니다. WeatherInfo 컴포넌트는 상태를 지니고 있지 않아 표시가 되지 않지만 상태를 가지고 있는 컴포넌트에서는 확인할 수 있습니다.

그림 13.11 리액트 개발자 도구

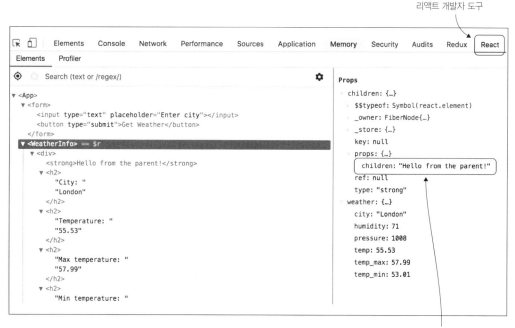

부모 컴포넌트가 props를 활용해 자식에게 데이터를 보낼 수 있다는 것을 알았습니다. 반대로 자식에서 부모에게 데이터를 보낼 수 없을까요?

13.4.4 자식 컴포넌트에서 부모 컴포넌트로 데이터 전달하기

자식 컴포넌트에서 부모 컴포넌트로 데이터를 보내야하는 상황이 있습니다. 이 역시 props를 활용해 이루어집니다. 주식 거래와 연결된 자식 컴포넌트가 있다고 생각해봅시다. 자식 컴포넌트는 매초마다 새로운 주가 정보를 받아옵니다. 만일 부모 컴포넌트가 주가 데이터를 사용해야한다면 자식 컴포넌트에서 데이터를 부모에게 전달할 수 있어야 합니다.

간단히 이해할 수 있도록 WeatherInfo 컴포넌트에서 부모 컴포넌트로 텍스트를 보내도록 하겠습니다. 이는 컴포넌트 양쪽에 약간의 코딩이 필요합니다. 일단 부모 컴포넌트부터 시작하겠습니다.

부모가 자식으로부터 데이터를 받기 위해서는 데이터를 제어할 수 있는 함수를 선언해야합니다. 그리고 자식을 불러온 부모의 JSX 태그에서 해당 함수를 참조하는 속성을 추가합니다. 날씨 앱에서는 App 컴포넌트가 부모이며 자식인 WeatherInfo에서 텍스트 메시지를 받아오려고 합니다. 앞서 만들었던 App 컴포넌트에 어떤 코드를 추가해야 하는지 아래 코드를 통해 확인해봅시다.

코드 13.18 App 컴포넌트에 데이터를 전달받는 코드 추가

```
const [msgFromChild, setMsgFromChild] = useState("");      ● 자식 컴포넌트의 메시지를 저장할
                                                              msgFromChild 상태 변수를 선언
const getMsgFromChild = (msg: string) => setMsgFromChild(msg);
return (                                            msgFromChild 상태에서 자식 컴포넌트의
                                                   메시지를 전달하는 함수 선언
  <>
    /* 코드 생략 */
    {msgFromChild}      ● 자식에서 보낸 메시지 출력
    {has(weather) ? (
      <WeatherInfo weather = {weather} parentChannel = {getMsgFromChild}>      ●
  </>                                          parentChannel 속성을 자식 컴포넌트에 추가
```

이 코드에서는 msgFromChild 상태 변수를 추가해 자식에서 받은 메시지를 저장할 수 있도록 했습니다. getMsgFromChild() 함수는 메시지를 전달받아 setMsgFromChild() 함수를 이용해 상태를 업데이트 합니다. 이로 인해 App 컴포넌트의 UI인 {msgFromChild}의 재렌더링이 발생합니다.

마지막으로 자식에게 메시지 핸들러를 실행하는 참조를 전달해야 합니다. 이 참조를 parentChannel 라 칭하고 WeatherInfo로 넘겨주겠습니다.

```
parentChannel = {getMsgFromChild}
```

parentChannel은 getMsgFromChild() 메시지 핸들러를 실행하기 위해 자식 컴포넌트가 사용할 이름입니다.

부모 컴포넌트는 모두 수정했으니 이번엔 자식 컴포넌트인 WeatherInfo를 살펴보겠습니다. 아래 코드는 수정된 자식 컴포넌트의 코드입니다.

코드 13.19 WeatherInfo에 부모로 데이터를 보내는 코드 추가

```
const WeatherInfo: React.FC<{weather: Weather, parentChannel:(msg: string) => void}> =   •┄┄┄┐
    ({weather, children, parentChannel}) => {   •┄┄ 함수 아규먼트에 parentChannel 추가       │   제네릭 함수에
                                                                                            parentChannel 추가
/* 코드 생략 */

return (
 <div>
   <button onClick={() => parentChannel("Hello from child!")}>   •┄┄┄┐
    Say hello to parent                                              │   버튼 클릭시 parentChannel을
   </button>                                                             참고해 부모 함수 실행
   /* 코드 생략 */
 </div>
);
```

부모가 자식에게 메시지 핸들러 함수를 실행하도록 parentChannel 참조를 넘겨주었으므로 컴포넌트에 해당 참조를 포함하도록 타입 파라미터를 수정해야 합니다.

```
<{weather: Weather, parentChannel: (msg: string) => void}>
```

parentChannel의 타입은 문자열인 파라미터를 받고 아무것도 반환하지 않는 함수입니다. WeatherInfo 컴포넌트는 이제 weather, children, parentChannel이라는 세 개의 프로퍼티를 갖는 props를 처리합니다.

onClick 버튼 핸들러는 getMsgFromChild()에 텍스트를 첨부해 실행하는 함수를 반환합니다.

```
() => parentChannel ("Hello from child!")
```

이 날씨 앱을 실행해 WeatherInfo 컴포넌트 하단의 있는 버튼을 누르면 부모는 아래와 같이 메시지를 전달받아 렌더링하게 됩니다.

그림 13.12 자식에서 보낸 메시지

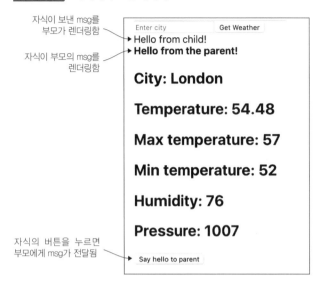

자식이 보낸 msg를
부모가 렌더링함

자식이 부모의 msg를
렌더링함

자식의 버튼을 누르면
부모에게 msg가 전달됨

> **NOTE** 코드 13.19의 코드는 최적화할 수 있습니다. 이건 숙제로 남겨두겠습니다. 위 코드는 작동하지만 UI가 새로 렌더링 될때마다 () ? parentChannel("Hello from child!")라는 함수를 계속 만들어냅니다. 이를 막기 위해서는 리액트 공식 문서에서 useCallback()에 대한 내용(bit.ly/3bbyo6S)을 읽어보세요. 그리고 이 훅에 parentChannel()을 넣으면 됩니다.

지금까지 상태state와 props에 대해 알아보았으니 각자 다른 목적을 가지고 있다는 걸 말씀드리겠습니다.

- 상태는 비공개 컴포넌트의 데이터를 저장합니다. props는 자식와 부모 사이에 데이터를 전달하는 목적으로 사용합니다.
- 컴포넌트는 전달받은 props를 이용해 상태를 초기화할 수 있습니다.
- state 프로퍼티의 값을 바로 변경할 수 없습니다. 함수형 컴포넌트에서 useState() 훅이 반환한 함수를 사용하거나 클래스 컴포넌트에서 setState() 메서드를 사용해 변경사항이 UI에 반영되도록 해야합니다.
- props는 변경 불가능합니다. 컴포넌트는 props로 전달받은 원 데이터를 수정할 수 없습니다.

NOTE state와 props는 다른 목적으로 사용되지만 리액트의 UI는 state와 props로 구성된 함수입니다.

지금까지 리액트 개발의 기본적인 내용을 살펴보았습니다. 컴포넌트와 state, props를 살펴보았지만 한가지 주제를 더 살펴보아야 합니다. 바로, 가상 DOM입니다.

13.5 가상 DOM

리액트는 실제 브라우저의 DOM 사이의 계층인 가상 DOM^{Virtual DOM}을 가집니다. 각 컴포넌트는 UI 컴포넌트로 구성되며, 가상 DOM은 [그림 13.16]과 같이 브라우저 DOM으로 렌더링하는 프로세스를 최적화합니다.

그림 13.13 리액트 가상 DOM

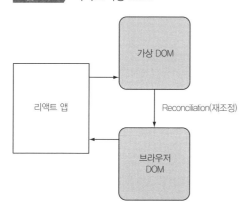

앱을 시작하면 리액트는 자체 가상 DOM에 UI 컴포넌트 트리를 생성하고, 이 트리를 브라우저의 DOM에 렌더링합니다. 유저의 작업에 따라 브라우저의 DOM은 이벤트를 트리거합니다. 자바스크립트가 이벤트를 처리하는 경우, 핸들러 코드는 컴포넌트 상태를 업데이트하고, 리액트는 가상 DOM을 다시 생성하고, 새 버전을 이전 버전과 비교한 후, 변경된 사항을 브라우저의 DOM과 동기화합니다. 이 비교 알고리즘^{Diffing Algorithm}을 적용하는 것을 재조정^{Reconciliation}이라고 합니다. 리액트 공식 문서에서 재조정^{reactjs.org/docs/reconciliation.html}에 대해 자세히 읽어보세요.

NOTE 사실 "가상 DOM(Virtual DOM)"이라는 용어는 잘못된 이름입니다. 리액트는 HTML 태그의 경로 렌더링을 위해 DOM이 필요하지만 리액트 네이티브 라이브러리는 그렇지 않습니다. 리액트 네이티브 라이브러리는 일반 iOS 및 안드로이드 앱과 동일한 기본 UI 빌딩 블록을 사용합니다.

일반적으로 브라우저 DOM에서의 UI 렌더링은 것은 그 속도가 느립니다. 이를 해결하기 위해 리액트는 엘리먼트가 변경될 때마다 브라우저 DOM의 모든 엘리먼트를 다시 렌더링하지 않습니다. 몇 개의 엘리먼트가 있는 단순한 HTML이라면 렌더링 속도에 큰 영향이 없지만, 수천 개의 엘리먼트를 가진 앱이라면 성능 차이를 확연히 느낄 수 있을 것입니다.

예를 들어 최신 거래 내역을 보여주는 금융 포털 웹 페이지가 있다고 생각해봅시다. 데이터 테이블은 40개의 열을 가진 행 300개로 구성되어 전체 12,000개의 셀을 갖습니다. 또 이 모든 셀은 하나하나가 각자 HTML 엘리먼트입니다. 이 웹 사이트는 이러한 테이블을 여러 개 렌더링해야 할 수 있습니다.

가상 DOM은 개발자가 jQuery처럼 브라우저 DOM API를 사용하지 않아도 됩니다. 컴포넌트 상태만 업데이트하면 리액트는 가장 효율적인 방식으로 해당 DOM 엘리먼트를 업데이트합니다. 이것이 바로 리액트 개발의 핵심입니다. HTTP 요청, 라우팅 또는 폼 작업과 같은 기능을 구현하려면 다른 라이브러리가 필요합니다.

이상으로 타입스크립트를 사용한 리액트 웹 개발에 대한 간략한 소개를 마칩니다. 다음 장에서는 리액트로 개발한 블록체인 클라이언트를 살펴보겠습니다.

요약

- 리액트는 UI 구성 컴포넌트 개발에 최적화된 라이브러리입니다. 다른 프레임워크 또는 자바스크립트만 사용하는 기존 앱 등 모든 부분에 리액트를 적용할 수 있습니다. 즉, 필요한 경우 리액트로 SPA가 아닌 앱도 개발할 수 있습니다.
- create−react−app CLI를 사용하여 약 1분 안에 타입스크립트 React 앱을 생성할 수 있습니다. 설치가 완료된 후 바로 실행할 수 있습니다.
- 리액트 컴포넌트는 클래스나 함수로 구현할 수 있습니다.
- 컴포넌트의 UI 부분은 JSX로 선언합니다. 타입스크립트로 작성한 리액트 컴포넌트는 .tsx 확장명으로 저장해 tsc 컴파일러에 JSX가 포함되어 있음을 알려줍니다.
- 리액트 컴포넌트는 하나 이상의 속성으로 표현할 수 있는 상태state를 가지고 있습니다. 상태 state가 수정될 때마다 컴포넌트는 다시 렌더링됩니다.
- 부모와 자식 컴포넌트는 props를 통해 데이터를 전달합니다.
- 리액트는 브라우저의 DOM과 컴포넌트 사이의 레이어인 가상 DOMVirtual DOM을 사용합니다. 각 컴포넌트는 UI 엘리먼트로 구성되어있으며 가상 DOM은 브라우저의 DOM에서 해당 엘리먼트의 렌더링 과정을 최적화합니다.

제 14 장

리액트 블록체인 개발

이 장의 목표

- 리액트 기반 블록체인 웹 클라이언트 코드 검토
- 웹 클라이언트와 웹소켓 서버 간 통신 방법
- 개발 환경에서 두 가지 서버를 실행하는 방법
- 블록체인 클라이언트 UI를 컴포넌트로 분할 방법

이전 장에서 리액트 기초 내용을 배웠습니다. 이제 리액트로 작성된 블록체인 클라이언트 앱 코드를 살펴보겠습니다. 프로젝트 소스 코드는 blockchain/client에 있으며, 메시지 서버 코드는 blockchain/server 에 있습니다.

서버 코드는 제 10장과 12장과 동일합니다. 블록체인 앱 기능도 동일하지만 UI 부분은 리액트로 다시 작성했습니다.

이미 앞 장에서 블록체인 주요 기능을 설명했기 때문에 이 부분은 건너뛰고, 리액트 부분을 중점으로 설명하겠습니다. 제 10장에서 블록체인 클라이언트와 메시징 서버 기능을 다시 확인해보길 바랍니다.

제일 먼저 메시징 서버와 리액트 클라이언트를 시작하는 방법을 알아보겠습니다. 컨테이너 컴포넌트와 프레젠테이션 컴포넌트의 차이점을 강조하는 UI 컴포넌트를 살펴보겠습니다. props를 내부 컴포넌트에 전달하는 방법도 알아보겠습니다.

14.1 클라이언트와 메시징 서버 실행하기

먼저 서버를 실행하겠습니다. 터미널을 열어 blockchain/server 디렉터리로 이동해 npm install 명령어로 의존성을 설치한 다음 npm start 명령어로 서버를 실행합니다. 서버가 실행 중이라는 Listening on localhost:3000 메시지가 보일 것입니다.

다음으로 리액트 클라이언트를 실행하겠습니다. 새 터미널 창을 열고 blockchain/client 디렉터리로 이동해 npm install 명령어로 의존성을 설치한 다음 npm start 명령어를 실행합니다.

블록체인 클라이언트는 3001 포트에서 실행됩니다. 얼마 후 제네시스 블록이 생성될 것입니다. [그림 14.1]은 리액트 클라이언트 화면을 캡처한 것입니다. 각 UI 컴포넌트에 해당하는 파일 이름을 표시되어 있습니다. App.tsx 파일에는 App 루트 컴포넌트가 있습니다.

 **그림 14.1** 블록체인 클라이언트가 시작

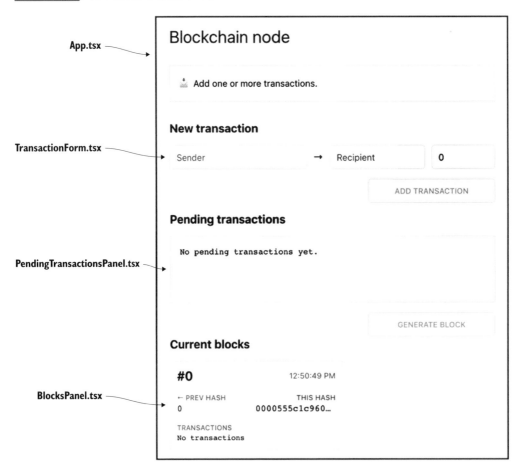

package.json에 정의된 start 명령어는 react-scripts start 명령어를 지칭하며, 웹팩을 사용해 번들을 빌드하고 webpack-dev-server를 사용해 앱을 시작합니다. 여기까지는 제 12 장에서 앵귤러 블록체인 클라이언트 개발할 때와 같습니다. create-react-app CLI로 생성된 이 앱은 포트 3000에서 실행하도록 미리 구성되어 있습니다. 이미 메시징 서버는 포트 3000를 사용하고 있기 때문에 충돌을 해결해야 합니다. 이를 해결하는 방법을 설명하겠습니다.

create-react-app으로 생성된 프로젝트는 개발 모드일때는 .env.development에서, 배포 모드일때는는 .env.production 파일에서 환경 변수를 읽도록 구성되어 있습니다.

> **NOTE** npm run 명령어를 실행하여 배포 빌드시, env.production 파일 내 환경 변수를 사용합니다. build 디렉터리 내 index.html 파일과 번들링된 앱이 생성됩니다.

코드 14.1 env.development

```
PORT=3001
REACT_APP_WS_PROXY_HOSTNAME=localhost:3000
```

제일 먼저 webpack-dev-server가 포트 3001를 사용하게 함으로써 서버가 사용하는 포트와의 충돌을 해결했습니다. 커스텀 환경 변수 **REACT_APP_WS_PROXY_HOSTNAME**를 localhost:3000로 지정하여 해당 서버로 클라이언트 요청을 주고 받게 됩니다. 이 환경 변수는 websocket-controller. ts 스크립트에 사용됩니다. 커스텀 환경 변수 사용 방법에 대한 자세한 설명은 create-react-app 문서 facebook.github.io/create-react-app/docs/adding-custom-environment-variables 에서 확인할 수 있습니다.

[그림 14.2]는 개발 모드에서 블록체인 클라이언트가 어떻게 실행되는지를 보여줍니다. CLI 개발 서버 webpack-dev-server는 포트 3001에서 리액트 앱을 서빙하며, 포트 3001에서 데이터 서버를 서빙합니다.

그림 14.2 단일 앱에서 두 개의 서버를 사용

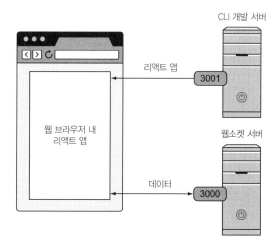

CLI 개발 서버

리액트 앱
3001

웹 브라우저 내
리액트 앱

웹소켓 서버

데이터
3000

> **NOTE** create-react-app CLI는 package.json에 proxy 프로퍼티를 추가하여 개발 서버가 요청된 리소스를 찾지 못하는 경우 특정 URL을 사용하도록 지정할 수 있습니다. (예: "proxy": "https://localhost:3000") 그러나 웹소켓 프로토콜을 사용하는 경우 proxy 프로퍼티를 사용할 수 없으므로 그 대신에 커스텀 환경 변수를 사용해 메시징 서버의 URL을 지정했습니다.

앵귤러와 리액트 프로젝트의 파일 구성과 실행 방법이 서로 비슷합니다. 실습할 리액트 앱은 바벨을 사용하는데, 지원 브라우저 구성 방법은 tsc와 다릅니다. 여기서는 지원할 특정 브라우저 버전 목록을 사용합니다.

6.4절에서 바벨의 프리셋을 사용해 지원 브라우저 버전을 명시했습니다. create-react-app 프로젝트는 package.json에 **browserslist**를 추가해 지원 브라우저를 명시할 수 있습니다. package.json 파일을 열면 [코드 14.2]와 같이 기존의 지원 브라우저 구성을 확인할 수 있습니다.

코드 14.2 *package.json 부분*

```
"browserslist": {
  "production": [     •········ 배포 모드시 지원할 브라우저 대상
    ">0.2%",
    "not dead",
    "not op_mini all"
  ],
  "development": [     •········ 개발 모드시 지원할 브라우저 대상
    "last 1 chrome version",
    "last 1 firefox version",
    "last 1 safari version"
  ]
}
```

> **NOTE** tsc를 통해 자바스크립트 코드로 변환하지 않았지만, tsconfig.json 내 "target":"es6" 옵션이 있으므로 타입스크립트 문법에 오류를 일으키지 않습니다. target 옵션을 삭제하거나 값을 es3으로 바꾸면, [코드 14.5] 내 get url() 게터 함수 아래 부분에 빨간색 물결선과 함께 "접근자는 ECMA스크립트 5 이상 버전일 때만 사용 가능합니다.(Accessors are only available when targeting ECMA스크립트 5 and higher.)"라는 오류 메시지가 보일 것입니다.

6.4절에서 browserslist^browserl.ist는 웹사이트가 지원할 브라우저 목록을 정의하여, 해당 사양에 적합한 코드로 변환한다고 설명했습니다. create-react-app도 **browserlist**를 지원합니다. package.json 내 정의된 스크립트 명령어인 **build**를 실행해 프로덕션 빌드를 만들거나 **start** 명령어로 개발 빌드

를 생성합니다. browserlist 파일에 있는 목록 전체를 복사해 browserl.ist 사이트에 붙여 넣으면, 지원하는 브라우저를 확인할 수 있습니다.

앞에서 만든 블록체인 앱은 블록체인 알고리즘과 UI 코드가 구분되어 있었습니다. 리액트 앱에서도 동일합니다. 각 UI 컴포넌트는 컴포넌트 디렉터리로 구분되어 있으며, 알고리즘 코드는 lib 디렉터리에 있습니다.

14.2 lib 디렉터리 변경 사항

lib 디렉터리는 새로운 블록을 생성하고, 가장 긴 체인을 요청하며, 생성된 새 블록을 다른 노드에게 알려주고, 특정 거래 내역에 대한 새 블록을 생성하도록 다른 멤버들을 초대하는 코드가 있습니다. 각 프로세스는 10.1절과 10.2절에서 설명했습니다.

이번 장의 프로젝트는 웹소켓 서버와 통신하는 websocket-controller.ts 파일만 약간 수정합니다. 제10장에서 자바스크립트 프레임워크를 사용하지 않고 **new** 연산자를 사용해 WebsocketController 클래스를 초기화했습니다. 생성자에 **messageCallback**을 전달하여 서버에서 오는 메시지를 처리했습니다.

제 12장에서 앵귤러 의존성 주입을 사용했으며 WebsocketService 객체를 인스턴스화하여 AppComponent에 삽입합니다. 앵귤러에서는 App 컴포넌트를 만든 후 서비스를 인스턴스화 했습니다.

> **✅ TIP** 앵귤러 기초 지식이 있고 컴포넌트에 주입가능한 싱글톤 서비스를 잘 다룰 수 있다면, 리액트 배경이 있고 싱글톤 생성에 익숙하다면, 리액트 Context를 학습하세요. Context는 컴포넌트에서 다른 컴포넌트로 데이터를 전달하는 공용 데이터 저장소입니다. props 이외에도 컴포넌트 간 데이터를 전달할 수 있는 방법입니다.

블록체인 리액트 앱에서는 WebsocketController를 초기화했습니다. [코드 14.3]은 App.tsx의 첫 부분입니다.

코드 14.3 컴포넌트 전 클래스 초기화

```
const server = new WebsocketController();   •······ WebsocketController를 초기화합니다.
const node = new BlockchainNode();   •······ BlockchainNode를 초기화합니다.
const App: React.FC = () => {   •······ 루트 UI 컴포넌트를 선언합니다.
   // App 컴포넌트 코드 부분을 생략했습니다.
```

```
    // 다음 장에서 이 부분을 살펴보겠습니다.
}
```

WebsocketController과 BlockchainNode는 전역 객체로 초기화했습니다. 그러나 WebsocketController는 컴포넌트 상태의 변경하는 서버의 메시지를 처리하기 위해 **App** 컴포넌트의 콜백 메서드가 필요합니다. 그러나 **App** 컴포넌트가 아직 인스턴스화되지 않았기 때문에 컴포넌트 생성자에 이 콜백을 제공할 수 없습니다.

때문에 WebsocketController 내 connect() 메서드를 만들었습니다. 이 메서드는 콜백을 매개 변수로 사용합니다. [코드 14.4]를 보겠습니다.

코드 14.4 WebsocketController 내 connect() 메서드

```
connect(messagesCallback: (messages: Message) => void):    •——— 컨트롤러로 콜백을 전달합니다.
Promise <WebSocket> {
    this.messagesCallback = messagesCallback;
    return this.websocket = new Promise((resolve, reject) => {
        const ws = new WebSocket(this.url);    •——— Promise로 소켓 생성 전체 코드를 래핑합니다.
        ws.addEventListener('open', () => resolve(ws));
        ws.addEventListener('error', err => reject(err));
        ws.addEventListener('message', this.onMessageReceived);
    });
}
```

[코드 14.10]에서 **App** 컴포넌트에서 전달받은 콜백과 함께 **connect()**를 어떻게 호출하는지 살펴보겠습니다. 웹소켓의 서버인 **this.url**의 값은 무엇일까요? 지난 14.1절에서 서버 도메인 이름과 포트 번호를 환경 변수에서 가져왔습니다. [코드 14.4]는 WebsocketController의 액세스 함수 **get url()**를 보겠습니다.

코드 14.5 url getter

```
private get url(): string {
    const protocol = window.location.protocol === 'https:' ? 'wss:' : 'ws';
    const hostname = process.env.REACT_APP_WS_PROXY_HOSTNAME    •——— 환경 변수에서 호스트 이름과
                             || window.location.host;    •——————————  포트를 가져옵니다.
    return `${protocol}://${hostname}`;
}
```

process.env에서 호스트 이름을 찾을 수 없는 경우, 현재 app이 실행 중인 호스트를 사용합니다.

REACT_APP_WS_PROXY_HOSTNAME 환경 변수는 [코드 14.1]에서 설명했듯이 env.development 파일에 정의되어 있습니다. process는 Node.js 전역 변수이며, env 프로퍼티를 통해 가능한 모든 환경 변수에 액세스할 수 있습니다. 그러나 지금 앱은 Node.js 런타임이 아닌 브라우저에서 실행됩니다. 정확히 말하면, 번들링 중에 웹팩은 process.env에서 변수 값을 읽고 이를 대입합니다.

> **TIP** 커스텀 환경 변수의 값은 번들에 대입됩니다. npm run build 명령어를 실행하면 build/static 디렉터리에서 번들링된 코드를 확인해보세요. .env.production 파일에서 환경 변수 값(예: localhost : 3002)를 검색해보세요.

connect() 메서드를 추가한 후, 소켓 통신을 종료하는 disconnect() 메서드를 추가했습니다.

```
disconnect() {
  this.websocket.then(ws => ws.close());
}
```

웹소켓 통신은 **App** 컴포넌트에서 시작되며, **App** 컴포넌트가 파괴되면 소켓 통신을 포함한 전체 앱도 파괴됩니다. 그러나 **App** 컴포넌트가 소켓 연결을 제어해야 하는 것은 아닙니다. 따라서 별도 메서드를 만들어 다른 컴포넌트가 소켓 연결을 시작하고 중단할 수 있게 하는 것이 좋습니다.

14.3 App 컴포넌트

블록체인 UI는 다섯 개로 구성되어 있으며, 각 컴포넌트 디렉터리 내 .tsx 파일에 컴포넌트를 정의했습니다.

- App
- BlocksPanel
- BlockComponent
- PendingTransactionsPanel
- TransactionForm

App.tsx에는 루트 컴포넌트인 **App** 컴포넌트가 있고, 그 이외의 각 .tsx 파일은 TransactionForm, PendingTransactionsPanel, BlockPanel 컴포넌트를 구현합니다. BlockPanel 컴포넌트는 [그림 14.4]에서 볼 수 있듯이 BlockComponent의 부모 컴포넌트로 여러 개의 BlockComponent 컴포넌트를 가집니다.

그림 14.3 부모 및 자식 컴포넌트

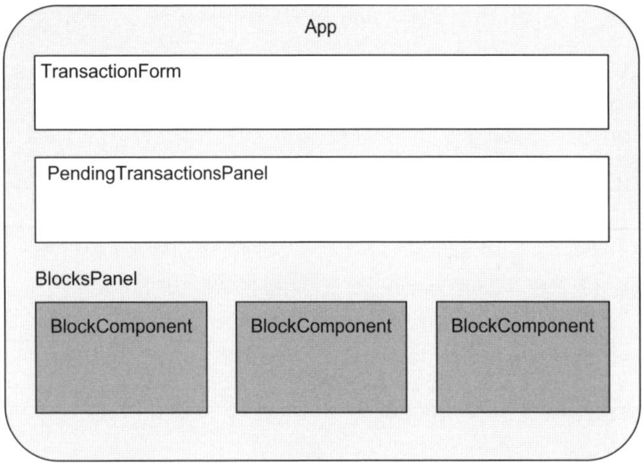

13.4.3 절에서 컨테이너와 프리젠테이션 컴포넌트에 대해 설명했습니다. App 컴포넌트는 블록체인 노드 인스턴스 및 관련 알고리즘을 참조하는 컨테이너 컴포넌트 입니다. App 컴포넌트는 메시징 서버와의 모든 통신을 수행합니다.

일반적인 프리젠테이션 컴포넌트는 데이터, 유저의 액션 등을 표시하거나 데이터를 다른 컴포넌트로 전달하는 역할을 합니다. 프리젠테이션 컴포넌트는 애플리케이션의 복잡한 로직을 수행하지 않습니다. 예를 들어, 신규 블록을 생성하기 위해 PendingTransactionsPanel 컴포넌트에서 App 컴포넌트 내 콜백을 호출할 수 있습니다. 블록체인 클라이언트에서 프리젠테이션 컴포넌트는 TransactionForm, PendingTransactionPanel, BlockPanel 입니다.

App 컴포넌트는 App.tsx에 있으며 BlockchainNode와 WebsocketController의 인스턴스를 생성합니다. [코드 14.6]을 보며 App 컴포넌트와 자식 컴포넌트가 어떻게 통신하는지 살펴보겠습니다.

코드 14.6 App 컴포넌트

```
const App: React.FC = () => {
  // 생략
  return (
    <main>
      <h1>Blockchain node</h1>
      <aside><p>{status}</p></aside>
      <section>
        <TransactionForm    •······ 첫 번째 자식 컴포넌트
          onAddTransaction={addTransaction}    •············ 자식 컴포넌트에서 App 컴포넌트의
          disabled={node.isMining || node.chainIsEmpty}         addTransaction()를 호출할 수 있습니다.
```

```
            />
          </section>
          <section>
            <PendingTransactionsPanel  •------ 두 번째 자식 컴포넌트
              formattedTransactions={formatTransactions(node.pendingTransactions)}
              onGenerateBlock={generateBlock}  •-----------------------
              disabled={node.isMining || node.noPendingTransactions}
            />                                       자식 컴포넌트에서 App 컴포넌트의
          </section>                                  generateBlock()을 호출할 수 있습니다.
          <section>
            <BlocksPanel blocks={node.chain} />  •------ The third child
          </section>
        </main>
    );
}
```

14.3.1 유저가 거래 내역을 추가할 때

App 컴포넌트의 자식 컴포넌트는 App 컴포넌트 레벨에서 콜백 메서드를 호출할 수 있습니다. 이미 13.4.4절에서 리액트 부모 컴포넌트와 자식 컴포넌트가 어떻게 통신하는지 설명했습니다. [코드 14.6]에서 App 컴포넌트는 TransactionForm 자식 컴포넌트에 props로 onAddTransaction 콜백을 전달했습니다.

[그림 14.5] 화면을 잠시 보겠습니다. TransactionForm 컴포넌트에서 유저가 거래내역 추가(ADD TRANSACTION) 버튼을 클릭하면, onAddTransaction() 메서드를 호출됩니다. 즉 App 컴포넌트에서 addTransaction() 메서드가 호출됩니다. 이제 [그림 14.4]에서 VS 코드의 좌측 패널에 있는 아웃라인을 보겠습니다.

그림 14.4 App 컴포넌트 메서드는 자식 컴포넌트에서 호출할 수 있습니다.

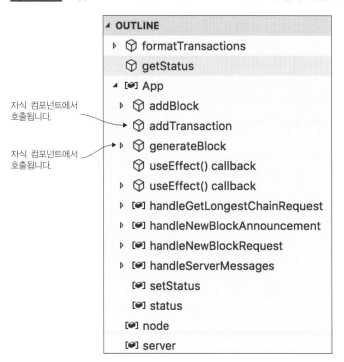

리액트에서 UI를 업데이트하기 위해 컴포넌트의 상태를 변경할 때, useState()를 사용합니다. App 컴포넌트에서 이 함수는 setStatus()입니다.

코드 14.7 App 컴포넌트에서 거래내역 추가

```
const node = new BlockchainNode();  •········ 블록체인 노드를 초기화합니다.
const App: React.FC = () => {
    const [status, setStatus] = useState<string>('');  •········ App 컴포넌트의 상태를 선언합니다.
    function addTransaction(transaction: Transaction): void {
        node.addTransaction(transaction);  •········ 자식 컴포넌트에서 받은 거래내역을 추가합니다.
        setStatus(getStatus(node));  •········ 상태를 업데이트 합니다.
    }
    // 코드 생략
}
function getStatus(node: BlockchainNode): string {  •········ App 컴포넌트 밖에서 실행되는 함수입니다.
    return  node.chainIsEmpty          ? '⌛ Initializing the blockchain...' :
            node.isMining              ? '⌛ Mining a new block...' :
            node.noPendingTransactions ? '✉ Add one or more transactions.' :
                                         '✓ Ready to mine a new block.';
}
```

그러나 setStatus() 호출을 트리거하기 위해 App 컴포넌트에서 무엇을 할 수 있을까요? 블록체인 노드 구현을 검토하고 노드의 내부 상태를 변경하는 작업을 식별했습니다. 노드의 내부 상태를 확인하기 위해 chainIsEmpty, isMining 및 noPendingTransactions 헬퍼 프로퍼티를 추가했습니다. 내부 노드의 상태를 변경할 수 있는 각 작업 후에는 UI 상태를 노드의 내부 상태에 대해 확인하고 React는 필요한 경우 필요한 변경 사항을 적용합니다. 이러한 값 중 하나라도 변경되면 App 컴포넌트의 UI를 업데이트해야 합니다.

getStatus() 함수는 현재 블록체인 노드의 상태를 설명하는 문자열을 반환하고, [그림 14.7]과 같이 App 컴포넌트는 이를 표시합니다. 처음에 상태 값은 "Initializing the blockchain…"입니다. 유저가 새 거래내역을 추가하면 getStatus()는 "Add one or more transaction"을 반환하고, setStatus(getStatus(node))는 컴포넌트 상태를 변경해, 이에 따라 UI가 다시 렌더링됩니다.

[그림 14.5]는 앱 상태(또는 상태)로 "Add one or more transaction"을 표시합니다.

그림 14.5 유저는 거래내역을 추가할 준비가 되었습니다.

거래내역
추가 전

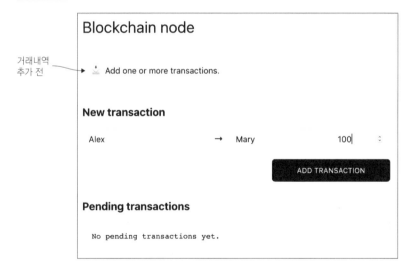

그림 14.6 유저는 새 블록을 채굴할 수 있습니다.

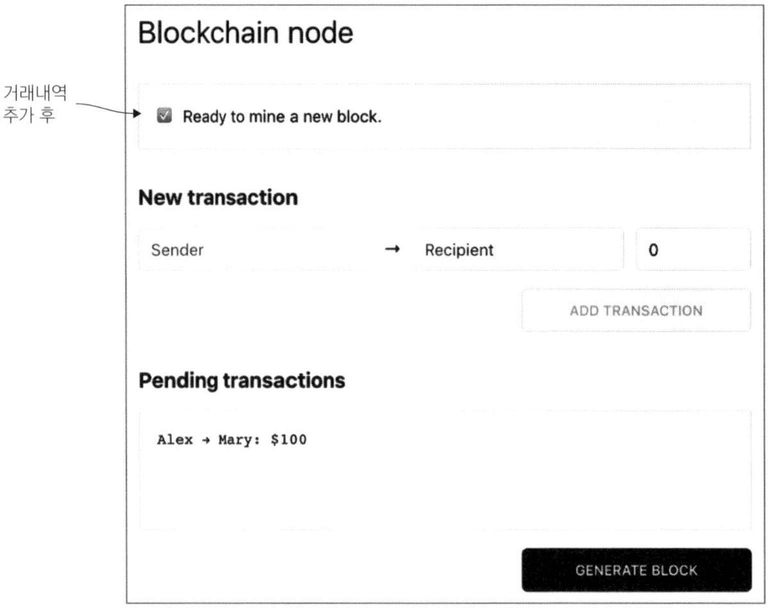

[그림 14.6]은 유저가 ADD TRANSACTION 버튼을 클릭한 후 화면입니다. 앱 컴포넌트의 상태는 "Ready to mine new block"이며 GENERATE BLOCK 버튼이 활성화되었습니다.

테스팅 도중 한 가지 문제를 발견했을 것입니다. 유저가 여러 거래내역을 추가하더라도, 보류 중인 거래내역 필드는 단 한 가지 거래내역만 보입니다. GENERATE BLOCK 버튼을 클릭하면, 보류 중인 모든 거래내역 목록 내 새 블록이 추가됩니다. 그러나 리액트는 첫 번째 거래내역을 제외하고, 새로운 거래내역이 업데이트될 때마다 UI를 업데이트하지 않습니다.

문제는 첫 번째 거래내역을 추가한 후, App 컴포넌트는 "Ready to mine new block"라는 상태를 가지며, 다른 거래내역이 추가된 후에도 변동되지 않습니다. 따라서 setStatus(getStatus(node));는 컴포넌트 상태를 변경하지 않고 리액트는 UI를 재렌더링 하지 않습니다.

해결 방법은 쉽습니다. getStatus() 함수를 약간 수정해보겠습니다. 상태 표시를 나타내는 부분 옆에 거래내역 수를 가리키는 카운터를 추가합니다. "Ready to mine new block" 부분을 아래와 같이 수정합니다.

```
Ready to mine a new block (transactions: ${node.pendingTransactions.length}).`;
```

이제 addTransaction() 메서드가 호출될 때 마다 컴포넌트 상태가 변경됩니다.

> **TIP** 상용화 단계에서는 실제 노드를 변경 불가능하게 만드는 것이 좋습니다. 불변 객체의 경우 상태가 변경될 때 마다
> 새 인스턴스 (및 참조)가 생성되며 거래내역 카운터도 필요하지 않습니다.

14.3.2 새 블록 생성

[코드 14.6]을 보겠습니다. App 컴포넌트는 PendingTransactionPanel 컴포넌트에게 props로 on-GenerateBlock() 콜백을 전달합니다. 유저가 GENERATE BLOCK 버튼을 클릭할 때, Pending-TransactionPanel 컴포넌트는 onGenerateBlock() 메서드를 호출합니다. 이 메서드는 App 컴포넌트에서 generateBlock() 메서드를 호출합니다. [코드 14.8]의 generateBlock() 메서드를 보겠습니다.

코드 14.8 generateBlock() 메서드

```
async function generateBlock() {
    server.requestNewBlock(node.pendingTransactions);        ← 다른 노드를 초대하여 보류 중인 거래내역에
                                                               대한 새 블록 생성을 시작합니다.
    const miningProcessIsDone = node.mineBlockWith(node.pendingTransactions);  ←
    setStatus(getStatus(node));     ← 컴포넌트 상태 변경
    const newBlock = await miningProcessIsDone;    ← 블록 채굴을 시작하고 완료를 기다립니다.
    addBlock(newBlock);      ← 블록체인에 새 블록을 추가합니다.
}                                                        블록 채굴을 위한 표현식 선언
```

> **NOTE** 부모 컴포넌트의 메서드를 자식 컴포넌트로 전달함으로써 자식 컴포넌트는 부모 컴포넌트에 접근할 수 있습니다.
> TransactionForm 및 PendingTransactionPanel 컴포넌트는 BlockchainNode 및 WebsocketController 객체에
> 접근할 수 없습니다. 자식은 엄격한 프레젠테이션 컴포넌트이며 데이터를 표시하거나 이벤트를 부모 컴포넌트에게 알릴
> 수 있습니다.

14.3.3 useEffect( ) 훅

App 컴포넌트의 코드에서 useEffect() 훅을 두 번 사용했습니다. useEffect()는 지정된 변수가 변경될 때마다 자동으로 호출됩니다. App 컴포넌트에는 이런 훅이 두 가지 존재합니다. [코드 14.9]는 처음 시작할 때, 한 번만 호출되는 useEffect() 훅을 보여줍니다.

코드 14.9 useEffect

```
useEffect(() => {
  setStatus(getStatus(node));
}, []);
```

이 훅은 "Initializing the blockchain…"이라는 메시지를 가진 컴포넌트로 상태를 초기화 합니다. 이 훅을 주석 처리하면 앱은 계속 작동하지만 앱 시작시 상단에 상태 메시지가 표시되지 않습니다.

[코드 14.10]은 두 번째 useEffect()으로 웹소켓 서버에 연결해 서버에서 푸시된 메시지를 처리하는 콜백 handleServerMessages를 전달합니다.

코드 14.10 useEffect 훅의 의존에 handleServerMessages를 추가

```
useEffect(() => {
  async function initializeBlockchainNode() {   •——— initializeBlockchainNode() 함수 선언
    await server.connect(handleServerMessages);   •——— 콜백을 제공하는 웹소켓 서버를 연결
    const blocks = await server.requestLongestChain();   •——— 가장 긴 체인을 요청
    if (blocks.length > 0) {
      node.initializeWith(blocks);   •——— 블록체인은 이미 블록을 가지고 있음
    } else {
      await node.initializeWithGenesisBlock();   •——— 생성된 블록이 없으며, 제네시스 블록을 생성
    }
    setStatus(getStatus(node));   •——— App 상태를 업데이트
  }
  initializeBlockchainNode();   •——— initializeBlockchainNode() 함수를 호출
  return () => server.disconnect();   •——— App 컴포넌트가 파괴시 웹소켓 통신을 중단
}, [handleServerMessages]);   •——— handleServerMessages를 의존으로 추가
```

함수 **effect** 내에서만 사용되는 경우, 그 안에서만 선언하는 것이 좋습니다. **initializeBlockchain-Node()**는 위의 **useEffect()**에서만 사용되므로 훅 내에서 선언했습니다.

이 훅은 서버의 최초 연결과 블록체인 초기화를 수행합니다. 한 번만 호출하도록 만들기 위해서 두 번째 파라미터에는 빈 배열을 사용할 수 있습니다. 빈 배열을 전달함으로 리액트 데이터 흐름에 관여하는 값이 없고 컴포넌트가 마운트 될 때 한 번만 호출할 수 있게 만들 수 있습니다.

그러나 이 훅에는 클로저 함수인 handleServerMessages()를 사용하며, 컴포넌트 상태 변수를 캡쳐하여 다시 렌더링 할 수 있습니다. 여기서 중요한 점은 handleServerMessages()는 이전 상태를 캡쳐한 상태라는 것입니다. 따라서 빈 배열 대신 [handleServerMessages]로 바뀌더라도 콜백 내에서

상태를 전달하지 않기 때문에 위 useEffect()는 한 번만 호출 됩니다.

[코드 14.10] 내 useEffect() 마지막 부분에 있는 return 문을 보겠습니다. useEffect()에서 함수 반환은 옵션 사항입니다. 만약 함수를 반환한다면 리액트는 컴포넌트가 파괴되기 직전에 해당 함수를 호출합니다. 만약 다른 컴포넌트(루트 컴포넌트가 아닌)에 웹소켓 연결을 한다면, 메모리 누수를 막기 위해 useEffect() 내 return 문을 사용하는 것이 좋습니다.

[코드 14.10]의 useEffect()는 비동기 함수로 래핑했으며, 아래와 같이 async 키워드를 추가했습니다.

```
useEffect(async () => { await ...})
```

그러나 async 함수는 Promise를 반환하므로, 타입스크립트는 "Type 'Promise⟨void⟩' is not assignable to type '() void │ undefined' 'Promise ⟨void⟩' 타입은 '() void | undefined' 타입에 할당할 수 없습니다."라는 오류 메시지를 표시합니다. useEffect()는 Promise를 반환하는 함수를 좋아하지 않았습니다. 따라서 아래와 같이 수정했습니다.

```
useEffect(() => {
    async function initializeBlockchainNode() {...}
    initializeBlockchainNode();
    }
)
```

먼저 비동기 함수를 선언한 다음 호출했습니다. 이로써 타입스크립트는 더 이상 불평하지 않고 useEffect()에서 제 10장과 12장에서와 동일한 코드를 재사용할 수 있었습니다.

14.3.4 useCallback( )의 메모이제이션

이제 리액트 훅 useCallback()에 대해 이야기해보겠습니다. useCallback()은 메모이제이션된 콜백memoized callback을 반환합니다. 메모이제이션Memoization이란 함수 호출의 결과를 저장하고 동일한 입력이 발생할 때 캐시된 결과를 반환하는 최적화 테크닉입니다. 예를 들어 30초의 연산을 수행하는 doSomething(a, b) 함수가 있다고 해봅시다. 이 함수는 파라미터가 같다면 동일한 함수를 반환하는 순수 함수입니다. 아래 코드를 실행하면 90초가 걸리게 되겠지요.

```
let result: number;
result = doSomething(2, 3); // 30 sec
result = doSomething(10, 15); // 30 sec
result = doSomething(2, 3); // 30 sec
```

만약 데이터 테이블에 각 파라미터와 그 결과를 저장한다면 어떻게 될까요. doSomething(2, 3)이 이미 저장되어 있기 때문에 다시 호출할 필요가 없습니다. 즉 90초가 아닌 60초로 실행 시간이 줄어 듭니다. 이와 같은 최적화 기법을 바로 메모이제이션이라고 부릅니다.

리액트 컴포넌트에서 useCallback()을 사용하면 각 함수의 메모이제이션을 구현할 필요가 없습니 다. [코드 14.11]은 useCallback()을 사용해 doSomething() 함수의 메모이제이션을 반환합니다.

코드 14.11 useCallback()으로 함수를 래핑

```
const memoizedCallback = useCallback(   •········ useCallback() 훅
  () => {
    doSomething(a, b);   •········ doSomething() 함수를 메모이제이션
  },
  [a, b],   •········ doSomething()의 의존성
);
```

doSomething() 함수가 리액트 컴포넌트의 일부라고 해봅시다. a 또는 b가 변경되지 않으면, UI 렌 더링 중 해당 함수의 불필요한 재생성을 방지합니다.

앞서 만든 **App** 컴포넌트에서 웹소켓 서버에서 오는 메시지를 다루는 모든 함수^{예: handleServerMessages()} 를 useCallback()으로 감쌌습니다. [그림 14.8]은 **App** 컴포넌트 내 useCallback()을 사용해 함수를 래핑한 함수를 보여줍니다.

그림 14.7 App 컴포넌트 내 메모이제이션 함수

useCallback() 안에 함수 작성

```
12   const App: React.FC = () => {
13     const [status, setStatus] = useState<string>('');
14
15 ⊞   const handleGetLongestChainRequest = useCallback((message: Message) => {...
21     }, []);
22
23 ⊞   const handleNewBlockRequest = useCallback(async (message: Message) => {...
31     }, []);
32
33 ⊞   const handleNewBlockAnnouncement = useCallback(async (message: Message) => {...
36     }, []);
37
38 ⊞   const handleServerMessages = useCallback((message: Message) => {...
47     }, [
48       handleGetLongestChainRequest,
49       handleNewBlockAnnouncement,
50       handleNewBlockRequest
51     ]);
```

의존성

[그림 14.7] 내 15, 23, 33, 38줄에 선언된 각 변수는 **App** 컴포넌트에 선언된 지역 함수입니다. 따라서 리액트는 이 값(함수 표현식)이 변경될 수 있다고 생각합니다. useCallback()로 함수를 래핑하여 리액트에게 각 렌더링마다 동일한 함수 인스턴스를 재사용하도록 지시했습니다.

[코드 14.10]의 마지막 행에 있는 handleServerMessages은 useEffect()의 의존성입니다. 기술적으로 함수 표현식 const handleNewBlockRequest = useCallback() 대신 handleNewBlockRequest() 함수를 사용하면, 앱은 계속 작동하지만 각 함수는 각 렌더링마다 다시 생성됩니다.

[그림 14.7]의 21, 31, 36 행에서 의존성 배열이 비어 있는데, 이는 콜백이 이전 값을 가질 수 없으며 의존성이 필요 없음을 나타냅니다.

48-49 행에는 handleServerMessages() 콜백 함수 내 의존성 배열에 handleGetLongestChainRequest, handleNewBlockAnnouncement, handleNewBlockRequest 변수가 나열되어 있습니다.

코드 14.12 handleServerMessages() 콜백

```
const handleServerMessages = useCallback((message: Message) => {
  switch (message.type) {
    case MessageTypes.GetLongestChainRequest:
```

```
        return handleGetLongestChainRequest(message);
      case MessageTypes.NewBlockRequest:
        return handleNewBlockRequest(message);
      case MessageTypes.NewBlockAnnouncement:
        return handleNewBlockAnnouncement(message);
      default: {
        console.log(`Received message of unknown type: "${message.type}"`);
      }
    }
  }, [
    handleGetLongestChainRequest,
    handleNewBlockAnnouncement,
    handleNewBlockRequest
  ])
```

useCallback() 내 의존성을 사용합니다.

useCallback()의 의존성을 선언합니다.

웹소켓 서버와 통신하는 함수 외에도 **App** 컴포넌트에는 **BlockchainNode**의 인스턴스와 통신하는
세 가지 함수가 있습니다. [코드 14.13]은 **addTransaction()**, **generateBlock()**, **addBlock()** 함수를
보여줍니다. 앱 로직을 변경하지 않았지만, 재렌더링을 요청하기 위해 마지막 부분에 **setState()**을
호출했습니다.

코드 14.13 App 컴포넌트 내 세 가지 함수

```
function addTransaction(transaction: Transaction): void {
  node.addTransaction(transaction);
  setStatus(getStatus(node));
}
async function generateBlock() {
  server.requestNewBlock(node.pendingTransactions);
  const miningProcessIsDone = node.mineBlockWith(node.pendingTransactions);
  setStatus(getStatus(node));
  const newBlock = await miningProcessIsDone;
  addBlock(newBlock);
}
async function addBlock(block: Block, notifyOthers = true): Promise<void> {
  try {
    await node.addBlock(block);
    if (notifyOthers) {
      server.announceNewBlock(block);
    }
  } catch (error) {
```

이 함수는 자식 컴포넌트에서 호출됩니다.

컴포넌트 상태를
업데이트 합니다.

```
      console.log(error.message);
    }
    setStatus(getStatus(node)); •
  }
```

> **NOTE** addTransaction() 및 generateBlock() 함수는 각각 자식 컴포넌트인 TransactionForm 및 PendingTransaction-
> Panel에서 호출됩니다. 다음 절에서 해당 코드를 살펴보겠습니다.

addTransaction() 함수는 generateBlock() 함수에 의해 처리되는 보류 중인 거래내역을 누적하며,
노드 중 하나가 먼저 채굴을 완료하면 addBlock() 함수로 생성된 블록을 블록체인에 추가하며, 다른
노드들에게 이를 알립니다. 새 블록은 콜백 handleNewBlockAnnouncement()를 통해 서버에서 가
져옵니다.

getStatus() 함수는 App.tsx 파일에 있지만, **App** 컴포넌트 외부에서 구현했습니다. [코드 14.14]에
서 본문을 보겠습니다.

코드 14.14 App.tsx 내 getState() 함수

```
function getStatus(node: BlockchainNode): string {
    return node.chainIsEmpty          ? '🖩 Initializing the blockchain...' :
           node.isMining              ? '🖩 Mining a new block...' :
           node.noPendingTransactions ? '✉ Add one or more transactions.' :
                                        '✓ Ready to mine a new block.';
}
```

App 컴포넌트는 **setStatus(getStatus(node));**를 호출하며 두 가지 가능한 결과가 있습니다. **get-
Status()**는 이전과 동일한 상태를 반환하거나 새로운 상태를 반환합니다. 상태가 변경되지 않은 경
우 **setStatus()**를 호출해도 UI가 다시 렌더링되지 않으며 그 반대의 경우도 마찬가지입니다. 이전
에 **App** 컴포넌트를 다루며 컨테이너 컴포넌트에 대해 배웠으므로 다음으로 프레젠테이션 컴포넌트
로 넘어가겠습니다.

14.4 프레젠테이션 컴포넌트 TransactionForm

[그림 14.9]는 TransactionForm 컴포넌트 UI로 수신자 및 송신자의 이름, 거래 금액을 작성할 수 있습니다. 유저가 ADD TRANSACTION 버튼을 클릭하면, 해당 정보는 스마트 컴포넌트인 부모 App 컴포넌트로 전달되고 부모 컴포넌트에서 데이터를 처리합니다.

그림 14.8 TransactionForm 컴포넌트 UI

New transaction

Sender	→	Recipient	0
		ADD TRANSACTION	

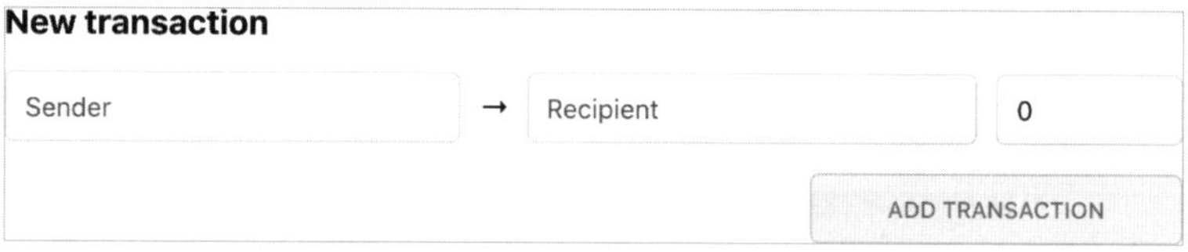

아래 [코드 14.14]는 App 컴포넌트 내 TransactionForm과 통신하는 JSX 코드 부분입니다.

코드 14.15 TransactionForm 컴포넌트 렌더링을 하는 App 컴포넌트의 JSX 부분

```
<TransactionForm
    onAddTransaction={addTransaction}      •······ 하위 항목의 onAddTransaction () 결과 상위 항목의 addTransaction ()
    disabled={node.isMining || node.chainIsEmpty}      •······ 자식 컴포넌트가 disabled 되어야 할 때
/>
```

이 JSX에서 TransactionForm 컴포넌트가 onAddTransaction()을 호출 할 때, App 컴포넌트가 [코드 4.13]에서 본 addTransaction()을 호출함을 추측할 수 있을 것 입니다. 또한 자식 컴포넌트는 disabled prop을 가지는데, 이는 BlockchainNode 인스턴스에 대한 참조를 보유하는 변수 node 상태에 따라 그 값이 달라집니다.

[코드 14.16]은 TransactionForm.tsx 파일의 첫 일부분 입니다.

코드 14.16 TransactionForm.tsx 파일의 첫 일부분

```
import React, { ChangeEvent, FormEvent, useState } from 'react';
import { Transaction } from '../lib/blockchain-node';
type TransactionFormProps = {
    onAddTransaction: (transaction: Transaction) => void,      •······ 부모로 데이터를 전달하는 prop
    disabled: boolean      •······ 부모에서 데이터를 받는 prop
};                                              폼 데이터의 기본 값을 객체로 세팅
                                                                       두 개의 props를 받습니다.
const defaultFormValue = { recipient: '', sender: '', amount: 0 };      •······
const TransactionForm: React.FC<TransactionFormProps> = ({ onAddTransaction, disabled }) => {      •······
    const [formValue, setFormValue] = useState<Transaction>(defaultFormValue);      •······ 컴포넌트 상태
```

```
const isValid = formValue.sender && formValue.recipient && formValue.amount > 0;
function handleInputChange({ target }: ChangeEvent<HTMLInputElement>) {
  setFormValue({
    ...formValue,
    [target.name]: target.value
  });
}
function handleFormSubmit(event: FormEvent<HTMLFormElement>) {
  event.preventDefault();
  onAddTransaction(formValue);    ●········ formValue 객체를 부모로 전달합니다.
  setFormValue(defaultFormValue);   ●········ 폼을 초기화 합니다.
}
  return (
  // JSX는 14.17에서 확인합니다.
  );
}
```

모든 input 필드에 한 개의 이벤트 핸들러를 사용합니다.

isValid 플래그는 버튼이 활성화됨을 정의합니다.

유저가 ADD TRANSACTION 버튼을 클릭하면 TransactionForm 컴포넌트가 부모에서 일부 함수를 호출해야합니다. 리액트에서 자식은 부모의 내부를 알지 못하므로, 자식은 onAddTransaction prop만 가져 오지만 onAddTransaction에 해당하는 부모 함수의 시그니처가 올바른지 알아야 합니다. 아래 코드는 onAddTransaction의 타입을 정의한 부분입니다.

```
onAddTransaction: (transaction: Transaction) => void,
```

[코드 14.13]를 다시 보면, addTransaction() 부모 함수에 실제로 (transaction: Transaction)=> void 가 있음을 알 수 있습니다. [코드 14.6]에서 addTransaction을 자식 onAddTransaction에 매핑하는 부분을 쉽게 찾을 수 있을 것입니다.

TransactionForm 컴포넌트는 간단한 폼을 렌더링하며, 단 한가지 상태 변수인 formValue를 가집니다. 유저가 입력 필드에 입력하면 이벤트 핸들러 handleInputChange()가 호출되고 입력된 값을 formValue에 저장합니다. [코드 14.16]에 이 이벤트 핸들러가 양식의 각 입력 필드에 할당된 것을 볼 수 있습니다.

이 핸들러에서 구조 분해를 사용해 이 이벤트를 트리거 한 입력 필드를 가리키는 대상 객체인 target 객체를 추출합니다. target 객체에서 동적으로 가져오는 DOM 엘레먼트의 name과 value 값을 가져옵니다. target.name 프로퍼티는 필드 이름이며 target.values는 필드 값입니다. 크롬 개발자 도구에서 handleInputChange() 메서드에 브레이크 포인트를 넣어 어떻게 작동하는지 확인해보세요. setFormValue()를 호출하여 입력 필드의 현재 값을 반영하도록 컴포넌트 상태를 변경합니다.

TIP setState()를 호출할 때, 스프레드 연산자와 함께 객체 클론을 사용합니다. 부록 A.7에서 자세한 내용을 확인해보세요.

거래내역 폼의 기본값은 defaultFormValue 변수에 저장되며, 이 변수는 초기 폼 렌더링과 ADD TRANSACTION 버튼을 클릭한 이후 초기화를 할 때 사용됩니다. 유저가 이 버튼을 클릭하면 handleFormSubmit() 함수가 onAddTransaction()을 호출하여 formValue 객체를 부모^{App 컴포넌트}에 전달합니다

[코드 14.16]은 TransactionForm 컴포넌트의 return 부분으로 세 개의 입력 필드와 제출 버튼이 있는 폼입니다.

코드 14.17 TransactionForm.tsx의 두 번째 부분

```
return (
  <>
    <h2>New transaction</h2>
    <form className="add-transaction-form" onSubmit={handleFormSubmit}>
      <input
        type="text"
        name="sender"
        placeholder="Sender"
        autoComplete="off"
        disabled={disabled}      •········ 폼이 유효한 경우 버튼이 활성화 됩니다.
        value={formValue.sender}      •········ 해당 상태 속성의 값을 바인딩합니다.
        onChange={handleInputChange}      •········ 상태 변경할 때마다 handleInputChange를 호출합니다.
      />
      <span className="hidden-xs"></span>
      <input
        type="text"
        name="recipient"
        placeholder="Recipient"
        autoComplete="off"
        disabled={disabled}      •········ disable 속성을 disabled prop에 바인딩합니다.
```

```
            value={formValue.recipient}  •········· 해당 상태 속성의 값을 바인딩합니다.
            onChange={handleInputChange}  •········· 상태 변경할 때마다 handleInputChange를 호출합니다.
          />
          <input
            type="number"
            name="amount"
            placeholder="Amount"
            disabled={disabled}  •········· disable 속성을 disabled prop에 바인딩합니다.
            value={formValue.amount}  •········· 해당 상태 속성의 값을 바인딩합니다.
            onChange={handleInputChange}  •········· 상태 변경할 때마다 handleInputChange를 호출합니다.
          />
          <button type="submit"
            disabled={!isValid || disabled}  •········· 폼이 유효한 경우 버튼이 활성화 됩니다.
            className="ripple">ADD TRANSACTION</button>
        </form>
      </>
  );
```

리액트는 HTML 폼을 다른 컴포넌트와 다르게 처리합니다. 폼은 모든 입력 값을 객체로 저장하는 등 내부 상태값을 가지기 때문입니다. 상태 객체 프로퍼티^{예: formValue.sender}을 **value** 속성 값에 바인딩하고 **onChange** 이벤트 핸들러 추가하여 일반적인 폼 필드를 제어된 컴포넌트^{controlled components}로 변경할 수 있습니다.

폼은 세 가지의 제어된 컴포넌트^{예: 입력 필드}가 있으며 모든 상태 변경은 연관된 핸들러 함수가 있습니다. TransactionForm 컴포넌트의 handleInputChange()가 바로 핸들러 함수입니다. [코드 14.15]에서 볼 수 있듯이 handleInputChange()에서 상태 객체를 복제하는 중이지만, 이 핸들러에도 모든 앱 로직을 넣을 수 있습니다.

다시 강조하면, TransactionForm은 값을 표시하는 방법과 폼 제출시 호출할 함수를 알고 있는 프레젠테이션 컴포넌트입니다. 부모에 대한 지식이 없으며 다른 외부 서비스와 통신하지 않으므로 100% 재사용이 가능합니다.

14.5 PendingTransactionPanel 프레젠테이션 컴포넌트

유저가 TransactionForm 컴포넌트 내 ADD TRANSACTION 버튼을 클릭 할 때마다 입력된 거래 내역은 PendingTransactionsPanel로 전달되어야 합니다. [그림 14.9]는 두 개의 보류 중인 거래내역 을 가진 컴포넌트를 렌더링한 화면입니다. 이 두 컴포넌트는 서로 알지를 못하므로 App 컴포넌트가 한 컴포넌트에서 다른 컴포넌트로 데이터를 전달할 때 일종의 중재자 역할을 할 수 있습니다.

그림 14.9 PendingTransactionsPanel 컴포넌트 UI

Pending transactions

```
Alex → Mary: $100
Yakov → Anton: $300
```

GENERATE BLOCK

[코드 14.18]은 PendingTransactionsPanel 컴포넌트를 렌더링하는 App 컴포넌트의 일부입니다. App 컴포넌트는 TransactionForm과 유사하게 PendingTransactionsPanel과 통신하며 이 컴포넌트 는 App 컴포넌트에서 3개의 props를 가져옵니다.

코드 14.18 App 컴포넌트에서 PendingTransactionPanel 컴포넌트를 렌더링하는 부분

```
<PendingTransactionsPanel
    formattedTransactions={formatTransactions(node.pendingTransactions)}  •……… 포맷된 거래내역을 전달합니다.
    onGenerateBlock={generateBlock}  •…… 부모의 generateBlock()를 onGenerateBlock()로 전달합니다.
    disabled={node.isMining || node.noPendingTransactions}  •……… 해당 자식 prop은 비활성화 상태로 초기화됩니다.
/>
```

첫 번째 prop은 formattedTransactions이며 App 컴포넌트는 렌더링을 위해 PendingTransaction-sPanel로 전달합니다. App.tsx을 설명하면서 거래내역 메시지를 포맷하는 유틸리티 함수인 format-Transactions()를 생략했습니다. [코드 14.19]는 formatTransactions() 함수이며, App.tsx 파일에 있 습니다.

```
function formatTransactions(transactions: Transaction[]): string {
  return transactions.map(t => `${t.sender} ${t.recipient}: $${t.amount}`)
    .join('₩n');
}
```

두 번째 prop인 **onGeneratedBlock()**은 유저가 GENERATE BLOCK 버튼을 클릭 할 때 부모에서 호출할 함수입니다.

[코드 14.20]은 PendingTransactionsPanel 컴포넌트의 코드입니다. 폼은 포함되어 있지 않으며 GENERATE BLOCK 버튼을 클릭하는 것 외에는, 유저의 입력을 처리할 필요가 없기 때문에 매우 간단한 컴포넌트입니다.

```
import React from 'react';
type PendingTransactionsPanelProps = {
  formattedTransactions: string;        ●········ 포맷된 거래내역
  onGenerateBlock: () => void;      ●·········· onGenerateBlock은 해당 메서드 시그니처를 사용해야 합니다.
  disabled: boolean;
}
const PendingTransactionsPanel: React.FC<PendingTransactionsPanelProps> =
  ({ formattedTransactions, onGenerateBlock, disabled }) => {
    return (
      <>
        <h2>Pending transactions</h2>               모든 컴포넌트(형제 요소 포함)는 부모 컨테이너의 오른쪽에 정렬됩니다.
        <pre className="pending-transactions__list">    ●·····┐
          {formattedTransactions || 'No pending transactions yet.'}   ●····┐
        </pre>
                                                        제공된 거래내역 또는 기본 텍스트 값을 표시합니다.
        <div className="pending-transactions__form">
          <button disabled={disabled}
            onClick={() => onGenerateBlock()}    ●········ GenerateBlock()을 호출합니다.
            className="ripple"
            type="button">GENERATE BLOCK</button>
        </div>
        <div className="clear"></div>   ●········ 오른쪽 정렬을 하지 않습니다.
      </>
    );
  }
export default PendingTransactionsPanel;
```

유저가 GENERATE BLOCK 버튼을 클릭할 때, onGenerateBlock()이 호출되는데, 이 함수는 App 컴포넌트의 generateBlock() 함수를 호출합니다.

스타일 셀렉터 .pending-transactions__form^{index.css 참고}은 float : right를 사용하여 이후 형제 컴포넌트를 포함해 모든 컴포넌트가 부모 컨테이너의 오른쪽에 정렬되도록 합니다. 셀렉터 .clear는 clear: both로 정의하여 오른쪽 정렬 규칙을 중지시킵니다. 따라서 이후 블록 섹션의 디자인을 깨트리지 않습니다.

마지막으로 블록체인을 보여주는 컴포넌트를 살펴보겠습니다.

14.6 BlockPanel과 BlockComponent 프레젠테이션 컴포넌트

유저가 PendingTransactionPanel 컴포넌트에서 GENERATE BLOCK 버튼을 클릭하면 모든 활성화된 블록은 채굴 프로세스를 시작합니다. 합의가 끝나면 새 블록이 블록체인에 추가되고 BlockPanel 컴포넌트에서 렌더링됩니다. [그림 14.11]은 BlockPanel 컴포넌트 내 두 개의 블록이 렌더링된 모습입니다.

> **그림 14.10** BlockPanel 컴포넌트 UI

블록 채굴 및 합의 과정 중 BlockchainNode 및 WebsocketController의 인스턴스가 관여하지만, 해당 작업은 스마트 App 컴포넌트에 위임되므로 BlockPanel 컴포넌트는 이들 객체와 직접 통신하지 않습니다. BlockPanel 컴포넌트는 부모에게 데이터를 보내지 않습니다. 이 컴포넌트의 목표는 block prop에서 받은 블록체인을 렌더링하는 것입니다.

```
<BlocksPanel blocks={node.chain} />
```

BlocksPanel.tsx 파일은 BlocksPanel과 BlockComponent 컴포넌트를 가집니다. [코드 14.21]은

BlockComponent로 블록체인 내 단일 블록을 렌더링합니다. [코드 14.11]은 BlockComponent의 두 인스턴스를 보여줍니다.

코드 14.21   BlockComponent 컴포넌트

```
const BlockComponent: React.FC<{ index: number, block: Block }> = ({ index, block }) => {
  const formattedTransactions = formatTransactions(block.transactions);  •┐
  const timestamp = new Date(block.timestamp).toLocaleTimeString();
                                                              App 컴포넌트에서 사용한 동일한
  return (                                                    formattedTransaction() 함수입니다.
    <div className="block">
      <div className="block__header">
        <span className="block__index">#{index}</span>  •········ 블록 번호
        <span className="block__timestamp">{timestamp}</span>
      </div>
      <div className="block__hashes">
        <div className="block__hash">
          <div className="block__label"> PREV HASH</div>
          <div className="block__hash-value">{block.previousHash}</div>  •········ 이전 블록의 해시
        </div>
        <div className="block__hash">
          <div className="block__label">THIS HASH</div>
          <div className="block__hash-value">{block.hash}</div>  •········ 블록 해시값
        </div>
      </div>
      <div>
        <div className="block__label">TRANSACTIONS</div>
        <pre className="block__transactions">{formattedTransactions
          || 'No transactions'}</pre>  •········ 블록의 거래내역
      </div>
    </div>
  );
}
```

[코드 14.22]는 BlockPanel 컴포넌트로 모든 BlockComponent 컴포넌트의 컨테이너입니다.

코드 14.22   BlocksPanel 컴포넌트

```
import React from 'react';
import { Block, Transaction } from '../lib/blockchain-node';
type BlocksPanelProps = {
  blocks: Block[]  •········ 유일한 prop으로 Block 인스턴스 배열 타입을 갖습니다.
```

```
  };
  const BlocksPanel: React.FC<BlocksPanelProps> = ({ blocks }) => {
    return (
      <>
        <h2>Current blocks</h2>
        <div className="blocks">
          <div className="blocks__ribbon">
            {blocks.map((b, i) =>    •·········· Array.map()을 사용해 데이터를 컴포넌트로 변환합니다.
              <BlockComponent key={b.hash} index={i} block={b}></BlockComponent>)}   •
          </div>
          <div className="blocks__overlay"></div>              key, index와 block props을 BlockComponent
        </div>                                                  컴포넌트로 전달합니다.
      </>
    );
  }
```

BlocksPanel 컴포넌트는 App 컴포넌트에서 Block 인스턴스의 배열을 가져오고 Array.map() 메서드를 사용해 각 Block 객체를 BlockComponent 컴포넌트로 변환합니다. map() 메서드는 Block-Component의 각 인스턴스에 키^{해시 코드}와 블록의 고유 인덱스 값, Block 객체를 전달합니다.

BlockComponent 컴포넌트의 prop은 index와 block입니다. [코드 14.20]에서 key prop에 대해 언급하지 않았습니다만, BlockComponent의 각 인스턴스에 대한 key prop에 블록 해시를 할당합니다. 그 이유는 동일한 컴포넌트 객체 여러 개를 렌더링하는 경우, 리액트는 가상 DOM과의 조정 중에 각 컴포넌트를 고유하게 식별하여 DOM 엘리먼트와 관련된 데이터를 추적할 수 있는 방법이 필요하기 때문입니다.

만약 각 BlockComponent 컴포넌트의 key prop에 고유값을 사용하지 않을 경우, 리액트는 브라우저 콘솔에 "Each child in array or iterator should have a unique key Prop.^{배열 및 이터레이션 내 각 자식 컴포넌트는 고유한 key prop을 가져야 합니다}" 라는 경고 메시지를 출력합니다. 우리 앱은 배열의 맨 끝에 새 블록을 추가하기 때문에 데이터 순서가 뒤죽박죽 될 일은 없지만, 특정 요소를 추가하거나 삭제하는 경우 선택된 엘리먼트 데이터가 일치하지 않아 UI를 조작하는데 어려움이 생기게 됩니다.

이것으로 리액트 블록체인 개발 코드 리뷰를 마치겠습니다.

요약

- 개발 모드에서 리액트 웹 앱은 웹팩의 dev server을 사용했으며, 다른 (메시징) 서버와 통신합니다. 이를 위해 커스텀 환경 변수를 사용해 메시징 서버 URL를 정의했습니다. 웹소켓 서버는 이로써 충분하지만 다른 HTTP 서버를 사용하는 경우, facebook.github.io/create-react-app/docs/proxying-api-requests에 기술된 것과 같이 HTTP 요청을 프록시 해야합니다.

- 일반적으로 리액트 앱의 UI는 컨테이너 및 프레젠테이션 컴포넌트로 구성됩니다. 프레젠테이션 컴포넌트에는 다른 컴포넌트에서 받은 데이터를 표시하거나 유저의 입력을 다른 컴포넌트로 보내는 상호 작용 같은 애플리케이션 내부 로직을 넣지 마세요.

- 자식 컴포넌트는 부모 컴포넌트에서 바로 직접 API를 호출하면 안됩니다. props를 사용해 부모 컴포넌트에서 자식 컴포넌트로 맵핑된 함수를 전달해야 합니다. 자식 컴포넌트는 부모 컴포넌트의 실제 함수 이름을 몰라도 제공된 함수 참조를 호출합니다.

- 리액트 컴포넌트 내 불필요한 함수 표현식의 재생성을 방지하려면, useCallback() 훅을 사용한 메모이제이션 방법을 고려해보세요.

제 15 장

타입스크립트를 사용한 Vue.js 앱 개발

이 장의 목표

- Vue.js 프레임워크 기초
- 클래스 컴포넌트
- Vue CLI로 프로젝트 시작 및 구성
- Vue 라우터를 사용한 클라이언트 측 네비게이션 개발

앵귤러는 프레임워크이며, 리액트는 라이브러리라는 것을 모두 알고 있을 것입니다. 그렇다면 뷰 Vue.js는 무엇일까요? 뷰 역시 프레임워크이지만 프레임워크와 라이브러리 그 중간 사이 쯤 위치해 있습니다. 뷰는 2014년 에반 유Evan You가 창안한 프레임워크로 기존의 앵귤러보다 가볍고 빠른 개발 을 목적으로 만들어졌습니다. 2021년 1월, 현재 뷰 깃허브 저장소의 스타 수는 17 만 7천을 넘어섰을 정도로 매우 유명한 프론트엔드 프레임워크가 되었습니다. 그러나 앵귤러구글와 리액트페이스북와 같이 대기업의 지원을 받지 않습니다.

뷰는 프로그레시브 프레임워크로 단일형 프레임워크와 달리 다른 라이브러리와 기존 프로젝트와의 통합이 매우 쉽습니다. 웹 UI를 점진적으로 구축할 경우, 뷰를 사용할 수 있습니다. 자바스크립트 라이브러리 사용 여부와 관계없이 일부분을 뷰로 작성하여 추가할 수 있습니다. 리액트와 마찬가지 로 모든 HTML 엘리먼트예: <div>에 뷰 인스턴스를 연결할 수 있고, 뷰는 해당 엘리먼트를 조작할 수 있습니다.

앱을 구성하는 MVC 패턴이 기억나시나요. 뷰Vue.js는 뷰View 기능에 초점을 둔 컴포넌트 기반 라이 브러리입니다. 주요 뷰 라이브러리는 UI 컴포넌트의 선언적 렌더링에 관한 것으로 가상 DOM, 클 라이언트 사이드 라우팅, 상태 관리 등 리액트와 기능이 매우 유사합니다.

뷰는 2020년 9월 3버전을 발표했습니다. 뷰 3는 자바스크립트로 개발되었던 이전 버전들과는 달리 처음부터 모두 타입스크립트로 작성되었습니다. 뷰3에는 타입스크립트 통합을 비롯해 반응형 API, 컴포지션(Composition) API 같은 새로운 기능들이 추가되었습니다. 새로운 뷰의 문법은 기존 문법과 100% 호환되며 새 코드만 추가되지만 발생할 수 있는 브레이킹 체인지에 대비할 수 있도록 기존 코드를 뷰3의 코드로 업그레이드 하는 마이그레이션 도구를 제공합니다.

앵귤러와 리액트를 다루며 이미 웹 컴포넌트 개념을 잘 알고 있을 것입니다. ⟨transaction-form-component⟩ 또는 ⟨BlocksPanel⟩와 같은 컴포넌트는 상태를 가지거나, 상태를 내보내는 등 다른 컴포넌트 간 통신을 할 수 있습니다. 컴포넌트는 자식 컴포넌트를 가질 수 있습니다. 앵귤러와 리액트와 같이 뷰 역시 동일한 컴포넌트 개념을 가지지만 문법은 조금 다릅니다.

뷰도 CLI 도구로 프로젝트를 쉽게 시작할 수 있습니다. 다음 절에서 CLI로 Hello World 웹 앱을 간단하게 생성해보겠습니다.

15.1 간단한 Vue 웹 페이지 개발

이번 절에서는 뷰와 자바스크립트로 간단한 웹 페이지를 만들어보겠습니다. HTML 엘리먼트 ⟨div⟩ 안에 "Hello World" 메시지를 렌더링하는 웹페이지입니다. [코드 15.1]에서 볼 수 있듯이 ⟨script⟩ 태그 안에 뷰 라이브러리 URL을 넣어 라이브러리를 CDN으로 가져왔습니다.

```
코드 15.1   index.html에 뷰 추가

<!DOCTYPE html>

<body>
  <div id="one"></div>
  <div id="two"></div>
  <script src="https://cdn.jsdelivr.net/npm/vue/dist/vue.js"></script>  •……… CDN으로 뷰 추가
</body>
</html>
```

위 코드에는 뷰 라이브러리를 불러오는 ⟨script⟩와 두 개의 비어있는 ⟨div⟩ 태그가 있습니다. 특정 HTML 요소에 뷰 인스턴스를 연결하는 방법을 설명하기 위해 의도적으로 두 개의 ⟨div⟩ 태그를 추가했습니다 .

웹 페이지에서 뷰를 로드하면 모든 API를 모든 API를 이 페이지의 스크립트에서 사용할 수 있으며, 개체의 인스턴스를 만들어 특정 HTML 엘리먼트에 연결합니다.

각 <div> 엘리먼트는 다른 ID를 가지고 있으며 Vue에 "ID가 **one**인 <div> 제어를 시작하십시오"라고 지시할 수 있습니다. 두 번째 <div>에 다른 기술을 사용하여 작성된 기존 앱의 콘텐츠가 포함되어 있고 Vue가 이를 제어하지 않을 경우를 생각해봅시다.

Vue 객체의 생성자에는 **ComponentOptions** 유형의 파라미터가 필요하며 유형 정의 파일 options.d.ts에서 **ComponentOptions**의 모든 선택적 속성 이름을 찾을 수 있습니다. Vue에서 제어할 HTML 요소의 ID와 렌더링 할 데이터를 저장할 속성 데이터를 포함하는 속성 **el**을 지정합니다. [코드 15.2]는 인사말 Hello World를 데이터로 전달하는 첫 번째 <div>에 Vue 인스턴스를 생성하고 연결하는 스크립트입니다.

코드 15.2 첫 번째 <div>에 뷰 인스턴스 연결

```
<!DOCTYPE html>

<body>
    <div id="one">   •⋯⋯ 뷰로 <div>가 제어됩니다.
        <h1>{{greeting}}</h1>   •⋯⋯ 데이터 바인딩은 greeting 변수의 값을 표시합니다.
    </div>
    <div id="two">   •⋯⋯ 뷰는 해당 div를 조작하지 않습니다.
        <h1>{{greeting}}</h1>   •⋯⋯ 데이터 바인딩이 없습니다. 브라우저는 {{ greeting }} 텍스트 그대로를 렌더링합니다.
    </div>
    <script src="https://cdn.jsdelivr.net/npm/vue/dist/vue.js"></script>
    <script type="text/javascript">
        const myApp = new Vue({   •⋯⋯ 뷰 인스턴스를 생성합니다.
          el: "#one",   •⋯⋯ ID와 엘리먼트에 뷰 인스턴스를 추가합니다.
          data: {   •⋯⋯ 엘리먼트에 데이터를 전달합니다.
            greeting: "Hello World"
          }
        })
    </script>
</body>

</html>
```

---

index.html 파일을 크롬 웹 브라우저로 열고, 크롬 개발자 도구의 Elements 탭을 선택하면 [그림 15.1] 화면과 같이 보일 것입니다.

그림 15.1 뷰를 사용한 <div>, 사용하지 않는 <div>

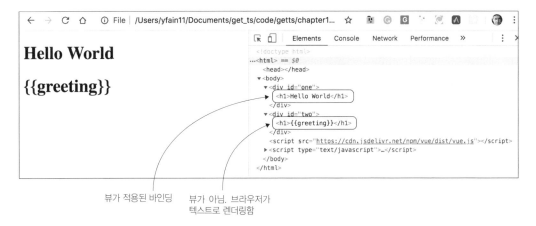

뷰가 적용된 바인딩   뷰가 아님. 브라우저가
텍스트로 렌더링함

웹 페이지 내 하단의 **<div>**는 일반 HTML 엘리먼트이며 브라우저는 **{{ expression }}** 텍스트를 렌더링합니다. 뷰는 초기화 도중, 최상위 **<div>** 엘리먼트에 ID를 제공하는 자바스크립트 객체를 전달합니다. 뷰 인스턴스는 이를 제어하고 Hello World를 렌더링하는 **greeting** 변수를 바인딩합니다. HTML 엘리먼트는 더블 머스태치double mustache 표기법{{expression}}을 사용하는데, 뷰는 이 표현식을 통해 해당 값을 렌더링합니다. **greeting** 변수의 값이 변경되면 **<div id="one">** 내 변수의 값도 변경됩니다. 뷰 인스턴스는 특정 DOM 엘리먼트로 스코프가 지정되므로 다른 DOM 엘리먼트에 바인딩되지 않습니다.

> **TIP** 브라우저 내 CDN의 URL을 가져올 때, 뷰 라이브러리 버전을 확인하세요. 본 코드에서는 2.6.10 버전을 사용하고 있습니다.

[그림 15.12]를 보면 **myApp** 변수 참조를 통해 **data** 객체 내 프로퍼티를 조회할 수 있습니다. **myApp.greeting = "Hello USA!"** 를 입력하면 맨 위 div 내 값이 변경됩니다.

그림 15.2 브라우저 콘솔에서 greeting 값을 변경

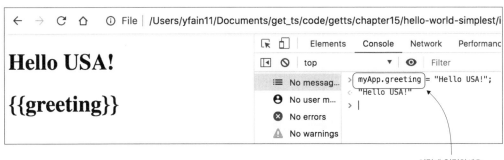

이렇게 입력하세요

뷰 인스턴스는 한 개 이상의 UI 컴포넌트를 가집니다. [코드 15.2]에 뷰 인스턴스 두 가지 프로퍼티를 가진 객체 리터럴을 전달했습니다. 최상위 컴포넌트를 렌더링하기 위해 render() 함수를 가진 객체를 전달할 수 있습니다.

```
new Vue({
    render: h => h(App) // App은 최상위 컴포넌트 입니다.
})
```

다음 절에서 뷰 CLI로 생성된 앱에서 위 구문을 볼 수 있을 것 입니다. h는 HTML 구조를 생성하는 스크립트를 나타냅니다. h를 createElement() 함수로 생각할 수 있습니다. vuejs.org/v2/guide/render-function.html#createElement-Arguments 문서에서 자세한 내용에 기술되어 있습니다.

 TIP h는 hyperscript의 약자로 HTML 구조를 생성하는 스크립트입니다

[코드 15.2]는 간단한 앱으로, UI 컴포넌트의 역할을 하는 DOM 엘리먼트에 **<div>**를 사용했습니다. 다음 절에서는 아래 세 가지 항목을 뷰 컴포넌트를 어떻게 정의하는지 알아보겠습니다.

- 선언적 템플릿
- 스크립트
- 스타일

[코드 15.2]의 **data** 프로퍼티는 컴포넌트 상태 역할을 합니다. 예를 들어 유저가 데이터를 입력하는 **input** 요소를 추가했다면, 뷰 인스턴스는 컴포넌트 상태를 업데이트 하고 **render()** 함수는 새 상태를 가진 컴포넌트를 다시 렌더링할 것입니다.

노드 기반 프로젝트에서 뷰 프로젝트를 시작하고, 실제 어떻게 UI 컴포넌트를 분할하는지 알아보겠습니다.

15.2 뷰 CLI로 프로젝트 생성 및 시작

뷰 CLI^{cli.vuejs.org/}는 트랜스 파일러, 번들러, 재현 가능한 빌드용 스크립트, 구성 파일 등을 가진 뷰 프로젝트 생성을 자동화하는 도구입니다. 이 도구로 웹팩에 필요한 모든 구성 파일을 생성할 수 있기 때문에, 초기 세팅 작업에 시간을 낭비하는 대신 오롯이 앱 개발에만 집중할 수 있습니다. 터미

널에서 아래 명령어로 뷰 CLI 패키지를 전역으로 설치해보겠습니다.

```
npm install @vue/cli -g
```

이제 터미널 창에서 vue 명령어로 자바스크립트 또는 타입스크립트 버전의 프로젝트를 생성할 수 있습니다.

TIP vue --version 명령어로 설치된 뷰 CLI 버전을 확인할 수 있습니다.

```
vue create hello-world
```

이 명령어를 실행하면 프로젝트 옵션 선택 화면이 보입니다. 기본 구성은 바벨 및 ESLint이 기본 사항이지만 타입스크립트 컴파일러를 사용하고자 한다면 "Manually select features"을 선택합니다. 이후 [그림 15.3]과 화면이 보일 것입니다. 위 아래 화살표와 스페이스 바를 사용해 프로젝트 옵션을 선택 또는 취소 할 수 있습니다.

그림 15.3 수동으로 프로젝트 기능 선택

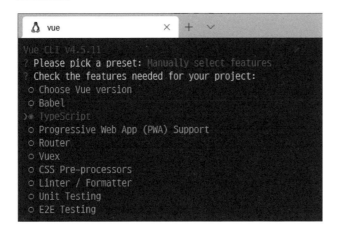

우리가 만들 hello-world 프로젝트에는 타입스크립트만 사용하겠습니다. 체크 및 해제는 스페이스 바로 가능합니다. 다른 것들에 대한 선택을 모두 해제하고 타입스크립트만 선택한 뒤 엔터 키를 누르면 클래스 스타일 컴포넌트 문법을 사용하겠는지 물어봅니다. 동의y를 선택합니다. 다음으로 나오는 타입스크립트와 함께 바벨을 선택하는 질문에는 거부n를 선택합니다. 이어지는 질문에 바벨 및 기타 도구에 대한 구성파일 저장 방식은 맨 위에 있는 별도 구성 파일을 선택하고, 향후 프로젝트를 위해 답변 저장은 거부[n]를 선택하면 설치가 완료됩니다.

뷰 CLI는 hello-world 디렉터리를 생성하고 모든 의존성을 설치합니다. 아래 명령어로 앱을 실행해 봅시다.

```
cd hello-world
npm run serve
```

생성된 프로젝트 코드가 컴파일되고 개발 서버가 앱을 실행합니다. localhost:8080/ 를 열면 [그림 15.4]와 같은 화면이 보일 것입니다.

그림 15.4 ▶ 생성된 프로젝트

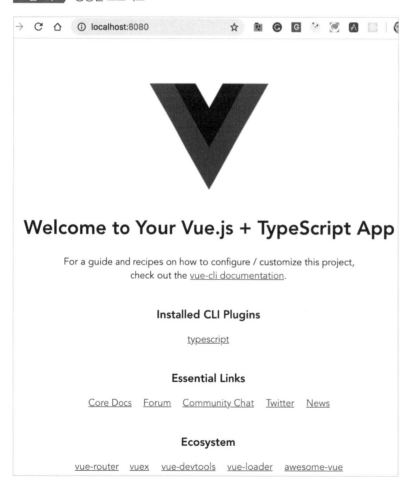

뷰 CLI로 프로젝트를 생성하고 실행하는 과정은 앵귤러 및 리액트 CLI와 비슷합니다. 내부적으로 뷰 CLI는 웹팩으로 번들 작업을 하고 webpack-dev-server를 사용해 개발 모드에서 앱을 실행합니다. [코드 15.3]에서 개발 서버를 실행하고 웹팩으로 번들을 빌드하기 위한 npm 스크립트 명령어를 확인해봅시다.

코드 15.3 생성된 package.json 파일

```
{
    "name": "hello-world",
    "version": "0.1.0",
    "private": true,
    "scripts": {
        "serve": "vue-cli-service serve",     •········· 웹팩 개발 서버로 앱을 시작합니다.
        "build": "vue-cli-service build"      •········· 웹팩으로 앱을 빌드합니다.
    },
    "dependencies": {
        "vue": "^2.6.10",
        "vue-class-component": "^7.0.2",
        "vue-property-decorator": "^8.1.0"
    },
    "devDependencies": {
        "@vue/cli-plugin-typescript": "^3.9.0",    •········· CLI 타입스크립트 플러그인
        "@vue/cli-service": "^3.9.0",
        "typescript": "^3.4.3",    •········· 타입스크립트 컴파일러
        "vue-template-compiler": "^2.6.10"
    }
}
```

TIP npm으로 설치 시 타입스크립트 타입 정의 파일이 생성되며, 별도의 도구를 설정하지 않아도 IDE는 자동 완성과 정적 타입을 제공합니다.

VS 코드에서 생성된 프로젝트를 열어 봅시다. 프로젝트 폴더 구조가 [그림 15.5]와 같을 것입니다. package.json에 의존성이 나열되어 있고 모든 설치된 의존성이 있고, node_modules 내 의존성이 설치되어 있습니다. 타입스크립트로 작성하므로 tsconfig.json 파일 내 컴파일러 옵션이 정의되어 있습니다. main.ts에 최상위 컴포넌트인 App.vue에 있는 컴포넌트를 불러옵니다. 모든 UI 컴포넌트는 component 디렉터리에 있습니다.

public 디렉터리는 뷰가 조작하는 HTML 엘리먼트를 가진 index.html 파일이 있습니다. 빌드 프로세스는 앱 번들에 스크립트를 포함하도록 이 파일을 수정합니다. 앱 로직이 포함된 더 많은 디렉터리와 파일을 자유롭게 추가할 수 있습니다. 다음 제 16장에서 뷰 프레임워크로 블록체인 클라이언트을 개발해보며 이 부분을 다뤄보겠습니다.

그림 15.5 CLI 생성된 Hello World 프로젝트 구조

[코드 15.4]는 main.ts 파일로 뷰 인스턴스를 생성하고 앱을 부트스트랩합니다. App 컴포넌트의 인스턴스를 생성하고 DOM ID가 app인 요소를 렌더링하기 위해 **render** 프로퍼티를 가진 객체를 사용합니다.

코드 15.4 main.ts

```
import Vue from 'vue'
import App from './App.vue'
Vue.config.productionTip = false
new Vue({    •········ 뷰를 초기화하며 옵션에 객체를 전달합니다.
    render: h => h(App),    •········ 컴포넌트 트리를 렌더링하는 함수입니다.
}).$mount('#app')    •········ DOM ID가 app인 요소에 뷰 인스턴스를 주입합니다.
```

> **TIP** VS 코드에서 Vetur(vuejs.github.io/vetur) 확장을 사용하면 뷰 문법 강조, 린트, 자동 완성, 포맷 등 기능을 사용할 수 있습니다.

[코드 15.2]에서 el 프로퍼티를 가진 객체를 통해 특정 HTML 요소에 뷰 인스턴스가 마운트됩니다.

```
const myApp = new Vue({
    el: "#one"
    ...
    }
  })
```

[코드 15.4]에서 뷰 인스턴스는 el 프로퍼티를 받지 못했고 $mount('#app') 메서드를 호출하면 마운팅 프로세스가 시작되고 Vue 인스턴스가 DOM ID를 가진 요소에 연결됩니다. 생성된 파일 public/index.html을 열면 <div id="app"></div> 요소를 찾을 수 있습니다.

이제 App.vue 파일을 검토해 보겠습니다. <template>, <script> 및 <style>의 세 섹션으로 구성됩니다. [그림 15.6]은 VS 코드에서 본문을 축소한 화면입니다. <script> 내 lang = "ts" 프로퍼티는 타입스크립트를 의미합니다.

그림 15.6 App.vue 내 세 가지 섹션

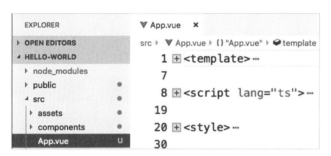

웹팩은 배포용 번들을 빌드할 때 특수 뷰 플러그인을 사용하여 각 컴포넌트 코드를 자바스크립트로 변환합니다. 따라서 웹 브라우저는 이를 구문 분석하고 렌더링 할 수 있습니다. [코드15.5]는 CLI로 생성된 <template> 부분입니다. 앵귤러 및 리액트에서 컴포넌트를 충분히 다루어보았다면 자식 컴포넌트인 <HelloWorld>를 쉽게 찾을 수 있을 것입니다.

코드 15.5 App 컴포넌트 내 템플릿 부분

```
<template>
  <div id="app">
    <img alt="Vue logo" src="./assets/logo.png">
    <HelloWorld msg="Welcome to Your Vue.js + TypeScript App"/>  •······ HelloWorld 컴포넌트
  </div>
</template>
```

이 템플릿에서 HelloWorld 컴포넌트는 msg 프로퍼티를 가지며 App 컴포넌트에서 메시지를 전달합니다. HelloWorld 컴포넌트가 생성된 앱의 거의 모든 부분을 차지합니다.

[코드 15.6]은 App 컴포넌트의 〈script〉 부분입니다. 앵귤러와 비슷하게, 뷰 앱을 타입스크립트로 작성할 때, 데코레이터예:@Component()를 사용할 수 있습니다. 데코레이터의 파라미터는 ComponentOptions 타입인 el, data, template, props, components 등 프로퍼티를 가진 선택적 파라미터로 가집니다.

코드 15.6 App 컴포넌트 내 스크립트 부분

```ts
<script lang="ts">
import { Component, Vue } from "vue-property-decorator";
import HelloWorld from "./components/HelloWorld.vue";
@Component({      •──── App 클래스에 컴포넌트 데코레이터를 적용합니다.
  components: {    •──── component 프로퍼티 ComponentOptions 파라미터를 전달합니다.
    HelloWorld,
  },
})
export default class App extends Vue {}   •──── App 컴포넌트는 Vue를 확장하는 클래스 컴포넌트 입니다.
</script>
```

> **TIP** 타입스크립트 데코레이터를 지원하기 위해 tsconfig.json 내 컴파일러 옵션 experimentalDecorators은 반드시 true로 설정해야 합니다.

코드 생성 중 CLI는 package.json에 vue-class-component 및 vue-property-decorator 두 가지 의존성을 추가했습니다. vue-class-component 패키지는 뷰 컴포넌트를 Vue로 확장하는 클래스로 작성할 수 있도록 만듭니다. 뷰 3.0 버전부터 클래스 컴포넌트를 기본적으로 지원합니다. vue-property-decorator 패키지는 @Component(), @Prop() 등 다양한 데코레이터를 지원합니다. 이들 패키지를 사용하지 않는다면, App.vue 파일의 〈script〉 내 클래스 대신 객체를 내보낼 수 있습니다.

```
import HelloWorld from "./components/HelloWorld.vue";
export default {
  name: "app",
  components: {
    HelloWorld,
```

```
  },
};
```

자식 컴포넌트 HelloWorld 내 <template> 본문에 다수의 <a> 태그가 있습니다. [코드 15.7]에서 볼 수 있듯이 가장 맨 윗 부분에 {{msg}}가 있습니다.

코드 15.7 HelloWorld 컴포넌트 템플릿의 일부분

```
<template>
 <div class="hello">
  <h1>{{ msg }}</h1>  •········· msg 프로퍼티 값을 바인딩합니다.
  <p>
  <!--이후 코드 생략-->
</template>
```

[코드 15.8]에서 HelloWorld 컴포넌트 내 <script> 부분을 보겠습니다. Component()와 Props() 두 가지 데코레이터를 볼 수 있습니다. 제 13장에서 배운 리액트의 props를 떠올려 봅시다. 뷰 역시 부모에서 자식으로 데이터를 전달합니다.

코드 15.8 HelloWorld 컴포넌트 스크립트 일부분

```
<script lang="ts">
 import { Component, Prop, Vue } from 'vue-property-decorator';
 @Component  •········· 파라미터 없이 @Component() 클래스 데코레이터를 사용합니다.
 export default class HelloWorld extends Vue {
  @Prop() private msg!: string;  •········· @Prop() 데코레이터인 속성을 사용합니다.
 }
</script>
```

msg 뒤에 붙은 느낌표!는 무엇일까요? 바로 단언 연산자Non-null assertion operator입니다. 프로퍼티 이름 다음에 느낌표를 붙이면 타입스크립트 타입 검사기에게 "msg가 null이거나 정의되지 않았을 가능성에 대해 불평하지마"라고 말하는 것과 같습니다. msg의 기본 값을 아래와 같이 전달할 수 있습니다.

```
@Prop({default: "The message will go here"}) private msg: string;
```

뷰 CLI는 HelloWorld 컴포넌트가 단 하나의 msg 프로퍼티를 사용함을 선언하는 데코레이터 @Prop() 코드를 생성했습니다. 다른 방법으로 @Component() 데코레이터의 props 프로퍼티를 사용할 수 있습니다. 아래 코드는 @Component() 내 프로퍼티를 통해 msg prop을 전달하는 방법입니다.

```
@Component({
  props: {
    msg: {
      default: "The message will go here"
    }
  }
}
export default class HelloWorld extends Vue { }
```

부모 컴포넌트가 msg 프로퍼티 값을 전달하지 않으면예: <HelloWorld /> 기본값이 렌더링됩니다.

prop을 사용하면 부모에서 자식으로 데이터를 보낼 수 있습니다. 반대로 자식에서 부모로 데이터를 전달하려면 $emit() 메서드를 사용합니다. 예를 들어, 하위 컴포넌트 <order-component>는 아래와 같이 orderData 페이로드와 함께 place-order 이벤트를 부모 컴포넌트에 전달할 수 있습니다.

```
this.$emit("place-order", orderData);
```

부모는 다음과 같은 이벤트를 받습니다.

```
<order-component @place-order = "processOrder">
...
processOrder(payload) {
// 페이로드, 즉 order 컴포넌트에서 받은 orderData를 처리합니다.

}
```

> **TIP** 제 16장의 16.4절의 $emit()을 사용한 예를 볼 수 있습니다. PendingTransaction 컴포넌트는 부모에게 generate-block 이벤트를 보냅니다.

지금까지 기본적인 뷰 앱의 동작 방법에 대해 배웠습니다. 다음으로 뷰 라우터로 클라이언트 사이드에서 네비게이션을 만들어보겠습니다.

15.3 라우터가 추가된 단일 페이지 앱 개발

제 11장 앵귤러 앱 개발에서는 products.json 파일의 데이터를 읽고 렌더링했습니다. 이와 동일하게 실습 프로젝트에서는 뷰 단일 페이지 앱을 생성하고 제품 리스트를 표시해보도록 하겠습니다. 뷰 라우터를 도입하며 프로덕트 목록을 렌더링하기 위해 뷰 지시자를 어떻게 사용하는지 알아보겠습니다. 다음 실습 프로젝트에서는 파라미터를 전달해 다음 제품의 세부 정보 페이지로 이동하는 방법을 알아봅니다. 첫 번째 앱은 router-product-list 디렉터리에 있고 두 번째 앱은 router-product-details 디렉터리에 있습니다.

> **NOTE** 뷰 라우터 패키지 vue-router는 제 11장에서 다룬 앵귤러 라우터와 비슷한 개념으로 클라이언트 사이드 네비게이션을 수행합니다.

[그림 15.7]과 같이 router-product-list 페이지는 **Home** 컴포넌트에서 제품 목록을 표시합니다. 유저가 제품을 선택하면, 앱이 이를 처리합니다. 상단의 **About** 링크를 클릭하면 서버에 요청하지 않고 **About** 뷰로 이동합니다.

그림 15.7 제품 리스트

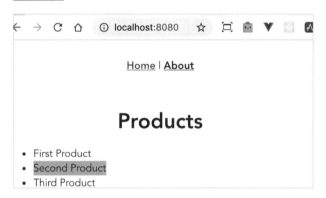

뷰 라우터의 목적은 클라이언트 사이드에서 유저의 탐색을 지원하며 주소 표시줄에 상태를 유지하는 것입니다. 여러 단계를 거치지 않고 직접 공유하고 열 수 있는 북마크된 경로를 생성합니다. 루트는 서버에서 별도의 웹 페이지를 로드하지 않습니다. 페이지는 그대로 유지하지만 유저는 유저는 클라이언트의 서버에 다른 페이지를 로드하도록 요청하지 않고 한 보기에서 다른 보기로 이동할 수 있습니다.

싱글페이지 앱에서는 서버 요청과 페이지 새로고침을 유발하는 <a href="…"> 형태의 HTML 태그를 사용하지 않습니다. 클라이언트 사이드 라우팅을 지원하는 프레임워크는 클라이언트에서 함수를 실행해 주소창을 업데이트하는 클릭 핸들러와 앵커 태그를 생성합니다.

뷰의 라우터는 서버로 요청을 보내지 않는 <router-link> 태그를 제공합니다. 라우팅을 위해 뷰 라우터는 localhost:8080/ 이란 URL을 생성하고 /about 세그먼트의 맵핑을 읽어내 <router-view> 위치에 **About** 컴포넌트를 렌더링합니다. 사용자가 About 링크를 처음으로 클릭하면 뷰는 렌더링 전에 지연 로딩을 통해 About 컴포넌트를 읽습니다. 이후 클릭은 준비된 **About** 컴포넌트를 렌더링합니다.

뷰 라우터는 vue-router라는 패키지에 구현되어 있으며 package.json 파일의 의존성 목록에서 찾을 수 있습니다.

15.3.1 뷰 라우터로 새 앱 생성

CLI로 router-product-list 프로젝트를 생성해보겠습니다. CLI 옵션에서 라우터를 선택하고, 라우터에 히스토리 모드를 사용한다고 설정합니다.

히스토리History API는 HTML5 API를 지원하는 브라우저에 의해 구현됩니다. 만약 앱이 구형 브라우저를 지원해야하는 경우 히스토리 기록 모드를 선택하지 마세요. 앱의 모든 URL에는 서버와 클라이언트 부분을 구분하는 해시 기호가 포함됩니다.

예를 들어, 히스토리 모드를 안 쓸 경우 클라이언트 리소스의 URL은 localhost:8080/#about 같은 형태가 되고 해시 기호 왼쪽 #은 서버에서 처리합니다. 해시 기호 오른쪽의 URL 세그먼트는 클라이언트의 앱에서 처리합니다. 히스토리 모드를 사용하면 URL은 localhost:8080/about 형태가 됩니다. developer.mozilla.org/en-US/docs/Web/API/History_API에서 HTML5 히스토리 모드에 대한 자세한 내용을 읽을 수 있습니다.

router-product-list 디렉터리로 이동하여 **npm run serve** 명령어를 실행하여 생성된 앱이 [그림 15.4]와 같이 보이는지 확인해보세요. [그림 15.8]과 같이 맨 상단에 Home과 About 링크가 있습니다.

그림 15.8 상단의 두 개의 링크

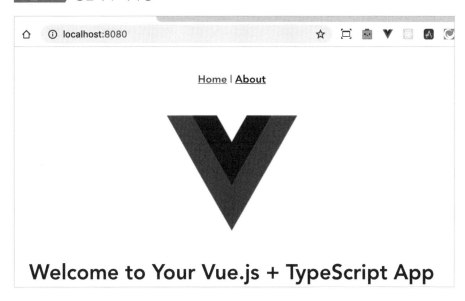

CLI은 src/views 디렉터리에 Home.vue와 About.vue 두 파일을 생성합니다. 뷰 라우터는 이 컴포넌트를 조작합니다. URL 내 프로토콜, 도메인, 포트 번호를 보겠습니다. URL은 클라이언트 세그먼트를 갖고 있지 않다면, 라우터는 기본적으로 **Home** 컴포넌트를 렌더링합니다. About 링크를 클릭하면, 브라우저는 [그림 15.9]와 같이 **About** 컴포넌트를 렌더링합니다.

그림 15.9 생성된 About 컴포넌트

URL는 클라이언트 세그먼트 /about을 포함하며, 라우터는 **About** 컴포넌트를 렌더링합니다.

생성된 파일 main.ts는 [코드 15.9]와 같이 Router 객체를 가져와서 뷰 인스턴스에 추가합니다.

코드 15.9 라우터 구성

```
import Vue from "vue";
import App from "./App.vue";
import router from "./router";  •········ router.ts에서 루트 구성을 가져옵니다.
Vue.config.productionTip = false;
```

```
new Vue({
  router,   •········ 뷰 인스턴스에 구성된 루트와 라우터 객체를 추가합니다.
  render: (h) => h(App),
}).$mount("#app");
```

Vue 인스턴스에는 구성된 경로, 즉 유저가 Home 또는 About을 클릭할 때 렌더링 할 컴포넌트가 포함된 Router 객체에 대한 참조가 포함됩니다. 이를 위해 뷰 CLI는 [코드 15.10]과 같이 router.ts 파일을 생성했습니다. 일반적으로 단일 페이지 앱을 개발한다면 클라이언트에서 유저의 네비게이션을 생각하고 URL 세그먼트를 UI 컴포넌트에 맵핑하는 배열을 만들어야 합니다. 이 배열은 [코드 15.10]에서 routes에 해당합니다.

코드 15.10 생성된 router.ts

```
import Vue from "vue";
import Router from "vue-router";
import Home from "./views/Home.vue";
Vue.use(Router);   •········ Router 패키지
export default new Router({   •········ Router 객체를 생성
  mode: "history",   •········ HTML5 History API를 지원합니다.
  base: process.env.BASE_URL,   •········ 서버 URL을 베이스로 사용합니다.
  routes: [   •········ 루트 배열을 구성합니다.
    {
      path: "/",
      name: "home",
      component: Home,   •········ 기본 경로 '/'에 Home 컴포넌트를 렌더링합니다.
    },
    {
      path: "/about",
      name: "about",
      component: () =>
        import(/* webpackChunkName: "about" */ "./views/About.vue"),   •········
    },                              '/about' 경로에 About 컴포넌트를 렌더링합니다.
  ],
});
```

Router 객체의 인스턴스를 만들 때 RouterOptions 타입 객체를 생성자에 전달합니다. 여기서는 linkActiveClass 프로퍼티를 사용하지 않았지만, 활성된 링크의 색깔을 변경하고 싶다면 이 프로퍼티를 사용해 변경할 수 있습니다.

라우터 패키지를 활성화하면 $route 특수 변수에 접근할 수 있습니다. 다음 절에서 유저의 탐색 중에 전달되는 파라미터를 가져옵니다. mode 프로퍼티를 보겠습니다. 앱 생성 동안 히스토리 모드를 선택했기 때문에 mode의 값은 history입니다. 경로 '/'는 Home 컴포넌트에 맵핑되었으며, CLI는 Home.vue 파일에서 컴포넌트를 가져옵니다. 그러나 '/about' 경로를 About 컴포넌트 대신 화살표 표현식에 맵핑했습니다.

```
() => import(/* webpackChunkName: "about" */ './views/About.vue')
```

이 코드는 라우터가 방문할 때 About 컴포넌트를 지연 로드해야 함을 알려줍니다. 프로덕션 번들을 생성할 때 코드를 분할하고 이 경로에 대해 별도의 청크about.[hash].js를 생성하도록 웹팩에 지시합니다. import 문은 유저가 About 뷰로 이동할 때 동적으로 수행됩니다.

> **TIP** npm run build를 실행하면 웹팩이 코드를 분할합니다. dist 디렉터리에 about.8027d92e.js 같은 형태의 파일이 생성됩니다. prod에서는 라우터가 About 뷰로 이동하지 않으면 이 파일은 로드되지 않습니다.

최상위 컴포넌트는 한 개 이상의 뷰를 표시하는 링크가 있으며, [코드 15.11]은 App.vue 내 템플릿 부분으로 <router-link>, <router-view> 태그를 갖고 있습니다. <router-vew> 태그는 내용을 변경하는 영역예: Home 또는 About 컴포넌트을 지정합니다. <router-link>의 to 속성은 뷰에게 구성된 경로에 어느 컴포넌트를 렌더링해야 하는지 알려줍니다. 예를 들어, to="/"는 URL에 클라이언트 사이드 세그먼트가 없는 경우 탐색할 위치를 알려줍니다.

코드 15.11 App.vue 내 <template> 부분

```
<template>
  <div id="app">
    <div id="nav">
      <router-link to="/">Home</router-link>  •······· 기본 컴포넌트를 렌더링합니다.
      <router-link to="/about">About</router-link>  •······· /about URL 세그먼트에 구성된 컴포넌트를 렌더링합니다.
    </div>
    <router-view />  •······· Home 또는 About을 렌더링합니다.
```

```
    </div>
  </template>
```

단일 페이지 앱에서는 서버 요청 및 페이지 새로고침을 방지하기 위해 <a href="…"> HTML 태그를 사용하지 않습니다. 클라이언트 측 라우팅을 지원하는 프레임워크는 클라이언트에서 함수를 호출하고 주소 표시줄을 업데이트하는 클릭 핸들러를 포함하는 앵커 태그를 생성합니다. 뷰에서 라우터는 서버에 요청을 보내지 않는 <router-link> 태그를 제공합니다. about 경로는, 뷰 라우터는 localhost:8080/about를 형성한 다음, /about 세그먼트에 대한 맵핑을 읽고 <router-view> 영역에 About 컴포넌트를 렌더링합니다. 맨 처음 유저가 About를 클릭하면 뷰는 렌더링하기 전에 About 컴포넌트를 느리게 불러옵니다. 이후에 다시 링크를 클릭하면 About 컴포넌트를 렌더링합니다.

> **NOTE** [코드 15.11] 내 두 <router-link> 태그는 to 속성에 정적 값을 갖고 있습니다. 반드시 그럴 필요는 없으며, 변수를 :to 속성에 바인딩할 수 있습니다. (to 앞에 콜론이 있습니다)

다음 절에서 Home.vue에 생성된 코드를 지우고 제품 목록을 읽어서 렌더링해보겠습니다. 또한 About.vue에는 선택한 제품의 세부 정보를 표시하겠습니다. 이 네비게이션 이동 과정에서 데이터를 전달하는 방법에 대해 알아보겠습니다.

15.3.2 Home.vue 내 제품 목록을 표시

이번 절에서 public 디렉터리 내 products.json 파일에서 아래 본문을 보겠습니다.

```
[
  { "id": 0, "title": "First Product", "price": 24.99 },
  { "id": 1, "title": "Second Product", "price": 64.99 },
  { "id": 2, "title": "Third Product", "price": 74.99 }
]
```

단순한 JSON 형식으로 타입스크립트 인터페이스를 작성하기 쉽습니다. MakeTypes^{jvilk.com/} MakeTypes와 같은 도구를 사용해 타입스크립트 인터페이스를 생성할 수도 있습니다. [그림 15.10]은 MakeTypes 웹사이트에서 가져온 스크린 샷입니다. 왼쪽의 텍스트 영역에 JSON 데이터를 붙여 넣으면 오른쪽 필드에 해당 타입스크립트 인터페이스가 생성됩니다.

그림 15.10 MakeTypes를 사용해 JSON에서 타입스크립트 인터페이스를 생성

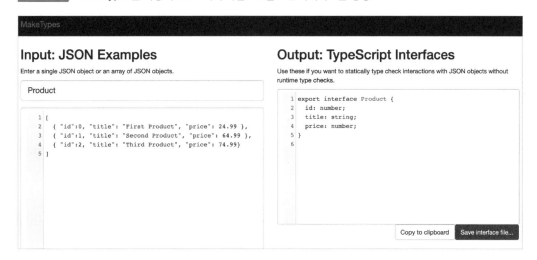

MakeTypes를 사용해 product.ts 파일에 있는 Product 인터페이스를 생성했습니다.

Home 루트는 기본 루트로 이동하자마자 파일을 읽으려고 합니다. Home 컴포넌트에서 데이터를 가져오는 코드는 어디에 주입해야할까요? Home 컴포넌트 생성이 완료된 정확한 순간을 알고 있나요? 뷰는 컴포넌트 라이프사이클 주기의 여러 단계에서 호출되는 콜백을 제공합니다. node_modules/vue/types에 있는 타입스크립트 선언 파일 options.d.ts를 확인하고 **ComponentOptions** 인터페이스 선언을 찾으세요. [코드 15.12]와 같은 라이프사이클 훅 선언을 볼 수 있을 것입니다.

코드 15.12 라이프사이클 훅 컴포넌트

```
beforeCreate?(this: V): void;
created?(): void;
beforeDestroy?(): void;
destroyed?(): void;
beforeMount?(): void;
mounted?(): void;
beforeUpdate?(): void;
updated?(): void;
activated?(): void;
deactivated?(): void;
errorCaptured?(err: Error, vm: Vue, info: string): boolean | void;
serverPrefetch?(this: V): Promise<void>;
```

뷰 공식 문서 내 라이프사이클 다이어그램 부분vuejs.org/v2/guide/instance.html#Lifecycle-Diagram에서 각 메서드에 대한 자세한 설명을 볼 수 있습니다. 그 중 **created()** 메서드는 컴포넌트가 초기화되고 데이터

를 받고 이벤트를 다룰 준비가 되면 호출하므로 가장 적합한 메서드입니다. 뷰는 라이프사이클 훅을 호출하므로 created() 메서드에 데이터 가져오기 코드를 넣으면 됩니다. [코드 15.13]은 Home 컴포넌트의 첫 번째 수정 버전입니다.

코드 15.13 created() 라이프사이클 훅 컴포넌트 추가

```
<template>
  <div class="home">
    <h1>I'm the Home component</h1>
  </div>
</template>

<script>
import { Component, Vue } from "vue-property-decorator";
@Component
export default class Home extends Vue {

  created() {    •——— 뷰가 호출하는 라이프사이클 훅
    console.log("Home created!");
  }
}
</script>
```

> **NOTE** 뷰 라우터는 자체 라이프사이클 훅을 가지며 경로 탐색 중에 중요한 이벤트를 가로챌 수 있습니다. vue-router 문서 router.vuejs.org/guide/에 설명되어 있습니다.

앱을 실행하고 브라우저 콘솔에 "Home created!" 메시지가 출력되었는지 확인하세요. created() 훅이 호출되는데, [코드 15.14]와 같이 JSON 파일에서 제품 데이터를 가져오도록 할 것입니다.

코드 15.14 제품 데이터 가져오기

```
<template>
  <div class="home">
    <h1>I'm the Home component</h1>
  </div>
</template>
<script lang="ts">
import { Component, Vue } from "vue-property-decorator";
import { Product } from "@/product";    •——— Product 인터페이스를 가져옵니다.
```

```
@Component
export default class Home extends Vue {
  products: Product[] = [];
  created() {
    fetch("/products.json")  •------- Promise로 데이터를 초기화 합니다.
      .then((response) => response.json())  •------- JSON 포맷으로 변경합니다.
      .then(
        (json) => {
          this.products = json;  •------- 제품 배열을 데이터로 채웁니다.
          console.log(this.products);  •------- 검색된 데이터를 브라우저 콘솔에서 인쇄합니다.
        },
        (error) => {
          console.log("Error loading products.json:", error);
        }
      );
  }
}
</script>
```

이 버전의 Home 컴포넌트에서는 products.json 파일을 읽기 위해 브라우저의 Fetch API를 사용하고 검색된 데이터를 브라우저의 콘솔에 인쇄하기만 하면 됩니다. 여기서는 Promise 기반 구문을 사용했으며 router-product-detail 앱에서는 async 및 await 키워드를 사용하므로 둘을 비교할 수 있습니다.

[코드 15.14]에는 ./src에 import 구문에 @표시를 사용했습니다. tsconfig.json 파일에서 다음과 같이 paths 옵션을 지정하기 때문에 가능한 것입니다.

```
"paths": {
  "@/*": [
    "src/*"
  ]
}
```

@기호는 이벤트 처리에 사용되는 뷰 지시자 v-on에도 축약 문법으로 사용됩니다. 예를 들어 <button v-on:click = "doSomething()"> 대신 <button @click="doSomething()">를 사용할 수 있습니다.

다음 단계는 Home 컴포넌트에 제품 목록을 표시하기 위해 <ul> 태그를 추가하는 것입니다. 뷰는

Vue 인스턴스에 DOM 요소로 수행할 작업을 인스턴스에 알려주는 여러 지시자가 있습니다. 지시자는 템플릿에서 사용할 수 있으며 v-if, v-show, v-for, v-bind, v-on 등 접두사가 붙은 HTML 속성처럼 보입니다.

v-for 지시자를 사용해 products 배열 내 각 요소를 <li>과 함께 반복하여 렌더링합니다. 뷰는 각 요소를 추적할 수 있으므로, 고유한 키 속성을 제공해야하며, v-bind:key 지시자를 사용합니다. [코드 15.15]는 제품 목록을 렌더링하는 Home 컴포넌트 입니다.

코드 15.15 Home 컴포넌트 내 제품 리스트를 표시

```ts
<template>
 <div class="home">
  <h1>Products</h1>
  <ul id="prod">
   <li v-for="product in products"      •┄┄┄ v-for 지시자로 제품 반복합니다.
     v-bind:key="product.id">      •┄┄┄ 각 <li> 엘리먼트에 고유한 키 값을 할당합니다.
    {{ product.title }}    •┄┄┄ 제품 제목만 렌더링합니다.
   </li>
  </ul>
 </div>
</template>
<style>
ul {
  text-align: left;    •┄┄┄ 리스트 내 요소 텍스트를 왼쪽으로 정렬합니다.
}
</style>
<script lang="ts">
import { Component, Vue } from "vue-property-decorator";
import { Product } from "@/product";
@Component
export default class Home extends Vue {
 products: Product[] = [];
 created() {
  fetch("/products.json")
    .then((response) => response.json())
    .then(
     (json) => {
      this.products = json;
     },
     (error) => {
      console.log("Error loading products.json:", error);
```

```
      }
    );
  }
}
}
</script>
```

앱을 실행하면 [그림 15.11] 같이 Home 컴포넌트가 렌더링됩니다.

그림 15.11 products를 렌더링

Home | **About**

Products

- First Product
- Second Product
- Third Product

이 앱에서 하나 이상의 기능을 구현해봅시다. 유저는 제품 리스트에서 제품을 선택할 것이고, 앱은 어떤 제품이 선택되었는지 알아야 합니다. 이번에는 Home 컴포넌트에서 제품을 선택하면, 해당 이름이 파란색 배경으로 강조 표시 됩니다. [코드 15.16]은 v-on:click 지시자가 추가된 템플릿으로 v-on에 대한 단축키 @를 사용했습니다.

코드 15.16 Home 컴포넌트 템플릿

```
<template>
  <div class="home">
    <h1>Products</h1>
    <ul id="prod">
      <li
        v-for="product in products"
        v-bind:key="product.id"           바인딩을 사용하여 선택한 항목에 다른 스타일을 동적으로 적용합니다.
        v-bind:class="{ selected: product === selectedProduct }"  •┈┄┘
        @click="onSelect(product)">  •┈┄┄ onSelect 메서드를 호출하여 선택한 제품의 데이터를 전달합니다.
        {{ product.title }}
      </li>
    </ul>
  </div>
</template>
```

[코드 15.16]의 템플릿에는 두 가지를 추가했습니다. 먼저 **v-bind** 지시자를 추가해 **selected**가 **selectedProduct** 클래스 프로퍼티와 같다면 CSS 셀렉터를 추가하도록 바인딩했습니다. 두 번째로 **onSelect()** 메서드를 호출하는 클릭 이벤트 핸들러를 추가했습니다. 여기서 **selectedProduct**의 값을 설정하여 바인딩 메커니즘이 해당 목록 항목을 강조 표시할 수 있습니다. [코드 15.17]은 **select-ed** 클래스가 정의된 **Home** 컴포넌트의 **<style>** 부분입니다.

코드 15.17 Home 컴포넌트의 새 스타일

```
<style>
.home {
  display: flex;
  flex-direction: column;
}
ul {
  text-align: left;
  display: inline-block;
  align-self: start;
}
.selected {       선택된 product에 강조하는 스타일입니다.
  background-color: lightblue;
}
</style>
```

[코드 15.18]은 **Home** 컴포넌트의 **<script>** 본문으로 **selectedProduct** 프로퍼티가 추가되었습니다.

코드 15.18 Home 컴포넌트의 script 부분

```
<script lang="ts">
import { Component, Vue } from "vue-property-decorator";
import { Product } from "@/product";
@Component
export default class Home extends Vue {
  products: Product[] = [];
  selectedProduct: Product | null = null;       selectedProduct 프로퍼티는 선택한 제품을 저장합니다.
  created() {
    fetch("/products.json")
      .then((response) => response.json())
      .then(
        (json) => {
          this.products = json;
```

```
        },
        (error) => {
          console.log("Error loading products.json:", error);
        }
      );
    }
    onSelect(prod: Product): void {   •········ 클릭 이벤트를 위한 핸들러 함수입니다.
      this.selectedProduct = prod;   •········ selectedProduct 값을 설정합니다.
    }
  }
</script>
```

Home 클래스의 **selectedProduct** 프로퍼티 타입을 보겠습니다. 이 프로퍼티를 초기화했는데, 그렇지 않으면 타입스크립트가 "Property 'selectedProduct' has no initializer and is not definitely assigned in the constructor. 'selectedProduct' 프로덕트는 이니셜라이저가 없고 생성자에 할당되지 않았습니다"라는 오류 메시지를 내보냅니다. 초기화에 관한 확인은 tsconfig.json에서 **strictPropertyInitialization:false**를 추가해 전체 프로젝트를 비활성화하거나, 프로퍼티 이름 뒤에 !를 붙여 프로퍼티 수준에서 표시하지 않을 수 있습니다.

```
`selectedProduct!: Product;`
```

selectedProduct: Product = null로 선언하면 타입스크립트가 **Product** 타입에 **null**을 할당할 수 없다고 불평하기 때문에 작동하지 않습니다. 따라서 **selectedProduct: Product | null = null;**으로 초기화했습니다. 그렇지 않으면 프로퍼티가 생성된 코드에 존재하지 않아 뷰가 이를 반응적으로 만들지 않고, 컴포넌트 템플릿에서 사용할 수 없기 때문입니다.

이제 유저가 제품을 클릭하면 선택한 항목의 CSS 셀렉터를 변경하기 위해 **v-bind:class** 지시자에서 사용되는 **selectedProduct** 프로퍼티 값을 설정하는 **onSelect()** 메서드가 호출됩니다. [그림 15.12]는 두 번째 제품을 선택한 모습입니다. **selectedProperty**의 값을 설정하면, URL에 해당하는 본문 내용이 렌더링되고 클래스 프로퍼티 값이 변경 될 때 발생 이전에 선택한 항목의 스타일이 지워집니다.

그림 15.12 두 번째 제품을 선택

- First Product
- Second Product
- Third Product

이 장의 앞 부분에, 부모 컴포넌트가 props를 사용해 자식 컴포넌트에게 데이터를 전달하는 방법을 설명했습니다. 다음 절에서는 다음 절에서는 경로 탐색동안 데이터를 전달하는 방법을 설명하겠습니다.

15.3.3 뷰 라우터에 데이터 전달

유저가 경로를 탐색할 때, 앱은 경로 파라미터를 사용하는 컴포넌트에 데이터를 전달할 수 있습니다. 이번 절에서는 제품 목록을 렌더링하는 프로젝트 코드를 살펴보겠습니다. 유저가 제품을 선택하면 세부 페이지로 이동하며 선택한 제품에 대한 정보가 본문에 표시됩니다.

실습 앱 프로젝트 디렉터리는 router-product-detail입니다. 해당 디렉터리에서 npm install 명령어를 입력하고 npm run serve를 실행하면 제품 목록이 보일 것입니다. 제품 목록 중 하나를 선택하면 세부 정보를 보여줍니다. [그림 15.13]에 초록색 글자 "Second Product"는 선택된 제품입니다.

그림 15.13 두 번째 제품의 세부 정보

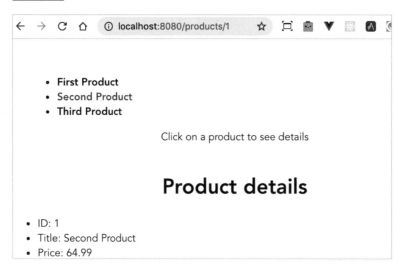

이 앱은 App과 ProductDetail 두 컴포넌트를 가집니다. 화면의 최상단은 App 컴포넌트이며 하단은 ProductDetails 컴포넌트입니다. URL 세그먼트 /products/1을 보겠습니다. 이 경로는 제품 세부 정보로 이동하며 [코드 15.19] 내 '/products/:productId'에 해당합니다.

router.ts

```
import Vue from "vue";
import Router from "vue-router";
import ProductDetails from "./views/ProductDetails.vue";
Vue.use(Router);
export default new Router({
  base: process.env.BASE_URL,
  mode: "history",
  routes: [
    {
      path: "/products/:productId",   •········ URL 내 product 다음에 값을 오는 경우
      component: ProductDetails,   •········ productId로 값을 전달하여 ProductDetail로 이동합니다.
    },
  ],
});
```

[그림 15.13]에서 보이지 않지만, 제품 목록은 HTML 앵커 태그로 표시되며, 각 링크는 선택된 제품 ID를 포함된 URL을 가집니다. [코드 18.20]의 App 컴포넌트 템플릿으로 각 링크를 렌더링합니다.

App 컴포넌트 템플릿

```
<template>
  <div id="app">
    <div id="nav">
      <ul>
        <li v-for="product in products" v-bind:key="product.id">   •········ 선택된 제품 ID를 포함하는 링크를 만듭니다.
          <router-link v-bind:to="'/products/' + product.id">
            {{ product.title }}
          </router-link>
        </li>
      </ul>
      <p>Click on a product to see details</p>
    </div>
    <router-view />   •········ ProductDetail 컴포넌트가 렌더링됩니다.
  </div>
</template>
```

위에서 동적으로 생성된 〈li〉 엘리먼트와 [코드 15.16]에서 생성된 〈li〉 엘리먼트를 비교해봅시다.

[코드 15.16]은 **product.title**의 텍스트만 렌더링하지만 [코드 15.20]은 아래와 같은 코드를 렌더링합니다.

```
<router-link v-bind:to="'/products/' + product.id">
  {{ product.title }}
</router-link>
```

위 코드는 제목을 표시하며 URL에 제품 ID를 추가합니다. 컴파일하는 동안 뷰는 **<router-link>**를 일반 앵커 태그 **<a>**로 바꾸고 전체 목록이 **<router-view>** 태그로 식별되는 영역에 표시됩니다. [코드 15.21]은 App.vue의 **<script>** 부분으로 products.json 파일을 읽는 코드만 있습니다. 이 코드는 앞 부분에서 이미 설명했습니다.

코드 15.21 App.vue 스크립트 부분

```
<script lang="ts">
import { Component, Vue } from "vue-property-decorator";
import { Product } from "@/product";
@Component
export default class App extends Vue {
  private products: Product[] = [];
  private created() {
    fetch("/products.json")
      .then((response) => response.json())
      .then(
        (data) => (this.products = data),
        (error) => console.log("Error loading products.json:", error)
      );
  }
}
</script>
```

App 컴포넌트의 **products** 속성이 **private**으로 선언되었지만 템플릿에서 사용될 수 있다는 사실은 뷰에서 타입스크립트 지원이 개선되어야 한다는 걸 보여줍니다. 앵귤러는 템플릿에서 개인 클래스 변수에 접근할 수 없습니다. 이제 라우터에서 **productId** 값을 추출하고 제품 세부 정보를 렌더링해야하는 ProductDetail 구성 요소의 코드를 검토해 보겠습니다. 다음 코드에서는 ProductDetails 구성 요소의 **<template>** 섹션을 보여줍니다.

```html
<template>
 <div>
  <h1>Product details</h1>
  <ul v-if="product">  •········ 조건부 <ul> 렌더링
   <li>ID: {{ product.id }}</li>
   <li>Title: {{ product.title }}</li>
   <li>Price: {{ product.price }}</li>
  </ul>
 </div>
</template>
```

v-if 지시자를 사용해 조건에 따라 DOM 엘리먼트를 렌더링했습니다. v-if="product" 표현식은 product 변수가 **true** 값을 가진 경우에만 렌더링함을 의미합니다. ProductDetails 클래스 내 prod-uct 프로퍼티가 선언되며 데이터를 가져온 다음 이 값을 갖게 됩니다. 따라서 유저는 **App** 컴포넌트 내 제품을 선택하면, 제품 ID를 파라미터로 전달하여 ProductDetails로 이동합니다. 그런 다음 fetchProductByID() 메서드로 받은 정보 product 변수로 할당하고 컴포넌트 템플릿은 이를 렌더링합니다.

[코드 15.23]의 ProductDetails 클래스는 product 프로퍼티와 beforeRouterEnter(), beforeRou-teUpdate(), fetchProductById() 세 가지 메서드를 갖습니다. beforeRouterEnter()와 beforeRou-teUpdate() 메서드는 라우터 훅^{네비게이션 가드}을 가집니다. 네비게이션 가드^{navigation guard}란 뷰 라우터로 특정 URL에 접근할 때 해당 URL의 접근을 막는 방법을 말합니다. fetchProductById() 메서드는 ID로 제품을 찾습니다.

```ts
<script lang="ts">
import { Component, Vue } from "vue-property-decorator";
import { Route } from "vue-router";
import { Product } from "@/product";
@Component({
 async beforeRouteEnter(to: Route, from: Route, next: Function) {  •········ beforeRouterEnter 네비게이션 가드
  const product = await fetchProductByID(to.params.productId);  •········ 전달받은 product Id로 데이터를 가져옵니다.
  next((component) => (component.product = product));  •········ 네비게이션 가드를 해결합니다.
 },
 async beforeRouteUpdate(to: Route, from: Route, next: Function) {  •········ beforeRouterUpdate 네비게이션 가드
  this.product = await fetchProductByID(to.params.productId);
```

```
    next();
  },
})
export default class ProductDetails extends Vue {
  private product: Product | null = null;   •⋯⋯⋯ product 프로퍼티를 선언합니다.
}
async function fetchProductByID(id: string): Promise<Product> {   •⋯⋯⋯ 제품 상세정보를 가져옵니다.
  const productId = parseInt(id, 10);
  const response = await fetch("/products.json");
  const products = await response.json();
  return products.find((p) => p.id === productId);
}
</script>
```

beforeRouteEnter() 혹은 컴포넌트가 경로를 확인하기 전에 호출하며 세 가지 파라미터를 가집니다.

- to : 탐색되는 대상 Route 객체
- from: 현재 탐색 중인 Route
- next: 탐색을 계속하려면 이 함수를 호출해야합니다.

to 파라미터는 파라미터 값을 저장하는 params 프로퍼티를 가지며, 경로에 전달합니다. 우리의 경우 router.ts 파일에서 productId 이름을 사용했으므로 대상 경로 내 파라미터 값을 가져오기 위해 동일한 이름을 사용해야 합니다.

beforeRouteEnter() 혹은 가드가 호출되었을 때 아직 생성되지 않았기 때문에 this 컴포넌트 인스턴스에 접근할 수 없습니다. 그러나 next()에 콜백을 전달하여 인스턴스에 액세스 할 수 있습니다. 탐색이 확인되면 콜백이 호출되고, 컴포넌트 인스턴스가 콜백에 파라미터로 전달됩니다.

```
next((component) => component.product = product);
```

여기에서 컴포넌트 인스턴스 product 프로퍼티를 초기화합니다. beforeRouteUpdate() 혹은 컴포넌트를 렌더링하는 경로가 변경 될 때 호출됩니다. ProductDetails 컴포넌트가 이미 렌더링되었지만, 유저가 목록에서 다른 제품을 클릭할 때 발생합니다. 이 혹은 컴포넌트 인스턴스에 액세스 할 수 있으므로 제품의 값을 this.product에 할당할 수 있습니다. next() 콜백에는 파라미터가 필요하지 않습니다.

간단하게, 제품 세부 정보를 찾기 위해 fetchProductByID() 메서드는 Fetch API를 사용해 전체 파일 products.json을 읽은 다음, 일치하는 제품 ID와 일치하는 하나의 개체만 찾습니다. 여기서는 async 및 await 키워드를 사용했으며, [코드 15.14]의 Promise 구문과 비교할 수 있습니다.

이것으로 뷰에 대한 소개를 마치겠습니다. 다음 장에서 뷰를 사용한 블록체인 UI 버전을 만들어보겠습니다.

요약

- 뷰는 UI 컴포넌트 뿐만 아니라 유저 네비게이션을 위한 클라이언트 사이드 라우터를 포함하며 CLI 도구로 개발 프로젝트를 생성하거나 배포용 번들을 생성합니다.

- 한 파일 내에서 UI 컴포넌트의 HTML, 스타일, 내부 코드를 개발하는 것을 선호한다면, 뷰는 좋은 선택입니다.

- 뷰는 주요 개념과 기능이 리액트나 앵귤러와 유사하지만, 배우기는 훨씬 쉽습니다.

- 자바스크립트 개발자는 뷰를 사용할 때 객체 기반 API를 사용합니다. 하지만 타입스크립트 개발자는 컴포넌트를 만들 때 자바스크립트 객체처럼 접근하는 것보다 클래스 기반 컴포넌트를 사용하는 것이 더 자연스럽다고 생각할겁니다. 뷰3에서는 리액트처럼 함수형 컴포넌트를 만들 수 있는 선택지가 존재합니다.

- 뷰3은 함수 UI 컴포넌트를 개발할 수 있는 새로운 Composition API를 제공합니다. 뷰2에서는 뷰3으로 자동화 프로세스를 거쳐 버전 업그레이드가 가능합니다. Composition API는 기존 객체 기반 API에 추가됩니다.

- 리액트와 유사하게 뷰는 현재 프로젝트를 다시 SPA로 리팩토링 하지 않고, 일부분만 뷰로 개발하여 기본 앱과 연동할 수 있습니다.

제 **16** 장
Vue.js 블록체인 개발

이 장의 목표

- 뷰를 사용한 블록체인 웹 클라이언트 코드 검토
- 개발 모드에서 두 서버를 실행하는 방법
- 거래내역 입력에서 블록생성까지 데이터의 동작 방식
- 블록체인의 클라이언트 컴포넌트 간 통신 배열 방법

이전 장에서 뷰 프레임워크의 기본 내용에 대해 배웠습니다. 이제 뷰로 작성한 블록체인 앱 코드를 리뷰해보겠습니다. 웹 클라이언트 소스 코드는 blockchain/client 디렉터리에 있으며 메시지 서버는 소스 코드는 blockchain/server 디렉터리에 있습니다.

서버 코드는 14장과 동일합니다. 블록체인 앱의 기능도 동일하지만 앱의 UI 부분만 뷰 프레임워크와 타입스크립트로 다시 작성했습니다.

이 장에서는 블록체인 기능에 대한 설명을 건너 뛰고 뷰 코드를 검토하겠습니다. 제 10 장에서 블록체인 클라이언트와 메시징 서버에 대한 내용을 다시 읽고 와도 좋습니다.

요약하자면, 노드의 유저가 GENERATE BLOCK 버튼을 클릭하면 클라이언트의 코드가 채굴이 시작됨을 알립니다. 버튼 클릭한 노드가 채굴을 가장 먼저 완료한다는 의미는 아닙니다. 다른 노드도 동일한 거래내역으로 블록 채굴을 시작할 수 있으며, 이러한 모든 노드는 메시징 서버를 사용하여 가장 긴 체인을 교환하여 어느 노드가 승자인지 합의에 도달합니다.

먼저 메시징 서버와 블록체인 앱의 뷰 클라이언트를 시작하는 법을 알아보고, 클래스 기반 뷰 컴포넌트 코드를 검토해보겠습니다.

16.1 클라이언트 및 메시징 서버 시작

뷰 클라이언트를 시작하려면 client 디렉터리에서 다른 터미널 창을 열고 npm install을 실행하여 뷰와 의존성을 설치한 다음 npm run serve 명령을 실행합니다.

localhost:8080를 브라우저에서 열면 [그림 16.1]과 같이 블록체인 웹 페이지가 표시됩니다. App.vue 파일은 최상위 컴포넌트를 가지며, 다른 *.vue 파일은 TransactionForm, PendingTransactionsPanel, BlocksPanel과 같은 자식 컴포넌트를 가집니다.

그림 16.1 블록체인 클라이언트 앱 실행

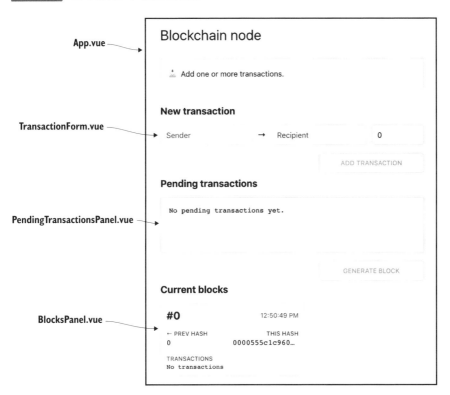

뷰 CLI로 프로젝트를 구축했으며, CLI 옵션 중 바벨, 타입스크립트, 클래스 컴포넌트를 선택했습니다. [그림 16.2]에서 client 디렉터리 파일 구조를 보여줍니다. 하위 디렉터리인 components로 UI 컴포넌트가 있으며, lib 디렉터리는 블록체인 노드를 생성하고 메시징 서버와 통신하는 스크립트 코드를 포함합니다. public 디렉터리에는 index.html빌드 프로세스 중에 업데이트 될와 styles.css 파일이 있습니다. 이 프로젝트 앱에서는 뷰 라우터를 사용하지 않았습니다.

그림 16.2 프로젝트 구조

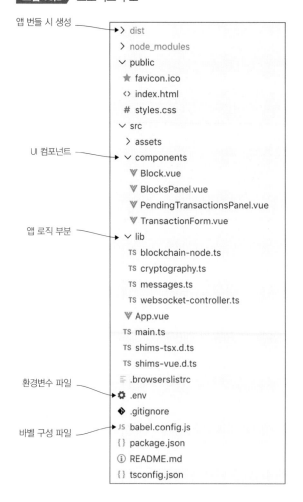

앱 번들 시 생성

UI 컴포넌트

앱 로직 부분

환경변수 파일

바벨 구성 파일

이 프로젝트 생성 시, 타입스크립트와 바벨을 선택했습니다. 구성 파일에서 프리셋에 **@vue/app**이 포함된 것을 확인할 수 있습니다. 또한 바벨은 타입스크립트 **@vue/app** 플러그인과 함께 제공하므로, 이 앱은 바벨이 제어하는 단일 컴파일 프로세스가 있습니다.

다음과 같은 이유로 바벨 사용을 고려할 수 있습니다.

- 최신 자바스크립트 지원 모드 : 앵귤러 차등 로딩differential loading과 동일한 기능입니다. ES5, ES6 두 개의 번들이 생성됩니다. 유저가 사용하는 웹 브라우저가 ES6를 지원하는 경우, 해당 번들만 로드됩니다.

- 자동 감지 폴리필 : 앞서 최신 자바스크립트 모두를 지원하는 점은 자바스크립트 언어 자체 기능으로, 자동 감지 폴리필Auto-detecting polyfills은 브라우저 API에 해당됩니다.

- JSX 지원: 바벨이 없다면 HTML 기반 템플릿만 사용할 수 있습니다.

lib 디렉터리에는 새 블록을 생성하고, 가장 긴 체인을 요청하고, 다른 노드에게 새 블록이 생성되었음을 알리고, 다른 노드를 초대해 해당 거래내역에 대한 새 블록 생성을 시작하게 만드는 코드가 있습니다. 이 내용은 제 10장의 10.1절 및 10.2절에서 설명했습니다. lib 디렉터리에는 UI 컴포넌트가 없기 때문에 제 14장의 리액트 블록체인 클라이언트 코드와 같습니다.

CLI로 생성한 앱을 실행 시 vue-cli-service 스크립트가 사용됩니다. package.json 파일에서 해당 부분의 명령어를 찾을 수 있습니다.

```
"scripts": {
  "serve": "vue-cli-service serve",
  "build": "vue-cli-service build"
}
```

vue-cli-service는 항상 .env 파일에서 호스트 이름 및 포트 번호 등 환경 변수를 읽습니다. [그림 16.3]은 웹팩 개발 서버포트 8080에서 메시징 서버포트 3000로 프록시 요청을 도식화 한 것입니다. 앵귤러와 리액트도 유사합니다.

.env 파일에서 **VUE_APP_WS_PROXY_HOSTNAME=localhost:3000**로 프록시를 설정했습니다.

그림 16.3 단일 앱에 두 개의 서버를 사용

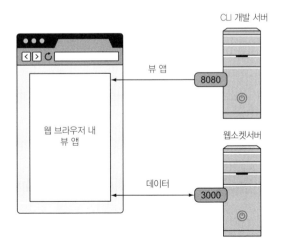

블록체인 클라이언트의 진입점은 main.ts 파일로, ID가 **app**인 DOM 엘리먼트에 뷰 인스턴스를 마운트합니다.

```
new Vue({
   render: h => h(App),
}).$mount('#app')
```

리액트와 마찬가지로 뷰는 가상 DOM을 사용합니다. render() 함수는 가상 노드 **VNode**의 인스턴스를 반환합니다. 여기에서 앱의 최상위 컴포넌트가 렌더링되며 다음 절에서 이 부분을 보겠습니다.

16.2 App 컴포넌트

App.vue 파일에는 **App** 클래스 컴포넌트가 포함되어 있고, <template> 부분에는 TransactionForm, PendingTransactionsPanel, BlocksPanel 컴포넌트가 있습니다.

코드 16.1 App.vue 내 스크립트 부분

```
<template>
 <main id="app">
  <h1>Blockchain node</h1>
  <aside>
   <p>{{ status }}</p>
  </aside>
  <section>
   <transaction-form    •········ TransactionForm 컴포넌트
    :disabled="shouldDisableForm()"    •········ disable 프로퍼티를 바인딩합니다.
    @add-transaction="addTransaction"    •········ add-transaction 이벤트를 처리
   >
   </transaction-form>
  </section>
  <section>
   <pending-transactions-panel    •········ PendingTransactionsPanel 컴포넌트
    :transactions="transactions()"
    :disabled="shouldDisableGeneration()"
    @generate-block="generateBlock"
   >
   </pending-transactions-panel>
  </section>
  <section>
```

```
        <blocks-panel :blocks="blocks()"></blocks-panel>   •⸳⸳⸳⸳⸳ BlocksPanel 컴포넌트
    </section>
  </main>
</template>
```

:disabled = "shouldDisableForm()" 표현식은 v-bind:disabled ="shouldDisableForm()"를 축약한 것으로 TransactionForm 컴포넌트의 disabled 프로퍼티를 제어합니다. shouldDisableForm() 메서드 이름 뒤의 괄호는 호출을 의미합니다. 이 메서드는 App 클래스에서 선언됩니다.[코드 16.2] 참고 컴포넌트 인스턴스의 모든 메서드는 템플릿에서 호출할 수 있습니다.

@add-transaction="addTransaction" 표현식은 TransactionForm 컴포넌트가 add-transaction를 방출하고, App 컴포넌트의 addTransaction() 메서드가 호출되어야 함을 말합니다. 메서드 이름 옆에 괄호가 없습니다. 이는 나중에 호출되는 메서드에 대한 참조입니다.

> **TIP** 카멜케이스 표기법을 사용한 클래스 컴포넌트라면, 대시 기호(-)를 사용해 수정할 수 있습니다. [코드 16.1]은 TransactionForm 컴포넌트를 <transaction-form>로 작성했지만 카멜케이스 <TransactionForm>도 사용할 수 있습니다.

@generate-block="generateBlock"은 PendingTransactionsPanel 컴포넌트가 generate-block 이벤트를 내보냅니다. 이후 App 컴포넌트는 generateBlock() 메서드를 호출합니다.

:blocks="blocks()"는 block() 메서드를 호출하고 반환 값을 BlocksPanel 컴포넌트[코드 16.7]에서 @Props 데코레이터로 표시의 blocks 프로퍼티에 할당됩니다.

[코드 16.2]는 App 컴포넌트 내 <script> 중 일부분입니다. 블록체인 코드는 이미 설명했기 때문에, 대부분의 메서드 본문은 ...로 생략했습니다. 따라서 뷰와 관련된 코드를 살펴보겠습니다.

코드 16.2 ▶ App.vue 내 스크립트 부분

```
<script lang="ts">
import { Component, Vue } from 'vue-property-decorator';
import BlocksPanel from '@/components/BlocksPanel.vue';
import PendingTransactionsPanel from '@/components/PendingTransactionsPanel.vue';
import TransactionForm from '@/components/TransactionForm.vue';

import { Block, BlockchainNode, Transaction } from '@/lib/blockchain-node';
import { Message, MessageTypes } from '@/lib/messages';
```

```
import { WebsocketController } from '@/lib/websocket-controller';

const node = new BlockchainNode();
const server = new WebsocketController();

@Component({
  components: {    •········ @Component 데코레이터 내 모든 자식 컴포넌트 나열합니다.
    BlocksPanel,
    PendingTransactionsPanel,
    TransactionForm
  }
})
export default class App extends Vue {
  status: string = '';

  // Note: Must be a function, Vue doesn't work with getters, i.e.: get blocks() { return node.chain; }
  blocks(): Block[] {    •········ 템플릿에서 함수가 호출됩니다.
    return node.chain;
  }

  transactions(): Transaction[] {    •
    return node.pendingTransactions;
  }

  shouldDisableForm(): boolean {    •
    return node.isMining || node.chainIsEmpty;
  }

  shouldDisableGeneration(): boolean {    •
    return node.isMining || node.noPendingTransactions;
  }

  created() {    •
    this.updateStatus();

    server
      .connect(this.handleServerMessages.bind(this))
      .then(this.initializeBlockchainNode.bind(this));
  }

  destroyed() {    •
```

컴포넌트 생성시 호출되는
라이프사이클 콜백 함수

컴포넌트 파괴시 호출되는
라이프사이클 콜백 함수

```
      server.disconnect();
    }

    updateStatus() {    •········ status 프로퍼티를 업데이트
      this.status =   node.chainIsEmpty              ? '⌛ Initializing the blockchain...' :
                      node.isMining                  ? '⌛ Mining a new block...' :
                      node.noPendingTransactions ? '✉ Add one or more transactions.' :
                                         `✅ Ready to mine a new block (transactions: ${
node.pendingTransactions.length}).`;
    }
```

@Component() 데코레이터의 파라미터는 객체 리터럴이며, ES6 단축 구문을 사용했습니다. 객체 리터럴의 프로퍼티 값이 식별자와 값이 같은 경우 여러번 작성할 필요가 없습니다. 아래는 단축 구문을 사용하지 않은 버전입니다.

```
{
  BlocksPanel: BlocksPanel,
  PendingTransactionsPanel: PendingTransactionsPanel,
  TransactionForm: TransactionForm
}
```

> **TIP** [코드 16.7] 내 BlocksPanel 컴포넌트는 긴 표기법을 사용하고 있습니다. 이 이유는 추후 설명하겠습니다.

node와 server을 클래스 프로퍼티로 선언하지 않고, 뷰 컴포넌트 외부에서 정의했습니다. 그 이유는 뷰 내부의 getter 및 setter을 사용해서 객체를 수정하지 못하도록 하기 위함입니다. 물론 **get blocks() { return node.chain; }** 부분은 블록체인의 모든 노드를 getter로 반환하는 메서드를 사용할 수 있다고 생각하겠지만, 뷰에서는 컴포넌트 템플릿과 getter와 함께 사용할 수 없으므로 클래스 메서드로 작성해야 합니다. 클래스 컴포넌트 **App**의 다른 메서드들도 동일하게 적용됩니다.

컴포넌트 라이프사이클 **created()** 메서드는 데이터와 이벤트를 사용할 준비가 되었지만, 템플릿이 렌더링되지 않았을 경우 호출됩니다. 이 메서드는 **handleServerMessages()** 콜백을 제공하는 메시징 서버에 연결하고, 웹소켓 연결이 설정되면, 블록체인 노드를 초기화합니다. 제 10장에서 설명했듯이 가장 긴 체인을 요청하고 기존의 블록 또는 제네시스 블록을 초기화 합니다.

컴포넌트 라이프 사이클 destroyed() 메서드는 컴포넌트가 파괴되었을 때 호출됩니다. 이 때 다른 블록에서 메시지를 계속 수신하지 않도록 웹소켓 서버 연결을 중단합니다. 컴포넌트 파괴 전 호출되는 라이프 사이클 beforeDestroy() 메서드에서 데이터 정리를 할 수 있습니다. beforeDestroy() 메서드가 호출되면 컴포넌트는 잘 작동하며, 데이터 정리와 관련된 비즈니스 로직을 적용할 수 있습니다.

다시 한 번, 인터페이스 프로그래밍

제 3장에서 다룬 인터페이스 프로그래밍의 장점을 다시 짚어보겠습니다. 예를 들어, 뷰에서 created() 라이프 사이클 훅을 creatted()으로 잘못 입력했다고 해봅시다. 메시징 서버와 통신하고 클래스 변수 status를 업데이트하는 created() 메서드가 없기 때문에 앱이 제대로 작동하지 않습니다.

이 오류는 런타임 중에만 표시되므로, 타입스크립트를 사용하는 장점이 없습니다. 따라서 타입스크립트 지원이 나중에 뷰에 추가되었음을 명확하게 보여줍니다. 그렇다면 어떻게 해결할 수 있을까요? 타입스크립트가 기본 언어인 앵귤러에서 컴포넌트 라이프 사이클 훅이 어떻게 설계되었는지 살펴보겠습니다.

앵귤러는 각 라이프 사이클 훅의 인터페이스가 선언되어 있습니다. ngOnInit() 메서드의 경우 OnInit 인터페이스가 있습니다. [코드 16.3]과 같이 컴포넌트 클래스에 OnInit를 구현함을 선언한 후 ngOnInit() 메서드를 구현합니다.

```
export class App implements OnInit() {OnInit
    ngOnInit() {...}
}
```

만약 ngOnInitt()라고 오타가 있을 경우, 타입스크립트 정적 코드 검사기는 OnInit 인터페이스에 선언된 모든 메서드를 구현해야 한다는 오류 메시지와 해당 오류 부분을 강조 표시합니다. ngOnInit()는 어디에 있을까요? 인터페이스 프로그래밍은 이와 같은 버그를 발견하고 알려줍니다.

updateStatus() 메서드는 generateBlock() 또는 addBlock()과 같이 여러 메서드에서 호출됩니다. status 프로퍼티가 업데이트 되면 UI는 재렌더링됩니다. 뷰는 반응형 시스템을 가지고 있습니다. 뷰는 각 컴포넌트 프로퍼티를 getter 또는 setter로 래핑하여 UI의 재렌더링 타이밍을 알 수 있습니다. 뷰 인스턴스에 자바스크립트 객체를 data 옵션으로 전달하면 뷰 모든 프로퍼티에 Object.defineProperty를 사용하여 getter/setters로 변환합니다.

이제 TransactionForm부터 자식 컴포넌트 부분을 보겠습니다.

16.3 TransactionForm 프레젠테이션 컴포넌트

[그림 16.4]는 TransactionForm 컴포넌트 UI로 유저는 송금자Sender과 수령자Recipient의 이름과 거래 금액을 입력할 수 있습니다. 유저가 ADD TRANSACTION 버튼을 클릭하면, 해당 정보는 스마트 컴포넌트인 App 컴포넌트로 전달되어야 합니다. 이 버튼은 필드를 입력할 때 활성화 됩니다.

그림 16.4 TransactionForm 컴포넌트 UI

최상위 App 컴포넌트의 TransactionForm 부분을 보겠습니다.

```
<transaction-form
 :disabled="shouldDisableForm()"
 @add-transaction="addTransaction">
</transaction-form>
```

[코드 16.3]의 TransactionForm의 템플릿은 HTML 폼입니다. disabled 프로퍼티는 부모 메서드인 shouldDisableForm()에 의해 제어됩니다. [코드 16.2]를 다시 보면 노드가 채굴 중이거나 블록체인 내 블록이 없는 경우 shouldDisableForm()이 true를 반환하는 것을 볼 수 있습니다.

이 폼에는 유저가 입력한 모든 값을 저장하는 데이터 모델 객체가 있습니다. 뷰는 input, textarea, select 폼 요소들 간 양방향 데이터 바인딩 생성에 사용되는 v-model 지시자와 함께 제공됩니다. 여기서 "양방향"이란 유저가 입력 필드에 데이터를 입력하거나 변경하는 경우, v-model 지시자에 지정된 변수에 새 값이 할당됨을 의미합니다. 해당 변수의 값이 프로그래밍 방식으로 변경되면, 폼 필드도 업데이트됩니다.

코드 16.3 TransactionForm 컴포넌트 템플릿

```
<template>
 <div>
  <h2>New transaction</h2>
  <form class="add-transaction-form" @submit.prevent="handleFormSubmit">
                                          폼 제출 이벤트 시, 페이지 새로고침 되지 않도록 방지합니다.
   <input
    type="text"
    name="sender"
    placeholder="Sender"
    autoComplete="off"
    v-model.trim="formValue.sender"     formValue.sender은 해당 필드에 바인딩됩니다.
    :disabled="disabled"
                                          disabled 변수가 해당 필드를 제어합니다
   />
   <span class="hidden-xs"></span>
   <input
    type="text"
    name="recipient"
    placeholder="Recipient"
    autoComplete="off"
    :disabled="disabled"
    v-model.trim="formValue.recipient"    formValue.recipient는 해당 필드에 바인딩됩니다.
   />
   <input
    type="number"
    name="amount"
    placeholder="Amount"
    :disabled="disabled"
    v-model.number="formValue.amount"    formValue.amount는 해당 필드에 바인딩됩니다.
   />
   <button type="submit" class="ripple" :disabled="!isValid() || disabled">   조건부로 제출 버튼을 활성화합니다.
    ADD TRANSACTION
   </button>
  </form>
 </div>
</template>
```

뷰는 다양한 종류의 이벤트 수정자를 제공합니다. [코드 16.3]에서 .prevent라는 수정자를 사용했습니다. @submit.prevent="handleFormSubmit" 표현식은 "폼 제출 버튼의 기본 처리를 방지하고,

handleFormSubmit() 메서드를 호출하세요"라고 말하는 것과 같습니다.

각 입력 필드는 폼 모델 역할을 하며, formValue 객체 프로퍼티 중 하나에 바인딩됩니다. formValue 의 타입은 Transaction으로 아래와 같이 정의되어 있습니다.

```
export interface Transaction {
    readonly sender: string;
    readonly recipient: string;
    readonly amount: number;
}
```

예를 들어, 아래 코드는 뷰 지시자를 사용해 formValue 객체 내에 sender 프로퍼티에 맵핑하는 것 을 의미합니다.

```
v-model="formValue.sender"
```

위 코드를 아래와 같이 v-model 지시자의 수정자modifiers를 사용해 다시 작성했습니다.

```
v-model.trim="formValue.sender"
```

trim 수정자는 유저가 입력한 값의 공백 문자를 자동으로 제거합니다. v-model.number= "formValue.amount"는 number 수정자를 사용해 숫자만 입력되도록 하며 동시에 필드 입력 값이 formValue.sender 프로퍼티에 전달됩니다.

[코드 16.4]는 TransactionForm.vue 파일의 〈script〉 부분입니다. formValue 객체를 정의하고 초기 화하며, isValid() 메서드로 폼 유효성을 확인하며, ADD TRANSACTION 버튼을 클릭할때 han-dleFormSubmit() 메서드가 호출됩니다.

코드 16.4 TransactionForm.vue 스크립트 부분

```
<script lang="ts">
import { Component, Prop, Vue } from "vue-property-decorator";
import { Transaction } from "../lib/blockchain-node";
@Component
export default class TransactionForm extends Vue {
    @Prop(Boolean) readonly disabled: boolean;    •········ prop 값은 부모가 제공합니다.
    formValue: Transaction = this.defaultFormValue();    •········ 기본값으로 폼 모델을 초기화 합니다.
```

```
  isValid() {  •——— 폼이 유효한가요?
   return (
    this.formValue.sender &&
    this.formValue.recipient &&
    this.formValue.amount > 0
   );
  }
  handleFormSubmit() {  •——— ADD TRANSACTION 버튼 클릭을 처리합니다.
   this.$emit("add-transaction", { ...this.formValue });  •——— 부모에서 이벤트를 내보냅니다.
   this.formValue = this.defaultFormValue();  •——— 폼을 리셋합니다.
  }
  private defaultFormValue(): Transaction {  •——— 폼 모델의 기본 값
   return {
    sender: "",
    recipient: "",
    amount: 0,
   };
  }
 }
</script>
```

여기서는 **Boolean** 파라미터와 함께 **@Prop**을 사용해 뷰에게 데코레이터를 사용합니다. Vue에 제공
된 값HTML 데이터는 문자열을 형변환하도록 지시하는 파라미터와 함께 데코레이터를 사용합니다.

isValid() 메서드는 유저가 폼에 세 가지 값을 모두 입력했을 경우에만 **true**를 반환하고, ADD
TRANSACTION 버튼을 활성화시킵니다. 유저가 이 버튼을 클릭하면 **handleFormSubmit()** 메서드
가 App 컴포넌트에 **add-transaction** 이벤트를 내보냅니다. 그러면 **addTransaction()** 메서드가 호
출됩니다.

자식 컴포넌트는 **$emit()** 메서드를 사용해 부모 컴포넌트에 데이터를 보낼 수 있으며 페이로드 {…
this.formValue}와 함께 호출합니다. 여기에서 자바스크립트 스프레드 연산자를 사용해 **formValue**
객체를 복제합니다. **App** 컴포넌트 내 **addTransaction()** 메서드는 **Transaction** 타입 객체를 수신하
고, 받은 객체를 **PendingTransactionsPanel** 컴포넌트에서 보류 중인 거래내역 목록에 추가합니다.

[그림 16.5]는 크롬 개발자 도구를 열고 각 입력 필드에 Alex수신자, Mary송신자, 100금액을 입력한 후
ADD TRANSACTION 버튼을 클릭한 후 **TransactionForm**의 **handleFormSubmit()** 메서드에 브레
이크 포인트를 걸은 화면입니다. tsconfig.json 파일에는 소스맵 옵션이 켜져 있으므로 타입스크립트

를 디버깅 할 수 있습니다.

그림 16.5 TransactionForm 컴포넌트 디버깅

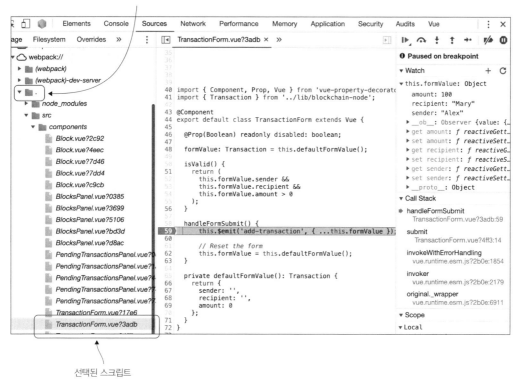

.은 폴더 이름

선택된 스크립트

디버거에서 타입스크립트 소스를 찾으려면 크롬 개발자 도구의 Source 패널을 열고 왼쪽 패널에서 Webpack 섹션을 찾으세요. 그런 다음 마침표(.)로 명명된 폴더 내 src 폴더를 클릭합니다. [그림 16.5]와 같이 다른 번호로 끝나는 동일한 이름의 여러 파일을 볼 수 있습니다. 이는 핫 모듈 교체hot module replacement 때문입니다. 파일을 수정할 때마다 웹팩은 새 버전의 파일을 푸시합니다. 따라서 정확한 타입스크립트 파일을 찾는 데 몇 초가 소요될 수 있습니다.

[그림 16.5]는 59행에 브레이크 포인트를 건 화면입니다. 오른쪽 패널에서 Watch 섹션에 **this. formValue**을 추가했고, 여기에 **100, Mary, Alex**가 표시됩니다. Step over 아이콘을 클릭하면 디버거가 **App** 컴포넌트 내 **addTransaction()** 메서드로 이동하고 이 값을 가진 객체가 수신되는 것을 볼 수 있습니다. 그 후, 이 거래내역은 [코드 16.5]에 볼 수 있듯이 보류 중인 거래내역 목록에 추가됩니다.

코드 16.5 ▶ App 컴포넌트 내 addTransaction 메서드

```
addTransaction(transaction: Transaction): void {
  node.addTransaction(transaction);
  this.updateStatus();
}
```

this.updateStatus() 메서드를 호출하면 클래스 변수 상태가 수정되고 PendingTransactionsPanel 컴포넌트가 다시 렌더링됩니다.

16.4 PendingTransactionsPanel 프레젠테이션 컴포넌트

PendingTransactionsPanel은 프레젠테이션 컴포넌트로 transactions인 prop을 가지며 부모 App 컴포넌트는 아래와 같은 거래내역 배열을 제공합니다.

```
<pending-transactions-panel
  :transactions="transactions()"    •········· 거래내역 배열을 전달합니다.
  :disabled="shouldDisableGeneration()"
@generate-block="generateBlock">
```

PendingTransactionsPanel 컴포넌트 템플릿에서 formattedTransactions()를 호출하여 Transactions[] 배열을 반복하고 해당 요소를 <pre> 태그의 문자열로 형식화하고 이를 렌더링합니다. ([코드 16.7] 참고)

실제로 PendingTransactionsPanel 컴포넌트에서 유저가 GENERATE BLOCK 버튼을 클릭 할 때 블록 생성을 시작하는 일을 합니다. 이 컴포넌트는 프리젠테이션 컴포넌트이기 때문에 구체적인 블록 생성 방법은 모르지만 generate-block을 부모에게 보낼 수 있으므로 컴포넌트의 역할을 결정합니다. [코드 16.7]의 PendingTransactionsPanel 컴포넌트를 보겠습니다.

코드 16.6 ▶ PendingTransactionsPanel.vue 파일

```
<template>
 <div>
  <h2>Pending transactions</h2>
  <pre class="pending-transactions__list">
   {{ formattedTransactions() || "No pending transactions yet." }}
  </pre>    •········· 포맷된 거래내역을 표시합니다.
```

```
  <div class="pending-transactions__form">
    <button
      class="ripple"
      type="button"
      :disabled="disabled"
      @click="generateBlock()"    •⸺ GENERATE BLOCK 버튼을 클릭하면 generateBlock() 메서드가 호출됩니다.
    >
      GENERATE BLOCK
    </button>
  </div>
  <div class="clear"></div>
</div>
</template>
<script lang="ts">
import { Component, Prop, Vue } from "vue-property-decorator";
import { Transaction } from "@/lib/blockchain-node";
@Component
export default class PendingTransactionsPanel extends Vue {
  @Prop(Boolean) readonly disabled: boolean;    •⸺ props은 부울 값을 갖습니다.
  @Prop({ type: Array, required: true }) readonly transactions: Transaction[]; [3]
  formattedTransactions(): string {    •⸺ 보류 중인 거래내역을 포맷합니다.
    return this.transactions
      .map((t: any) => `${t.sender} ${t.recipient}: $${t.amount}`)
      .join("\n");
  }
  generateBlock(): void {    •⸺ generate-block 이벤트를 생성합니다.
    this.$emit("generate-block");
  }
}
</script>
```

@Prop 데코레이터 중 하나에 {type : Array, required : true} 파라미터를 가집니다. 이는 뷰에게 제공된 값을 배열로 구문 분석하도록 지시하며, prop의 값이 반드시 필요함을 말합니다.

[그림 16.6]은 TransactionForm 컴포넌트에서 가져온 거래내역 두 개가 PendingTransactionsPanel 컴포넌트에 렌더링됨을 보여줍니다.

그림 16.6 PendingTransactionsPanel 컴포넌트 UI

Pending transactions

```
Alex → Mary: $100
Yakov → Anton: $300
```

GENERATE BLOCK

PendingTransactionsPanel 컴포넌트 내 GENERATE BLOCK 버튼을 클릭하면 블록 생성 프로세스가 시작됩니다. App 컴포넌트가 Transactions[] 배열에 액세스 할 수 있으므로 generateBlock() 메서드는 단순히 이벤트를 내보냅니다. App 컴포넌트는 아래와 같이 PendingTransactionsPanel을 호스팅합니다.

```
<pending-transactions-panel
    :transactions="transactions()"
    :disabled="shouldDisableGeneration()"
    @generate-block="generateBlock">
</pending-transactions-panel>
```

generate-block 이벤트가 전달되면 generateBlock() 메서드가 호출되고 다시 한 번 this.updateStatus이 UI를 다시 렌더링합니다. BlocksPanel 컴포넌트는 prop인 blocks을 통해 모든 블록을 가져옵니다. 이제 BlocksPanel 컴포넌트에 무슨 일이 일어나는지 알아보겠습니다.

16.5 BlockPanel 및 Block 프레젠테이션 컴포넌트

유저가 PendingTransactionPanel 컴포넌트 내 GENERATE BLOCK 버튼을 클릭하면 블록체인의 모든 활성 중인 노드가 채굴 프로세스를 시작합니다. 합의 후 새 블록은 블록체인에 추가되고 BlocksPanel 컴포넌트에서 렌더링됩니다. BlocksPanel 컴포넌트는 여러 개의 자식 컴포넌트 Blocks을 가진 컨테이너입니다. [그림 16.7]은 두 개의 블록이 BlockPanel에 렌더링 됨을 보여줍니다.

그림 16.7   BlockPanel 컴포넌트 UI

Current blocks

#0	8:37:49 AM
← PREV HASH	THIS HASH
0	000044ce35f9a…
TRANSACTIONS	
No transactions	

#1	9:06:35 AM
← PREV HASH	THIS HASH
000044ce35f9…	0000e8a2330a4…
TRANSACTIONS	
Alex → Mary: $100	
Yakov → Anton: $300	

블록 마이닝 및 합의 과정은 BlockchainNode 및 WebsocketController의 인스턴스와 관련있습니다. 이 작업은 스마트 컴포넌트인 **App** 컴포넌트에 위임되므로, 프레젠테이션 컴포넌트인 BlockPanel 은 이 객체와 직접 통신하지 않습니다. **BlockPanel** 컴포넌트는 부모에게 데이터를 보내지 않습니다. prop인 **blocks**을 통해 제공되는 블록체인을 렌더링하는 것입니다. **App** 컴포넌트는 blocks() 메서드를 호출하고 반환된 값^{블록체인의 기존 블록 모음}을 BlocksPanel 컴포넌트의 blocks 프로퍼티에 바인딩합니다.

```
<blocks-panel :blocks="blocks()"></blocks-panel>
```

[코드 16.7]은 **BlocksPanel**의 컴포넌트 부분입니다. **@Props** 데코레이터로 **blocks** 프로퍼티를 선언하며, 부모 컴포넌트에서 이를 받습니다.

코드 16.7   BlocksPanel.vue

```
<template>
 <div>
  <h2>Current blocks</h2>
  <div class="blocks">
   <div class="blocks__ribbon">
    <block v-for="(b, i) in blocks"     •┄┄┄ 블록 배열을 반복하여 Block 컴포넌트를 렌더링합니다.
          :key="b.hash"  •┄┄┄ 렌더링 된 각 블록에 고유한 키 값을 할당합니다.
          :index="i"       •┄┐
          :block="b">      •┄┘ Block 컴포넌트의 prop에 값을 전달합니다.
    </block>
   </div>
   <div class="blocks__overlay"></div>
  </div>
 </div>
</template>
```

```
<script lang="ts">
import { Component, Prop, Vue } from "vue-property-decorator";
import { Block } from "@/lib/blockchain-node";    •——— 인터페이스 Block을 가져옵니다.
import BlockComponent from "./Block.vue";    •——— 컴포넌트 Block을 가져옵니다.
@Component({
  components: {
    Block: BlockComponent,    •——— BlockComponent 컴포넌트의 이름을 Block으로 등록합니다.
  },
})
                                          데코레이터를 사용해 blocks 프로퍼티를 정의합니다.
export default class BlocksPanel extends Vue {
  @Prop({ type: Array, required: true }) readonly blocks: Block[];    •┄┄┄
}
</script>
```

프레젠테이션 컴포넌트 BlocksPanel은 뷰 지시자 v-for을 사용해 배열의 각 요소마다 Block 컴포넌
트를 렌더링 합니다. 리액트 버전에서는 Array.map() 메서드를 사용했습니다. 제 14장의 14.22 절 참고 그렇
다면 v-for를 사용해 블록을 렌더링하는 이유는 무엇일까요? 그 이유는 리액트에서 JSX를 사용했기
때문에 자바스크립트의 모든 기능을 사용할 수 있었지만, 여기서는 HTML 기반 템플릿은 특별한
태그 속성만 사용할 수 있기 때문입니다. 다시 말하면 리액트는 자바스크립트를 사용해 렌더링하지
만, 뷰는 정적 문자열을 사용하기 때문입니다.

> **✔ TIP** 뷰 템플릿에 HTML 대신 JSX 사용을 선호한다면, 뷰 공식 문서에서 JSX 사용방법을 확인하세요. vuejs.org/v2/
> guide/render-function.html#JSX.

아래 코드를 보면 객체 리터럴 구문을 사용하지 않고 자식 컴포넌트를 지정했습니다.

```
components: {
  Block: BlockComponent
}
```

왼쪽 프로퍼티는 실제 템플릿에서 사용할 컴포넌트 이름, 즉 <block>를 말합니다. 동일한 이름을
사용할 경우 충돌이 발생하므로 BlockComponent 으로 컴포넌트 이름을 변경했습니다.

깃허브에 올라온 "HTML에서의 대소문자 구분법"(github.com/vuejs/vue/issues/2308)은 스크립트와 HTML 에서 컴포넌트를 호출하는 법에 대해 자세히 살펴봅니다.

lib/blockchain-node 디렉터리에 **Block** 인터페이스를, Block.vue 파일에서 **Block** 컴포넌트를 선언했기 때문에 두 이름이 충돌이 나는 것입니다. [코드 16.8]에서 볼 수 있듯이 **Block** 컴포넌트는 단축 구문을 사용했습니다.

```
components: {
  Block
}
```

뷰는 `<block>` 태그를 인식하지 못했으나, `default` 키워드를 사용해 `class Block`을 내보냈으므로, [코드 16.7]에서 볼 수 있듯 **BlockComponent**라는 이름으로 컴포넌트를 가져왔습니다. 뷰에게 "**BlockComponent** 컴포넌트 코드를 **Block**이라는 이름으로 가져오세요" 라고 말하는 것입니다. 물론 `<block-component>` 태그 그대로를 사용할 수 있습니다. 그러나 객체 리터럴의 단축 구문을 사용할 때 발생하는 네이밍 충돌을 해결하는 사례를 설명하고 싶었습니다. 아래 [코드 16.8]은 **Block** 컴포넌트입니다.

코드 16.8 Block.vue

```
<template>
  <div class="block">
    <div class="block__header">
      <span class="block__index">#{{ index }}</span>
      <span class="block__timestamp">{{ timestamp() }}</span>
    </div>
    <div class="block__hashes">
      <div class="block__hash">
        <div class="block__label">PREV HASH</div>
        <div class="block__hash-value">{{ block.previousHash }}</div>
      </div>
      <div class="block__hash">
        <div class="block__label">THIS HASH</div>
        <div class="block__hash-value">{{ block.hash }}</div>
      </div>
    </div>
  </div>
```

```
    <div>
      <div class="block__label">TRANSACTIONS</div>
      <pre class="block__transactions">{{
        formattedTransactions() || "No transactions"
      }}</pre>
    </div>
  </div>
</template>
<script lang="ts">
import { Component, Prop, Vue } from "vue-property-decorator";
import { Block as ChainBlock, Transaction } from "@/lib/blockchain-node";   •······      ChainBlock을 Block으로
                                                                                        명칭하여 가져옵니다.
@Component
export default class Block extends Vue {
  @Prop(Number) readonly index: number;   •······ 블록의 일련 번호
  @Prop({ type: Object, required: true }) readonly block: ChainBlock;   •········ 블록의 데이터
  timestamp() {
    return new Date(this.block.timestamp).toLocaleTimeString();
  }
  formattedTransactions(): string {
    return this.block.transactions
      .map((t: Transaction) => `${t.sender} ${t.recipient}: $${t.amount}`)
      .join("\n");
  }
}
</script>
```

[코드 16.8]에서 컴포넌트 클래스 **Block**과 인터페이스 **Block** 이름이 동일하므로 이 충돌을 해결하기 위해 인터페이스 **Block**을 **ChainBlock**으로 명칭을 바꾸었습니다.

```
import { Block as ChainBlock} from '@/lib/blockchain-node';
```

이 경우 **Block** 인터페이스는 blockchain-node.ts 파일에서 지정 내보내기[named export] 구문을 사용했기 때문에 임의의 이름을 사용할 수 없습니다. 따라서 **import {Block as ChainBlock }**으로 작성하여 이름을 바꾸었습니다. {} 중괄호는 지정 내보내기 구문에 꼭 필요합니다.

Block 컴포넌트는 가장 간단한 컴포넌트입니다. [그림 16.7]과 같이 블록 데이터를 렌더링할 뿐입니다. 이것으로 뷰와 타입스크립트로 작성한 블록체인 클라이언트 코드 리뷰를 마치겠습니다.

요약

- Vue는 각 컴포넌트 프로퍼티마다 setter 및 getter를 생성하므로, 변경 프로세스가 단순화됩니다. 컴포넌트 프로퍼티 값을 변경하면 UI가 다시 렌더링되도록 신호를 보냅니다.

- 리액트와 앵귤러와 마찬가지로 Vue 앱의 UI는 컨테이너 및 프레젠테이션 컴포넌트로 구성됩니다. 프리젠테이션 컴포넌트에 다른 컴포넌트에서 받은 데이터를 표시하거나 유저의 입력을 다른 컴포넌트로 보내는 상호 작용 등의 애플리케이션 내부 로직을 넣지 마세요.

- Vue의 부모 컴포넌트는 props를 통해 데이터를 자식 컴포넌트에 전달합니다. 자식은 페이로드를 사용하거나 또는 사용하지 않고, 이벤트를 생성하여 부모에게 데이터를 보냅니다.

- Vue CLI는 번들링이 포함된 웹팩을 사용하는 프로젝트를 생성합니다. 개발 단계에서 Webpack Dev Server는 자동 컴파일과 핫 모듈 리플레이스먼트를 지원하여, 페이지 새로고침 하지 않고 새로운 코드를 브라우저에 반영할 수 있습니다.

부록 A

최신
자바스크립트

대부분의 최신 웹 브라우저는 ES6를 지원합니다. 구 브라우저를 대응하기
위해 ES6/7/8/9에서 개발하고 타입스크립트 또는 바벨 등 컴파일러를 사
용해 최신 ECMA스크립트 문법을 ES5 문법으로 바꿀 수 있습니다. 여러
분이 기본적인 ES5 문법을 알고 있다고 가정하고 ES6부터 추가된 새로운
기능들을 설명하겠습니다.

ECMA스크립트는 스크립트 언어 표준으로 TC39 위원회가 유지 보수 및 관리를 담당합니다. 자바스크립트를 표준화하기 위해 만들어졌지만 액션스크립트와 J스크립트 등 다른 언어도 있습니다. 6 버전^{일명 ES6}부터 TC39는 ECMA의 새 명세서를 배포하고 있습니다.

이 책을 집필하는 도중, ES2018^{www.ecma-international.org/publications/standards/Ecma-262.htm}가 발표되었습니다. 이 부록은 ES6 이후 추가된 문법 위주로 설명합니다.

대부분의 최신 웹 브라우저는 ES6^{bit.ly/3rgcHbq}를 지원합니다. 구 브라우저를 대응하기 위해 ES6, 7, 8, 9에서 개발하고 타입스크립트 또는 바벨 등 컴파일러를 사용해 최신 ECMA스크립트 문법을 ES5 문법으로 바꿀 수 있습니다.

기본적인 ES5 문법을 알고 있다고 가정하고, ES6 이후 추가된 신규 기능 중 일부를 설명하겠습니다.

A.1 코드 예제 실행 방법

부록의 코드 예제는 모두 자바스크립트 코드이며, 코드펜^{codepen.io}에서 직접 실습해볼 것을 추천합니다.

코드펜은 HTML, CSS, 자바스크립트 코드를 쉽게 작성하고 공유할 수 있는 플랫폼입니다. 코드 마다 코드펜 링크가 있습니다. 링크를 열어 코드를 수정해보세요. 코드펜 맨 아래 부분에 콘솔을 클릭해 출력을 확인할 수 있습니다.

A.2 let과 const 키워드

ES6부터 var 키워드 대신 let과 const 키워드를 사용합니다. 제일 먼저 var 키워드의 문제점부터 짚어봅시다.

A.2.1 var키워드와 호이스팅

ES5 및 자바스크립트 구 버전은 var 키워드로 변수를 선언합니다. 자바스크립트 엔진은 실행 컨텍스트의 가장 맨 처음에 모든 변수 및 함수의 선언문을 옮겨 선언을 먼저 합니다. 이를 호이스팅^{hoisting}이라고 부릅니다.

코드 블록 내부^{예 : if 문의 중괄호 내부}에 변수를 선언하더라도, 호이스팅으로 인해 이 변수는 블록 외부에서도 표시됩니다. 예를 들어, 아래 코드는 for 반복문 내부에서 변수 i를 선언하지만, 외부에서도 사용할 수 있습니다.

```
function foo() {
  for (var i = 0; i < 10; i++) {}
  console.log("i=" + i);
}
foo();
```

이 코드를 실행하면 i = 10이 출력됩니다. 변수 i는 루프 내부에서만 사용되도록 의도된 것처럼 보이지만, 반복문 외부에서도 사용할 수 있습니다. 자바스크립트 코드를 실행하면 자동으로 변수 선언을 가장 윗부분에 하게 됩니다.

앞의 코드에서는 i라는 이름의 변수가 하나만 있었기 때문에 호이스팅 문제가 없습니다. 그러나 동일한 이름의 두 변수가 함수 내부와 외부에서 선언되면 문제가 발생할 수 있습니다. [코드 A.1]은 전역 스코프에서 변수 customer를 선언했습니다. 이어서 지역에 다시 customer 변수를 선언하겠지만 지금은 주석으로 처리하겠습니다.

코드 A.1 변수 호이스팅

```
var customer = "Joe";
(function () {
  console.log("The name of the customer inside the function is " + customer);
  /* if (true) {
    var customer = "Mary";
  } */
})();
console.log("The name of the customer outside the function is " + customer);
```

전역 변수 customer은 함수 내부와 외부에서 접근할 수 있으며, 코드를 실행하면 아래와 같이 출력됩니다.

```
The name of the customer inside the function is Joe
The name of the customer outside the function is Joe
```

이제 주석 처리된 if 문의 코드를 풀면, customer 변수는 두 개가 됩니다. 하나는 전역 스코프, 다른 하나는 함수 스코프에 있습니다. 출력 결과는 아래와 같습니다.

```
The name of the customer inside the function is undefined
The name of the customer outside the function is Joe
```

변수가 생성되면, 초기값으로 undefined를 가집니다. ES5에서 변수 선언은 스코프의 최상단으로 호이스팅 되지만, 변수의 값은 호이스팅 되지 않기 때문입니다. 두 번째 customer 변수는 함수 선언 맨 위로 호이스팅되었고 undefined 값을 가지며, console.log()는 이를 출력합니다. 마지막 console.log()는 전역 변수 customer을 출력합니다.

 NOTE 코드펜(bit.ly/3sD1zFM)에서 출력 결과를 확인해 보세요.

함수 선언도 호이스팅됩니다. 함수 선언 전에 함수를 호출할 수 있습니다.

```
doSomething();

function doSomething() {
  console.log("I'm doing something");
}
```

반면에 함수 표현식은 변수 초기화로 간주되므로 호이스팅 되지 않습니다. 아래 표현식은 doSomething 변수에 대해 undefined를 생성합니다.

```
doSomething();

var doSomething = function() {
  console.log("I'm doing something");
}
```

이제 let 또는 const 키워드가 스코프 지정에 어떻게 도움이 되는지 살펴보겠습니다.

A.2.2 let과 const로 블록 스코프

ES6는 let 및 const 키워드를 도입하여 호이스팅 문제 해결했습니다. let 키워드는 초기화 한 후, 다른 값을 할당 수 있습니다. const 키워드는 식별자에 값을 한 번만 할당 할 수 있고, 나중에 다시 할당 할 수 없습니다.

const 키워드는 값이 변경 불가능immutable하다는 뜻이 아닙니다. const 한정자는 한 번만 초기화 될 수 있음을 의미합니다. const 식별자에 할당된 객체의 프로퍼티는 변경할 수 있습니다. 예를 들어 다음 const products는 객체의 배열로 초기화 한 후, 개별 프로퍼티를 변경할 수 있습니다.

```
const products = [
  { id: 1, description: "Product 1" },
  { id: 2, description: "Product 2" },
];
products[0].id = 111;
products[1].description = "Product 222";
```

var 대신 let 또는 const 키워드로 변수를 선언하면, 변수는 블록 스코프를 가집니다. 아래 코드를 보겠습니다.

코드 A.2 블록 스코프를 가진 변수

```
let customer = "Joe";
(function () {
  console.log("The name of the customer inside the function is " + customer);
  if (true) {
    let customer = "Mary";
    console.log("The name of the customer inside the block is " + customer);
  }
})();
console.log("The name of the customer in the global scope is " + customer);
```

두 customer 변수는 다른 스코프와 값을 가지며, 아래와 같이 출력됩니다.

```
The name of the customer inside the function is Joe
The name of the customer inside the block is Mary
The name of the customer in the global scope is Joe
```

앞으로 애플리케이션을 개발할 때 var 대신 let 또는 const를 사용하세요.

> ✓ **TIP** let이나 const로 선언된 변수를 선언문보다 먼저 사용하려는 경우 ReferenceError 런타임 오류가 발생합니다. 이는 템포럴 데드 존(Temporal Dead Zone)이라 부르며, 선언되기 이전의 변수엔 접근할 수 없습니다.

앞의 코드에서 두 customer 식별자에 대한 값을 다시 할당하지 않았으므로 let 대신 const를 사용해야 합니다. 코드펜 bit.ly/3uNAQZ8에서 확인해보세요.

 TIP 식별자를 선언해야하는 경우, 먼저 const를 사용합니다. 이후 새로운 값을 할당해야 할 때 let으로 변경해도 됩니다.

A.3 템플릿 리터럴

문자열 보간string interpolation에 대해서 알아보겠습니다. ES5에서 문자열 연결 부호 +를 사용해 변수 값과 문자열 리터럴이 포함된 문자열을 만들었습니다.

```
const customerName = "John Smith";
console.log("Hello" + customerName);
```

ES6에서 백틱 기호 ``로 문자열을 싼 템플릿 리터럴을 사용하며 달러 기호 $로 시작하는 중괄호 사이 ${}에 식을 전달합니다. 아래 코드에서 변수 customerName 값을 문자열 리터럴에 삽입했습니다.

```
const customerName = "John Smith";
console.log(`Hello ${customerName}`);
function getCustomer() {
  return "Allan Lou";
}
console.log(`Hello ${getCustomer()}`);
```

위 코드를 출력한 결과는 아래와 같습니다.

```
Hello John Smith
Hello Allan Lou
```

 NOTE 코드펜(bit.ly/2NWa1BI)에서 확인해보세요.

앞의 예에서 변수 customerName의 값을 템플릿 리터럴에 삽입한 다음, getCustomer() 함수에서 반환 한 값을 템플릿 리터럴에 삽입했습니다. 중괄호 사이에 자바스크립트 표현식을 사용할 수 있습니다. 긴 문자열일 경우 백틱 기호를 사용하면 여러 줄에 나누어 작성할 수 있습니다.

```
const message = `Please enter a password that
        has at least 8 characters and
        includes a capital letter`;
console.log(message);
```

모든 공백을 문자열의 일부로 취급합니다. 출력 결과는 아래와 같습니다.

```
Please enter a password that
        has at least 8 characters and
        includes a capital letter
```

 코드펜(bit.ly/3bUNbIE)에서 확인해보세요.

A.3.1 태그된 템플릿 문자열

템플릿 문자열 앞에 함수 이름이 있으면, 문자열이 먼저 평가된 후, 함수로 전달됩니다. 템플릿 문자열은 함수에 배열 형태로 제공되고, 템플릿에서 평가된 모든 표현식은 별도의 파라미터로 전달됩니다. 일반 함수 호출에서와 같이 괄호를 사용하지 않으므로 구문이 약간 어색하게 보일지도 모르겠습니다. 아래 코드에서 태그 함수 **mytag** 다음에 템플릿 문자열이 옵니다.

```
mytag`Hello ${name}`;
```

변수 **name** 값이 평가되어 **mytag** 함수에 제공됩니다.

region 변수 값에 따라 통화 기호 변경되며, 이를 출력하는 간단한 태그 템플릿을 작성해보겠습니다. **region** 값이 1인 경우, 금액은 변경되지 않으며 통화 기호는 달러입니다. **region** 값이 2인 경우, 환율 0.9를 적용해 금액을 변환하고 유로 통화 기호로 변경합니다. 템플릿 문자열은 다음과 같습니다.

```
`You've earned ${region} ${amount}!`
```

태그 함수 currencyAdjustment를 호출해봅시다. 태그된 템플릿 문자열은 다음과 같습니다.

```
currencyAdjustment`You've earned ${region} ${amount}!`
```

currencyAdjustment 함수는 세 가지 파라미터를 가집니다. 첫 번째는 템플릿 문자열의 전체 문자열, 두 번째는 region, 세 번째는 amount를 나타냅니다. 첫 번째 파라미터 뒤에 여러 파라미터를 추가할 수 있습니다.

```
function currencyAdjustment(stringParts, region, amount) {
  console.log(stringParts);
  console.log(region);
  console.log(amount);
  let sign;
  if (region === 1) {
    sign = "$";
  } else {
    sign = "\u20AC"; // 유로 기호
    amount = 0.9 * amount; // 0.9를 환율로 사용하여 유로로 변환합니다.
  }
  return `${stringParts[0]}${sign}${amount}${stringParts[2]}`;
}
const amount = 100;
const region = 2; // 유럽: 2, 미국: 1
const message = currencyAdjustment`You've earned ${region} ${amount}!`;
console.log(message);
```

currencyAdjustment 함수는 region과 amount 값이 포함된 문자열을 가져오며, 템플릿을 구문 분석하고, 이 값에서 문자열 부분을 분리합니다. 빈 공간도 문자열 부분로 간주됩니다. 이를 설명하고자 각 파라미터를 출력했습니다. 함수는 region을 확인하고, conversion을 적용하고, 새 문자열 템플릿을 반환합니다. 앞의 코드를 실행하면 아래와 같이 출력됩니다.

```
["You've earned "," ","!"]
2
100
You've earned €90!
```

이 코드는 bit.ly/2NV50sO에서 확인할 수 있습니다.

제 10장의 10.6.2절에서 태그 템플릿 문자열을 사용하는 lit-html 라이브러리에 대해 설명합니다.

A.4 선택적 파라미터 및 기본값

파라미터의 값이 없는 함수가 호출되는 경우, 함수 파라미터의 기본 값을 지정할 수 있습니다. 연간 소득과 그 사람이 사는 주라는 두 가지 파라미터를 사용하여 세금을 계산하는 함수를 작성해보겠습니다. 주 값이 제공되지 않으면 플로리다^{Florida}를 기본값으로 사용합니다.

```
function calcTaxES5(income, state) {
  state = state || "Florida";
  console.log(
    "ES5. Calculating tax for the resident of " +
      state +
      " with the income " +
      income
  );
}
calcTaxES5(50000);
```

출력 결과는 아래와 같습니다.

```
"ES5. Calculating tax for the resident of Florida with the income 50000"
```

ES6부터 함수 시그니처에서 바로 기본값을 지정할 수 있습니다.

```
function calcTaxES6(income, state = "Florida") {
  console.log("ES6. Calculating tax for the resident of " + state +
  " with the income " + income);
}
calcTaxES6(50000);
```

 NOTE 코드펜(bit.ly/3sK6jJP)에서 확인하세요.

A.5 화살표 함수 표현식

화살표 함수 표현식은 익명 함수입니다. 화살표 함수는 자신의 **this**가 없고 렉시컬 스코프^{lexical scope}의 **this**가 사용됩니다. 화살표 함수 표현 문법은 파라미터, =>로 쓰인 화살표, 함수 본문으로 구성됩니다. 함수가 단일 표현식이라면 함수 본문에서 중괄호와 **return** 문은 생략할 수 있습니다.

```
let sum = (arg1, arg2) => arg1 + arg2;
```

여러 줄의 본문을 가진 화살표 함수식은 중괄호로 묶고 **return** 문을 사용해야 합니다.

```
(arg1, arg2) => {
  // 본문 작성
  return someResult;
};
```

파라미터가 없다면, 빈 괄호를 사용합니다.

```
() => {
  // 본문 작성
  return someResult;
};
```

파라미터가 한 개일 경우, 괄호는 생략할 수 있습니다.

```
(arg1) => {
  // 본문 작성
};
```

아래 코드에서 **reduce()**와 **filter()** 메서드에 화살표 함수 표현식을 사용했습니다.

```
const myArray = [1, 2, 3, 4, 5];
console.log( "myArray 요소의 총 합은: " +
      myArray.reduce((a,b) => a+b)); // 15를 출력
console.log( "myArray 내 짝수는: " +
      myArray.filter( value => value % 2 === 0)); // 2 4
```

이제 화살표 함수 문법에 익숙해졌으니 this 객체 참조를 사용하는 방법을 알아보겠습니다.

ES5에서 this 키워드가 어떤 객체를 참조하는지 파악하기 어려웠습니다. 인터넷에 '자바스크립트 this와 that'이라고 검색해보면 많은 사람들이 this가 잘못된 객체를 가리킨다는 불평하는 글들을 많이 볼 수 있을 것입니다. this 객체는 함수가 호출되는 방법과 엄격 모드 사용 여부에 따라 다른 값을 가질 수 있습니다. 참조 : 모질라 개발자 네트워크 문서 – 엄격 모드strict mode : https://mzl.la/3uQSqvp 먼저 이 문제를 설명하고, ES6에서 해결 방법을 설명하겠습니다.

아래 코드는 매초마다 익명 함수를 호출합니다. 이 함수는 StockQuoteGenerator() 생성자 함수에 제공된 symbol 기호에 랜덤으로 생성된 가격을 출력합니다.

코드 A.3 this가 다른 객체를 가리키는 경우

```
function StockQuoteGenerator(symbol) {
  this.symbol = symbol;    •········ this.symbol은 StockQuoteGenerator() 프로퍼티를 가리킵니다.
  console.log(`this.symbol=${this.symbol}`);
  setInterval(function () {
    console.log(`The price of ${this.symbol}    •········ this.symbol은 undefined를 가집니다.
    is ${Math.random()}`);
  }, 1000);
}
const stockQuoteGenerator = new StockQuoteGenerator("IBM");
```

맨 처음 this는 함수 오브젝트를 가리키고 this.symbol의 값은 IBM를 가집니다. 두 번째 this는 setInterval() 내부에 있으므로 this.symbol 값은 undefined를 가집니다. setInterval() 내부에서 함수가 호출되는 경우 뿐만 아니라 콜백 내에서 함수가 호출되는 경우에도 동일합니다. 콜백 내에서 엄격 모드 (developer.mozilla.org/en-US/docs/Web/JavaScript/Reference/Strict_mode 참고)가 아닐 경우, this는 전역 객체를 가리킵니다. 반대로 엄격모드일 경우, this 객체는 undefined를 가집니다.

> **NOTE** 사실 위 코드에서 this.symbol 대신 symbol을 사용할 수 있습니다. this 변수가 어떤 객체를 가리키는지 설명하기 위해 this를 사용했습니다. 코드펜(bit.ly/2PuxGcA)에서 확인해보세요.

함수가 특정 this 객체 내 실행되도록 하는 방법은 자바스크립트 call(), apply() 또는 bind()를 사용하는 것입니다.

아직까지 자바스크립트 this 문제에 익숙하지 않다면, 리처트 보벨이 블로그에 쓴 "자바스크립트 this 마스터하기"(bit.ly/384hwNy)를 읽어보길 바랍니다.

[코드 A.3] 내 setInterval()을 화살표 함수로 바꿔보겠습니다.

코드 A.4 화살표 함수

```
function StockQuoteGenerator(symbol) {
  this.symbol = symbol;
  console.log("this.symbol=" + this.symbol);
  setInterval(
    () => console.log(`The price of ${this.symbol} is ${Math.random()}`),
    1000
  );
}
const stockQuoteGenerator = new StockQuoteGenerator("IBM");
```

이로써 this 참조가 해결되었습니다. setInterval() 내 화살표 함수는 컨텍스트의 this 값을 사용하므로 this.symbol의 값은 IBM이 됩니다.

 코드펜(bit.ly/3rfducw)에서 확인해보세요.

A.6 rest 파라미터

함수에 들어가는 파라미터의 개수가 변하는 것을 가변 파라미터^{variable argument} 라고 부릅니다. ES5 에서 가변 파라미터 함수의 경우 arguments 객체를 통해 파라미터 값을 확인할 수 있습니다. arguments는 유사 배열 객체^{array-like object}로 배열처럼 사용할 수 있는 객체이지만, Array 오브젝트 메서드를 사용할 수 없습니다.

ES6부터 함수 파라미터에 rest 파라미터를 사용할 수 있습니다. rest 파라미터는 세 개의 점···으로 표시하며 배열의 나머지 파라미터를 가져옵니다. 항상 제일 마지막 파라미터로 있어야 합니다.

예를 들어, 아래와 같이 단일 변수일 경우 rest 파라미터와 함께 사용할 수 있습니다.

```
function processCustomers (... customers) {
  // 함수 본문
}
```

이 함수 내에서, 배열과 같이 **customers** 데이터를 처리할 수 있습니다. 세금을 계산하는 함수가 있다고 가정해봅시다. 첫 번째 파라미터는 **income**, 뒤따르는 파라미터는 고객 이름을 사용한다고 가정해보겠습니다. 아래 코드는 ES와 **arguments** 객체를 사용한 경우, ES6와 rest 파라미터를 사용한 경우를 보여줍니다.

코드 A.5   rest 파라미터

```
// ES5와 arguments 객체
function calcTaxES5() {
  console.log(
    "ES5. Calculating tax for customers with the income ",
    arguments[0]
  ); // 첫 번째 요소는 소득을 가리킵니다.
  // 두 번째 요소부터 시작하여 배열을 추출합니다.
  var customers = [].slice.call(arguments, 1);
  customers.forEach(function (customer) {
    console.log("Processing ", customer);
  });
}
calcTaxES5(50000, "Smith", "Johnson", "McDonald");
calcTaxES5(750000, "Olson", "Clinton");

// ES6와 rest 연산자
function calcTaxES6(income, ...customers) {
  console.log(`ES6. Calculating tax for customers with the income ${income}`);
  customers.forEach((customer) => console.log(`Processing ${customer}`));
}
calcTaxES6(50000, "Smith", "Johnson", "McDonald");
calcTaxES6(750000, "Olson", "Clinton");
```

calcTaxES5() 및 **calcTaxES6()** 두 함수 결과는 동일합니다.

```
ES5. Calculating tax for customers with the income 50000
Processing Smith
```

```
Processing Johnson
Processing McDonald
ES5. Calculating tax for customers with the income 750000
Processing Olson
Processing Clinton
ES6. Calculating tax for customers with the income 50000
Processing Smith
Processing Johnson
Processing McDonald
ES6. Calculating tax for customers with the income 750000
Processing Olson
Processing Clinton
```

 NOTE 코드펜(bit.ly/3rfdxVK)에서 확인하세요.

하지만 customers를 처리하는 데에는 차이가 있습니다. ES5 버전에서 arguments 객체는 실제 배열이 아닙니다. arguments 내 두 번째 요소에서 고객 이름을 가져오기 위해 slice() 및 call() 메서드를 사용해 배열을 만들었습니다. ES6 버전에서는 rest 연산자로 바로 나머지 파라미터를 가져올 수 있습니다. 따라서 코드가 더 간결해지고 읽기 쉬워졌습니다.

A.7 스프레드 연산자

ES6 스프레드^{spread} 연산자는 rest 파라미터와 같이 세 개의 점…으로 표시됩니다. rest 파라미터는 가변 파라미터를 배열로 바꿀 수 있지만, 스프레드 연산자는 반대로 배열을 함수 파라미터나 리스트로 변환할 수 있습니다.

두 개의 배열이 있고 두 번째 배열의 요소를 첫 번째 배열의 끝에 추가해봅시다. 스프레드 연산자를 사용해 한줄로 작성할 수 있습니다.

```
let array1= [...array2];
```

여기서 스프레드 연산자는 각 요소를 추출하고 myArray에 새 배열을 추가합니다 (대괄호는 여기에서 "새 배열"을 만듦을 의미합니다.) 다음과 같이 배열의 복사본을 만들 수도 있습니다.

```
array1.push(...array2);
```

스프레드 연산자를 사용해 배열 내 최대값을 쉽게 찾을 수 있습니다.

```
const maxValue = Math.max(...myArray);
```

객체를 복제할 경우를 생각해봅시다. 예를 들어 앱의 상태를 저장하는 객체가 있고 상태 프로퍼티 중 하나가 변경 될 때 새 객체를 만들고자 합니다. 원본 객체를 변경하지 않고 하나 이상의 프로퍼티를 수정하여 복제합니다. 불변 객체를 구현하는 한 가지 방법은 **Object.assign()** 함수를 사용하는 것입니다. 아래 코드는 먼저 객체의 복제본을 만든 다음 **lastName**을 변경하여 다른 복제본을 만듭니다.

코드 A.6   assign() 메서드로 복제
```
// Object.assign() 메서드로 복제
const myObject = { name: "Mary", lastName: "Smith" };
const clone = Object.assign({}, myObject);
console.log(clone);

// `lastName` 프로퍼티로 수정 후 복제
const cloneModified = Object.assign({}, myObject, { lastName: "Lee" });
console.log(cloneModified);
```

아래는 rest 연산자를 사용했습니다. 코드가 더욱 간결해졌습니다.

코드 A.7   스프레드 연산자로 복제
```
// 스프레드 연산자로 복제
const myObject = { name: "Mary" , lastName: "Smith"};
const cloneSpread = {...myObject};
console.log(cloneSpread);

// lastName 프로퍼티로 수정 후 복제
const cloneSpreadModified = {...myObject, lastName: "Lee"};
console.log(cloneSpreadModified);
```

myObject는 name과 lastName 두 프로퍼티를 가집니다. lastName 프로퍼티가 수정된 myObject에서 또다른 프로퍼티가 추가되어도 문제없이 작동합니다.

 코드펜(bit.ly/3qeRVrk)에서 확인하세요.

Object.assign() 및 스프레드 연산자를 사용하여 객체를 복사하면, 얕은 복제shallow copy 객체가 생성됩니다. 복제시 객체에 있는 모든 프로퍼티 값도 복사됩니다. 그러나 객체의 프로퍼티 중 일부가 객체일 경우, 중첩된 프로퍼티에 대한 참조만 복사됩니다. 이를 얕은 복사라고 부릅니다. 이후 중첩된 원본 객체 내 프로퍼티 값이 변경되면 복제본도 동일하게 변경됩니다.

아래 코드에서 birth 객체는 중첩된 객체로, 생년월일을 나타내는 date 프로퍼티는 '18 Jan 2019' 를 갖습니다. 복제 후, 복제본 객체는 동일한 생년월일 값을 갖습니다. 원본 객체를 수정하면, 복제본 객체도 새 값이 적용됩니다.

코드 A.8 얕은 복제

```
const myObject = {
  name: "Mary",
  lastName: "Smith",
  birth: { date: "18 Jan 2019" },
};
const clone = { ...myObject };          ● myObject 복제
console.log(clone.birth.date);          ● 복제한 clone.birth.date는 '18 Jan 2019'을 출력합니다.
myObject.birth.date = "20 Jan 2019";    ● 원복 객체의 birth.date 프로퍼티 값을 변경합니다.
console.log(clone.birth.date);          ● 복제한 clone.birth.date는 '20 Jan 2019'로 변경됩니다.
```

A.8 구조 분해

객체 인스턴스는 메모리에서 생성됩니다. 구조 분해destructuring란 구조를 변경하거나 객체를 분해하는 것을 의미합니다. ES5에서는 함수를 작성해 객체나 컬렉션을 분해 할 수 있습니다. ES6에서는 패턴 매칭pattern matching을 지정해 객체 프로퍼티 또는 배열에서 데이터를 추출하는 구조 분해 구문이 도입되었습니다.

A.8.1 객체 구조 분해

getStock() 함수가 symbol과 price 프로퍼티를 객체를 반환한다고 가정해봅시다. ES5에서는 각 프로퍼티 값을 별도의 변수에 할당하려면, 먼저 객체를 저장할 변수를 만들어야 합니다.

```
var stock = getStock();
var symbol = stock.symbol;
var price = stock.price;
```

ES6에서 패턴 매칭을 사용해 객체를 작성합니다.

```
let {symbol, price} = getStock();
```

아래 코드는 getStock() 함수에서 객체를 가져와 두 변수로 분해하는 방법을 보여줍니다.

코드 A.9 객체 구조 분해

```
function getStock() {
  return {
    symbol: "IBM",
    price: 100.0,
  };
}
let { symbol, price } = getStock();
console.log(`The price of ${symbol} is ${price}`);
```

해당 스크립트를 실행하면 아래와 같이 출력됩니다.

```
The price of IBM is 100
```

즉, 데이터 세트^{이 경우 객체 속성}를 하나의 할당 표현식을 통해 변수 세트로 바인딩합니다. 객체에 가격 두 개 이상의 속성이 있더라도 symbol과 price 속성을 가지고 있으므로 패턴이 일치하여 구조 분해 표현식을 문제없이 사용할 수 있습니다. 따라서 패턴 매칭에서는 사용할 속성을 변수로 나열합니다.

> **NOTE** 코드펜(bit.ly/2OICQXW)에서 코드를 실행해보세요.

또한 중첩된 객체의 구조를 분해할 수 있습니다. 아래 코드는 마이크로소프트 사의 주식을 객체를 중첩된 객체로 만들고, **printStockInfo()**에 전달해 주식 기호와 이름을 출력합니다.

코드 A.10 중첩된 객체를 구조 분해

```
const msft = {
  symbol: "MSFT",
  lastPrice: 50.0,
  exchange: {    ●┄┄┄ 중첩된 객체
    name: "NASDAQ",
    tradingHours: "9:30am-4pm",
  },
};
function printStockInfo(stock) {
  let {symbol, exchange: { name },} = stock;    ●┄┄┄ 증권 거래소의 이름을 얻기 위해 중첩된 객체를 구조 분해 합니다.
  console.log(`The ${symbol} stock is traded at ${name}`);
}
printStockInfo(msft);
```

스크립트를 실행하면 아래와 같이 출력됩니다.

```
The MSFT stock is traded at NASDAQ
```

 NOTE 코드펜(bit.ly/3qfjpNn)에서 확인하세요.

브라우저 DOM 이벤트를 처리하는 함수를 작성해봅시다. HTML에서 함수를 호출하여 이벤트 객체를 파라미터로 전달합니다. 이벤트 객체에는 여러 프로퍼티를 가지고 있지만, 핸들러 함수에는 이 이벤트를 전달할 컴포넌트를 식별하기 위해 **target** 프로퍼티만 필요합니다. 이때 구조 분해 구문을 사용해 쉽게 작성할 수 있습니다.

```
<button id="myButton">Click me</button>
...
document
  .getElementById("myButton")
  .addEventListener("click", ({target}) =>
              console.log(target));
```

함수 파라미터 내 구조 분해 구문 {target} 이 사용됨을 주목하세요.

 코드펜(bit.ly/3rbJ3Eg)에서 확인하세요.

ES2018부터는 객체 구조를 분해할때, rest 및 스프레드 연산자와 유사한 구문을 사용할 수 있습니다. 아래 코드는 lastPrice 변수에 50 값을 할당하고, 나머지 프로퍼티는 otherInfo 객체로 할당합니다.

코드 A.11 구조 해체 및 rest 연산자 사용

```
const msft = {
  symbol: "MSFT",
  lastPrice: 50.0,
  exchange: {
    name: "NASDAQ",
    tradingHours: "9:30am-4pm",
  },
};
const { lastPrice, ...otherInfo } = msft;   ●········ 구조 해체 및 rest 연산자 사용
console.log(`lastPrice= ${lastPrice}`);
console.log(`otherInfo=`, otherInfo);
```

NOTE 코드펜(bit.ly/3842zuF)에서 확인하세요.

A.8.2 배열 구조 분해

배열 구조 분해는 객체 구조 분해와 매우 유사하지만 중괄호 대괄호 를 사용합니다. 객체를 분해할 때는 객체 프로퍼티와 변수 이름이 일치해야 하지만, 배열은 배열의 인덱스와 일치하는 변수를 지정해야 합니다. 아래 코드는 두 배열 요소의 값을 두 변수로 추출합니다.

```
let [name1, name2] = ["Smith", "Clinton"];
console.log(`name1 = ${name1}, name2 = ${name2}`);
```

위 코드를 실행하면 아래와 같이 출력됩니다.

```
name1 = Smith, name2 = Clinton
```

이 배열의 두 번째 요소만 추출해 사용하는 경우 아래와 같이 패턴 매칭을 사용합니다.

```
let [, name2] = ["Smith", "Clinton"];
```

함수가 배열을 반환하는 경우, 구조 분해 구문은 **getCustomers()** 함수에 표시된 대로 배열을 여러 값을 반환하는 함수로 변환합니다.

```
function getCustomers() {
    return ["Smith", , , "Gonzales"];
}

let [firstCustomer, , , lastCustomer] = getCustomers();
console.log(`The first customer is ${firstCustomer} and the last one is ${lastCustomer}`);
```

이제 배열 구조 분해 구문과 rest 파라미터를 함께 사용해보겠습니다. 아래 코드는 고객 이름 리스트를 가진 배열에서 맨 처음 두 요소만 사용합니다.

```
let customers = ["Smith", "Clinton", "Lou", "Gonzales"];
let [firstCust, secondCust, ...otherCust] = customers;
console.log(`The first customer is ${firstCust} and the second one is ${secondCust}`);
console.log(`Other customers are ${otherCust}`);
```

출력 결과는 아래와 같습니다.

```
The first customer is Smith and the second one is Clinton
Other customers are Lou, Gonzales
```

마찬가지로 함수 파라미터에 rest 파라미터와 함께 패턴 매칭을 전달할 수 있습니다.

```
var customers = ["Smith", "Clinton", "Lou", "Gonzales"];
function processFirstTwoCustomers([firstCust, secondCust, ...otherCust]) {
    console.log(`The first customer is ${firstCust} and the second one is ${secondCust}`);
    console.log(`Other customers are ${otherCust}`);
}
processFirstTwoCustomers(customers);
```

출력 결과는 아래와 같습니다.

```
The first customer is Smith and the second one is Clinton
Other customers are Lou,Gonzales
```

객체 프로퍼티 또는 배열 내 데이터를 사용해 변수를 초기화해야 할 때, 구조 분해를 사용하여 간결한 코드를 작성할 수 있습니다.

A.9 클래스와 상속

ES5는 객체 지향 프로그래밍 및 상속을 지원하지만, ES6 클래스를 사용하면 코드를 읽고 쓰기도 쉬워집니다.

ES5에서 객체를 처음부터 만들거나 다른 객체에서 상속하여 만들 수 있습니다. 기본적으로 모든 자바스크립트 객체는 Object에서 상속됩니다. 객체 상속은 prototype 프로퍼티를 통해 구현됩니다. 이를 프로토타입 상속이라고 부릅니다. 아래 코드를 보겠습니다. 이 코드는 ES5에서 **Tax** 객체에 상속되는 **NJTax** 객체를 만듭니다.

```javascript
function Tax() {
    // 택스 객체 코드를 작성합니다.
}
function NJTax() {
    // 뉴저지 택스 객체를 작성합니다.
}
NJTax.prototype = new Tax();   //········ Tax에서 NJTax를 상속받습니다.
var njTax = new NJTax();
```

ES6에서 자바와 C# 언어와 같이 객체 지향을 지원하기 위해 class와 extends 키워드가 추가되었습니다. 위 코드를 ES6 클래스로 다시 작성하면 아래와 같습니다.

```javascript
class Tax {
    // 택스 클래스 코드를 작성합니다.
}
class NJTax extends Tax {
    // 뉴저지 세금 객체를 작성합니다.
```

```
    }
    let njTax = new NJTax ();
```

Tax 클래스는 슈퍼 클래스이고 NJTax는 서브 클래스입니다. NJTax 클래스가 곧 Tax 클래스라고 할 수 있습니다. 즉, NJTax는 Tax 입니다. NJTax에서 추가 기능을 구현할 수 있지만, NJTax의 일부입니다. 비슷한 예로 Person에서 상속되는 Employee 클래스를 만드는 경우, Employee가 Person이라고 말할 수 있습니다.

아래와 같이 하나 이상의 객체 인스턴스를 만들 수 있습니다.

```
var tax1 = new Tax();   •——— Tax 객체의 첫 번째 인스턴스
var tax2 = new Tax();   •——— Tax 객체의 두 번째 인스턴스
```

> **NOTE** 함수 선언과 반대로, 클래스 선언은 호이스팅되지 않습니다. 클래스 선언 없이 사용하게 되면 ReferenceError가 발생합니다.

각 개체는 Tax 클래스 내 동일한 프로퍼티와 메서드를 갖지만, 서로 다른 상태 값을 가집니다. 예를 들어, 첫 번째 인스턴스 상태는 연간 수입이 $50,000인 고객을, 두 번째 인스턴스는 연간 수입이 $75,000로 다르게 만들 수 있습니다. 각 인스턴스는 Tax 클래스에 선언된 메서드와 동일한 복사본을 공유하므로 코드가 중복되지 않습니다.

ES5에서는 객체 내부가 아니라 프로토타입에 메서드를 선언하므로 코드 중복이 방지됩니다.

```
function Tax() {
    // Tax 클래스 코드를 작성합니다.
}
Tax.prototype = {
    calcTax: function() {
        // NJTax 세금 객체를 작성합니다.
    }
}
```

ES6 문법으로 더 깔끔하게 작성할 수 있습니다.

```
class Tax() {
  calcTax() {
    // 세금 계산 코드를 작성합니다.
  }
}
```

클래스 멤버 변수는 지원되지 않습니다.

자바, C#, 타입스크립트와 같이 자바스크립트는 클래스 멤버 변수^{클래스 프로퍼티}를 선언할 수 없습니다. 제 1장
에서 타입스크립트 클래스 에서 멤버 변수를 사용하는 방법을 설명합니다.

A.9.1 생성자

인스턴스화하는 동안, 클래스는 생성자^{constructors}에서 코드를 실행합니다. 자바, C#와 같은 언어에
서 생성자 이름은 클래스 이름과 동일해야 합니다. 그러나 자바스크립트에서는 **constructor** 키워드
를 사용하여 클래스 생성자를 지정합니다.

```
class Tax {
  constructor(income) {
    this.income = income;
  }
}
const myTax = new Tax(50000);
```

생성자는 객체가 생성될 때 한 번만 실행되는 특수한 메서드입니다. **Tax** 클래스는 클래스 레벨에서
income 변수를 선언하지 않고, 생성자의 파라미터 값으로 **this.income**을 초기화하여 **this** 객체에서
동적으로 생성합니다. **this** 변수는 현재 객체의 인스턴스를 가리킵니다.

아래 코드는 **NJTax** 서브 클래스의 인스턴스를 생성하는 방법을 보여줍니다. 소득 50,000을 생성자
에 전달합니다.

```
class Tax {
  constructor(income) {
    this.income = income;
  }
```

```
  }
class NJTax extends Tax {
  // 뉴저지 세금 관련 코드를 작성합니다.
  }
const njTax = new NJTax(50000);
console.log(`The income in njTax instance is ${njTax.income}`);
```

위 코드를 실행한 결과는 아래와 같습니다.

```
The income in njTax instance is 50000
```

NJTax 서브 클래스는 자체 생성자를 정의하지 않기 때문에, Tax 슈퍼 클래스의 생성자는 NJTax 인
스턴스화 중에 자동으로 호출됩니다. 서브 클래스가 자체 생성자를 정의한 경우에는 해당되지 않습
니다. 다음 절에서 이 경우에 대해 설명합니다.

> **NOTE** 자바스크립트 클래스는 코드 가독성을 높이기 위한 문법입니다. 내부적으로 여전히 프로토타입 상속을 사용하므
> 로 런타임시 동적으로 조상(ancestor)을 대체할 수 있습니다. 그러나 클래스는 단일 조상을 갖습니다. 따라서 상속 계층
> 을 깊게 만들면 코드 유연성을 줄이고 리팩토링을 복잡하게 만들 수 있으므로 피해야 합니다.

A.9.2 super 키워드 및 함수

super() 함수를 사용하여 서브 클래스(하위)가 슈퍼 클래스(상위)의 생성자를 호출 할 수 있습니다.
super 키워드는 슈퍼 클래스에 정의된 메서드를 호출하는 데 사용됩니다. 아래 코드는 super()와
super를 모두 사용했습니다. Tax 클래스에는 calculateFederalTax() 메서드를 가지며, NJTax 서브
클래스에는 calculateStateTax() 메서드가 추가됩니다. 이 두 클래스 모두 calcMinTax() 메서드를
가집니다.

코드 A.12   super()와 super 사용

```
class Tax {
  constructor(income) {
    this.income = income;
  }
  calculateFederalTax() {
    console.log(`Calculating federal tax for income ${this.income}`);
```

```
  }
  calcMinTax() {
    console.log("In Tax. Calculating min tax");
    return 123;
  }
}
class NJTax extends Tax {
  constructor(income, stateTaxPercent) {
    super(income);
    this.stateTaxPercent = stateTaxPercent;
  }
  calculateStateTax() {
    console.log(`Calculating state tax for income ${this.income}`);
  }
  calcMinTax() {
    let minTax = super.calcMinTax();
    console.log(`In NJTax. Will adjust min tax of ${minTax}`);
  }
}
const theTax = new NJTax(50000, 6);
theTax.calculateFederalTax();
theTax.calculateStateTax();
theTax.calcMinTax();
```

위 코드를 실행하면 아래와 같이 출력됩니다.

```
Calculating federal tax for income 50000
Calculating state tax for income 50000
In Tax. Calculating min tax
In NJTax. Will adjust min tax of 123
```

 **NOTE** 코드펜(bit.ly/2MEOoXg)에서 확인하세요.

NJTax 클래스 생성자는 두 개의 파라미터, income 및 stateTaxPercent가 있으며, 인스턴스화하는 동안 제공됩니다. Tax 생성자가 호출되었는지 확인하려면 (객체에 income 속성을 설정) 서브클래스의 생성자에 super(income)으로 명시적으로 호출합니다. 이 부분이 없으면, 오류가 발생됩니다.

super() 함수를 사용해 슈퍼 클래스의 생성자를 호출해야합니다.

슈퍼 클래스에서 super 키워드를 사용해 코드를 호출합니다. Tax 및 NJTax 클래스 모두 calcMinTax() 메서드가 있습니다. Tax 슈퍼 클래스의 calcMinTax() 메서드는 연방 세법에 따른 최소 세금값을 계산하는 반면, NJTax 서브 클래스는 기본 값을 사용하여 조정합니다. 이와 같이 슈퍼 클래스에 선언된 메서드를 서브 클래스에서 재작성하는 것을 메서드 오버라이딩이라고 부릅니다.

super.calcMinTax()를 호출해, 주별 세금을 계산할 때 기본 연방세가 고려되었는지를 확인합니다. super.calcMinTax()를 호출하지 않았다면, 서브 클래스의 calcMinTax() 메서드만 사용될 것입니다. 메서드 오버라이딩은 코드 변경 없이 슈퍼 클래스의 메서드 기능을 대체하기 위해 주로 사용됩니다.

A.9.3 정적 클래스 멤버

여러 클래스 인스턴스에서 공유하는 클래스 프로퍼티가 필요한 경우, static 키워드를 사용해 만들어야합니다.

아래 코드에서, 정적 변수 counter은 printCounter() 메서드를 호출하여 개체 A의 두 인스턴스에서 볼 수 있습니다. 하지만 인스턴스 수준에서 변수 카운터에 액세스하려고하면 정의되지 않습니다.

코드 A.13 클래스 프로퍼티 공유

```
class A {
  static counter = 0;  •——— 정적 프로퍼티를 선언합니다.
  printCounter() {
    console.log("static counter=" + A.counter);  •——— 클래스 이름으로 정적 프로퍼티를 참조합니다.
  }
}
const a1 = new A();  •——— 클래스 A의 첫 번째 인스턴스를 생성합니다.
A.counter++;  •———┐
a1.printCounter(); // 1   │  정적 counter의 값이 증가합니다.
A.counter++;  •———┘
const a2 = new A();  •——— 클래스 A의 두 번째 인스턴스를 생성합니다.
a2.printCounter(); // 2
console.log("On the a1 instance, counter is " + a1.counter);
console.log("On the a2 instance, counter is " + a2.counter);
```

A.counter은 클래스 이름을 참조로 사용하여 counter 값을 증가시킵니다. 두 개의 클래스 A 인스턴스 모두 동일한 값을 갖습니다.

특정 인스턴스에서 **printCounter** 메서드를 호출하더라도 여전히 클래스 이름을 사용하여 정적 프로퍼티를 참조합니다.

위 코드를 실행한 결과는 아래와 같습니다.

```
static counter=1
static counter=2
On the a1 instance, counter is undefined
On the a2 instance, counter is undefined
```

위 코드의 마지막 두 줄에서 인스턴스 참조 **a1** 및 **a2**를 사용하여 counter 프로퍼티에 액세스했지만, 인스턴스 내 해당 프로퍼티가 없으므로 **undefined**를 가집니다.

> ✓ **TIP** 코드펜(bit.ly/3sNSjyT)에서 확인하세요.

static 키워드를 사용하여 정적 메서드를 만들 수도 있습니다. 정적 메서드는 클래스의 인스턴스가 아니라 클래스 자체에서 호출됩니다. 클래스로 유틸리티 함수의 모음을 만들 때 주로 정적 메서드를 사용하며 인스턴스화가 필요하지 않습니다.

코드 A.14 Helper 클래스

```
class Helper {
  static convertDollarsToEuros() {        ●┈┈┈ 첫 번째 정적 메서드를 선언합니다.
    console.log("Converting dollars to euros");
  }
  static convertCelciusToFahrenheit() {   ●┈┈┈ 두 번째 정적 메서드를 선언합니다.
    console.log("Converting Celcius to Fahrenheit");
  }
}
Helper.convertDollarsToEuros();          ●┄┄┐
                                              ├┈ 클래스를 인스턴스화하지 않고 정적 메서드를 호출합니다.
Helper.convertCelciusToFahrenheit();     ●┄┄┘
```

> ✓ **TIP** 코드펜(bit.ly/3sLMmm6)에서 확인하세요.

제 2장에서 정적 클래스 메서드에 대해 자세히 다룹니다. 2.2절에서 싱글톤 디자인 패턴에 대해 설명합니다.

A.10 비동기 처리

ES5에서는 콜백을 사용해 비동기 처리를 합니다. 콜백^{callback}은 다른 코드의 파라미터로서 넘겨주는 실행 가능한 코드를 말합니다. 콜백은 동기식 또는 비동기식으로 호출 할 수 있습니다.

예를 들어, forEach() 메서드에 콜백을 전달해 동기적으로 호출할 수 있습니다. 이외에도 AJAX 요청을 할 때, 콜백 함수를 전달해 서버에서 전달받은 응답데이터를 비동기적으로 처리할 수 있습니다.

A.10.1 콜백 지옥

서버에서 주문한 제품 데이터를 가져온다고 생각해봅시다. 서버에 고객 정보를 요청한 다음, 주문 정보를 요청하고, 각 주문에 대한 제품 목록을 요청하고, 해당 제품에 대한 세부 정보를 요청해야 합니다.

비동기 처리에서는 각 작업이 언제 끝났는지 알 수 없으므로, 이전 작업이 끝났을 때 호출되는 콜백 함수가 필요합니다. setTimeout() 함수를 사용해 각 작업마다 1초가 소요되는 것처럼 만들어보겠습니다.

그림 A.1 콜백 지옥

```
(function getProductDetails() {

    setTimeout(function () {
        console.log('Getting customers');
        setTimeout(function () {
            console.log('Getting orders');
            setTimeout(function () {
                console.log('Getting products');
                setTimeout(function () {
                    console.log('Getting product details')
                }, 1000);
            }, 1000);
        }, 1000);
    }, 1000);
})();
```

비동기 콜백들

위 코드를 실행하면 1초 간격으로 하나씩 결과가 출력됩니다.

> Getting customers
> Getting orders
> Getting products
> Getting product details

A.10.2 Promise

커피 머신 버튼을 누르면 바로 커피를 마실 수 있는 것이 아닙니다. 커피가 나온다는 약속Promise을 받습니다. 물과 원두가 충분하다면 약속이 충족되어 커피를 마실 수 있지만, 그렇지 않으면 약속이 거부되어 마실 수 없습니다. 커피가 만들어지는 동안 여러분은 다른 일을 할 수 있으므로, 비동기 작업입니다.

자바스크립트 프로미스promise는 콜백 지옥을 피하고 비동기 코드를 더 읽기 쉽게 만듭니다. Promise 객체는 비동기 작업의 최종 완료 및 실패를 나타냅니다. Promise 객체가 생성된 후에는 비동기 작업의 결과를 기다렸다가 성공 또는 실패 여부를 알리며, 그에 따라 다음 단계를 진행할 수 있습니다. Promise 객체는 작업 결과를 나타내며, 아래 세 가지 상태 중 하나입니다.

- Fulfilled : 작업이 성공적으로 완료된 상태
- Rejected : 작업이 실패하고 오류가 반환된 상태
- Pending : 작업이 진행 중이며 완료되거나 거부되지 않은 상태

생성자에 작업이 완료될 때 호출되는 함수, 작업이 거부되면 호출되는 함수를 제공해 Promise 객체를 인스턴스화 해보겠습니다. 아래 코드의 getCustomers()를 보겠습니다.

```
function getCustomers() {
  return new Promise(function (resolve, reject) {
    console.log("Getting customers");
    // 이곳에 비동기 서버 호출 본문을 작성합니다.
    setTimeout(function () {
      var success = true;
      if (success) {
        resolve("John Smith");        ●------- 고객 정보를 가져옵니다.
      } else {
        reject("Can't get customers");  ●------- 오류가 발생하면 호출됩니다.
      }
    }, 1000);
  });
}
getCustomers()
  .then((cust) => console.log(cust))    ●------- 작업이 성공적으로 완료되면 호출됩니다.
  .catch((err) => console.log(err));    ●------- 작업이 실패하면 호출됩니다.
console.log("Invoked getCustomers. Waiting for results");
```

getCustomers() 함수는 Promise 객체를 반환합니다. Promise 생성자는 resolve, reject를 가지며 함수를 감싸고 있습니다. 위 코드에서 고객 정보를 받으면 resolve()를 호출합니다. 코드를 간단하게 하기 위해 setTimeout() 함수를 사용했고 success 변수의 값을 true로 하드코딩했습니다. 이 함수는 1초 후에 호출되며 비동기로 처리됩니다. 실제 앱에서는 XMLHttpRequest API를 사용해 외부 API를 요청합니다.

위 코드의 마지막 줄에 보면 Promise 인스턴스에 then()과 catch() 메서드가 연결되어 있습니다. 이 중 한 가지 메서드만 호출됩니다. 함수 내부에서 resolve("John Smith")가 호출되면, "John Smith"를 파라미터로 받은 then()이 호출됩니다. 변수 success 값을 false로 변경하면 "Can't get customers"를 파라미터로 가진 catch() 메서드가 호출됩니다.

```
Getting customers
Invoked getCustomers. Waiting for results
John Smith
```

"John Smith" 전에 "Invoked getCustomers. Waiting for results" 가 먼저 출력됩니다. getCustomers() 함수가 비동기적으로 처리되었음을 할 수 있습니다.

각 promise는 하나의 비동기 작업을 나타내며 이를 하나의 연결해 실행 순서를 정할 수 있습니다. 이를 프로미스 체이닝^{promise chaining}이라고 합니다. 이제 위 코드에 해당 고객의 주문 건을 찾기 위해 getOrders() 함수를 추가하고, getCustomers()와 함께 getOrders()를 연결해 보겠습니다.

코드 A.16 프로미스 체이닝

```javascript
function getCustomers() {
  return new Promise(function (resolve, reject) {
    console.log("Getting customers");
    // 이곳에 비동기 서버 호출 본문을 작성합니다.
    setTimeout(function () {
      const success = true;
      if (success) {
        resolve("John Smith");  // ⚫⋯⋯ 고객 정보를 성공적으로 가져오면 호출합니다.
      } else {
        reject("Can't get customers");
      }
    }, 1000);
  });
  return promise;
}
function getOrders(customer) {
  return new Promise(function (resolve, reject) {
    // 이곳에 비동기 서버 호출 본문을 작성합니다.
    setTimeout(function () {
      const success = true;
      if (success) {
        resolve(`Found the order 123 for ${customer}`);  // ⚫⋯⋯ 고객 주문 건을 성공적으로 가져오면 호출합니다
      } else {
        reject("Can't get orders");
      }
    }, 1000);
  });
}
getCustomers()
  .then((cust) => {
    console.log(cust);
    return cust;
```

```
  })
  .then((cust) => getOrders(cust))  •········ getOrders() 함수와 함께 체이닝합니다.
  .then((order) => console.log(order))
  .catch((err) => console.error(err));  •········ 오류를 처리합니다.
console.log("Chained getCustomers and getOrders. Waiting for results");
```

위 코드는 두 개의 함수를 선언하고 연결할 뿐만 아니라 콘솔에서 중간 결과를 출력합니다. 실행 시 아래와 같이 출력됩니다. getCustomers()에서 반환된 고객 정보가 getOrders()에 올바르게 전달되었음을 유념하세요.

```
Getting customers
Chained getCustomers and getOrders. Waiting for results
John Smith
Found the order 123 for John Smith
```

 NOTE 코드펜(bit.ly/3uNJFlw)에서 확인하세요.

then()을 사용해 여러 함수를 연결할 수 있습니다. 이 때 모든 체인 호출에 대한 하나의 오류 처리 스크립트만 가질 수 있습니다. 만약 오류가 발생하면 오류 처리를 찾을 때까지 전체 체인을 통해 전파합니다. 오류가 발생한 후에 then()은 호출되지 않습니다.

이전 코드에서 success 변수의 값을 false로 변경하면 "Can't get customers"라는 메시지가 출력되며 getOrders() 메서드는 호출되지 않습니다. 이제 출력 메시지 부분을 삭제해보겠습니다. 코드가 더욱 깔끔해지고 이해하기도 쉬워졌습니다.

```
getCustomers()
  .then((cust) => getOrders(cust))
  .catch((err) => console.error(err));
```

그런 다음 더 많이 추가해도 이 코드의 가독성은 떨어지지 않습니다 [그림 A.1]의 콜백 지옥과 비교해보세요.

A.10.3 한 번에 여러 프로미스를 처리하는 경우

서로 의존하지 않는 비동기 함수를 처리해야할 상황이 있습니다. 함수가 호출되는 순서는 중요하지 않고, 두 함수가 모두 완료된 후에 일부 작업을 수행해야 한다고 가정해봅시다. Promise 객체에는 all() 메서드를 사용해 반복 가능한 프로미스들을 가져와 모두 실행할 수 있습니다. all() 메서드는 Promise 객체를 반환하기 때문에 then() 또는 catch(), 혹은 모두 다 결과에 추가할 수 있습니다.

날씨, 주식 시장 뉴스 및 교통 정보를 요청하는 웹 사이트를 상상해봅시다. 모든 호출이 완료된 후에 웹 사이트를 표시합니다. 이 경우 Promise.all() 을 사용할 수 있습니다.

```
Promise.all([getWeather(), getStockMarketNews(), getTraffic()])
  .then((results) => {
    /* GUI 부분이 렌더링 됩니다 */
  })
  .catch((err) => console.error(err));
```

Promise.all()은 모든 프로미스가 해결 된 후에 만 해결됩니다. 그 중 하나가 거부되면 catch() 핸들러로 이동합니다.

Promise.all()은 콜백함수보다 간결하고 읽고 이해하기도 쉽습니다. 또한 애플리케이션의 여러 상태를 나타냅니다. 단점은 도중 프로미스를 취소할 수 없다는 점입니다. 예를 들어 유저가 데이터를 요청하는 버튼을 여러 번 클릭했다고 가정해봅시다. 클릭할 때마다 프로미스가 생성되고 HTTP 요청이 시작합니다. 가장 마지막의 요청을 받거나 완료되지 않는 요청은 취소할 수 없습니다.

then() 함수를 살펴보면 나중에 호출될 콜백 함수를 제공해야합니다. 그러나 코드의 실행 순서와 복잡함으로 async와 await 키워드가 도입되었습니다.

A.10.4 async-await

async 및 await 키워드는 ES8[ES2017]에 도입되었습니다. 프로미스를 반환하는 함수를 동기적으로 처리할 수 있습니다. 이전 프로미스가 완료되고 난 후, 그 다음 코드가 실행됩니다. 이러한 비동기 작업은 백그라운드에서 수행되므로 다른 코드의 흐름과 실행을 차단하지 않습니다.

async는 비동기 함수를 나타내는 키워드입니다.

await는 비동기 async 함수 호출 직전에 배치하는 사용하는 키워드입니다. 이는 비동기 함수가 결과를 반환하거나 오류가 발생할 때까지 자바스크립트 엔진이 다음 줄의 코드를 진행하지 않도록 지시합니다. 자바스크립트 엔진은 내부적으로 await 키워드 옆에 있는 표현식을 프로미스로 래핑하고 나머지 메서드는 then() 콜백으로 래핑합니다.

이제 async와 await 키워드를 설명하겠습니다. 아래 [코드 A.16]의 getCustomers() 및 getOrders() 함수는 프로미스를 반환합니다.

코드 A.17 promise를 사용해 두 함수를 선언

```javascript
function getCustomers() {
  return new Promise(function (resolve, reject) {
    console.log("Getting customers");
    // 1초가 걸리는 비동기 호출을 에뮬레이트합니다.
    setTimeout(function () {
      const success = true;
      if (success) {
        resolve("John Smith");
      } else {
        reject("Can't get customers");
      }
    }, 1000);
  });
}
function getOrders(customer) {
  return new Promise(function (resolve, reject) {
    // 1 초가 걸리는 비동기 호출을 에뮬레이트합니다.
    setTimeout(function () {
      const success = true; // change it to false
      if (success) {
        resolve(`Found the order 123 for ${customer}`);
      } else {
        reject(`getOrders() has thrown an error for ${customer}`);
      }
    }, 1000);
  });
}
```

이 두 함수 호출을 체이닝하고 싶지만, 이전처럼 then() 호출을 사용하지 않겠습니다. getCustomers()을 먼저 호출하고 완료 후, getOrders()를 호출하는 getCustomersOrders() 함수를 만들어보겠습니다.

await를 추가해 getCustomers() 및 getOrders() 함수를 호출합니다. 함수 실행이 완료될 때까지 기다린 후, 그 다음 함수가 실행됩니다. getCustomerOrders() 함수 내부에 await가 사용됨으로 함수 이름 앞에 async 키워드를 사용합니다.

코드 A.18 async 함수의 선언과 활용

```
(async function getCustomersOrders() {  •——— async 키워드로 함수 선언
  try {
    const customer = await getCustomers();  •——— await를 사용하여 비동기 함수 getCustomers()를 호출하며 함수가 완
    console.log(`Got customer ${customer}`);        료 될 때까지 아래 코드가 실행되지 않습니다.
    const orders = await getOrders(customer);  •——— await를 사용하여 비동기 함수 getOrders()를 호출하며 함수가 완료
    console.log(orders);                             될 때까지 아래 코드가 실행되지 않습니다.
  } catch (err) {  •——— 오류 처리합니다.
    console.log(err);
  }
})();
console.log( "This is the last line in the app. Chained getCustomers() and getOrders() are still running
without Getting customers");  •——— 동기 함수 외부에서 실행됩니다.
```

코드는 동기적으로인 것처럼 보입니다. 콜백이 없으며 코드 한 줄씩 실행되며, try/catch 구문을 사용해 오류를 처리합니다.

위 코드를 실행하면 아래와 같이 출력됩니다.

```
Getting customers
This is the last line in the app. Chained getCustomers() and getOrders() are still running without blocking
the Got customer John Smith
Found the order 123 for John Smith
```

맨 마지막 코드에 고객 이름과 주문 번호가 출력됩니다. 비동기적으로 값을 받지만, 앱 실행은 차단되지 않았으며, 비동기 함수 getCustomers() 및 getOrders() 함수가 실행을 종료하기 전에, 마지막 줄의 console.log()을 읽고 출력했습니다.

 NOTE 코드펜(bit.ly/3uLiibU)을 참고하세요.

A.11 모듈

프로그래밍에서 코드를 모듈로 분할해 애플리케이션을 논리적이고 재사용 가능한 단위로 구성하는 것이 중요합니다. 모듈화된 애플리케이션으로 개발하면 소프트웨어 개발자 간 프로그래밍 작업의 효율성이 높아집니다. 개발자는 외부에서 사용가능한 API와 내부에서 사용할 API를 결정합니다.

ES5에는 언어 내부적으로 모듈 생성을 지원하지 않습니다. 따라서 두 가지 옵션 중 하나를 주로 사용합니다.

- 모듈 디자인 패턴을 초기화된 함수로 수동으로 구현합니다.
- AMD^{bit.ly/30adiP0} 또는 CommonJS^{bit.ly/304iV2f} 등 외부 모듈 라이브러리를 사용합니다.

CommonJS는 웹 브라우저 외부에서 실행되는 자바스크립트 애플리케이션 예 : Node.js로 작성되고 Google의 V8 엔진에 배포 된 애플리케이션을 모듈화하기 위해 만들어졌습니다. AMD는 주로 웹 브라우저에서 실행되는 응용 프로그램에 사용됩니다.

코드를 보다 쉽게 유지 관리하려면 앱을 모듈로 분할해야 합니다. 그 외에도 앱 시작시 클라이언트에 로드되는 자바스크립트 코드의 양을 최소화해야합니다. 온라인 쇼핑몰을 떠올려봅시다. 유저가 웹 사이트를 열때 바로 결제 처리를 담당하는 코드를 불러야 할까요? 주문하기 버튼을 클릭하지 않는다면 어떻게 해야할까요? 즉 필요에 따라 이를 담당하는 코드가 실행되도록 애플리케이션을 모듈화하는 것이 좋습니다. RequireJS는 AMD 표준을 구현하는 가장 인기있는 라이브러리 입니다. 모듈 간의 의존성을 정의하고 필요에 따라 브라우저에 로드할 수 있습니다.

ES6부터 모듈 의존성을 지원합니다. **import**와 **export** 키워드를 사용해 모듈을 가져오고 내보냅니다. [코드 A.19]는 shipping.js은 다른 스크립트에서 사용할 수 있도록 **ship()** 함수를 내보냅니다. 이와 반대로 **calculateShippingCost()** 함수는 외부에서 사용할 수 없습니다.

코드 A.19 shipping.js

```
export function ship() {
  console.log("Shipping products...");
}
function calculateShippingCost() {
  console.log("Calculating shipping cost");
}
```

main.js 스크립트는 shipping.js에서 **ship** 함수를 가져와 사용합니다.

코드 A.20 main.js

```
import {ship} from './shipping.js';
ship()
```

깔끔하고 단순한 구문이지만, **import** 문을 사용하면 모듈이 로드되지 않습니다. ES6가 아직 모듈을 표준화하지 않았기 때문에, SystemJS 또는 웹 팩과 같은 외부 로더 라이브러리를 사용했습니다.^{제 6장} 에서 자세히 다룹니다.

코드 A.21 index.html

```
<!DOCTYPE html>

<head>
  <title>My modules</title>
</head>

<body>
  <h1>Hello modules!</h1>
  <script type="module" src="./main.js"></script>    •⋯⋯ 첫 번째 모듈을 불러옵니다.
  <script type="module" src="./shipping.js"></script>  •⋯⋯ 두 번째 모듈을 불러옵니다.
</body>

</html>
```

구 브라우저는 **type="module"**을 해석하지 못하기 때문에 모듈 타입의 스크립트를 만나면 이를 무시하고 넘어갑니다. **nomodule** 속성을 사용하면 이런 상황을 대비할 수 있습니다. 또한 폴백^{fallback} 스크립트를 제공할 수 있습니다.

```
<script type="module" src="./main.js"></script>
<script nomodule src="./main_fallback.js"></script>
```

브라우저가 **module** 타입을 지원하는 경우, **nomodule**이 있는 행을 무시합니다.

NOTE 제 9 장에서는 type="module" 속성을 가진 <script> 태그를 사용하는 HTML 파일을 볼 수 있습니다.

여러 프로젝트 파일이 있고, 파일 중 하나에 다음 내용이 있다고 가정합니다.

```
class Person {}
```

이 파일에서 아무것도 내보내지 않았기 때문에 ES6 모듈이 아닙니다. Person 클래스 인스턴스는 전역 스코프에서 생성됩니다. 다른 스크립트에 Person 클래스가 이미 선언되 었다면 타입스크립트 컴파일러는 이전 코드에서 이미 네이밍이 중복되었다는 오류를 표시합니다.

앞의 코드에 export 문을 추가해 스크립트를 모듈로 바꾸면 상황이 달라집니다.

```
export class Person {}
```

이제 Person 타입 객체는 전역 스코프에서 생성되지 않습니다. Person은 해당 스크립트에서만 가져올 수 있습니다.

ES6 모듈을 사용하면 전역 스코프를 오염시키지 않고 해당 스크립트와 해당 멤버^{클래스, 함수, 변수 및 상수} 중 제한된 일부를 가져올 수 있습니다.

A.11.1 import 및 export

모듈은 특정 기능을 다른 자바스크립트 프로그램에서 재사용할 수 있도록 공용 API를 내보내거나 가져오는 자바스크립트 파일입니다. 특정 파일의 코드가 모듈임을 선언하는 특별한 키워드는 없습니다. import와 export 키워드를 사용해 스크립트를 ES6 모듈로 변환할 수 있습니다.

import 키워드로 스크립트에서 가져올 멤버를 선언합니다. 마찬가지로 export 키워드로 내보낼 변수, 함수 또는 클래스를 선언합니다. 즉 export 키워드를 사용해 선택한 API를 다른 모듈에서 사용할 수 있습니다. 그외 내보내지 않는 멤버는 그대로 모듈에서만 사용됩니다.

ES6의 export는 named export와 default export 두 가지가 있습니다. named export^{지정된 이름으로 내보내기는} 멤버 앞에 export 키워드를 사용합니다. 아래 tax.js파일은 변수 taxCode, calcTaxes(), fileTaxes()를 내보냅니다. doSomethingElse() 함수는 내보내지 않았으므로 외부 함수에서 사용할 수 없습니다.

```
export let taxCode = 1;
export function calcTaxes() { }
function doSomethingElse() { }
export function fileTaxes() { }
```

NOTE Node 모듈에서 require()함수와 비교해볼 때, ES6 모듈은 정적으로 해결되기 때문에 훨씬 낫습니다.

named export로 지정된 멤버를 가져올 때 이름을 중괄호로 묶습니다. 아래 main.js 파일 코드를 보면서 설명하겠습니다.

```
import {taxCode, calcTaxes} from 'tax';
if (taxCode === 1) { // 본문 }
calcTaxes();
```

여기서 **tax**는 파일 이름명을 말합니다. 파일 확장자는 생략되어 있습니다.

중괄호는 구조 분해를 나타냅니다. tax.js 파일의 모듈은 세 멤버를 내보냈지만, 여기서 **taxCode** 및 **calcTaxes** 만 가져왔습니다.

모듈 멤버 중 하나를 기본값으로 표시할 수 있습니다. 이를 default export 또는 익명 내보내기anonymous export라고도 부릅니다. 이때 **import** 구문에서 이름을 지정할 수 있습니다. 함수를 내보내는 my_module.js 파일은 다음과 같습니다.

```
export default function() { // 본문 }  •········· 세미콜론 없음
export let taxCode;
```

main.js 파일은 이름이 named export와 default export 된 멤버를 모두 가져옵니다. **coolFunction**은 기본값으로 가져옵니다.

```
import coolFunction, {taxCode} from 'my_module';
coolFunction();
```

import 구문에서 **coolFunction** 중괄호를 사용하지 않았지만, **taxCode**export된 이름에는 사용합니다.

default 키워드를 가진 멤버를 가져올 때 새로운 이름을 부여할 수 있습니다.

```
import aVeryCoolFunction, {taxCode} from 'my_module';
aVeryCoolFunction();
```

그러나 named export인 멤버의 경우 as 키워드를 사용해 아래와 같이 변경할 수 있습니다.

```
import coolFunction, {taxCode as taxCode2016} from 'my_module';
```

import 구문은 코드를 복사하는 것이 아니며, 참조로 가져와 사용하는 것입니다. 따라서 모듈 또는 멤버를 가져와도 해당 코드는 수정할 수 없습니다. 모듈의 값이 변경되면 가져온 위치에 새 값이 즉시 반영됩니다.

A.12 트랜스파일러

신규 자바스크립트 프로젝트를 시작한다면 10년 전의 문법이 아닌 최신 ECMA스크립트 문법을 사용하세요. 구 브라우저를 지원해야 한다면, ES5 또는 그 이하 버전으로 코드를 바꿔야 합니다.

트랜스파일러Transpiler는 소스 코드를 다른 언어의 소스 코드로 변환하는 도구입니다. 우리의 경우 배포 시, ES6또는그이상 코드를 ES5로 변환할 수 있습니다.

자바스크립트 생태계에서 가장 인기있는 트랜스파일러는 바벨Babel입니다. 바벨 홈페이지 상단의 세 번째 탭 Try it out을 클릭하면 REPL참조 : babeljs.io/repl 에디터가 나옵니다. 좌측 에디터에 코드를 입력하면 오른쪽 패널에 ES5로 컴파일된 결과를 확인할 수 있습니다. babeljs.io/repl에서 [코드 A.12]의 코드를 입력하면 실제 동작을 확인해볼 수 있습니다. bit.ly/3b90ZQ2

바벨을 사용해 최신 자바스크립트 구문을 이전 버전으로 변환할 수 있습니다. 제 6장의 6.4절은 타입스크립트와 함께 바벨을 사용하는 방법을 설명합니다. 또는 자체 컴파일러를 사용해 타입스크립트 코드를 다른 자바스크립트 버전으로 변환할 수 있습니다. 제 1장의 1.3절 참고

이 것으로 최신 ECMA스크립트 문법과 기능에 대한 설명을 마치겠습니다. 특정 브라우저가 최신 자바스크립트를 지원하지 않아도 즐겁게 타입스크립트로 개발할 수 있으니 걱정하지 마세요.

마치며

이 책에서 타입스크립트의 주요 문법과 더불어 다양한 프레임워크에서 활용법을 알아보았습니다. 주요 웹 프레임워크는 타입스크립트를 지원합니다. 따라서 기존 자바스크립트 프로젝트 내 타입스크립트를 점차적으로 도입을 할 수 있습니다. 또한 블록체인 기술 기초 지식을 쌓고 여러 타입스크립트 앱 버전을 개발해보았습니다.

이 책을 통해 타입스크립트가 왜 인기있는 언어인지 체감하셨기를 바랍니다. 저는 타입스크립트를 적극적으로 추천합니다. 앞으로 여러분의 가장 좋아하는 프로그래밍 언어가 타입스크립트가 되길 바랍니다.

찾아보기

단숨에 배우는 타입스크립트

1판 1쇄 발행 2021년 7월 10일

저　　자 | 야코프 페인, 안톤 모이세예프
번　　역 | 이수진
발 행 인 | 김길수
발 행 처 | (주)영진닷컴
주　　소 | 서울시 금천구 가산디지털1로 128 STX-V타워 4층 401호
대표팩스 | (02) 867-2207
등　　록 | 2007. 4. 27. 제16 - 4189호

ISBN | 978-89-314-6526-6

영진닷컴
프로그래밍 도서

영진닷컴에서 출간된 프로그래밍 분야의 다양한 도서들을 소개합니다.
파이썬, 인공지능, 알고리즘, 안드로이드 앱 제작, 개발 관련 도서 등 초보자를 위한 입문서부터
활용도 높은 고급서까지 독자 여러분께 도움이 될만한 다양한 분야, 난이도의 도서들이 있습니다.

스마트 스피커 앱 만들기

타카우마 히로노리 저 | 336쪽
24,000원

호기심을 풀어보는 신비한 파이썬 프로젝트

LEE Vaughan 저 | 416쪽
24,000원

나쁜 프로그래밍 습관

칼 비쳐 저 | 256쪽
18,000원

유니티를 이용한 VR앱 개발

코노 노부히로, 마츠시마 히로키,
오오시마 타케나오 저 | 452쪽
32,000원

하루만에 배우는 안드로이드 앱 만들기 2nd Edition

서창준 저 | 272쪽
20,000원

퍼즐로 배우는 알고리즘 with 파이썬

Srini Devadas 저 | 340쪽
20,000원

돈 되는 안드로이드 앱 만들기

조상철 저 | 512쪽 | 29,000원

IT 운용 체제 변화를 위한 데브옵스 DevOps

카와무라 세이고, 기타노 타로오,
나카야마 타카히로 저
400쪽 | 28,000원

게임으로 배우는 파이썬

다나카 겐이치로 저 | 288쪽
17,000원

멀웨어 데이터 과학
: 공격 탐지 및 원인 규명

Joshua Saxe, Hillary Sanders 저
256쪽 | 24,000원

바닥부터 배우는 강화 학습

노승은 저 | 304쪽
22,000원

유니티를 몰라도 만들 수 있는 유니티 2D 게임 제작

Martin Erwig 저 | 336쪽
18,000원